KB166037

쉽게 배워 바로 써먹는
디자인 패턴

이호진 지음

쉽게 배워 바로 써먹는 디자인 패턴

24가지 패턴으로 알아보는 객체지향의 원리

초판 1쇄 발행 2020년 10월 05일

지은이 이호진 / **펴낸이** 김태헌
펴낸곳 한빛미디어(주) / **주소** 서울시 서대문구 연희로2길 62 한빛미디어(주) IT출판부
전화 02-325-5544 / **팩스** 02-336-7124
등록 1999년 6월 24일 제25100-2017-000058호 / **ISBN** 979-11-6224-340-4 93000

총괄 전정아 / **책임편집** 박지영 / **기획 · 편집** 서현 / **교정** 김희성
디자인 표지 · 내지 최연희 조판 김민정
영업 김형진, 김진불, 조유미 / **마케팅** 박상용, 송경석, 조수현, 이행은, 고광일 / **제작** 박성우, 김정우

이 책에 대한 의견이나 오탈자 및 잘못된 내용에 대한 수정 정보는 한빛미디어(주)의 홈페이지나 아래 이메일로
알려주십시오. 잘못된 책은 구입하신 서점에서 교환해 드립니다. 책값은 뒤표지에 표시되어 있습니다.

한빛미디어 홈페이지 www.hanbit.co.kr / 이메일 ask@hanbit.co.kr

지금 하지 않으면 할 수 없는 일이 있습니다.
책으로 펴내고 싶은 아이디어나 원고를 메일(writer@hanbit.co.kr)로 보내주세요.
한빛미디어(주)는 여러분의 소중한 경험과 지식을 기다리고 있습니다.

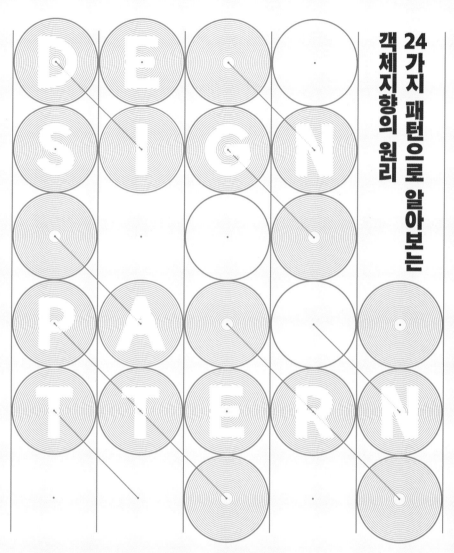

DESIGN PATTERN

24가지 패턴으로 알아보는
객체지향의 원리

쉽게 배워 바로 써먹는
디자인 패턴

이호진 지음

HB 한빛미디어
Hanbit Media, Inc.

지은이 소개

지은이 **이호진** infohojin@naver.com

전기전자를 전공하고 주로 마이크로프로세서, 하드웨어 설계, 펌웨어, 로봇 개발 등과 관련된 일을 했습니다. 또한 산업용 레이저 프린터, ARM, 언어 분석, 알고리즘 개발을 했습니다. 외국계 기업에서 리눅스 운영체제, 백업 및 서버 가상화 등 다양한 비즈니스 경험을 거쳐 최근에는 웹 및 모바일과 관련된 개발 활동을 하고 있습니다. 현재는 경험과 지식을 정리하고 후배들에게 전달하기 위해 집필 활동에 전념하고 있습니다. 저서로는 『이호진의 PHP 시리즈』(비제이퍼블릭, 2018), 『Git 교과서』(길벗, 2020)가 있습니다.

'로보트 태권브이' 만화를 보면서 미래의 과학자를 꿈꾸던 아이가 어느덧 중년의 나이가 되어 과거를 추억합니다. 중학교 시절 처음으로 GW-Basic이라는 프로그램 언어를 접했습니다. Z-80으로 설계된 컴퓨터에서 난생처음 프로그램을 학습했던 당시 기억은 아득한 추억으로 남아 있습니다. 뒤돌아보니 인생의 진로가 그때 결정된 것 같습니다. 개발환경은 그때와 많이 다르지만 나는 여전히 모니터 앞에서 컴퓨터 자판을 두들기며 코드를 입력합니다.

호사유피 인사유명(虎死留皮 人死留名)이라는 고사성어가 있습니다. '호랑이는 가죽을 남기고 사람은 이름을 남긴다.'라는 뜻입니다. 애플의 창업자인 스티브 잡스는 특별하게도 IT 분야 역사에 유명 인물로 남았습니다. 나는 이와 같은 꿈을 이루지는 못했지만, 한 시대를 같이 살아간 개발자로서 다음 세대에 무언가 남겨줘야 한다고 생각합니다. 그동안 수많은 프로그램 언어를 사용했고, 최근에는 웹과 관련된 개발을 주로 진행했습니다. 이제는 내가 가진 지식을 정리하여 다음 세대에 내가 이루지 못한 꿈을 넘길 때가 된 것 같습니다.

개발자들은 알게 모르게 선대의 수많은 코드를 재사용하고 이를 발전시킵니다. 이제는 지식과 더불어 코드도 같이 남겨줘야 합니다. 나는 요즘 만나는 사람들에게 "프로그래머는 죽어서 코드를 남긴다."라는 말을 자주 합니다. 그리고 이를 위해 오픈소스 프로젝트 JinyPHP를 시작했습니다. 오픈소스는 자신의 코드를 외부에 공개하고 협업을 통해 지속적으로 발전시키는 모델입니다.

오픈소스를 개발하다 보니 코드를 좀 더 체계적이고 협업 가능한 모델로 만들어야겠다는 생각을 합니다. 체계적인 코드 설계는 모든 개발자의 공통된 관심사일 것입니다. 절차지향, 구조적 프로그래밍, 함수형, 객체지향 등 다양한 설계 구현 기법이 존재합니다. 요즘에는 대형 프로그램개발 방법으로 객체지향 설계 기법이 각광 받고 있습니다. 객체지향 설계가 어느 정도 몸에 익숙해졌다면 다음으로 객체지향 디자인 패턴에 관심을 갖게 될 것입니다.

디자인 패턴을 적용하여 코드를 설계하는 것은 쉽지 않습니다. 정확한 패턴의 의미와 문제 해결 목적을 잘 이해하고 있어야 하기 때문입니다. 경험이 부족한 개발자는 문제에 어떻게 접근하고 해결해야 하는지 몰라 방황하는 경우가 많습니다. 이때 선배들의 경험을 따라가다 보면 더 쉽게 다양한 문제를 해결할 수 있습니다. 그것이 바로 디자인 패턴입니다. 깃허브의 규모 있는 오픈소스 프로젝트를 살펴보면 다양한 디자인 패턴 설계 기법이 녹아 있습니다. 사실 디자인 패턴을 모른다면 왜 이렇게 코드를 작성했는지 이해할 수 없습니다.

제가 진행하는 JinyPHP 오픈소스 프로젝트에도 다양한 디자인 패턴 기법을 적용해 설계했습니다. 잘 설계해서 만드는 것도 중요하지만, 다양한 사람들과 코드를 공유하고 협업하는 것도 중요합니다. 체계적인 개발 과정과 설계를 공유하기 위해서는 디자인 패턴에 대한 이해가 우선적으로 필요합니다. 디자인 패턴을 학습하는 이유는 공통된 관점으로 설계를 바라보기 위함입니다. 시중에는 디자인 패턴에 대한 정보가 그다지 많지 않습니다. 오래된 코드와 특정 언어에 한정된 설명이 대다수입니다.

많은 개발자가 디자인 패턴을 학습해야 하며, 자신의 프로젝트에 적용할 수 있는 이론적 원리와 코드가 필요하다는 생각이 들었습니다. 이에 JinyPHP 오픈소스 프로젝트를 진행하면서 준비한 내용을 정리합니다. 이렇게 『넘버 PHP 시리즈』(비제이퍼블릭, 2018)와 『Git 교과서』(길벗, 2020)에 이어 다음 세대에 전달할 이 책이 탄생했습니다.

2020년 09월
이호진

객체지향 개념

객체지향 디자인 패턴 카탈로그를 다룹니다. 객체지향 개념과 설계 방법을 이해한다면 디자인 패턴을 학습하기가 훨씬 수월합니다. 학습에 필요한 디자인 패턴의 기초 개념과 원리를 같이 설명했습니다.

디자인 패턴 카탈로그

패턴 카탈로그에서 꼭 필요한 부분을 선별해 우선적으로 학습할 수 있도록 구성했습니다. 패턴 각각의 독립적인 특성에 맞게 집필했으며, 패턴들을 쉽게 이해할 수 있도록 주요 내용을 반복 설명합니다. 하지만 동일한 객체지향 개념이라도 패턴에서 의도하는 방법에 따라 다른 시각으로 바라볼 수 있으므로 찬찬히 읽어보기 바랍니다.

학습 목적

특정 언어에 종속되지 않고 디자인 패턴의 개념과 동작 원리 위주로 학습할 수 있도록 구성했습니다. 디자인 패턴을 처음 접하는 독자도 쉽게 이해할 수 있도록 간단한 코드와 그림으로 설명합니다. 객체지향 설명은 일반적인 도형을 이용해 더욱 쉽게 이해할 수 있도록 되어 있습니다. 이 책에서는 PHP 언어를 이용해 디자인 패턴을 설명합니다.

CONTENTS

CONTENTS

PART 2 │ 구조 패턴

CONTENTS

CONTENTS

Design Pattern

[dɪzaɪn pætərn] 🔊

CHAPTER **0**

디자인 패턴

0.1 패턴

패턴이 디자인 패턴이라는 단어를 처음 접했을 때 대부분의 사람들은 패션이나 디자인 분야 관련 내용이라고 생각합니다. 그러나 개발 분야에서 패턴이라는 말은 많은 사람이 겪은 문제점과 해결 방법을 정리해둔 것을 말합니다.

0.1.1 유래

패턴이란 사전적인 의미로 일정한 형태나 양식 또는 유형으로 반복되는 것을 말합니다. 이처럼 반복되는 패턴의 원리에 대한 개념을 공학적인 측면에서 도입한 것이 디자인 패턴의 시작입니다.

공학 분야에서 처음으로 패턴의 개념을 도입한 분야는 건축공학입니다. 대표적인 건축가인 크리스토퍼 알렉산더Christopher Alexander는 패턴의 개념을 건축 공학에 적용해 반복적이고 복잡한 일을 해결하기 시작했습니다.

0.1.2 창발

패턴은 발명하는 것이 아니라 발견하는 것입니다. 처음 건축학에서 도입된 패턴도 발명이 아닌 발견에서 시작됐습니다.

실생활에서 어떤 것을 '발견'하기 위해서는 수많은 관찰이 필요하며, 지속적인 관찰을 통해 특정한 패턴을 발견하게 됩니다. 이러한 발견을 창발^{emergence}이라고 합니다.

0.1.3 비슷한 것

발견된 패턴을 면밀히 살펴보면 서로 비슷한 부분이 많다는 것을 알 수 있습니다. 즉 특정한 문제를 해결하는 과정이나 방법 등이 유사합니다.

패턴은 문제를 해결하는 과정을 일반화한 것이라고 할 수 있으며, 하나의 패턴이 또 다른 패턴에 중복적으로 사용되는 경우도 있습니다.

디자인 패턴을 구별하는 기준은 각각의 패턴이 어떤 관심사를 가지고 문제를 해결하려는가 하는 것입니다. 패턴은 의도와 목적에 따라 달라지므로 적절한 패턴을 적용하기 위해서는 의도와 목적을 잘 파악하는 것이 중요합니다.

0.2 소프트웨어 공학

이러한 패턴의 원리는 소프트웨어 공학 분야에도 도입되기 시작했습니다. 소프트웨어적인 문제를 코드로 구현할 때 적용했던 해결 방법을 패턴화하여 정리한 것입니다.

0.2.1 객체지향

처음으로 소프트웨어 공학에 도입된 부분은 객체지향 개발입니다. 객체지향 개발은 1980년대부터 존재했던 소프트웨어 개발 방법론입니다.

최근 들어 객체지향 코드를 작성할 수 있는 언어가 늘었습니다. 객체지향 언어의 종류로는 전형적인 스몰토크, C++, 자바 외에 웹 개발 언어인 PHP가 있습니다.

객체지향 기반으로 개발할 때 가장 어려운 부분은 각각의 코드를 재사용 가능한 형태의 코드로 작성하는 것입니다.

0.2.2 패턴 발견

객체지향은 큰 프로젝트 개발과 유지 보수를 보다 쉽게 하기 위해 도입된 개발 방법론입니다. 최근 프로그램들이 대형화, 분업화되면서 절차지향 개발 방법론에서 객체지향 개발 방법론으로 빠르게 이동하고 있습니다. 디자인 패턴은 객체지향 개발법이 인기를 얻으면서 함께 주목받았습니다.

많은 프로그래머가 소프트웨어 개발 분야에서 특정 문제를 유사한 유형으로 해결한다는 것을 알게 됐고, 이에 해결 과정에서 발견된 방법들을 패턴화하여 규정하게 됐습니다. 패턴은 객체지향 구현 문제를 해결하기 위해 도입됐으며, 해결 방법을 재사용하는 것이라고 볼 수 있습니다.

0.2.3 해결책

객체지향 개발에서 디자인 패턴이 해결하는 주요 문제는 객체 간 관계와 소통 처리 부분입니다.

디자인 패턴은 객체지향 문제를 해결하기 위한 일련의 코드 스타일입니다. 따라서 디자인 패턴을 적용하기 위해서는 객체 지향적인 코드를 작성할 수 있는 프로그래밍 언어가 필요합니다.

최신 PHP 언어에는 객체지향 코드를 개발하기 위한 여러 가지 OOP 기술이 포함돼 있습니다. 많은 PHP 웹 프레임워크가 객체지향, 디자인 패턴을 이용해 개발되는 추세입니다.

0.3 설계 원칙

디자인 패턴 외에도 객체지향 코드 개발 시 가급적 지켜야 할 원칙이 있습니다. 그 원칙의 앞자리를 모아서 SOLID라고 부르기도 합니다.

- 단일 책임의 원칙(Single responsibility principle, SRP)
- 개방 폐쇄 원칙(Open/closed principle, OCP)
- 리스코프 치환 원칙(Liskov substitution principle, LSP)
- 인터페이스 분리의 원칙(Interface segregation principle, ISP)

- 의존 관계 역전의 원칙(Dependency inversion principle, DIP)

이 원칙들은 객체지향 코드를 작성하는 데 도움을 주지만, 시스템을 고려하지 않은 원칙을 적용할 경우 불필요한 일이 발생할 수도 있습니다. 따라서 각각의 원칙들은 코드의 목적에 맞게 적재적소에 적용하여 사용해야 합니다.

0.4 GoF

디자인 패턴을 이야기하면서 자주 듣는 말이 GoF[Gang of Four]라는 단어입니다. GoF는 에릭 감마[Erich Gamma], 리처드 헬름[Richard Helm], 랄프 존슨[Ralph Johnson], 존 블리시데스[John Vissides]의 저서인 『GoF의 디자인 패턴』(피어슨에듀케이션코리아, 2007)을 가리키는 용어입니다. 즉 처음으로 소프트웨어 공학에서 사용되는 패턴을 정리한 사람들의 별칭이라고 할 수 있습니다.

0.4.1 패턴 카탈로그

디자인 패턴은 갑자기 생겨난 방식이 아니며, 이미 일상적인 개발 작업 속에서 자연스럽게 사용하고 있습니다. 어떻게 보면 새롭다는 생각도 들지 않을 것입니다.

GoF는 객체지향 분야의 문제점을 분석해 24개 패턴으로 분류했습니다. 즉 GoF는 기존 객체지향 설계 시 발생했던 문제를 카탈로그화하여 패턴으로 정리한 것입니다.

카탈로그화된 패턴은 시스템의 유지 보수 문서를 작성할 때 매우 유용합니다. 또 객체 간 상호작용이나 설계 의도 등도 쉽게 확인할 수 있습니다.

0.4.2 통일성

협업으로 대규모 프로젝트를 진행할 때 중요한 요소는 통일된 개발 방식을 공유하는 것입니다. 서로 개발하는 방식에 차이가 있을 경우, 최종 결과물로 통합하는 과정이 쉽지 않습니다.

PHP는 최근 코드의 가독성을 향상시키기 위해 PSR 코딩 스타일을 정의했습니다. 하지만 코딩 스타일만으로 통일화된 개발을 진행하기에는 다소 부족합니다.

디자인 패턴은 개발 방법을 정의함으로써 보다 통일화된 좋은 코드를 작성할 수 있습니다. 또한 디자인 패턴은 개발자가 자신의 코드를 작성하고 다른 사람과 소통하는 데 좋은 코드 가이드입니다.

0.4.3 실체화

실체화^{reification}는 '실제로 만든다'는 의미입니다. 그러나 실체화가 구현^{implementation}을 의미하지는 않습니다. 실체화는 코드가 아니라 디자인을 말하기 때문입니다.

구조만으로 패턴을 파악하는 것은 불가능하며 패턴을 파악하려면 의도를 알아야 합니다. 이에 어떤 문제를 해결하기 위해 2개 이상의 패턴을 혼합하여 사용하는 경우가 많습니다.

0.5 패턴의 요소

24개로 분리된 디자인 패턴은 공통된 4가지 요소를 가집니다. 이 책에서는 24가지 패턴을 설명합니다.

- 이름(pattern name)
- 문제(problem)
- 해법(solution)
- 결과(consequence)

0.5.1 이름

24종류의 디자인 패턴은 각각 고유의 이름을 갖고 있습니다. 처음에는 패턴 이름이 정해지지 않았으나, 시간이 흘러 이를 정리하면서 각각의 패턴에 대한 명칭들이 생겨났습니다. 패턴의 고유한 이름을 사용하는 것은 다양한 개발자와 패턴을 응용하여 소통하는 데 매우 중요합니다.

패턴 이름을 통해 패턴의 용도를 직관적으로 이해할 수 있습니다. 코드 패턴의 스타일이나 해결하려는 용도에 따라 패턴의 이름을 정합니다.

패턴 이름이 가진 본래의 뜻과 연계하여 생각한다면 좀 더 쉽게 이해할 수 있습니다.

0.5.2 문제

각 패턴은 해결하고자 하는 문제[problem]를 갖고 있습니다. 그리고 이러한 문제들은 패턴 적용을 고려해야 하는 시점을 암시합니다.

코드에서 해결할 문제점을 발견한 후 그와 관련된 여러 배경을 먼저 정리합니다. 그리고 이러한 문제점을 해결할 수 있는 다양한 적용 사례를 찾아봅니다.

0.5.3 해법

문제점을 인식했다면 해결 방법을 찾아야 합니다. 이를 위해 객체 요소 간 관계를 정리하고 패턴은 객체들을 추상화하는 과정을 거칩니다. 또한 해결을 위한 객체를 나열합니다.

0.5.4 결과

디자인 패턴은 알려진 문제점들을 해결하는 데 효과적입니다. 하지만 디자인 패턴을 적용한다고 해서 모든 문제를 완벽하게 제거할 수는 없습니다. 24개의 디자인 패턴은 다양한 문제를 해결할 수 있는 선배 개발자의 경험에서 나온 것입니다.

모든 코드에서 디자인 패턴이 유용하다고 볼 수는 없습니다. 분명 개선되지 않은 부분도 있습니다. 패턴은 매우 유용하지만 꼭 필요한 경우를 생각해서 적절히 분배하여 사용해야 합니다.

0.6 유지 보수

디자인 패턴은 소프트웨어의 유지 보수성을 개선합니다.

0.6.1 소프트웨어의 수명

소프트웨어는 하드웨어와 달리 시간이 지날수록 부품이 닳거나 소모되지 않습니다. 한 번 작성된 코드는 시스템 환경이 변하지 않는 한 지속적으로 동작 가능합니다. 그러나 소프트웨어의 경우 기능이 추가되고 코드 수정이 많이 발생합니다.

디자인 패턴을 적용하여 설계하는 목적 중 다른 하나는 유지 보수성입니다. 유지 보수성은 향후 추가되는 코드를 수정하기 위해 쉽게 변경할 수 있도록 쓰인 코드를 말합니다. 소프트웨어의 유지 보수 기간은 조금씩 다르지만 통상적으로 10년 정도를 말합니다.

0.6.2 방어적 설계

오랫동안 문제없이 유지 보수를 하기 위해서 변경 가능한 디자인$^{design\ for\ change}$으로 설계해야 합니다. 코드를 작성하면서 어떤 부분이 향후 수정될 것으로 예측된다면, 해당 기능을 방어적으로 처리할 수 있도록 코드가 설계돼야 합니다.

소프트웨어는 방어적 설계를 위해 지속적으로 코드를 개선하는 리팩터링 작업을 실시합니다.

0.7 정리

코드를 개발할 때는 유지 보수성과 성능적인 부분을 고려해야 합니다. 하나의 작업 코드를 지속적으로 살펴보면 코드의 흐름을 빨리 파악할 수 있습니다.

하지만 시간이 지나고 다른 사람이 코드를 다시 보려면 이전 코드를 확인하는 학습 시간이 필요합니다. 디자인 패턴에 익숙해진 후 코드를 작성하면 과거의 코드나 새로운 코드를 학습하는 시간을 줄일 수 있습니다. 이러한 측면에서 디자인 패턴은 문제 해결 방법 외에도 개발 비용과 시간을 절약하는 데 매우 유용합니다.

디자인 패턴과 처리 성능은 별개의 문제입니다. 성능 최적화를 위해서는 많은 함수의 호출과 객체 간 호출이 적을수록 좋습니다. 하지만 디자인 패턴에서는 코드의 가독성과 유지 보수를 위해 객체의 메서드를 분리하며 호출도 자주 발생합니다. 패턴을 너무 많이 사용하면 잦은 메서드 호출로 인해 성능이 저하될 수도 있습니다.

따라서 디자인 패턴을 적용했을 때 얻을 수 있는 장단점 등을 고려하여 적용하는 것이 중요합니다.

Part 1

생성 패턴

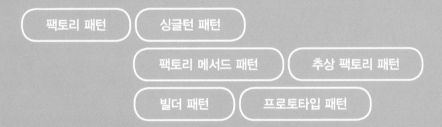

디자인 패턴은 크게 3개의 파트로 나뉩니다. 그중 첫 번째로 알아볼 패턴은 생성 패턴입니다. 모든 객체지향 프로그램은 클래스 선언과 객체 생성에서 시작합니다. 생성 패턴은 선언된 클래스로 객체를 생성하는 방법에 대한 문제점과 해결책을 제안합니다.

감시자 패턴　　　메멘토 패턴

명령 패턴　　　반복자 패턴

방문자 패턴　　　복합체 패턴　　　브리지 패턴

빌더 패턴　　　상태 패턴

싱글턴 패턴　　　어댑터 패턴　　　인터프리터 패턴

장식자 패턴　　　전략 패턴

중재자 패턴　　　체인 패턴

추상 팩토리 패턴　　　템플릿 메서드 패턴

파사드 패턴　　　팩토리 메서드 패턴

팩토리 패턴　　　프로토타입 패턴

프록시 패턴　　　플라이웨이트 패턴

객체 생성

객체지향 프로그램을 실행하기 위해서는 클래스를 선언하고 객체를 생성해야 합니다. 대표적으로 new 키워드를 통해 생성합니다.

간단한 프로그램과 달리 큰 규모의 응용 프로그램을 객체지향 개발 방식으로 설계할 때는 생각보다 수많은 객체가 필요합니다. 그리고 객체의 관계를 설정합니다. 이때 작성 로직에서 직접 객체를 생성하고 관계를 설정하면 코드는 객체 간에 매우 강력한 결합 관계를 갖게 됩니다(자세한 내용은 1장에서 다룹니다).

예를 들어 하나의 객체 내에서 새로운 객체를 생성하는데, 이렇게 직접 코드를 작성하여 객체를 생성하면 2개의 객체는 종속 관계를 형성합니다. 종속 관계를 가진 객체는 향후 확장과 유지 보수를 어렵게 하는 원인이 됩니다.

생성 패턴은 객체 간 강력한 결합 관계를 느슨한 결합으로 변경하는 설계 기법입니다. 이로 인해 느슨한 결합으로 변경된 객체는 확장을 보다 유연하게 하고 유지 보수를 편리하게 합니다.

관계 설정

객체지향 프로그램에서 객체는 관계를 형성합니다. 객체의 관계를 고려하여 언제 생성할지, 어떤 과정에 의해 생성할지를 생각한 후 좀 더 체계적으로 코드를 설계해야 합니다. 객체지향 프로그램에서 관계는 매우 중요한 설계 기준이 됩니다.

객체의 종류는 크게 상속을 이용하는 단일 객체와 다른 객체를 포함하는 복합 객체가 있습니다. 객체를 설계할 때는 어떤 유형의 객체를 생성할지 미리 정의하는 것이 중요합니다. 최근 객체지향은 복합 객체를 활용한 생성 방법을 더 선호하는 추세입니다.

추상화

과거와 달리 최근에는 프로그램이 대형화됨에 따라 큰 규모의 코드를 개발하고 협업하기 위해 추상화라는 기법을 사용합니다. 추상화는 실제 코드를 개발하기 전에 구체적인 내용은 배제하고 개략적인 정보만 선언하는 것입니다. 추상화로 선언된 코드는 실제 내용이 없어도 미리 선언된 정보만 이용하여 코드를 작성할 수 있습니다.

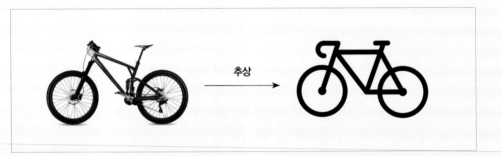

추상화 작업은 추상적 개념과 실제 코드를 분리하는 효과가 있습니다. 개발 과정에서 클래스를 선언하고 실제 코드를 분리해 협업 코드를 작성합니다. 추상화를 통한 협업은 향후 개발 중인 코드를 예정하고, 선언만으로 주변 기능을 작성할 수 있다는 것이 장점입니다.

패턴

코드 작성 시 객체를 생성하는 방법은 매우 다양합니다. 생성 패턴에서는 객체의 생성 원리와 이를 활용한 객체의 생성 방법을 알아봅니다. 생성 패턴은 목적과 과정에 따라 6가지로 분류됩니다.

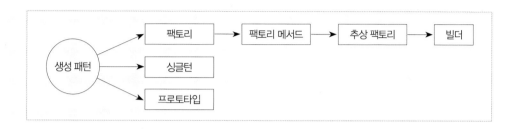

팩토리 패턴

객체의 생성 동작을 별도 클래스로 분리하여 처리합니다. 또는 별도의 메서드를 호출하여 객체의 생성 동작을 처리합니다.

싱글턴 패턴

선언된 클래스로 복수의 객체를 생성할 수 없도록 제한합니다. 제한된 단일 객체는 공유와 충돌을 방지합니다.

팩토리 메서드 패턴

팩토리를 확장한 패턴입니다. 팩토리 패턴에 추상화를 결합하여 객체의 생성과 사용을 분리합니다. 팩토리 패턴은 선언된 클래스의 객체를 직접 코드로 생성하지 않고 별도로 준비한 추상 메서드에 생성을 위임합니다.

추상 팩토리 패턴

팩토리 메서드를 확장한 패턴입니다. 팩토리 메서드보다 좀 더 큰 그룹 단위 객체를 생성 관리합니다. 추상 팩토리 패턴은 팩토리에 인터페이스를 적용하여 객체를 생성합니다. 팩토리를 팩토리의 군^{family}으로 변경합니다.

빌더 패턴

추상 팩토리를 확장한 패턴입니다. 복잡한 구조의 복합 객체를 빌더 패턴으로 생성합니다. 복합 객체를 생성하기 위한 단계를 정의하고, 각 단계별 수행 동작을 변경할 수 있습니다.

프로토타입 패턴

새로운 객체를 생성하지 않고 기존의 객체를 복제합니다. 복잡한 구조의 객체를 새로 생성하는 것은 많은 자원을 소모합니다. 프로토타입 패턴은 객체를 새로 생성하지 않고 복제를 통해 자원을 절약하는 패턴입니다.

지금까지 6가지 생성 패턴을 간략하게 알아보았습니다. 생성 패턴은 목적과 과정 외에 매개변수에 의한 생성 방법과 합성에 의한 객체 생성 방법으로도 구분합니다.

매개변수에 의한 생성 방식은 상속을 통해 서브 클래스에서 객체 생성을 담당합니다. 팩토리 메서드 패턴이 대표적입니다.

합성에 의한 방식으로는 추상 팩토리 패턴, 빌더 패턴, 프로토타입 패턴이 있습니다. 이 3가지 패턴의 경우 객체 생성은 동일하나 객체를 생성하는 관점에 차이가 있습니다. 추상 팩토리는 여러 클래스의 군을 처리하는 반면, 빌더는 객체를 생성하는 복잡한 과정에 관점을 둡니다. 프로토타입 패턴은 어렵게 만들어진 객체의 중복 처리 자원을 배제하고 복사본을 통해 간편하게 처리하기 위한 패턴입니다.

fac·tory

[|fæktri; |fæktəri] 🔊

CHAPTER **1**

팩토리 패턴

팩토리 패턴은 생성 패턴 중에서도 가장 기본이 되는 패턴이며 클래스의 객체 생성 처리를 위임합니다. 팩토리 패턴을 학습하기에 앞서 클래스와 객체지향의 개념을 간단히 살펴봅시다. 그리고 의존성 주입과 그 문제점을 살펴보고 이를 팩토리 패턴으로 해결해봅시다.[1]

1.1 클래스와 객체지향

객체지향 프로그램을 실행하려면 먼저 클래스를 선언하는 과정이 필요합니다. 클래스 선언은 객체를 생성하는 청사진과 같습니다. 또한 클래스에는 객체에서 처리할 행동[2]들을 결정합니다.

1.1.1 객체지향

객체지향 프로그래밍object-oriented programming (이하 OOP) 개념은 1970년대부터 사용한 개발 방법론입니다. OOP 개발 방법은 C++나 자바와 같은 언어에서 오래 전부터 도입해 사용하고 있습니다. 최근에는 대규모 소프트웨어 설계에 유용한 OOP 개발 방식이 인기를 얻고 있습니다.

---

1 팩토리 패턴을 다른 말로 생성자 패턴이라고도 합니다.
2 행동은 객체에서 동작 수행해야 하는 처리 로직을 의미합니다.

서비스에는 다양한 사용자 경험이 요구되는 등 각종 사항들이 증가하고 있습니다. 이로 인해 프로그램의 기능이 복잡해지고 규모도 점점 커지고 있습니다. 또한 코드에서 처리하는 일이 다양해짐에 따라 기존의 절차지향적 개발은 한계에 부딪혔습니다. 이러한 이유로 객체지향 개발과 디자인 패턴이 인기를 얻고 있습니다.[3]

현대 프로그래밍 개발에서 OOP를 이해하지 않고는 고급 프로그래밍을 다루는 데 어려움이 있습니다. 또한 최근 인기 있는 프레임워크들을 사용하려면 객체지향 개발 방법을 숙지하고 있어야 합니다. 심지어 객체지향 방식을 사용하여 코드를 작성하지 않으면 협업이 어려울 정도로 개발 환경에서 OOP가 보편화되었습니다.

1.1.2 클래스

객체지향 개발의 첫 단추는 클래스를 선언하는 것입니다. 사용하는 프로그램 언어에 따라 선언하는 방식에 조금씩 차이가 있지만, OOP를 지원하는 현대 프로그래밍 언어에서는 클래스를 선언할 때 class 키워드를 사용합니다. 다음은 PHP에서 클래스 파일을 생성하는 예제입니다.

예제 1-1 Factory/01/Hello.php

```php
<?php
// 클래스 파일 선언
class Hello
{
    public function greeting()
    {
        return "안녕하세요";
    }
}
```

[예제 1-1]의 Hello 클래스는 인사말을 출력하는 간단한 코드입니다. 클래스 파일을 생성할 때는 PSR[PHP Standard Recommendation][4] 규격에 맞게 작성하는 것을 권장합니다.

....

3 PHP 언어는 절차지향적, 객체지향적 프로그램이 모두 가능합니다. 최근 프레임워크들은 설계가 객체지향 방식으로 전환되었습니다. 대표적으로 라라벨(Laravel), 코드이그나이터(codeIgniter)와 같은 프레임워크 등이 있습니다. 필자가 개발하여 운영 중인 JINYPHP도 OOP로 개발되었습니다.

4 PSR 규격에서는 하나의 클래스를 한 개의 파일로 생성하는 것을 권장합니다. PSR 규격에 맞게 클래스 파일을 생성하면 오토로드, 컴포저를 통해 자동 include 처리할 수 있다는 것이 장점입니다.

1.1.3 객체

객체지향 개발을 위한 첫 단추로 클래스를 선언했습니다. 하지만 클래스를 선언했다고 해서 객체지향 코드를 바로 실행할 수 있는 것은 아닙니다. 객체지향 코드를 실행하기 위해서는 클래스를 통해 객체를 생성해야 합니다. 객체 생성은 new 키워드를 사용합니다.

```
$변수 = new <클래스 이름>(인자, 인자, 인자);
```

이 코드를 보면 알 수 있듯이 <클래스 이름> 앞에 new 키워드를 붙입니다. 이렇게 작성된 코드는 선언된 클래스를 이용해 객체 생성과 반환을 같이 실행합니다. new 키워드는 컴파일, 인터프리터 과정에서 선언된 클래스에 따른 객체를 생성하고 이를 메모리에 할당합니다. 이처럼 언어에서 객체를 생성하는 과정을 인스턴스화라고 합니다. 그리고 인스턴스화를 통해 생성된 객체를 인스턴스라고 합니다. 인스턴스와 객체는 모두 같은 말입니다.

그림 1-1 인스턴스 생성

객체를 생성하는 new 키워드는 예약어입니다. 다른 프로그래밍 언어에서도 new 예약어를 사용해 클래스의 객체를 생성하는 경우가 많습니다. 생성, 반환된 객체는 대입 연산자(=)를 이용하여 $변수에 저장합니다. PHP의 변수는 다양한 타입의 데이터를 담을 수 있는 메모리 공간입니다.[5] 생성된 객체도 변수에 담아 사용할 수 있습니다.

1.1.4 객체 사용

앞에서 클래스 선언과 인스턴스화 방법에 대해 알아봤습니다. 객체는 클래스 선언을 기반으로 만들어집니다. 인스턴스화는 선언된 클래스를 이용하여 실제 메모리에 할당할 객체를 생성하는 과정입니다. 즉, 인스턴스화는 new 키워드로 생성된 객체를 반환합니다.

---

5 객체 생성은 클래스 선언에 맞게 객체를 생성하고 메모리에 공간을 할당합니다.

다음은 Hello 클래스 파일을 읽어와 객체를 생성하는 코드입니다. 클래스는 데이터와 함수를 하나의 그룹으로 묶습니다. 이러한 과정을 캡슐화라고 합니다. 캡슐화된 객체의 함수를 사용하기 위해서는 행위(메서드)를 호출해야 합니다.

예제 1-2 Factory/01/index.php [6]

```php
<?php
// 클래스 파일을 읽어옵니다.
include "hello.php";

// 객체를 생성합니다.
$obj = new Hello;

// 행위 호출
echo $obj->greeting();
```

```
$ php index.php
안녕하세요
```

[예제 1-2]는 Hello 클래스 선언하고 new hello로 새로운 객체를 생성하며 greeting() 메서드를 호출해서 인사말을 출력합니다.

1.2 의존성

1.2.1 객체지향

개발에서 하나의 객체로 처리할 수 있는 일은 매우 한정적입니다. 객체지향 프로그래밍은 수많은 객체의 집합을 설계하는 것입니다. 생성된 다수의 객체는 상호 작업을 위한 관계를 설정해 주어야 합니다.

관계Relation는 객체 간 동작을 위해 접근하는 것입니다. 개별 객체는 요구되는 역할을 수행하기 위한 책임이 부여됩니다. 객체지향은 부여된 책임 간의 관계를 설정하고, 상호 동작을 수행하

---

6 PSR 규격에서는 클래스 생성 시 중괄호를 붙이는 컨벤션을 요구합니다. 하지만 필자는 객체 생성 매개변수의 유무를 구분하기 위해 중괄호를 생략합니다.

여 로직을 처리합니다.

객체의 관계가 설정되면 객체 간에 상호 작용이 발생합니다. 문제를 해결하기 위해 책임 있는 객체는 각각의 서브 책임을 가진 다른 객체에 소속된 문제 해결을 위임합니다. 객체들은 이 과정에서 정보를 주고받는데 이를 대화^message라고 합니다. 객체는 서로 메시지를 전달하며 고유의 기능을 실행합니다.

1.2.2 의존

의존은 객체지향에서 객체의 관계를 설정합니다. 객체지향 개발 방식은 절차지향 방식과 달리 해결해야 하는 기능과 관련된 책임을 캡슐화로 분배합니다.

객체는 각자 고유한 역할을 분담하고 있어 하나의 객체만으로 동작하는 것은 의미가 없습니다. 객체의 관계는 다른 말로 객체가 서로 결합한다는 의미입니다. 이 객체 간 결합을 의존성이라고 합니다. 캡슐화된 객체는 서로 관계를 맺고 대화를 통해 동작을 수행합니다.

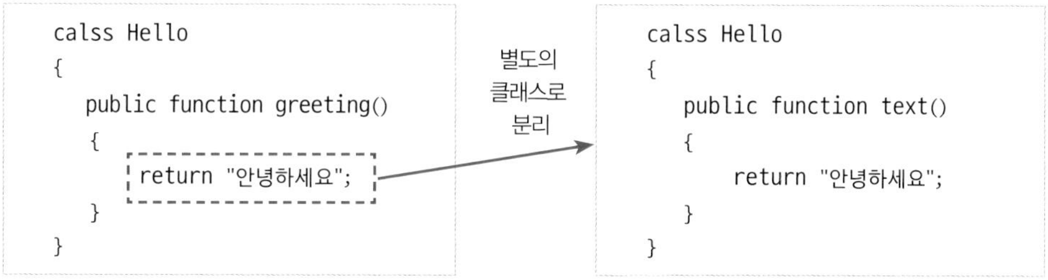

```
calss Hello
{
    public function greeting()
    {
        return "안녕하세요";
    }
}
```

별도의
클래스로
분리

```
calss Hello
{
    public function text()
    {
        return "안녕하세요";
    }
}
```

그림 1-2 객체의 분리

객체 내부에서 다른 객체를 생성하면 두 객체 사이에 의존성이 발생합니다. 또한 외부에 의해 결합 관계가 발생하는 것을 의존성 주입이라고 합니다. 예제를 통해 의존 관계를 확인해보겠습니다.

예제 1-3 Factory/02/Korean.php

```
<?php
// 클래스 파일 선언
class Korean
{
```

```php
    public function text()
    {
        return "안녕하세요";
    }
}
```

Korean 클래스는 '안녕하세요' 문자를 반환하는 코드입니다. 다음 코드는 [예제 1-1]에서 살펴본 hello.php의 Hello 클래스 코드를 다음과 같이 수정합니다.

예제 1-4 Factory/02/hello.php

```php
<?php
// 클래스 파일 선언
class Hello
{
    public function greeting()
    {
        // return "안녕하세요";
        // 새로운 객체를 생성합니다.
        $ko = new Korean;
        return $ko->text();
    }
}
```

greeting() 메서드에서 바로 인사말을 반환했던 [예제 1-2]와 달리, [예제 1-4]의 Hello 클래스는 greeting() 메서드 내에 새로운 객체를 생성하는 코드를 삽입합니다. 그리고 새로 생성된 객체에 있는 text() 메서드를 호출합니다. 메서드 결괏값을 반환하여 '안녕하세요'를 출력합니다.

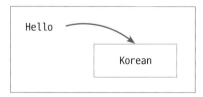

그림 1-3 객체 내에서 또 다른 객체 생성

Hello 클래스와 Korean 클래스의 관계를 그림으로 바꾸면 [그림 1-3]과 같습니다.

1.2.3 객체 선택

[예제 1-3]에서는 Korean 클래스 객체 1개만 생성했습니다. 만약 생성할 클래스가 다르다면 어떻게 해야 할까요? 클래스를 조건에 맞게 구체적으로 직접 지정한 후 객체를 생성해야 합니다.

```php
<?php
if($type) {
    $obj = new className1;
} else {
    $obj = new className2;
}
```

이 코드와 같이 조건에 따라 생성되는 객체가 다르면 객체를 유연하게 생성할 수 없습니다. 만일 새로운 조건이 추가된다면 조건에 맞는 객체 생성 로직을 수정해야 합니다. 이처럼 어떤 객체를 어떻게 생성 처리할지에 따라 의존성과 유연성을 결정합니다.

1.2.4 강력한 결합

[예제 1-3]은 객체 메서드 안에서 Korean 객체를 생성합니다. 하나의 객체가 또 다른 객체를 생성하면 두 객체에는 결합 관계가 발생합니다. Hello 클래스의 greeting() 메서드 내용을 좀 더 자세히 살펴봅시다.

```
…
// 새로운 객체를 생성합니다.
$ko = new Korean;
…
```

greeting() 메서드 코드 내에서 클래스 이름을 직접 지정해 객체를 생성하면 강력한 결합 관계가 발생합니다. 강력한 결합 관계가 발생하면 클래스 이름 등이 변경될 때 이름을 통해 생성된 코드를 모두 직접 찾아 수정해야 합니다.

강력한 객체의 결합 코드는 향후 유연한 코드 확장을 방해하고 변경과 수정을 어렵게 만드는 원인이 됩니다.

1.2.5 클래스 변경

앞에서 우리는 객체의 의존성과 결합 관계의 문제점을 살펴보았습니다. 이를 어떻게 개선해야 할까요? 이것이 디자인 패턴을 학습하는 목적입니다. 팩토리 패턴은 객체 생성 시 확장과 수정을 쉽게 하기 위한 설계 방법입니다.

[예제 1-3]의 객체 생성 과정을 다시 한 번 살펴보고 문제점과 디자인 패턴의 필요성에 대해 알아보겠습니다. 상위 객체인 Hello는 클래스 이름을 직접 지정하여 Korean 객체를 생성합니다. 이처럼 객체를 직접 생성하는 코드를 삽입하면 객체를 생성하는 과정에서 강력한 객체 결합 관계가 발생합니다.

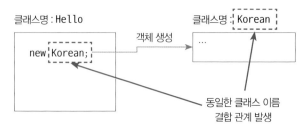

그림 1-4 객체의 생성과 결합 관계

강력한 결합 관계는 코드의 '수정, 변경'을 어렵게 합니다. 예를 들어 고객의 요청으로 기능 개선이 필요해졌고 이로 인해 클래스 이름도 변경되어야 한다면 어떻게 해야 할까요? 이 경우 개발자는 해당 클래스를 사용하는 곳 전부를 일일이 수정해야 합니다. 그러나 결합 관계에 있는 클래스를 모두 추적하여 수정하는 것은 매우 불편하므로, 이를 개선하기 위해 좀 더 유연하게 객체 결합 관계를 처리하는 방법이 필요합니다.

객체지향 개발에서 객체 간 의존성은 객체를 생성할 때마다 발생합니다. 그리고 코드에서 직접 생성한 객체는 의존성이 강력해서 유지 보수와 수정이 어렵습니다. 이처럼 의존 관계가 강력한 결합 관계를 느슨한 결합 관계로 변경하면 문제를 해결할 수 있습니다. 이번 장에서 학습할 팩토리 패턴은 클래스 구조를 변경하여 생성되는 객체의 구조를 느슨한 관계로 변경합니다.

1.3 의존성 주입

본격적인 팩토리 패턴을 학습하기 전에 객체의 관계 의존성에 대해 좀 더 자세히 알아봅시다. 객체의 의존성은 내부적 발생과 외부적 발생으로 구분할 수 있습니다. 객체의 관계가 외부적 요인으로 결합되었다면 이를 의존성 주입이라 합니다. 의존성 주입이 발생되면 객체는 일반이 아닌 복합 객체 형태의 모습을 갖게 됩니다.

1.3.1 복합 객체

복합 객체는 하나의 객체가 다른 객체의 정보를 가진 구조입니다. 객체의 정보는 클래스의 프로퍼티 값을 통해 다른 외부 객체를 가리킵니다. 이처럼 복합 객체는 종속적이고 연관 관계를 갖는다는 특성이 있습니다. 예제 코드를 통해 복합 객체에 대해 학습해보겠습니다.

예제 1-5 Factory/03/hello.php

```php
<?php
// 클래스 파일 선언
class Hello
{
    // 객체 저장소
    private $korean;

    public function __construct($obj)
    {
        $this->korean = $obj;
    }

    public function greeting()
    {
        // return "안녕하세요";
        // 복합 객체를 호출합니다.
        return $this->korean->text();
    }
}
```

기존 Hello 클래스를 복합 구조의 선언으로 변경합니다. 외부 의존성 주입을 위해 생성자 메서드를 추가합니다. 생성자 메서드는 클래스 생성 시 외부로부터 매개변수를 받을 수 있으며 이때 전달되는 인자값은 객체입니다. Hello 객체는 외부에서 전달받은 매개변수(객체)를 내부 프로퍼티에 저장합니다. 이로써 두 클래스는 종속적 연관 관계를 가집니다.

1.3.2 생성과 주입

의존성 주입은 개체에 또 다른 객체의 정보를 전달하는 것을 말합니다. 외부에서 전달받은 객체(정보)를 내부 프로퍼티에 저장함으로써 복합 구조 형태로 변경됩니다.

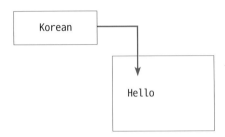

그림 1-5 객체 의존성 주입

복합 구조로 변경된 Hello 클래스를 실행하는 코드를 작성합니다. 생성자를 통해 결합될 Korean 객체를 주입합니다.

예제 1-6 Factory/03/index.php

```php
<?php
// 클래스 파일을 읽어옵니다.
include "hello.php";
include "korean.php";

// 객체를 생성합니다.
$korean = new Korean;

// 의존성을 주입합니다.
$obj = new Hello($korean);

// 행위 호출
echo $obj->greeting();
```

```
$ php index.php
안녕하세요
```

상위 클래스인 Hello를 복합 객체로 설계 변경합니다. 의존성을 전달하려는 Korean 객체를 미리 생성하고 생성된 Korean 객체를 Hello 객체의 초깃값 인자로 전달합니다. Hello 객체는 생성자로부터 전달받은 Korean 객체를 내부 프로퍼티에 저장합니다. Hello는 연관 관계로 변경되며 Korean 객체와 의존성을 가집니다.

1.4 의존 관계의 문제점

앞에서 우리는 객체지향의 다양한 클래스 선언과 객체 생성 방법에 대해 알아봤습니다. 이처럼 모든 객체의 생성 과정에서는 의존성이 발생합니다. 팩토리 패턴의 목적은 객체 생성 시 발생하는 강력한 의존 관계를 보다 느슨하게 만드는 것입니다.

1.4.1 new 키워드

객체 생성은 객체지향 개발의 시작 단계이며, 객체지향에서는 선언된 클래스를 사용해 객체를 생성합니다. 전형적으로 new 키워드는 선언된 클래스를 기반으로 객체를 생성하는 인스턴스화 작업을 수행합니다. 객체지향에서 객체 생성은 피할 수 없는 과정이고, 인스턴스화를 통해 객체가 생성되면 의존성도 발생합니다. 즉 new 키워드로 직접 객체를 생성하는 것은 강력한 결합 관계인 코드가 됩니다.

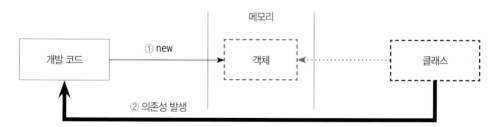

그림 1-6 new 키워드와 의존성

그렇다고 해서 new 키워드를 사용하지 않고 객체를 생성할 수는 없습니다. new 키워드는 객체를 생성하는 유일한 방법이기 때문입니다.

1.4.2 변화 대응

코드에서 직접 new 키워드를 사용하면 객체 간에 강력한 의존 관계를 갖는 구조적 문제가 발생합니다. 프로그램 코드는 마치 살아 있는 생물처럼 지속적으로 변화하고 발전합니다. 하지만 객체의 강력한 의존 관계는 코드의 유연성을 떨어뜨리고 변화와 발전을 방해합니다.

그렇다면 어떻게 객체 생성 과정에서 강력하지 않은 연관 관계를 만들 수 있을까요? new 키워드를 사용하지 않고 객체를 만드는 다른 방법은 없을까요? 디자인 패턴에서는 이 문제점을 해결하기 위해 생성 패턴을 제안합니다.

그림 1-7 생성 패턴 응용

그중에서도 팩토리 패턴은 객체의 생성을 별개의 클래스로 구축하여 위임 처리합니다.

1.4.3 생성 위임

생성 패턴에서는 객체 생성을 위임하여 별개의 클래스로 분리하고, 객체 생성 과정을 담당할 별도의 클래스를 선언합니다. 프로그램 내에서 필요한 객체를 생성하고 관리하는 캡슐화된 클래스를 선언하는 것입니다.

프로그램 내에서 객체 생성이 필요한 경우 분리 설계된 팩토리 객체에 생성을 위임합니다. 즉 실제 코드가 new 키워드를 직접 사용하지 않고 팩토리의 객체를 호출하는 것으로 대체합니다. 이와 같이 객체의 요청과 생성을 별도의 클래스로 분리함으로써 느슨한 결합 관계로 변경합니다. 또한 이처럼 디자인 패턴에서 객체를 생성하고 캡슐화하여 위임하는 것을 공장factory이라고 합니다. 공장은 무언가 만들어내는 곳을 의미하는데, 주로 새로운 객체를 생성합니다. 패턴의 이름을 보면 목적과 역할을 유추해볼 수 있습니다.

1.4.4 객체 공장

개발자마다 선언된 클래스의 객체를 생성하는 방법이 다양합니다. 하지만 팩토리 패턴에서는 새로운 객체를 생성할 때 new 키워드를 코드에 직접 작성하지 않고, 일정한 규격에 맞춘 메서드나 함수를 이용합니다. 팩토리 패턴은 클래스를 생성하는 방법이라고 이해하면 쉽습니다. 팩토리 패턴에서는 객체 생성 처리를 규격화하여 관리합니다. 마치 공장에서 물건을 찍어내듯이 객체를 생성한다는 의미에서 팩토리 패턴이라고 부릅니다.

디자인 패턴은 이렇게 강한 연관 관계인 객체를 느슨한 관계로 바꾸고, 느슨한 결합은 보다 다양한 코드 변화를 처리할 수 있습니다. 팩토리는 객체의 생성 작업을 분리하며 분리된 객체의 생성 처리는 방법에 따라 크게 2가지로 나눌 수 있습니다.

- 클래스로 분리
- 메서드로 분리

일반적인 팩토리는 개별 클래스로 분리해 위임을 처리하는 방법을 말합니다. 이와 달리 단순 팩토리simple factory 패턴은 기존 클래스에 생성 메서드만 추가하여 객체를 생성/처리합니다(단순 팩토리는 1.6절 참고).

1.5 팩토리 패턴

팩토리 패턴에 대해 본격적으로 학습해보겠습니다. 앞에서는 팩토리 패턴을 학습하기 위해 객체 생성과 문제점, 의존성에 대해 알아보았습니다. 팩토리 패턴은 객체 생성을 위임할 수 있는 클래스를 정의합니다. 팩토리 패턴의 클래스는 객체 생성을 담당하고 객체의 생성을 느슨한 관계가 되도록 처리합니다.

1.5.1 느슨한 결합

객체지향 프로그램의 첫 단추로 클래스를 선언했다면 그 다음으로 할 일은 객체를 생성하는 것입니다. 하지만 객체 생성은 객체 간 결합 관계를 발생시키고, 이러한 결합 관계는 객체 간에 의존성을 부여합니다. 팩토리 패턴에서는 [예제1-3]과 달리 코드에서 직접 클래스의 이름을 지정해 객체를 생성하지 않으며, 별도의 객체에 필요한 객체를 생성하도록 책임을 위임합니다.

다음 예제는 객체 생성을 책임질 Factory 클래스를 신인합니다.

예제 1-7 Factory/04/factory.php

```php
<?php
// 팩토리 클래스
class Factory
{
    static public function getInstance()
    {
        echo "팩토리:객체를 생성하여 반환합니다.\n";
        return new Korean();
    }
}
```

Factory 클래스는 생성할 객체를 반환하는 메서드를 가지고 있습니다. Factory 클래스의 getInstance() 메서드로 객체를 생성하고 생성된 객체를 반환합니다.

1.5.2 동적 팩토리

팩토리 패턴은 분리된 factory 클래스의 객체를 통해 필요로 하는 모든 객체의 생성을 위임합니다. 팩토리 패턴은 앞에서 문제로 언급했던 강력한 결합 관계 발생을 줄이고, 코드에서 new를 직접 사용하지 않고도 객체를 생성합니다. 앞에서 설계한 Factory 클래스를 이용해 기존의 Hello 클래스를 수정하여 Factory 클래스의 getInstance() 메서드를 정적static 타입으로 호출합니다.

예제 1-8 Factory/04/hello.php

```php
<?php
// 클래스 파일 선언
```

```php
class Hello
{
    public function greeting()
    {
        // return "안녕하세요";
        // 새로운 객체를 생성합니다.

        // $ko = new Korean;
        // return $ko->text();

        $ko = Factory::getInstance(); // 팩토리 호출
        return $ko->text();
    }
}
```

[예제 1-8]에서는 new 키워드를 직접 사용하지 않고 Factory 클래스의 getInstance() 메서드가 Korean 클래스의 객체를 생성하여 반환합니다. Factory 클래스는 Korean 객체의 생성 작업을 위임하는 역할을 수행합니다.

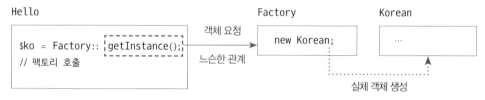

그림 1-8 Factory 클래스를 활용한 객체 생성

> **NOTE** Factory 클래스를 사용하기 위해서는 new 키워드를 이용하여 팩토리 객체를 생성해야 합니다. new 키워드를 사용하지 않기 위해 Factory 클래스의 getInstance() 메서드를 정적 타입으로 선언하고 호출했습니다.

다음은 작성한 코드를 실행하는 메인 소스입니다. 필요한 클래스 선언 파일을 include하여 같이 실행합니다.

예제 1-9 Factory/04/index.php

```php
<?php
// 클래스 파일을 읽어옵니다.
```

```php
include "factory.php";
include "hello.php";
include "korean.php";

// 객체를 생성합니다.
$obj = new hello;

// 행위 호출
echo $obj->greeting();
```

```
$ php index.php
팩토리:객체를 생성하여 반환합니다.
안녕하세요
```

팩토리 패턴으로 변경된 코드를 통해 코드 자체에서 생성되는 강력한 의존 관계를 분리하고 느슨한 의존 관계로 변경했습니다. 앞에서 지적했던 의존 관계 문제가 해결되었습니다. 하지만 팩토리 패턴을 사용하면 객체를 직접 생성하는 것과 달리 Factory 객체를 통해 호출^{call}하는 처리 과정이 한 단계 더 필요합니다. 이는 불필요한 호출 증가로 프로그램 성능 저하를 초래합니다. 그러나 객체 생성을 다른 객체에 위임함으로써 내부적인 결합을 제거하고, 동적으로 객체를 관리할 수 있다는 장점도 있습니다.

1.5.3 클래스의 선택

팩토리 패턴은 객체 생성을 위임합니다. 다음 예제를 보면서 객체 생성 위임에 대해 더 학습해 봅시다. 새로운 인사말을 출력하기 위해 영어로 된 인사말 클래스(English)를 하나 더 만듭니다.

예제 1-10 Factory/05/English.php

```php
<?php
// 클래스 파일 선언
class English
{
    public function text()
    {
        return "hello world";
```

```
    }
  }
```

인사말 객체지향 프로그램은 Korean, English 클래스의 객체를 생성하고 관리합니다. Factory 클래스를 다음과 같이 변경합니다.

예제 1-11 Factory/05/factory.php

```php
<?php
// 팩토리 클래스
class Factory
{
    static public function getInstance($type=null)
    {
        echo "팩토리:객체를 생성하여 반환합니다.\n";
        if($type == "ko") {
            return new Korean();
        } else if($type == "en") {
            return new English();
        }

    }
}
```

[예제 1-11]은 팩토리 패턴이 여러 객체의 생성을 책임집니다. 이때는 생성할 객체를 선택할 수 있는 조건 로직이 필요한데, 이 경우 외부의 매개변수값을 받아 처리할 수 있습니다. Factory 클래스의 getInstance() 메서드는 조건을 통해 Korean과 English 객체를 선택적으로 생성/반환할 수 있습니다. 조건이 추가/변경될 때마다 다른 객체를 생성하고 반환할 수 있습니다.

다음 예제의 Hello 클래스도 변경된 Factory 클래스에 맞게 수정합니다.

예제 1-12 Factory/05/hello.php

```php
<?php
// 클래스 파일 선언
class Hello
{
    public function greeting($type)
```

```
    {
        // return "안녕하세요";
        // 새로운 객체를 생성합니다.

        // $ko = new Korean;
        // return $ko->text();

        $ko = Factory::getInstance($type); // 팩토리 호출
        return $ko->text();
    }
}
```

Factory 클래스는 2개의 클래스를 선택적으로 객체 생성하므로 Factory::getInstance()
메서드에 생성할 객체명에 대한 조건값을 같이 전달합니다.

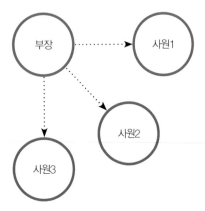

그림 1-9 부장(팩토리)이 어떤 사원(객체)에게 지시를 내릴지 결정하는 것과 유사함

예를 들면 회사에서 부장이 사원1, 사원2, 사원3 등을 직접 지정해 선택적으로 담당할 일을 시
키는 것과 같습니다. 이때 사원은 매개변수로 전달받는 방법과 유사하게 선택될 수 있습니다.
메인 예제 코드도 2개의 인사말을 모두 출력할 수 있도록 수정해보겠습니다.

예제 1-13 Factory/05/index.php

```php
<?php
// 클래스 파일을 읽어옵니다.
include "factory.php";
include "hello.php";
```

```
include "korean.php";
include "English.php";

// 객체를 생성합니다.
$obj = new hello;

// 행위 호출
echo $obj->greeting("en")."\n";
echo $obj->greeting("ko")."\n";
```

```
$ php index.php
팩토리:객체를 생성하여 반환합니다.
hello world
팩토리:객체를 생성하여 반환합니다.
안녕하세요
```

[예제 1-13]에서는 2가지 언어의 인사말을 출력하는 팩토리 패턴을 구현합니다. 더 많은 언어 인사말을 출력할 때는 간단하게 인사말 클래스를 선언하고 조건만 추가합니다. 팩토리 패턴은 객체의 생성 처리를 동적으로 위임하므로, 이처럼 향후 클래스가 추가되거나 변경돼도 코드를 쉽게 수정할 수 있습니다.

1.5.4 형식 안정성

팩토리 클래스는 프로그램 내부에서 필요한 객체를 생성하는 역할을 수행합니다. 또한 다수의 객체를 생성할 때는 이를 선택하기 위해 매개변수를 전달합니다. 이때 전달되는 매개변수의 타입은 대부분 문자열을 사용합니다. 팩토리 클래스는 전달받은 매개변수를 비교해 일치하는 객체를 생성하고 반환합니다. 하지만 전달받은 매개변수를 판별하지 못해 정확히 생성해야 할 객체를 결정하지 못하는 경우도 있습니다(조건 불일치).

예를 들어 한국어 인사말은 ko 코드를 사용합니다. 실수로 ko 코드가 아닌 kr 코드를 입력하면 팩토리 패턴은 정확한 객체를 생성하지 못하기 때문에 프로그램이 실행되지 않습니다. 이처럼 매개변수가 코드의 오류를 발생시키는 원인인 경우도 많습니다. 프로그램이 안전하게 동작하도록 하기 위해 상수const를 사용하는 것도 좋은 방안입니다. 다음은 상수를 이용해 변경한 예제 코드입니다.

```php
<?php
// 팩토리 클래스
class Factory
{
    const KOREAN = "ko";  // 상수 사용
    const ENGLISH = "en"; // 상수 사용
    static public function getInstance($type=null)
    {
        echo "팩토리:객체를 생성하여 반환합니다.\n";
        if($type == self::KOREAN) {
            return new Korean();
        } else if($type == self::ENGLISH) {
            return new English();
        }

    }
}
```

메인 코드도 팩토리에서 선언된 상수를 이용해 인자값을 전달합니다. 이처럼 상수를 이용하면 많은 실수를 줄일 수 있습니다.

예제 1-15 Factory/05/index2.php

```php
<?php
// 클래스 파일을 읽어옵니다.
include "factory2.php";
include "hello.php";
include "korean.php";
include "English.php";

// 객체를 생성합니다.
$obj = new hello;

// 행위 호출
echo $obj->greeting(Factory::ENGLISH)."\n";
echo $obj->greeting(Factory::KOREAN)."\n";
```

```
$ php index2.php
팩토리:객체를 생성하여 반환합니다.
hello world
```

실행 결과는 [예제1−13]과 동일합니다.

1.6 단순 팩토리

단순 팩토리simple factory는 팩토리 패턴의 특징과 처리 로직을 간략하게 작성한 것입니다. 기존 팩토리 패턴에서 단점이었던 별개의 **Factory** 객체를 생성하지 않습니다. 그 대신 자신의 객체에 필요한 객체를 생성하는 전용 메서드를 추가합니다.

1.6.1 메서드

전형적으로 팩토리 패턴은 생성/관리하는 객체를 별도의 클래스로 분리하여 위임합니다. 하지만 객체 생성을 위해 새 클래스가 늘어나는 것이 부담되는 경우도 있습니다. 새로운 클래스가 늘어날 경우 추적 관리할 코드가 많아진다는 단점이 있습니다.

단순 팩토리는 이러한 관점에서 등장한 패턴으로, 별도의 팩토리 클래스를 생성하지 않고 자기 자신의 클래스에 객체 생성을 처리할 수 있는 전용 메서드를 추가하는 것입니다. 다음과 같이 **Hello** 클래스의 객체 생성 코드를 수정합니다. 단순 팩토리를 적용한 **Hello** 클래스는 내부적으로 필요한 생성 객체만 처리할 수 있는 메서드를 갖고 있습니다.

예제 1-16 Factory/05/hello.php

```php
<?php
// 클래스 파일 선언
class Hello
{
    public function greeting()
    {
        // return "안녕하세요";

        // 새로운 객체를 생성합니다.
```

```
        // $ko = new Korean;
        $ko = self::factory(); // 단순 팩토리 호출
        return $ko->text();
    }

    // 단순 팩토리
    public static function factory()
    {
        return new Korean;
    }
}
```

이전에는 직접 **new**를 통해 **Korean** 객체를 생성했지만, 변경된 코드에서는 내부적으로 필요한 객체를 생성하는 전용 **factory()** 메서드가 추가되었습니다.

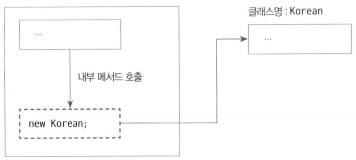

그림 1-10 내부 메서드를 호출하는 단순 팩토리

내부의 **factory()** 메서드는 **Korean** 객체를 생성합니다. 메서드를 호출함으로써 필요한 객체의 생성을 분리할 수 있습니다.

1.6.2 단순 팩토리

단순 팩토리는 객체 생성 과정이 복잡하지 않을 경우 추가 클래스 파일을 생성하지 않고도 팩토리 패턴을 적용할 수 있다는 것이 장점입니다. 단순 팩토리 패턴은 생성자 디자인 패턴 중 가장 많이 사용됩니다.

이 패턴은 너무 간단해서 자신도 모르게 무의식적으로 사용할 수도 있습니다. 또한 '이게 무슨

디자인 패턴인가?'라는 의문이 들 수도 있습니다. 패턴 연구자 중에는 단순 팩토리를 생성 패턴에 포함시키지 않는 사람도 많은데, 이는 기존의 객체 생성 방식과 유지 보수 측면에서 비효율적입니다. 그만큼 쉽고 간단합니다.

단순 팩토리는 정적^{static} 팩토리 패턴이라고도 부르며, 객체에서 직접 객체 생성을 처리합니다. 원칙적으로 팩토리 패턴은 클래스를 사용해 사용과 생성을 분리합니다.

1.7 장점과 단점

팩토리 패턴을 통해 객체를 생성하면 유연한 코드 작성이 가능하고 동작도 쉽게 변경할 수 있습니다. 팩토리 패턴에 대한 장단점 몇 가지를 정리해봅시다.

1.7.1 장점

첫 번째, 코드에서 생성과 관련된 모든 처리를 별도의 클래스 객체로 위임할 수 있습니다. 사용과 생성을 분리하는 과정에서 중복된 코드를 정리하는 효과도 있습니다.

두 번째, 유연성과 확장성이 개선됩니다. 개발 과정에서 클래스 이름이 변경돼도 코드를 일일이 수정하지 않고 팩토리 객체를 통해 손쉽게 변경할 수 있습니다.

세 번째, 팩토리 패턴은 어떤 객체를 생성할지 모르는 초기 단계 코드에 매우 유용합니다. 일단 객체를 먼저 호출해서 사용한 후 쉽게 수정할 수 있기 때문입니다.

1.7.2 단점

팩토리 패턴은 객체 생성을 위임하는 데 별도의 새로운 클래스가 필요합니다. 관리할 클래스 파일이 늘어난다는 것도 단점입니다. 이 단점을 보완하기 위해 단순 팩토리를 사용할 수도 있습니다.

1.8 관련 패턴

팩토리 패턴은 앞으로 학습할 모든 패턴에 응용할 수 있으며, 팩토리 메서드 패턴(3장)과 추상 팩토리 패턴(4장)으로 발전합니다.

1.8.1 팩토리 메서드 패턴

팩토리 메서드 패턴(3장)은 생성과 사용을 분리하는 데 별도의 클래스가 필요합니다. 팩토리 메서드는 객체 생성을 위임하여 처리하는 과정에서 요청과 생성 코드를 분리해 작성합니다.

개발 초기에는 다양한 클래스가 선언되고 생성 과정이 자주 변경됩니다. 팩토리 메서드는 보다 유연한 객체 생성 처리를 위해 템플릿화된 메서드 기능을 추가합니다.

1.8.2 추상 팩토리 패턴

추상 팩토리 패턴(4장)은 팩토리 패턴을 기반으로 확장된 팩토리 메서드를 좀 더 발전시킨 패턴입니다. 객체 생성을 집합 단위로 분리하여 관리할 수 있습니다.

1.9 정리

우리가 처음으로 학습한 팩토리 패턴은 너무 간단한 개념이라 디자인 패턴이 아니라고 하는 사람도 있습니다. 팩토리 패턴을 하나의 패턴으로 인정하기 시작한 것은 얼마 되지 않았습니다. 실제로 팩토리 패턴은 1990년대 초까지만 해도 패턴으로 인정받지 못했습니다.

팩토리 패턴은 객체 생성 과정을 분리하여 처리합니다. 객체 생성 과정에서 발생하는 new 키워드의 문제점을 해결하고 느슨한 객체 생성을 관리합니다. 또한 팩토리 패턴은 다양한 클래스의 객체 생성을 쉽게 처리하며, 생성하는 객체를 정의할 수 없거나 변경이 있는 경우 객체 생성을 매우 유용하게 관리할 수 있습니다.

팩토리 패턴이 프록시 패턴과 결합하면 객체 생성을 위임받을 때 권한에 따라 접근하는 것을 제어할 수 있습니다. 특정한 객체 생성에서 보안 또는 권한 등의 처리가 필요할 때도 응용할 수 있는 좋은 패턴입니다. 단순 팩토리 패턴은 메서드를 통해 객체 생성을 관리합니다. 가장 간단하고 깔끔하게 클래스의 객체를 생성하는 의존적인 연관 관계를 해소할 수 있습니다.

single·ton
[ˈsɪŋltən] 🔊

CHAPTER 2

싱글턴 패턴

싱글턴 패턴은 생성 패턴 중 가장 많이 주목받는 패턴 중 하나입니다. 싱글턴은 자원 공유를 위해 객체 생성 개수를 1개로 제한합니다.

2.1 객체 생성

클래스는 선언 후 객체를 생성해야 사용할 수 있습니다. 객체 생성은 내부 new 키워드를 사용합니다. new 키워드의 또 다른 중복 객체 생성 특징에 대해 알아봅시다.

2.1.1 new 키워드

선언된 클래스를 객체로 생성하는 과정을 인스턴스화라고 합니다. 인스턴스화는 선언된 클래스를 기반으로 객체를 생성해 메모리에 할당하는 작업을 수행합니다. 그리고 이 모든 일을 수행하게 만드는 명령어가 new 키워드입니다. [예제 2-1]은 간단한 인사말을 출력하는 클래스입니다.

예제 2-1 Singleton/01/index.php

```php
<?php
class Hello
{
    public function greeting()
    {
        return "안녕하세요.\n";
    }
}
…
```

new는 프로그래밍 언어의 예약 키워드입니다. 선언한 Hello 클래스의 객체를 new 키워드로 생성합니다.

```php
$obj = new Hello;
```

Hello 클래스의 객체를 생성해 변수 $obj에 저장합니다. 이 코드를 그림으로 설명하면 다음과 같습니다.

그림 2-1 객체 생성

클래스를 이용해서 객체를 생성하는 방법은 new 키워드가 유일하며, new 키워드를 사용하지 않고 객체를 생성할 수는 없습니다. 많은 언어에서 선언된 클래스를 이용해 객체를 생성할 때 new 키워드로 설계하는 경우가 많습니다.

2.1.2 객체의 중복

객체의 인스턴스화 과정을 좀 더 살펴봅시다. 객체 생성이란 선언된 클래스에 따른 객체를 메모리에 할당하는 동작입니다. 이러한 객체 생성 과정은 new 키워드를 통해 반복 생성할 수 있는데, 다음과 같이 new 키워드를 이용해 클래스의 동일한 객체를 여러 개 생성할 수 있습니다.

```
...
$obj1 = new Hello;
$obj2 = new Hello;
$obj3 = new Hello;
$obj4 = new Hello;
$obj5 = new Hello;
```

이 코드의 의미는 한 번 선언된 클래스를 이용해 농일한 객체를 제한 없이 무세한으로 생성할 수 있다는 것입니다. 즉 시스템 자원이 허락하는 한 무제한으로 객체를 생성할 수 있습니다.

그림 2-2 객체 중복 생성

선언된 클래스는 객체를 생성하기 위한 모형 틀과 같고, 이 모형 틀을 이용해 동일한 객체를 수 없이 생성할 수 있습니다. 이런 이유로 객체를 붕어빵과 붕어빵 틀에 비유하여 설명하는 경우도 많습니다. 이는 객체지향의 원리이며 특징입니다.

2.2 유일한 객체

앞에서 알아본 것과 같이 객체지향에서는 하나의 클래스를 이용하여 객체를 무제한 생성할 수 있습니다. 이러한 객체지향의 특징은 장점이면서 때로 단점이 되기도 합니다. 그 이유를 살펴봅시다.

2.2.1 자원 공유

객체지향에서 new 키워드로 생성한 객체는 각각 독립된 자원입니다. 독립된 자원이란 서로 다른 메모리 영역을 차지하고 있다는 것을 의미합니다. 만일 생성된 하나의 객체를 공유할 경우 복수 객체를 생성하는 new 키워드의 특징이 문제가 됩니다.

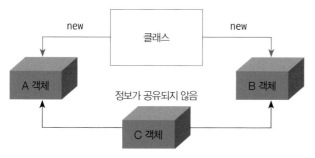

그림 2-3 객체 공유 문제

선언된 클래스는 하나지만 new 키워드로 생성된 객체는 2개입니다. 별도의 C 객체가 동일한 클래스로 생성된 객체라고 착각하여 정보에 접근할 때 문제가 발생합니다. A, B 객체는 단지 생성을 위한 클래스 선언만 같을 뿐, 서로 다른 메모리에 생성된 전혀 다른 객체입니다. 따라서 객체가 동일하지 않으므로 객체의 상탯값을 공유할 수 없습니다.

2.2.2 스코프

프로그램에서는 변수를 크게 전역 변수와 로컬 변수로 구분합니다. 변수가 접근할 수 있는 영역을 구분하는 것입니다. 이러한 변수의 접근 영역 구분을 다른 용어로 스코프^{scope}라고 합니다. 전역 변수는 프로그램 전반에서 접근 가능한 공용 변수로 데이터를 쉽게 공유할 수 있다는 장점이 있습니다. 함수는 대표적으로 변수의 접근 영역을 구분하는 프로그래밍 방식입니다. 하지만 함수들은 변수 영역이 서로 나뉘어 있기 때문에 함수 간 데이터를 공유하기 힘듭니다. 이러한 이유로 이전에는 전역 변수를 활용해 함수 간 값을 공유 처리했습니다.

예를 들어 PHP에서는 전역 변수 접근을 위한 global 키워드를 제공합니다. 함수 안에 있는 변수명 앞에서 global 키워드를 이용하면 함수 밖의 변수에 접근할 수 있습니다. 또는 $GLOBALS 슈퍼 변수를 이용할 수도 있습니다. 다음은 $GLOBALS 슈퍼 변수를 이용해 전역 변수에 접근하는 예제입니다.

예제 2-2 Singleton/02/index.php

```php
<?php
$conf = [
    'name'=>"jiny",
    'version'=>"1.0"
];

class foo
{
    public function conf()
    {
        return $GLOBALS['conf']; // 전역 변수 접근
    }
}

$obj = new foo;
print_r($obj->conf());
```

foo 클래스의 conf( ) 메서드는 클래스 밖에 있는 $conf 변수에 접근하여 값을 읽은 후 반환
합니다.

```
$ php index.php
Array
(
    [name] => jiny
    [version] => 1.0
)
```

global 키워드나 $GLOBALS 슈퍼 변수로 외부의 전역 변수값을 참조하는 방식은 오래 전부터
사용해온 방법입니다.

하지만 전역 변수로 외부의 값을 공유하면 다양한 문제가 발생할 수 있기 때문에 전역 변수로
값을 공유할 때는 스코프의 변수 범위를 보다 면밀하게 관리해야 합니다. 잘못하면 사이드 이
펙터(부작용)side effect으로 오동작이 발생할 수 있어 디버깅에 많은 어려움이 있습니다.

2.3 싱글턴

전역 변수처럼 생성한 객체를 공유하려면 하나의 객체만 존재해야 합니다. 객체가 중복 생성되면 공유할 수 없습니다. 싱글턴은 다른 생성 패턴과 달리 하나의 객체만 생성을 제한하는 패턴입니다. 그리고 생성된 객체는 공유되어 어디서든 접근할 수 있습니다.

2.3.1 유일한 객체

싱글턴이라는 이름만으로도 동작을 유추할 수 있습니다. 옛말에 '사공이 많으면 배가 산으로 간다'는 말이 있습니다. 싱글턴이라는 단어는 '하나', '단독'과 같은 의미입니다.[1]

응용 프로그램에서 전역 변수, 공용 장치 등은 하나의 객체만 필요한 경우가 많습니다. 예를 들면 컴퓨터에서 키보드 입력 장치는 하나입니다. 여러 대의 프린터가 연결되어 있어도 프린터로 전송하는 데이터 스풀spool은 하나입니다. 또한 프로그램의 환경 설정 파일도 하나만 있습니다.

이런 것이 여러 개 존재한다면 시스템과 프로그램은 자주 충돌할 것입니다. 충돌을 방지하려면 단일 객체를 사용해야 하며, 싱글턴은 하나의 객체만 유지하게 하는 생성 패턴입니다. 싱글턴 패턴은 다음과 같은 상황에서 매우 유용합니다.

- 공유 자원 접근
- 복수의 시스템이 하나의 자원에 접근할 때
- 유일한 객체가 필요할 때
- 값의 캐시가 필요할 때

2.3.2 전역 객체

일반적인 절차지향적 프로그래밍 방법에서 전역 변수는 global 키워드를 사용해 쉽게 접근합니다. 전역으로 선언된 변수는 하나만 존재하므로 값을 공유하기가 편합니다. 하지만 객체를 생성해 공유하려면 어떻게 해야 할까요? 객체는 중복 생성이 가능하기 때문에 생성된 객체를 공유하려면 약간의 속임수가 필요합니다.

---

1 다른 말로 단일체 패턴이라고도 부릅니다.

객체를 공유하려면 객체를 복수로 생성하는 문제가 해결되어야 합니다. 그리고 생성되는 객체를 1개의 단일 객체로 유지해야 합니다. 단일 객체는 여러 곳에서 접근을 시도해도 결국은 동일한 객체를 사용하게 됩니다.

[그림 2-4]를 보면서 예를 들어봅시다. 하나의 클래스로 생성된 객체의 상탯값을 공유하려면 객체 생성을 제한해야 합니다. 여기서 '제한한다'는 의미는 new 키워드를 사용할 때 서로 다른 A, B 객체가 생성되는 것이 아니라 동일한 객체 1개만 유지한다는 것입니다. 그리고 이러한 기능을 처리하는 패턴을 싱글턴이라고 합니다.

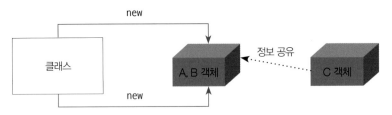

그림 2-4 객체에 접근하는 방법만 다를 뿐 같은 객체를 사용한다

싱글턴 패턴을 적용하면 몇 번의 new 명령을 수행해도 동일한 객체를 반환하며, 1개의 객체만 존재하므로 객체를 공유해도 문제 발생 소지가 적습니다. 싱글턴은 전역 변수를 객체 형태로 변형해놓은 전역 객체입니다.

객체지향 프로그램에서 객체 1개만으로 프로그램을 작성하는 경우는 없습니다. 프로그램 설계 시 수많은 클래스 선언과 객체가 생성되고 각각의 객체는 고유한 책임을 집니다.

이러한 객체들은 서로 관계를 맺으며 복잡한 동작을 수행합니다. 모든 객체는 상호 관계 속에서 작용하며 동작하고, 객체의 상호 관계 속에는 공유 객체도 존재합니다. 서로 다른 객체가 값을 공유할 때나 중복되는 자원을 줄일 때 싱글턴 패턴을 적용합니다.

2.3.3 보증

싱글턴에서 중요한 핵심은 '어떻게 하나의 객체만 생성할 수 있는가'입니다. 싱글턴은 객체의 관계 속에서 상호 작용하기 위한 값을 저장하고 전달하는데, 값을 전달하기 위해서는 공용 객체가 필요합니다. 싱글턴 패턴은 new 키워드 이용해 객체를 생성하는 방법을 원천적으로 금지합니다. 클래스의 생성자 접근 제한으로 인해 new 키워드의 객체 생성 동작을 방해합니다. 객체 생성이 제한된 싱글턴은 대신 객체를 생성할 수 있는 메서드를 추가하며, new 키워드 대신 객체 생성 메서드 호출만으로 객체를 생성할 수 있습니다.

또한 싱글턴은 내부 참조체가 있어 자신의 객체를 보관합니다. 즉 내부적으로 중복 생성을 방지하는 로직(플라이웨이트 패턴[2])이 있습니다. 싱글턴은 참조체를 통해 하나의 객체만 갖도록 보증하지만, 싱글턴 패턴을 적용하면 클래스 상속과 복수 객체를 생성할 수 있는 객체지향의 장점은 포기해야 합니다.

2.4 싱글턴 설계

본격적으로 싱글턴 패턴 코드를 작성해보겠습니다. 일반 클래스의 구조를 싱글턴 패턴으로 변경하기 위한 구조에 대해 학습합니다.

2.4.1 객체 생성 과정

싱글턴 패턴을 구현하기 위해서는 먼저 어떻게 클래스를 이용하여 객체를 생성하는지 그 프로그램 언어 원리부터 알아야 합니다. new 키워드는 객체를 생성할 때 선언된 클래스의 생성자를 호출합니다. 생성자는 PHP 언어에서 매직 메서드[Magic Method][3]로 정의합니다. 자바에서는 클래스명과 동일한 메서드를 사용합니다.

예제 2-3 Singleton/03/Config.php

```php
<?php
class Config
{
    public function __construct()
    {
        echo __CLASS__."가 생성이 되었습니다.\n";
    }
}
```

2 3부 구조 패턴에서 자세히 다룹니다.
3 '_'로 시작하는 매직 메서드는 PHP 클래스 내에서 특수한 목적으로 사용됩니다.

PHP의 경우 생성자의 메서드 이름이 고정되어 있습니다. 클래스 안에 __construct() 메서드를 추가하면 사용자가 정의한 생성자로 동작되며, 생성자가 필요 없는 경우 생략할 수 있습니다. 선언된 클래스의 객체를 생성할 때 사용자 정의 생성자가 같이 실행됩니다. 다음은 객체를 생성하는 메인 코드입니다.

예제 2-4 Singleton/03/index.php

```php
<?php
include "Config.php";

// 객체를 생성합니다.
$obj = new Config;
```

```
$ php index.php
Config가 생성이 되었습니다.
```

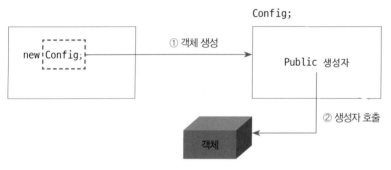

그림 2-5 생성자를 통한 객체 생성

new 키워드를 통해 객체가 생성될 때 클래스의 생성사가 실행되어 함께 동작하는 것을 확인할 수 있습니다.

2.4.2 접근 권한

객체지향은 프로퍼티와 메서드를 선언할 때 접근 권한을 다음과 같이 설정합니다. 싱글턴 패턴을 학습하기 위해서는 객체의 접근 권한 속성을 숙지해야 합니다.

객체지향에는 클래스의 접근을 제어할 수 있는 3가지 속성이 있습니다.

- Public
- Private
- Protected

public은 모든 접근이 가능한 권한이고 private은 내부적인 접근만 허용하며 protected는 상속된 경우만 허용합니다.

[예제 2-3]을 통해 알 수 있듯이 객체를 생성할 때는 생성자가 함께 동작합니다. 일반 클래스를 싱글턴 패턴으로 변환하려면 new 키워드로 객체를 생성하지 못하게 방해해야 합니다. 이를 위해 생성자의 접근 권한을 변경합니다.

2.4.3 생성자 제한

싱글턴 패턴으로 변환하기 위해서는 new 키워드가 객체를 생성하지 못하게 해야 합니다. 만일 [예제 2-3]과 같이 선언된 클래스의 생성자를 동작하지 못하도록 막으면 어떻게 될까요? 다음 코드의 생성자 부분을 주의 깊게 살펴봅시다.

```php
public function __construct()
{
    echo __CLASS__."가 생성이 되었습니다.\n";
}
```

생성자의 접근 제한 속성은 public으로 되어 있으며, 이것은 어디서든 접근 가능한 속성입니다. 생성자는 기본적으로 public 속성을 사용합니다. 다른 객체에서 생성자에 접근하지 못하게 접근 속성을 private으로 변경하고 예제 소스를 다시 한 번 실행합니다.

예제 2-5 Singleton/04/Config.php

```php
<?php
class Config
{
    private function __construct()
    {
```

```
        echo __CLASS__."가 생성이 되었습니다.\n";
    }
}
```

생성자의 접근 제어 속성을 단지 public에서 Private으로 변경했을 뿐인데, 이전과 달리 객체를 생성하지 못하고 오류가 발생합니다

```
$ php index.php
PHP Fatal error:  Uncaught Error: Call to private Config::__construct() from
invalid context in D:\jiny\pettern\Singleton\04\index.php:6
Stack trace:
#0 {main}
  thrown in D:\jiny\pettern\Singleton\04\index.php on line 6
```

이를 통해 알게 된 사실은 new 키워드가 클래스의 객체를 생성할 때 생성자를 public으로 하여 접근한다는 것입니다. 사실 private은 클래스 내부에서만 호출 가능한 속성이므로 외부에서 생성자를 실행하지 못하는 것은 당연합니다.

생성자를 꼭 public으로 선언할 필요는 없으며, 이처럼 생성자의 속성을 임의로 변경할 수 있습니다. 싱글턴 패턴은 생성자를 제어하는 부분부터 시작합니다.

> **NOTE** __construct() 생성자 메서드는 new 키워드에서 호출이 이루어집니다. new 키워드를 통해 클래스의 객체를 생성하지 않으면 __construct() 생성자를 호출하지 않습니다.

2.4.4 복제 방지

클래스의 객체를 생성하는 방법은 new 키워드가 유일합니다. 하지만 예외적으로 객체를 생성할 방법이 하나 더 있는데, 기존에 생성된 객체를 복제하여 새로운 객체를 만드는 것입니다. PHP는 객체를 복사할 수 있는 clone 키워드를 같이 제공합니다. 그리고 clone 복제가 될 때 실행되는 __clone() 매직 메서드가 있습니다.

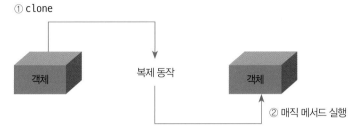

① clone

복제 동작

객체

객체

② 매직 메서드 실행

그림 2-6 복제 시 매직 메서드가 실행됨

객체 생성 과정을 완벽하게 제한하기 위해서는 복제 메서드도 private으로 수정합니다.

```
private function _clone()
{
    ...
}
```

이제 어떤 방법으로도 클래스의 객체를 생성할 수 없습니다.

2.5 인스턴스 생성

싱글턴으로 변경한 클래스는 외부적으로 객체를 생성할 수 없으며, 싱글턴 패턴이 적용된 클래스 객체를 생성하려면 내부에 선언된 메서드를 호출해야 합니다.

2.5.1 생성 메서드

클래스를 사용하기 위해서는 먼저 객체를 생성해야 합니다. 하지만 new 키워드로 생성할 수 있는 방법이 막혀 있습니다. 외부적으로 고립된 싱글턴 클래스의 객체를 어떻게 만들어야 할까요? 싱글턴 패턴에서는 내부적으로 객체를 생성할 수 있도록 특수한 메서드를 추가합니다. 다음 예제에서 추가 구현된 getInstance() 메서드를 확인합니다.

예제 2-6 Singleton/05/Config.php

```php
<?php
class Config
{
    private function __construct()
    {
        echo __CLASS__."가 생성이 되었습니다.\n";
    }

    private function __clone()
    {
        echo __CLASS__."가 복제 되었습니다.\n";
    }

    // 싱글턴 객체 생성 메서드
    public static function getInstance()
    {
        echo __CLASS__."객체를 생성합니다.\n";
        return new self();
    }

}
```

싱글턴으로 변경된 Config 클래스는 자체적으로 객체 생성을 위한 getInstance() 메서드를 추가로 구현합니다. getInstance() 메서드는 자기 자신의 클래스를 객체로 생성하여 반환합니다.

```php
return new self();
```

getInstance() 메서드 타입은 정적 메서드로 작성합니다. 싱글턴 클래스는 아직 객체가 존재하지 않으므로 객체를 통해 메서드에 접근할 수 없습니다. 정적 타입으로 메서드를 선언하면 객체 없이도 메서드를 호출할 수 있습니다.

다음 예제에서는 정적 메서드 호출을 통해 싱글턴 객체를 생성합니다.

예제 2-7 Singleton/05/index.php

```php
<?php
include "Config.php";
```

```
// 객체를 생성합니다.
$obj = Config::getInstance();
```

싱글턴 객체를 생성하는 메서드를 호출합니다. 싱글턴에서는 객체를 생성하는 것이 아니라 객체 생성을 요청한다는 것이 더 정확한 표현입니다. 객체 생성을 요청한다는 의미에서 생성 패턴의 팩토리와 유사합니다.

```
$ php index.php
Config객체를 생성합니다.
Config가 생성이 되었습니다.

싱글턴 클래스의 정적 메서드를 이용하여 객체를 생성했습니다.
```

2.5.2 참조체

싱글턴의 정적 메서드 getInstance()는 자제척으로 자기 자신의 클래스 객체를 생성해 반환하지만, 외부에서 정적 메서드를 여러 번 호출하면 매번 다른 객체를 생성하여 반환합니다. 그 이유는 생성, 반환되는 방식이 new self()이기 때문입니다. 정적 메서드 안에 new 키워드를 사용했기 때문에 객체지향의 특징인 다중 객체 생성이 가능한 것입니다.

따라서 완벽한 싱글턴 패턴은 객체 생성을 외부의 접근 권한만으로 제한할 수 없습니다. 싱글턴 패턴은 어떤 경우라도 1개의 객체만 생성해야 하며 이를 위해 플라이웨이트 패턴에서 응용되는 참조체를 도입합니다. 싱글턴은 내부적으로 하나의 객체만 보장하기 위해 자체 객체를 저장하는 참조체reference를 갖고 있습니다. 참조체를 통해 자신의 객체가 생성되었는지 판단합니다.

다음 예제는 참조체를 추가한 코드입니다.

예제 2-8 Singleton/06/Config.php

```
<?php
class Config
{
    private static $Instance = NULL; // 참조체
```

```
    private function __construct()
    {
        echo __CLASS__."가 생성이 되었습니다.\n";
    }

    private function __clone()
    {
        echo __CLASS__."가 복제 되었습니다.\n";
    }

    public static function getInstance()
    {
        if (!isset(self::$Instance)) {
            echo __CLASS__."객체를 생성합니다.\n";
            self::$Instance = new self();
        }

        echo __CLASS__."객체를 반환합니다.\n";
        return self::$Instance;
    }

}
```

싱글턴의 **getInstance()** 메서드는 자기 자신의 객체를 생성할 때 참조체를 판별합니다. 조건문을 통해 참조체의 값을 판별하며, 참조체 변수에 객체가 존재하면 새로운 객체를 생성하지 않고 참조체에 저장된 객체를 반환합니다. 참조체 변수에 저장된 객체가 없는 경우 클래스 자신의 객체를 생성하여 참조체 변수에 저장한 후 반환합니다.

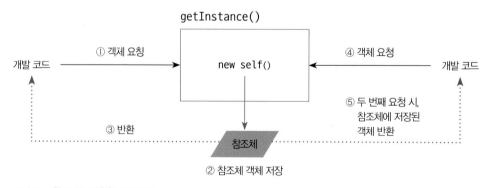

그림 2-7 참조체를 이용한 객체 관리

참조체가 적용된 싱글턴 객체를 다시 생성해봅시다.

예제 2-9 Singleton/06/index.php

```php
<?php
include "Config.php";

// 객체를 생성합니다.
$obj = Config::getInstance();
$obj = Config::getInstance();
```

참조체를 통해 정적 메서드를 여러 번 호출해도 하나의 객체만 반환됩니다.

```
$ php index.php
Config객체를 생성합니다.
Config가 생성이 되었습니다.
Config객체를 반환합니다.
Config객체를 반환합니다.
```

2.5.3 플라이웨이트 패턴

생성한 객체를 공유하는 패턴으로 플라이웨이트 패턴이 있습니다. 싱글턴 패턴은 가장 간단한 형태의 플라이웨이트 패턴이 결합한 형태입니다. 싱글턴은 내부 참조체를 통해 생성한 객체를 공유합니다. 싱글턴은 객체를 처음 생성할 때 참조체에 객체를 저장합니다. if 조건을 통해 참조체의 객체 존재 여부를 검사하고, 공유되는 객체가 있을 경우 참조체를 반환합니다.

싱글턴은 플라이웨이트 패턴의 처리 로직을 추가함으로써 유일한 객체 생성을 보장받습니다. 싱글턴을 구현하기 위해 플라이웨이트 패턴의 참조체를 같이 적용하는 것은 클래스 설계 시 코드의 양을 증가시키는 단점이 됩니다. 짧고 간단한 작은 코드라도 매번 플라이웨이트 패턴의 참조체 확인이 같이 실행되므로 반복되다 보면 성능에 영향을 줄 수 있습니다.[4]

---

4 플라이웨이트 패턴은 12장에서 자세히 다룹니다.

2.5.4 2가지 책임

패턴 구조를 엄밀하게 따져보면, 싱글턴 패턴은 다음과 같이 2개의 책임을 갖고 있는 객체이므로 객체지향의 단일 책임 원칙을 위반합니다. 첫 번째, 클래스의 설계는 본연의 목적을 해결하기 위해 고유한 처리 로직을 갖고 있습니다. 따라서 클래스는 목적을 해결하기 위한 본연의 책임을 자체적으로 갖고 있습니다

두 번째, 중복된 객체 생성을 방지하기 위한 책임입니다. 싱글턴은 자체직으로 참조체가 있습니다. 참조체를 통해 중복 객체 생성을 방지하기 위한 처리 로직도 포함합니다.

객체지향의 원칙을 반드시 적용해야 하는 것은 아닙니다. 예외적인 상황과 목적을 위해 위배하는 경우도 많습니다.

2.6 정적 클래스

싱글턴 패턴을 사용하지 않고 정적 클래스를 이용해 전역 변수처럼 객체를 공유하는 경우도 있습니다. 정적 클래스가 사용을 공유한다는 측면에서 싱글턴 패턴과 유사해 보일 수도 있지만 근본적인 차이가 있습니다. 이번에는 정적 클래스에 대해 알아보고 싱글턴과의 차이점을 살펴봅시다.

2.6.1 정적

정적static이라는 용어는 프로그래밍 언어에서 변수를 선언할 때 자주 등장합니다. 프로그래밍 언어에 변수를 선언하면 메모리 자원을 할당합니다. 그리고 변수를 사용한 후에는 다시 시스템에 메모리 자원을 반환합니다. 프로그램을 개발할 때는 한정된 자원(메모리)을 유용하게 사용하는 것이 중요합니다. 시스템의 자원을 관리하지 못하면 시스템이 성능을 제대로 발휘하지 못하거나 프로그램 동작에 문제가 발생합니다.

클래스는 객체를 생성하기 위한 선언문으로, 단순한 설계도라고 볼 수 있지만 클래스 자체로는 실행할 수 없습니다. 클래스로 객체를 생성한 후 메서드 호출이 이루어져야 비로소 실제 동작이 수행됩니다.

객체지향에서도 클래스로 객체를 생성할 경우 변수처럼 시스템의 메모리 자원에 할당받습니다. 하지만 정적 클래스는 객체 생성 없이 클래스 선언을 통해 프로그램을 실행할 수 있습니다. 정적 클래스는 메모리 자원을 할당받지 않고 어떻게 실행할 수 있을까요?

일반적인 클래스는 할당된 메모리의 객체를 통해 호출되지만, 정적 클래스는 객체를 생성하지 않고 소스 코드의 클래스 선언 자체를 객체로 인식하여 접근합니다. 클래스로 생성된 객체는 여러 개를 만들 수 있지만, 정적 클래스는 소스 코드를 이용하기 때문에 여러 개의 객체로 인식되지 않습니다. 클래스를 정적으로 사용할 경우 존재하는 객체는 1개입니다.

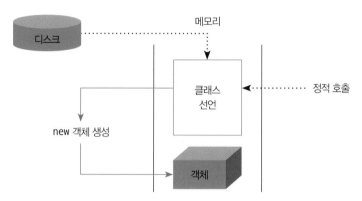

그림 2-8 클래스에 직접 접근해 사용하는 정적 호출

이처럼 정적 클래스가 선언된 하나의 자원만 사용한다는 점은 싱글턴 패턴과 유사합니다. 정적 클래스도 하나의 클래스만 보장하므로 동일한 효과를 볼 수 있습니다.

2.6.2 static 선언

앞 절에서 정적 클래스의 특징에 대해 간단히 알아봤습니다. 이번에는 실제로 정적 클래스를 선언하고 호출해보겠습니다. 클래스에서 정적 메서드를 정의할 때는 static 키워드를 사용합니다. static 키워드를 같이 선언하면 해당 메서드를 정적 방식으로 호출할 수 있습니다.

[예제 2-10]은 정적 클래스를 선언하고 호출하는 예입니다.[5]

---

5 PHP 언어에서는 클래스의 정적 메서드를 호출할 때 → 대신 ::을 사용합니다.

```php
<?php
// 정적 클래스
class Config
{
    static public $conf = NULL;

    public static function set($val)
    {
        self::$conf = $val;
    }

    public static function get()
    {
        return self::$conf;
    }
}

Config::set("hello");
echo Config::get();
```

```
$ php config.php
hello
```

[예제 2-10]은 정적 클래스를 선언했지만 객체는 생성되지 않습니다. 대신 클래스의 메서드를 정적으로 접근하여 호출합니다. 프로그램에서 공용 변수가 필요할 때는 정적 클래스의 특징을 이용합니다.

2.6.3 차이점과 한계

정적 클래스는 객체를 메모리에 생성하지 않으므로 메모리 관리 차원에서 보면 효율적인 관리 방법입니다. 하지만 싱글턴 패턴은 메모리 자원에 할당하여 동적 객체를 만듭니다. 반대로 정적 클래스는 코드가 실행되면서 고정으로 바인딩됩니다. 정적 클래스와 일반 클래스의 차이는 메모리의 상주와 비동적 차이의 여부입니다.

싱글턴은 외부에서 객체를 생성할 수 있는 방법이 없습니다. 싱글턴 패턴은 내부적으로 자기 자신의 객체를 저장하기 위해 정적 프로퍼티와 정적 메서드를 사용합니다. 싱글턴은 선언된 정적 메서드를 통해 자체 객체를 생성하며, 생성된 객체는 정적 프로퍼티에 저장합니다.

복잡한 싱글턴 구조보다 정적 클래스가 더 유용한 것처럼 보입니다. 하지만 개발 언어에서는 정적 클래스와 일반 클래스를 엄밀히 구분하여 처리합니다.

일반 클래스와 정적 클래스를 구분하여 처리하는 이유는 객체지향의 다형성 때문입니다. 다형성은 인터페이스를 통해 클래스의 다양한 동작을 수행할 수 있도록 구현을 대체하지만, 정적 클래스는 다형성을 위한 인터페이스를 사용할 수 없습니다.

유일성 측면에서 싱글턴 패턴 대신 정적 클래스를 사용할 수도 있을 것입니다. 싱글턴 패턴을 사용하지 않고 정적 클래스만 사용한다면, 필요한 모든 동작 기능이 정적 클래스 안에 존재해야 합니다.

또한 정적 클래스가 다른 클래스와 관계를 맺거나 클래스의 초기화 동작이 복잡할 경우 정적 클래스만으로는 처리하기 어려워집니다.

2.7 싱글턴 확장

싱글턴 확장은 일반적으로 잘 사용하지 않지만 싱글턴 클래스를 상속받을 수 있습니다.

2.7.1 제한 범위

싱글턴도 클래스입니다. 객체를 생성할 수 있으며 상속할 수도 있습니다. 하지만 싱글턴으로 변형된 클래스는 직접 상속받을 수 없습니다. 통상적으로 싱글턴을 상속받을 수 없는 이유는 생성자의 제한으로 객체를 생성할 수 없기 때문입니다. 싱글턴은 생성자가 `public`이 아닌 `private`으로 선언되기 때문에 선언된 클래스로 객체를 생성하고 확장할 수 없습니다.

2.7.2 Protected 속성

싱글턴의 생성자 속성을 변경하면 싱글턴으로 변경된 클래스를 상속받을 수 있습니다. 객체지향 속성 중 상속만 접근이 허용된 protected가 있습니다. Protected는 new를 통한 생성자 접근을 외부에서 제한할 수 있어 싱글턴 패턴의 private 대신 사용할 수 있으며, Protected 상태에서 상속할 수도 있습니다.

[예제 2-11]은 protected 접근 권한으로 변경된 코드입니다.

예제 2-11 Singleton/08/config.php

```php
<?php
class Config
{
    protected static $Instance = NULL; // 속성변경

    protected function __construct() // 속성변경
    {
        echo __CLASS__."가 생성이 되었습니다.\n";
    }

    protected function __clone() // 속성변경
    {
        echo __CLASS__."가 복제 되었습니다.\n";
    }

    public static function getInstance()
    {
        if (!isset(self::$Instance)) {
            echo __CLASS__."객체를 생성합니다.\n";
            self::$Instance = new self();
        }

        echo __CLASS__."객체를 반환합니다.\n";
        return self::$Instance;
    }

}
```

Config 클래스만 수정하여 다시 실행합니다. 결과는 private 싱글턴과 동일합니다.

```
$ php index.php
Config객체를 생성합니다.
Config가 생성이 되었습니다.
```

```
Config객체를 반환합니다.
Config객체를 반환합니다.
```

2.7.3 상속

이번에는 Protected로 변환된 싱글턴 클래스를 상속하고 확장합니다. 생성자가 제한된 클래스를 선언합니다.

예제 2-12 Singleton/09/Config.php

```php
<?php
class Config
{
    protected static $Instance = NULL;

    protected function __construct()
    {
        echo __CLASS__."가 생성이 되었습니다.\n";
    }

    protected function __clone()
    {
        echo __CLASS__."가 복제 되었습니다.\n";
    }

}
```

생성이 제한된 Config 클래스는 어떤 경우에도 객체를 생성할 수 없습니다. 다음으로 Config 클래스를 상속받는 Env 클래스를 선언합니다.

예제 2-13 Singleton/09/Env.php

```php
<?php
class Env extends Config
{
    public function setting()
    {
```

```
            echo "시스템 환경을 설정합니다.\n";
    }

    public static function getInstance()
    {
        if (!isset(self::$Instance)) {
            echo __CLASS__."객체를 생성합니다.\n";
            self::$Instance = new self();
        }

        echo __CLASS__."객체를 반환합니다.\n";
        return self::$Instance;
    }

}
```

상속받은 Env 클래스에는 내부 정적 메서드가 있습니다. 정적 메서드 getInstance( )는 싱글턴의 객체를 생성합니다.

예제 2-14 09/index.php

```
<?php
include "Config.php";
include "Env.php";

// 객체를 생성합니다.
$obj2 = new Env;
```

```
$ php index2.php
PHP Fatal error:  Uncaught Error: Call to protected Config::__construct() from
invalid context in D:\jiny\pettern\Singleton\09\index2.php:7
Stack trace:
#0 {main}
thrown in D:\jiny\pettern\Singleton\09\index2.php on line 7
```

Env 클래스는 protected 속성의 생성자를 가진 클래스를 상속합니다. 생성자가 protected 속성으로 제한되어 객체를 생성할 수 없습니다.

객체를 생성하려면 [예제 2-15]와 같이 싱글턴 메서드를 호출합니다. 반환받은 객체를 이용하여 확장된 객체에 접근할 수 있습니다.

```php
<?php
include "Config.php";
include "Env.php";

// 싱글턴 객체를 생성합니다.
$obj = Env::getInstance();

// 확장된 메서드를 실행합니다.
$obj->setting();
```

싱글턴 클래스가 상속되기는 했지만, 객체 생성은 상속받은 클래스의 내부 정적 메서드를 호출해야 합니다.

```
$ php index.php
Env객체를 생성합니다.
Config가 생성이 되었습니다.
Env객체를 반환합니다.
시스템 환경을 설정합니다.
```

이처럼 클래스를 통해 객체를 생성할 수 있는 예외적인 방법이 있습니다. 정확한 의미에서 싱글턴은 아닐 수 있지만, 싱글턴 패턴을 변형해 클래스를 상속하는 방법을 알아보았습니다.

2.8 자원 처리

싱글턴 패턴은 자주 사용되는 디자인 패턴입니다. 하지만 다른 설계자들은 싱글턴을 안티 패턴으로 분류하는 경우도 있습니다. 그 이유를 알아보겠습니다.

2.8.1 경합 조건

싱글턴은 하나의 객체만 생성하는 패턴이지만 특수한 환경에서 단일 객체 생성을 보장하지 못하는 경우도 있습니다. 멀티 스레드 환경에서 싱글턴 패턴을 사용할 때는 주의해야 합니다. PHP 외 다른 프로그래밍 언어에서는 멀티 스레드 환경을 제공하며, 자바와 같은 멀티 스레드 조건에서 싱글턴의 객체 생성이 동시에 요청되는 경우 경합성이 발생합니다.

경합 조건은 동일한 메모리나 자원에 동시에 접근하는 것을 말합니다. 2개 이상의 스레드가 동일한 자원을 사용할 경우 충돌이 발생합니다. 경합성은 메서드의 원자성^{atomic}의 결여로 2개의 객체가 만들어지는 오류가 발생합니다.

싱글턴 패턴은 멀티 스레드 환경의 특성과 경합성 문제를 해결하기 위해 늦은 바인딩을 사용합니다. 싱글턴은 정적 호출을 통해 생성 호출하기 전에는 객체를 만들지 않습니다. 최초의 생성 호출이 발생할 때 객체를 생성하고 생성된 객체는 내부 참조체에 저장됩니다.

싱글턴 패턴은 클래스에 객체를 요청할 때 객체를 생성하여 자원(메모리)에 할당합니다. 늦은 바인딩을 통해 객체 생성을 동적으로 처리하는데 이를 늦은 초기화$^{lazy\ initialization}$라고 부릅니다. 하지만 늦은 바인딩도 경합성 충돌을 해결할 수는 없습니다.

경합성과 늦은 초기화 문제를 좀 더 보완하기 위해 시스템 부팅 시 필요한 싱글턴의 객체를 미리 생성합니다. 싱글턴으로 처리할 부분을 부팅 시 미리 처리한다면 참조체를 구별하는 if문의 오동작을 방지할 수 있습니다. 미리 공유 자원을 만듦으로써 프로그램 실행 도중 발생할 경합성 충돌을 최소화할 수 있습니다.

하지만 프로그램 실행 중 한 번도 사용되지 않는 객체가 있을 수 있는데, 불필요한 객체를 모두 생성하여 메모리에 상주시키는 것은 메모리 낭비입니다. 또한 매번 공유 자원의 객체에 접근할 때마다 자원 중복 여부를 체크하는 것도 번거롭습니다.

2.8.2 메모리

시스템의 자원에는 한계가 있습니다. 메모리 자원 또한 유한하므로 효율적으로 관리해야 합니다. 메모리가 필요할 때 동적으로 할당받고 사용 후에는 반환합니다. 클래스로 객체를 생성하는 과정은 시스템의 메모리 자원에 할당하는 것과 동일합니다. 싱글턴은 시스템에 유일한 객체를 생성합니다. 자원이 필요할 때 동적으로 할당받을 수 있지만, 정적으로 생성된 자원을 해제하여 반환하기는 어렵습니다.

싱글턴으로 생성한 객체는 공유 자원으로 분류합니다. 공유 자원은 모든 객체가 접근하여 사용할 수 있으며, 언제 쓰일지 모르기 때문에 프로그램이 종료될 때까지 생존합니다. 이처럼 싱글턴 패턴으로 생성한 자원은 프로그램이 종료될 때까지 메모리에 상주합니다. 싱글턴 패턴은 프로그램 내에서 해제하기 어려운 공유 자원을 많이 사용합니다. 이러한 점에서 싱글턴 패턴을 안티 패턴으로 분류하기도 합니다.

2.9 관련 패턴

싱글턴 패턴은 여러 패턴의 구성 요소(객체)를 생성하는 기본 패턴입니다. 다양한 패턴과 결합하여 사용할 수 있습니다.

2.9.1 팩토리 메서드와 추상 팩토리

팩토리 메서드 패턴(3장)와 추상 팩토리 패턴(4장)은 모두 객체를 생성하는 패턴입니다. 이러한 패턴을 구현하는 과정에서 구체화된 하나의 객체만 필요한 경우도 있을 것입니다. 이때 싱글턴 패턴을 같이 적용해 복합적인 생성 패턴을 설계할 수 있습니다.

2.9.2 빌더 패턴

빌더 패턴(5장)은 의존성 있는 객체를 싱글턴으로 생성할 때 결합하여 사용합니다. 관계에 따라 의존되는 객체의 생성 순서가 있을 수 있습니다. 빌더는 생성 순서와 단계, 복합한 절차 등을 갖고 있습니다.

2.9.3 파사드 패턴

파사드 패턴(11장)은 외부에서 객체에 접근할 수 있는 API와 같은 단일 창구입니다. 이때 외부와 통신하는 복수의 객체를 만들 필요는 없습니다. 싱글턴 패턴을 같이 적용하면 단일화된 접속 창구를 설계할 수 있습니다.

2.9.4 프로토타입 패턴

싱글턴은 단일 객체를 유지 관리합니다. 싱글턴을 유지하면서 동일한 객체가 추가로 필요한 경우 프로토타입 패턴을 결합하여 사용할 수 있습니다.

2.10 정리

싱글턴은 패턴 카탈로그에서 4대 패턴에 들어가는 인기 패턴입니다. 클래스 내에서 하나의 객체만 사용할 경우 해당 클래스를 싱글턴 패턴으로 사용할 수 있습니다. 프레임워크에서는 싱글턴 패턴을 다양한 곳에서 폭넓게 사용합니다.

싱글턴 생성 과정에서 다른 클래스를 의존하는 경우도 있습니다. 이와 같은 의존 관계가 있을 경우 필요한 의존 클래스를 먼저 처리한 후 싱글턴 객체를 생성해야 합니다.

싱글턴은 패턴을 처음 접하는 사람에게 매력적인 패턴 중 하나입니다. 또한 자신의 코드를 뽐내고 싶어 하는 사람이라면 더욱 더 그럴 것입니다. 싱글턴을 올바르게 사용하기 위해서는 숙달된 경험이 필요합니다.

fac·tory·method
[|fæktri'meθəd ; |fæktəri'meθəd]

CHAPTER 3

팩토리 메서드 패턴

팩토리 메서드 패턴은 팩토리 패턴의 확장 패턴으로, 팩토리 패턴과 템플릿 메서드 패턴이 결합된 패턴입니다. [1]

3.1 추상화

팩토리 메서드는 추상화 기법을 사용하여 패턴을 확장하므로, 팩토리 메서드 패턴을 이해하기 위해서는 먼저 객체지향의 추상화에 대한 개념을 학습해야 합니다.

3.1.1 추상 개념

복잡하고 어려운 기능을 한눈에 파악하는 것은 쉽지 않습니다. 또한 이해하기 위해 많은 시간과 노력을 들여야 합니다. 추상abstract은 사전적 의미로 중요한 부분만 분리하여 이해하기 쉽게 만드는 작업입니다. 사실 우리가 모듈의 복잡한 기능에 대해 이해할 때 처음부터 세부적인 부분 하나 하나를 면밀히 살펴보지는 않습니다.

만일 파악하려는 기능이 요약된 정보가 있다면 보다 쉽게 이해할 수 있을 것입니다. 객체에 추

---

1 팩토리 메서드 패턴은 팩토리 패턴과 템플릿 메서드 패턴이 결합된 구조이므로 디자인 패턴을 처음 학습할 때는 이해하기 어려울 수 있습니다.

상적 개념을 적용하는 이유는 객체의 동작을 보다 쉽게 파악하기 위해서입니다. 그렇다면 코드 작성 시 복잡한 기능을 어떻게 요약해서 정보를 만들어야 할까요? 먼저 기능을 이해하기 위해 세부 사항을 분리합니다.

3.1.2 코드 요약

추상화 작업은 코드를 요약하는 것입니다. 요약 시 상세한 내용은 무시합니다. 요약된 정보만으로도 실제 구현된 코드를 상세히 파악하지 않고 동작을 쉽게 이해할 수 있습니다.

추상화 작업을 위해서는 먼저 요약된 정보와 실제 구현부를 분리합니다. 다음과 같이 클래스를 요약하여 추상화를 작성합니다.

PHP 언어에서는 class 키워드 앞에 abstract 키워드를 붙여 추상 클래스를 작성합니다. [예제 3-1]은 Factory 클래스를 추상 클래스로 선언합니다.

예제 3-1 FactoryMethod/01/factory.php

```php
<?php
abstract class Factory
{
    ...
}
```

추상적 구조의 골격을 형성합니다. 추상 클래스를 이용하여 구조에서 정보 부분만 분리할 수 있습니다.

3.2 패턴 확장

추상화를 통해 팩토리 패턴을 확장합니다. 중요한 부분만 분리하여 추상 클래스의 골격을 형성합니다.

3.2.1 팩토리

팩토리 패턴은 객체지향을 지원하는 현대적^{modern} 프로그래밍에서 가장 폭넓게 사용되는 패턴 중 하나입니다. 예제 코드를 보며 팩토리 패턴을 복습하고 확장 방법에 대해서도 알아봅시다. 다음은 상품을 처리하는 객체입니다.

예제 3-2 FactoryMethod/02/LgProduct.php

```php
<?php
// LG 노트북 생성 클래스
class LgProduct
{
    public function name()
    {
        echo "LG Gram laptop";
    }
}
```

제품을 관리하는 **LgProcudt** 클래스를 선언합니다. 선언된 클래스를 사용하려면 객체를 생성해야 하며 객체 생성은 팩토리 패턴으로 구현합니다. 팩토리 패턴에서는 학습한 것처럼 객체 생성 요청을 별도의 클래스로 분리합니다. 다음과 같이 **Factory** 클래스를 선언합니다. **Factory**는 선언된 **LgProduct** 클래스의 객체 생성을 담당합니다.

예제 3-3 FactoryMethod/02/factory.php

```php
<?php
// 팩토리
class Factory
{
    public final function create()
    {
        return new LgProduct(); ·
    }
}
```

Factory 클래스는 객체 생성을 담당하는 **create()** 메서드를 갖고 있습니다. 팩토리 패턴을 적용하여 **create()** 메서드에 객체 생성을 위임하며 메인 코드는 다음과 같습니다.

예제 3-4 FactoryMethod/02/index.php

```php
<?php
// 팩토리(Factory)
require "factory.php";
require "LgProduct.php";

$fac = new Factory;
$pro = $fac->create(); // 팩토리 패턴
$pro->name();
```

```
$ php index.php
LG Gram laptop
```

Factory 클래스를 통해 선언한 LgProduct 클래스의 객체를 생성합니다.

3.2.2 추상화

앞에서 작성한 팩토리 패턴에 추상화를 결합하고 패턴을 확장해 구현합니다. 추상화를 적용하면 팩토리 패턴은 팩토리 메서드 패턴과 추상 팩토리 패턴 2가지 형태로 구분됩니다.

예제 코드를 통해 확장된 패턴을 학습합니다. 기존의 Factory 클래스를 추상 클래스로 변경하는데, 추상 클래스를 적용하는 것은 객체를 생산하고 사용하는 것을 분리하기 위해서입니다.

예제 3-5 FactoryMethod/03/factory.php

```php
<?php
// 팩토리 추상화
abstract class Factory
{
    public final function create()
    {
        // return new LgProduct();
        // 하위 클래스로 위임
        return $this->createProduct();
    }

    // 추상 메서드 선언
    abstract public function createProduct();
}
```

변경된 Factory 클래스 안에는 추상 메서드도 선언되어 있습니다.

추상 클래스의 객체를 생성하면 다음과 같이 오류가 발생합니다. 추상화된 메서드를 가진 클래스만으로는 독립적인 객체를 생성할 수 없는데, 이는 추상 메서드에 실제적인 구현부가 없기 때문입니다.

```
$ php index.php
PHP Fatal error:  Uncaught Error: Cannot instantiate abstract class Factory in
D:\jiny\pettern\FactoryMethod\03\index.php:8
Stack trace:
#0 {main}
  thrown in D:\jiny\pettern\FactoryMethod\03\index.php on line 8
```

객체를 생성하기 위해서는 추상 클래스를 상속받은 하위 클래스를 만들어 실제적인 추상 메서드의 구현부를 작성해야 합니다. 이처럼 추상화는 선언과 구현이 자연스럽게 분리됩니다. 또한 추상화로 분리된 클래스 사이에는 의존성이 발생합니다.

3.2.3 인터페이스

인터페이스는 클래스를 설계하는 방법을 규정하는 약속과 같습니다. 인터페이스를 적용하면 반드시 인터페이스에 선언된 정의에 따라 클래스에 구현합니다. 추상 클래스에도 인터페이스와 유사한 선언적 규정을 정의할 수 있습니다. 추상 클래스는 구체화되지 않은 추상 메서드를 선언할 수 있는데, 이는 인터페이스와 유사합니다.

```
//추상 메서드 선언
abstract public function createProduct();
```

선언된 추상 메서드는 인터페이스와 동일하게 상속받은 하위 클래스에서 반드시 메서드를 구현해야 합니다. 하위 클래스에 메서드 구현을 강제화함으로써 실제적인 동작 처리를 위임합니다. 추상화는 실제적인 동작을 하위 클래스에 위임함으로써 추상 클래스 안에서 미리 위임된 메서드를 사용할 수 있습니다. create() 메서드 안을 살펴보면 하위 클래스에 있을 createProduct()를 미리 호출하여 사용하는 것을 볼 수 있습니다.

```
public final function create()
    {
        // return new LgProduct();
        // 하위 클래스로 위임
        return $this->createProduct();
    }
```

3.2.4 템플릿 메서드 패턴

추상화를 통해 확장된 팩토리 메서드 패턴은 이후에 학습할 템플릿 메서드 패턴(23장)과 유사한 모습을 갖고 있습니다. 템플릿 메서드 또한 추상화 기법을 통해 정의와 구현을 분리해서 사용하기 때문입니다. 팩토리 메서드도 실제 생성되는 알고리즘을 하위 메서드로 위임하는데, 실제 구현을 위임한다는 측면에서 팩토리 메서드 패턴과 유사하다고 볼 수 있습니다.

```
public final function create()
{
    // return new LgProduct();
    // 하위 클래스로 위임
    return $this->createProduct();
}
```

수정된 앞의 예제를 다시 살펴봅시다. 이전에는 create() 메서드가 직접 LgProduct 객체를 생성하여 반환했습니다. 하지만 추상화를 적용한 예제에서는 실체 객체 생성을 createProduct() 메서드로 위임합니다. 추상 클래스의 create() 메서드에서 호출한 createProduct() 메서드는 추상화 선언만 되어 있고, 아직 실제 구현 코드가 없습니다.

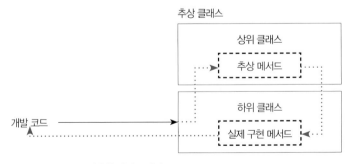

그림 3-1 추상화를 이용한 메서드 선언

이처럼 추상화를 사용하면 아직 실제 내용이 구현되지 않은 상태에서도 미리 메서드를 호출하여 사용할 수 있습니다.

3.2.5 패턴 차이

팩토리 메서드 패턴과 템플릿 메서드 패턴에는 유사한 동작이 있습니다. 또한 해결하려는 목적에 따라 두 패턴에 차이가 있습니다. 유사한 2개의 패턴을 결합해서 사용하므로 팩토리 메서드 패턴을 이해하는 것은 어려울 수 있습니다.

두 패턴의 공통점은 추상화를 사용해 객체를 생성하며, 상위 클래스에서 정의를 결정하고 하위 클래스에 구체적인 처리를 위임한다는 것입니다. 필요에 따라 템플릿 메서드 패턴을 먼저 학습해도 좋습니다.

3.3 상위 클래스

팩토리 메서드는 추상화를 이용해 팩토리 패턴을 재구성했습니다. 추상 클래스로 변경되면 클래스는 강제적으로 상위 클래스와 하위 클래스로 분리됩니다. 먼저 추상 클래스 타입의 상위 클래스에 대해 알아봅시다.

3.3.1 분리

추상화는 클래스의 골격 구조를 변경합니다. 일반 클래스가 추상화로 변경되면, 클래스는 추상 클래스와 구현 클래스로 분리됩니다. 추상 클래스란 abstract 키워드를 이용해 변경된 타입의 클래스를 말합니다. 추상화로 선언된 클래스는 일반적인 클래스 선언보다 객체의 결합 관계를 더 느슨한 관계로 변경합니다. 추상화가 적용되면 실제 추상 클래스는 상위 클래스 하나뿐이며 하위 클래스는 일반 클래스와 동일해집니다. 추상화로 분리된 상세한 구현은 하위 클래스로 위임하여 작성합니다. 위임을 통해 분리된 하위 클래스는 실제 내용을 자유롭게 변경하거나 처리할 수 있는 느슨한 관계를 갖게 됩니다.

3.3.2 공통된 기능

추상화를 진행하면 클래스는 상위 클래스와 하위 클래스로 분리되고, 분리된 클래스는 상속을 통해 결합됩니다.

추상화의 상위 클래스는 추상 클래스입니다. 추상 클래스는 설계 규약만 표현할 수 있는 인터페이스와 달리 행위 메서드를 추상 클래스 안에 같이 구현할 수 있습니다. 추상 클래스 안에 직접 구현된 메서드는 상속할 경우 하위 클래스에서도 사용 가능합니다. 추상 클래스가 `implements` 대신 `extends`를 사용하는 것도 상속이라는 특징 때문입니다.

상속은 상위 클래스의 특징을 포함하는 포괄적 승계를 의미합니다. 따라서 추상 클래스도 메서드를 구현해 하위 클래스에서 필요한 기능을 전달할 수 있습니다. 주로 하위 클래스에서 사용되는 공통된 메서드 위주로 추상 클래스 안에 구현합니다.

3.3.3 개념적 정의

분리된 객체의 추상 클래스가 가진 특징은 인터페이스와 같은 개념적 메서드 선언이 가능하다는 것입니다. 이를 추상 메서드라고 합니다.

다음은 추상 클래스로 변경한 `factory`의 일부 코드입니다. 다음과 같이 추상 메서드로 선언한 것을 볼 수 있습니다.

```
//추상 메서드 선언
abstract public function createProduct();
```

추상 메서드는 인터페이스와 같이 정의 부분만 선언되며 실제 구현부는 존재하지 않습니다. 실제 구현부는 상속받는 하위 클래스에서 구현하며 인터페이스와 사용법이 유사합니다. 다만 메서드 선언 앞에 `abstract` 키워드가 붙는다는 차이가 있습니다.

추상 클래스에 선언적 메서드를 정의했다면 상속받은 하위 클래스는 선언된 메서드의 실제 구현부를 반드시 만들어야 합니다. 추상 클래스 또한 인터페이스의 규약과 같이 구현부 작성 의무가 존재합니다. 이를 '하위 클래스에 구현을 위임한다'고 표현합니다. 이러한 위임은 추상화의 특징입니다.

3.3.4 템플릿

팩토리 메서드와 템플릿 메서드의 공통점은 템플릿 구성입니다. 템플릿은 모두 추상화를 통해 구성합니다. 그렇다면 템플릿^{template}이란 무엇일까요? 템플릿의 사전적 의미는 '형판', '견본', '본보기'이며 자주 사용하는 모습을 본떠 만들어둔 것을 말합니다.

추상화된 메서드를 이용해 객체를 구성하는 모습이 비슷하다는 점에서 템플릿의 개념을 도입한 것입니다. 상위 클래스에서는 구조의 모습만 정의하며 실제 모습은 하위 클래스로 위임합니다. 추상화 기법은 템플릿 설계 시 요약과 세부 정보를 분리하는 데 유용합니다.

3.3.5 계층 구조

객체지향의 추상화는 일반 클래스를 개념적 클래스와 구현 클래스로 분리합니다. 개념적 클래스를 추상 클래스, 구현 클래스를 일반 클래스라고 합니다. 이렇게 분리된 클래스는 상속을 통해 계층적 구조를 갖게 됩니다.

그림 3-2 추상화로 인한 계층적 상속 구조

상위 클래스에서는 문제 해결을 위한 공통 부분과 개념을 정의하는데, 상속 시 필요한 공통 기능 및 인터페이스와 유사한 개념적 선언들로 구성됩니다. 즉 상위 클래스는 구조화된 뼈대를 형성하는 역할을 하며, 하위 클래스는 상위 클래스에서 선언한 뼈대를 바탕으로 실제 구현부를 작성합니다. 상위 클래스는 구조적 골격만 형성할 뿐 실제 구현 내용은 팩토리 메서드 패턴마다 다르게 적용할 수 있기 때문에 하위 클래스에서 작업합니다.

템플릿화된 구조적 골격은 다양한 생성 패턴에 응용할 수 있습니다. 기존 팩토리가 고정적인 생성 패턴들만 결합한다면, 팩토리 메서드는 느슨한 생성으로 결합합니다. 팩토리와 팩토리 메서드가 유사한 성격일 경우 생성 방법을 팩토리 메서드로 통일할 수 있습니다. 또한 템플릿의 특징을 이용해 세부적인 생성 방법을 다르게 결정할 수도 있습니다.

3.4 하위 클래스

팩토리 메서드는 '추상 클래스+구현 클래스'로 분리됩니다. 상위 클래스를 상속받아 하위 클래스에 실제 기능을 구현합니다. 여기서는 예제에 코드를 추가하면서 하위 클래스의 특징과 구현 방법에 대해 학습해보겠습니다.

3.4.1 상속

추상화를 통해 확장된 팩토리 메서드는 상위 추상 클래스만으로 실제 객체를 생성할 수 없습니다. 실체 객체를 만들기 위해서는 추상 클래스를 상속받아 구현 클래스를 만들어야 합니다.

다음은 추상 클래스를 상속받아 구현한 하위 클래스입니다.

예제 3-6 FactoryMethod/03/ProductFactory.php

```php
<?php
// 팩토리 메서드 구현 부분
class ProductFactory extends Factory
{
    public function __construct()
    {
        echo __CLASS__."를 생성합니다.\n";
    }

}
```

추상 클래스는 extends를 이용하여 상속받습니다. 하위 구현 클래스에는 추상 클래스에서 선언된 주상 메서드의 실제 구현을 작성합니다. 추상 메서드를 포함한 추상 클래스를 상속받는 경우, 반드시 하위 메서드에서 실제 구현부를 작성해야 합니다. 이는 강제적 의무 사항입니다. 만일 구현하지 않고 실행하면 다음과 같은 오류가 발생합니다.

```
$ php index.php
PHP Fatal error:  Class ProductFactory contains 1 abstract method and must
therefore be declared abstract or implement the remaining methods
(Factory::createProduct) in D:\jiny\pettern\FactoryMethod\03\ProductFactory.php
on line 12
```

이러한 오류가 발생되는 이유는 행동이 없는 메서드를 포함한 객체를 생성할 수 없기 때문입니다. 마치 인터페이스 규약과 같습니다.

3.4.2 메서드 구현

실제적인 하위 메서드를 구현해봅시다. 추상화가 적용되면 실제적인 동작을 실행하는 코드가 분리되어 하위 클래스에 위치합니다. 상위 추상 클래스는 인터페이스적인 성격과 유사하게 메서드의 형태만 선언되어 있습니다. 먼저 상위 클래스에 메서드가 어떻게 선언되었는지 확인합니다. 하위 클래스 구현 시 상위 클래스에서 선언된 형태와 모양이 일치하지 않으면 오류가 발생하기 때문입니다.

```php
//추상 메서드 선언
abstract public function createProduct();
```

상속받은 하위 클래스에 createProduct() 메서드 구현을 작성합니다.

예제 3-7 FactoryMethod/03/ProductFactory.php – 내용 추가

```php
<?php
// 팩토리 메서드 구현 부분
class ProductFactory extends Factory
{
    public function __construct()
    {
        echo __CLASS__."를 생성합니다.\n";
    }

    public function createProduct() // 추상 메서드 오버라이딩
    {
        return new LgProduct();
    }
}
```

하위 클래스는 상속받은 추상 클래스의 메서드를 오버라이드합니다. 상위 클래스의 추상 메서드 선언과 하위 클래스의 오버라이드를 통해 상황별로 대응할 수 있는 실제 동작 메서드를 다르게 정의할 수 있습니다

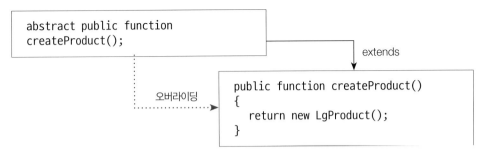

그림 3-3 추상 메서드 오버라이드

> **NOTE** 추상 팩토리 패턴은 구성(composition)을 이용하여 객체를 생성합니다.

객체 생성 오버라이드로 구현된 추상 메서드를 좀 더 살펴봅시다. 실체 객체는 하위 클래스에서 생성합니다. `createProduct()` 메서드는 `new` 키워드로 객체를 직접 생성해 반환합니다. 예전에는 클래스 이름을 구체적으로 직접 명시하여 객체를 생성했습니다. 반면에 팩토리 메서드 패턴은 위임된 하위 클래스에서 메서드 호출로 객체를 생성합니다.

```
public function createProduct()
{
    return new LgProduct();
}
```

필요한 객체가 있을 경우 **new** 키워드를 직접 사용하여 객체를 생성하지 않고, 추상화로 재구현된 메서드를 호출함으로써 객체 생성을 처리합니다.

팩토리 메서드 패턴은 객체 생성을 메서드 호출로 반환받기 때문에 이를 활용하는 상위 추상 클래스는 보다 느슨한 코드를 작성할 수 있습니다. 단계별 클래스를 상속하고 하위 클래스로 위임함으로써 의존성을 제거할 수 있습니다. 이처럼 팩토리 메서드 패턴은 객체를 생성하는 뼈대를 형성할 때 자주 응용합니다.

실체 객체를 생성하고 반환받기 위해서는 상속받은 하위 클래스를 사용합니다. 실제화된 하위 클래스의 객체를 통해 요청된 객체의 생성을 처리할 수 있습니다.

[예제 3-8]은 완성된 팩토리 메서드 패턴을 적용한 메인 코드입니다.

```php
<?php
// 팩토리(Factory)
require "factory.php";
require "LgProduct.php";
require "ProductFactory.php";

$fac = new ProductFactory;
$pro = $fac->create();
$pro->name();
```

요청된 객체 생성은 하위 구현 클래스의 메서드 호출로 이루어집니다. 구현부 안에 있는 create() 메서드가 new 키워드를 이용해 최종 객체를 생성하고 반환합니다.

```
$ php index.php
ProductFactory를 생성합니다.
LG Gram laptop
```

필요한 객체가 있을 경우 사용자는 팩토리 안에 있는 메서드만 호출하면 됩니다. 최종 생성되는 객체는 구현 메서드에서 자유롭게 수정할 수 있습니다.

3.4.3 객체를 생성하는 객체

생성 패턴의 특징은 생성을 담당하는 객체가 요청된 객체를 생성한다는 것입니다. 팩토리 메서드는 일반 팩토리 패턴보다 동작이 다소 복잡합니다. 팩토리 메서드에서 주목할 것은 객체 생성을 위한 인터페이스를 정의하는 것입니다. 인터페이스를 통해 의존성을 낮추고 보다 일반적인 코드로 생성 패턴을 구현할 수 있습니다.

또는 추상화를 통해 쉽게 위임된 객체의 생성 코드를 분리할 수도 있으며, 객체 생성을 처리하는 메서드에서 if 조건으로 새로운 클래스를 추가할 수도 있습니다.

3.4.4 다형성

객체지향의 다형성은 구현 객체를 규격에 맞게 다양한 형태로 구현할 수 있는 것을 의미하며,

객체에 다형성을 적용하려면 인터페이스 처리가 필요합니다. 팩토리 메서드는 추상화를 통해 하위 클래스에 다형성을 부여합니다. 또한 상위 클래스에서 선언된 추상화를 통해 규격에 맞는 하위 메서드를 다르게 구현할 수 있습니다. 다양성의 특징과 추상화 기법을 응용하면 상속받은 클래스마다 다른 기능의 메서드를 구현할 수 있습니다.

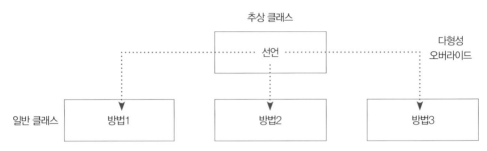

그림 3-4 다형성 오버라이드

이처럼 추상화의 다형성은 실제 동작하는 객체의 생성을 다양하게 처리하는 데 적용하며, 어떤 객체를 생성해야 할지 예측할 수 없을 때 매우 유용합니다. 다형성을 이용한 생성 패턴 구현은 추상 팩토리에서 자세히 학습합니다.

3.4.5 개방-폐쇄 원칙

개방-폐쇄 원칙Open-Closed Principle (이하 OCP)은 객체지향의 설계 원칙 중 하나로, 바뀌지 않는 공통된 부분을 분리하여 관리합니다. 객체지향 방법론에서 OCP 원칙을 적용하는 대표적인 방법은 다형성입니다.

팩토리 패턴은 객체 생성을 다른 클래스로 캡슐화 처리한 것입니다. 하지만 팩토리 메서드의 경우 추상화를 통해 객체 생성을 더욱 유연하게 분리할 수 있습니다. 코드를 분리할 때 OCP 원칙을 적용할 수 있습니다.

기존의 코드가 임의적으로 변하도록 놔두는 것은 좋지 않습니다. 인터페이스를 통해 다형성을 적용하면 메서드를 여러 가지 방법으로 재사용할 수 있습니다.

3.4.6 의존성

생성 패턴은 객체의 생성 과정을 외부에 공개하지 않기 위해 사용합니다. 또한 생성 패턴을 사용하면 직접적으로 new 키워드를 사용하는 빈도가 줄어듭니다.

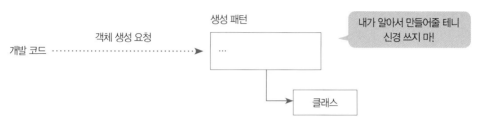

그림 3-5 객체 생성을 대신 처리

객체 생성 과정에서 강한 의존 관계를 느슨한 관계로 처리할 수 있도록 변경하는데, 그 이유는 의존성을 줄이기 위해서입니다.

3.4.7 캡슐화와 관리

팩토리 메서드는 팩토리 패턴과 달리 캡슐화된 객체를 다시 하위 클래스로 분리합니다. 분리된 클래스는 상속을 통해 실체 객체 생성 처리가 위임됩니다. 패턴에게 객체 생성을 요청할 경우, 사용하는 코드에서는 자세한 객체 생성 방식을 알 필요가 없습니다.

팩토리 메서드 패턴은 클래스 결합도가 낮고 유연성이 좋습니다. 또한 기능 개선 시 기능을 보완하기 위한 리팩터링 작업도 편리합니다.

3.5 매개변수

객체 생성 과정을 분리함으로써 다양한 객체 생성을 처리할 수 있는데, 이때 객체 생성을 매개변수화하여 선택적으로 생성할 수도 있습니다. 분리된 객체는 어떤 객체를 최종 생성, 반환해야 하는지 결정합니다.

3.5.1 재위임

팩토리 패턴은 객체 생성을 분리된 클래스로 위임하는 반면, 팩토리 메서드는 추상화를 통해 정의와 구현을 재분리합니다. 실제적인 객체 생성은 재분리된 하위 클래스에서 이루어집니다.

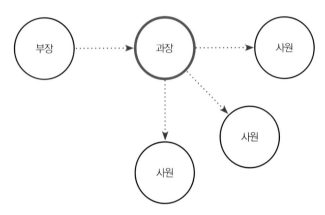

그림 3-6 객체 생성을 위한 중간 단계가 존재함

예를 들어 팩토리 패턴은 부장이 사원을 지정하여 직접 일을 시키는 것이고, 팩토리 메서드 패턴은 중간에 위치한 과장에게 일을 위임하는 것입니다. 팩토리 메서드 패턴은 팩토리 패턴보다 하위 클래스 파일이 하나 더 생기므로 파일 수가 늘어나지만 하위 클래스를 추가함으로써 객체지향의 다양성을 적용할 수 있습니다.

3.5.2 다형성을 이용한 클래스 선택

팩토리 패턴에서는 매개변수를 이용해 객체를 선택 생성하는 방법에 대해 알아보았습니다. 팩토리 메서드도 매개변수를 이용해 다양한 객체를 선택 생성할 수 있습니다. 팩토리 메서드는 추상 클래스를 상속받아 하위 클래스를 추가합니다. 팩토리 메서드 패턴은 객체의 생성을 군집화하고 군집된 객체를 매개변수로 선택합니다.

> **NOTE** 매개변수는 생성 패턴에서의 메서드로 전달되는 값입니다. 매개변수는 생성할 객체를 선택하는 조건 판별값으로 사용합니다. 팩토리 패턴에서는 매개변수와 조건문을 이용해 다양한 객체를 선택하고 생성할 수 있습니다.

예제 3-9 FactoryMethod/04/SamsungProduct.php

```php
<?php
// 삼성 노트북 생성 클래스
class SamsungProduct
{
    public function name()
    {
        echo "Samsung Always laptop";
    }
}
```

객체를 선택할 수 있도록 추상 클래스 안에 있는 create() 메서드에 매개변수를 추가합니다. create($model)로 매개변수를 전달받지만, 실체 객체 생성은 하위 클래스에서 이루어집니다. 전달받은 값을 다시 추상 메서드의 인자값으로 전달합니다.

예제 3-10 FactoryMethod/04/Factory.php

```php
<?php
// 팩토리 추상화
abstract class Factory
{
    public final function create($model)
    {
        // return new LgProduct();
        // 하위 클래스로 위임
        return $this->createProduct($model);
    }

    // 추상 메서드 선언
    abstract public function createProduct($model);
}
```

하위 클래스는 이렇게 전달받은 매개변수값을 이용하여 군집에 필요한 객체를 생성합니다.

3.5.3 매개변수 팩토리(parameterized factory method)

뒤에서 학습할 추상 팩토리 패턴은 2개 이상의 추상 클래스를 사용하여 더 큰 객체의 그룹을 형성할 수 있습니다. 하지만 단일 그룹의 객체일 경우 팩토리 메서드의 매개변수만으로도 충분히 구현할 수 있습니다.

대형 프로그램을 개발하다 보면 생각보다 많은 수의 객체를 생성해야 합니다. 또한 객체 관계 설정이 복잡해지고 객체 생성을 처리하는 코드 위치도 분산됩니다. 객체 생성을 한 곳에 집중해서 처리하면 유지 보수와 수정이 수월합니다.

팩토리 메서드에서 입력받은 매개변수를 처리할 때 매개변수에 맞는 클래스를 선택하여 객체를 생성합니다.

예제 3-11 FactoryMethod/04/ProductFactory.php

```php
<?php
// 팩토리 메서드 구현 부분
class ProductFactory extends Factory
{
    public function __construct()
    {
        echo __CLASS__."를 생성합니다.\n";
    }

    public function createProduct($model)
    {
        if($model == "LG") {
            return new LgProduct();
        } else if($model == "SAMSUNG") {
            return new SamsungProduct();
        }

    }
}
```

생성되는 객체는 매개변수값에 의해 선택적으로 만들어집니다.

예제 3-12 FactoryMethod/04/index.php

```php
<?php
// 팩토리(Factory)
require "factory.php";
require "LgProduct.php";
require "SamsungProduct.php";
```

```
require "ProductFactory.php";

$fac = new ProductFactory;
$pro = $fac->create("LG");
$pro->name();

echo "\n";

$pro = $fac->create("SAMSUNG");
$pro->name();
```

```
$ php index.php
ProductFactory를 생성합니다.
LG Gram laptop
Samsung Always laptop
```

이처럼 생성 패턴은 분산된 객체의 생성 처리가 한 곳에 집중되도록 개선합니다. 수정이 필요할 경우 하위 클래스만 변경하면 되므로 유지 보수가 쉽습니다.

3.5.4 오류 처리

매개변수를 이용하다 보면 객체 생성 과정에서 오류가 발생할 수 있는데, 그 이유는 매개변수 값과 일치하지 않는 조건이 발생하기 때문입니다. new 키워드로 객체를 생성할 때 선언된 클래스 파일을 읽을 수 없는 경우도 있습니다. 이러한 오류를 방지하기 위해 생성 패턴에서 객체를 생성할 때 예상되는 오류들을 체크하는 코드를 삽입할 수 있습니다.

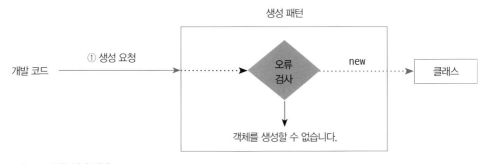

그림 3-7 오류 검사 패턴

또한 객체를 생성할 때 예외 처리 코드를 추가하여 다양한 오류들을 방지할 수도 있습니다.

3.6 관련 패턴

팩토리 메서드 패턴을 학습할 때 템플릿 메서드 패턴을 함께 학습하면 유용합니다. 팩토리 메서드 패턴은 템플릿 메서드 패턴을 함께 응용하기 때문입니다.

3.6.1 템플릿 메서드 패턴

팩토리 메서드에서 골격과 생성을 분리할 때 템플릿 메서드 패턴을 응용하는 등, 템플릿 메서드 패턴(22장)과 팩토리 메서드 패턴은 매우 밀접한 관계에 있습니다.

3.6.2 싱글턴 패턴

팩토리 메서드 패턴은 보통 하나의 객체로 사용하는데, 이를 위해 싱글턴 패턴(2장) 방식이나 정적 글래스로 구현합니다. 구현부에서 실체 객체를 생성할 때 싱글턴 패턴을 응용해 중복 생성을 방지합니다.

3.6.3 복합체 패턴

복합체 패턴의 컴포넌트는 추상화되어 있습니다. 컴포넌트의 leaf와 composite는 다형성을 적용하여 구체적 행위가 하위 클래스로 위임됩니다. 또한 컴포넌트는 템플릿화되어 구현되지 않은 메서드를 호출해 사용할 수 있습니다. 추상화와 템플릿 처리 과정은 팩토리 템플릿과 유사한 구조로 되어 있습니다.

3.6.4 반복자 패턴

반복자 패턴은 메서드를 반복적으로 호출합니다. 반복해서 생성되는 객체가 있을 경우 팩토리 메서드 패턴을 함께 적용합니다.

3.7 정리

팩토리 메서드 패턴은 구조화를 통해 선언부와 실현 구현부를 서로 분리합니다. 팩토리 메서드
는 프레임워크와 같은 응용 프로그램에서 많이 이용하는 패턴 중 하나입니다.

팩토리 메서드 패턴을 이용하면 응용 프로그램에 클래스가 종속되지 않도록 관리할 수 있는데,
그 이유는 객체의 생성 과정을 캡슐화하고 이를 분리하여 관리할 수 있기 때문입니다. 이는 알
고리즘을 처리할 때 프로세스별로 구별하여 구현하는 것과 비슷합니다.

ab·stract·fac·tory
[ˈæbstrækt|fæktri; ˈæbstrækt|fæktəri] ◁»)

CHAPTER **4**

추상 팩토리 패턴

팩토리 메서드를 확장한 추상 팩토리에 대해 학습해봅시다. 우리는 앞에서 이미 몇 개의 생성 패턴을 살펴봤습니다. 추상 팩토리 패턴은 큰 규모의 객체군을 형성하는 생성 패턴입니다.

4.1 팩토리 메서드

추상 팩토리를 학습하기 위해서는 팩토리 메서드 패턴에 대한 이해가 필요합니다. 팩토리 메서드는 객체 생성을 담당하는 클래스를 추상화하여 선언과 구현을 분리한 확장 패턴입니다.

4.1.1 패턴 유사성

팩토리 패턴(1장), 팩토리 메서드 패턴(3장), 추상 팩토리 패턴은 매우 유사한 생성 패턴입니다. 유사한 성격과 모습 때문에 추상 팩토리만의 특징을 혼동할 수 있습니다. 그래서 초보 개발자들은 팩토리 메서드 패턴과 추상 메서드 패턴을 혼동해서 잘못 사용하는 경우가 많습니다. 팩토리 패턴과 팩토리 메서드 패턴의 차이는 추상화입니다. 또한 팩토리 메서드 패턴과 추상 팩토리 패턴의 차이는 추상화된 그룹을 형성하고 관리하는 것입니다.

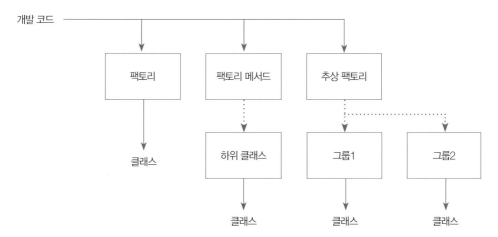

그림 4-1 패턴의 유사성

따라서 추상 팩토리를 학습하려면 팩토리 패턴, 팩토리 메서드 패턴의 특징과 차이점을 알아야 합니다. 만일 이해되지 않는다면 앞의 패턴을 다시 확인한 후 추상 팩토리를 학습하는 것이 좋습니다.

4.1.2 객체 생성의 종속성

객체지향은 관계를 형성하기 위해 객체 내에서 직접 new 키워드를 이용해 또 다른 객체를 생성합니다. 하나의 객체가 서브 객체를 직접 생성하면 두 객체 간에는 강한 종속 의존성이 형성됩니다.

프로그램은 사용자 요구에 대응하고 버그를 수정하기 위해 시간이 흐를수록 계속해서 코드를 수정해야 합니다. 만약 작성한 코드에 강력한 종속적 객체 결합이 있다면 다양한 변화에 맞춰 수정하는 것이 어려울 수 있습니다.

생성 패턴은 이처럼 객체 간에 존재하는 강력한 종속 관계를 해결하기 위한 기법으로, new 키워드를 이용하여 객체를 직접 생성하지 않고 다른 클래스로 위임하여 객체를 생성합니다.

별도로 분리된 객체에 생성을 요청하면 객체 간의 직접적인 종속 관계를 제거할 수 있습니다. 생성 패턴은 메서드를 호출함으로써 필요한 객체를 생성합니다.

4.1.3 추상화와 위임 처리

팩토리 패턴과 팩토리 메서드 패턴의 주된 차이점은 추상화입니다. 팩토리 메서드 패턴은 추상화를 통해 2개의 클래스로 분리됩니다.

팩토리 메서드의 상위 클래스는 추상적 선언입니다. 추상적 선언은 하위 클래스에서 적용되는 인터페이스와 유사합니다. 또한 하위 클래스에 필요한 공통 내용을 포함합니다.

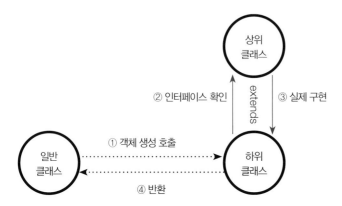

그림 4-2 팩토리 메서드의 추상화 구조

하위 클래스는 추상화된 상위 클래스를 상속받습니다. 추상 메서드는 상위 클래스에서 정의한 인터페이스에 따라 하위 클래스에서 오버라이드되고, 실제 동작하는 메서드의 내용으로 구현됩니다.

4.1.4 상속과 다형성

일반적인 상속은 상위 클래스의 내용을 포함하는 객체의 확장입니다. 하지만 추상 클래스의 상속은 하위 클래스에서 구체적 행위를 규정하는 선언이라고 할 수 있습니다.

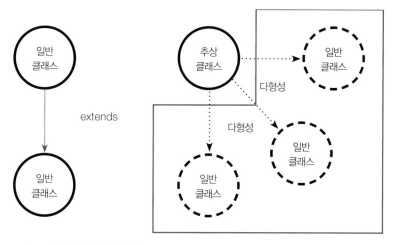

그림 4-3 일반 상속과 추상 상속

추상화는 하위 클래스에 객체지향의 다형성을 부여합니다. 다형성을 이용하면 형태와 틀은 같지만 실제 처리 내용은 다르게 클래스를 만들 수 있습니다. 하지만 다형성을 적용하면 여러 개의 하위 클래스를 만들어야 한다는 단점도 있습니다.

매개변수를 통해 생성을 선택적으로 처리하는 방법을 사용하면 추상화와 다형성의 단점을 보완할 수 있지만, 객체지향의 특징인 다형성을 완전히 배제할 수는 없습니다.

4.2 그룹

추상 팩토리는 여러 개의 팩토리 메서드를 그룹으로 묶은 것과 유사합니다. 추상 팩토리는 생성 패턴을 그룹 형태로 변경합니다.

4.2.1 추상 클래스

팩토리 메서드는 팩토리 패턴을 추상화함으로써 클래스의 선언과 구현을 분리합니다. 추상화는 인터페이스의 특징을 이용해 실제적 객체의 생성 동작을 하위 클래스로 위임하고, 하위 클래스는 상위 추상 클래스에서 선언된 인터페이스에 따라 메서드를 구현합니다. 구현되는 메서드는 상위 추상 메서드를 오버라이드합니다.

예를 들어 자동차 생산 과정을 처리하는 코드를 작성해봅시다. 클래스 설계 시 추상화를 적용하여 객체의 생성을 분리합니다.

예제 4-1 AbstractFactory/01/factory.php

```php
<?php
// 추상 클래스
abstract class Factory
{
    abstract public function createTire();
    abstract public function createDoor();
}
```

추상 클래스에 2개의 부품 객체를 생산하는 메서드를 선언합니다. 선언된 메서드는 실제적인 내용이 없는 추상 메서드입니다. 추상 메서드는 인터페이스와 유사한 역할을 합니다.

4.2.2 다형성을 이용한 군집 형성

추상화는 다형성을 적용해 여러 개의 하위 클래스를 생성힐 수 있습니다. 팩토리 메서드는 추상 클래스와 하위 클래스를 1개로만 구성합니다. 반면에 추상 팩토리는 다형성을 적극적으로 활용하여 다수의 하위 클래스를 생성하고 관리하는 것이 특징입니다.

다형성을 적용하기 위해 추상 클래스를 상속받습니다. 추상 클래스를 상속받은 하위 클래스는 위임된 동작을 서로 다르게 정의할 수 있는 객체로 만들 수 있습니다. 상속을 통해 다형성을 적용한다는 것은 하위 클래스가 하나의 군으로 형성될 수 있다는 것입니다.

추상 팩토리는 추상화의 다형성을 이용하여 객체 생성군을 형성하고 추상화와 다형성을 이용하여 집합 단위의 객체 생성을 관리할 수 있습니다. 즉 추상화와 상속을 극대화해 다형성의 특징을 응용합니다.

4.2.3 공장

추상 팩토리^{abstract factory}는 다양한 객체 생성 과정에서 그룹화가 필요할 때 매우 유용한 패턴이며 공장의 개념을 추상화합니다. 공장은 생산품을 만들어내는데, 하나의 군으로 묶인 그룹들을 공장으로 취급합니다. 추상 팩토리는 단위 객체들을 생산하는 공장 시스템과 같습니다.

4.3 팩토리 그룹

추상 팩토리의 특징은 추상화를 통해 그룹을 만들 수 있다는 것입니다. 팩토리 메서드는 추상 팩토리와 동일하게 추상화 과정을 적용할 수 있지만 단일 그룹으로 제한합니다.

4.3.1 그룹

생성 패턴의 목적은 클래스의 객체 생성 처리를 묶어서 관리하는 것입니다. 이전에 학습한 팩토리 패턴, 팩토리 메서드 패턴 또한 객체 생성을 하나의 클래스로 묶어서 처리합니다. 팩토리 메서드의 경우 추상화를 적용해 단일 클래스를 분리, 확장하고 추상화된 클래스는 여러 개의 하위 클래스에 상속합니다.

예를 들면 유사한 객체의 생성을 묶어서 2개 이상의 하위 클래스로 상속해 동작을 구분할 수 있습니다. 분리된 하위 클래스는 공통된 상위 추상 클래스를 상속받을 수 있습니다.

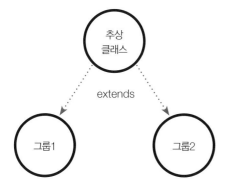

그림 4-4 추상 클래스 상속 구조

유사한 생성을 담당하는 하위 클래스들은 각자 고유의 그룹으로 볼 수 있습니다. 팩토리 메서드에서는 하나의 하위 클래스만 가질 수 있고, 추상 팩토리에서는 복수의 하위 클래스를 가질 수 있습니다.

4.3.2 가상화 관점의 추상화

추상 팩토리, 팩토리 메서드 모두 단일 클래스를 추상화합니다. 이렇게 추상화를 사용하는 이유는 구체적인 객체 생성 로직을 알지 못하기 때문입니다.

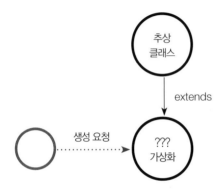

그림 4-5 구체적인 내용을 알 수 없음

구현 로직을 알지 못하기 때문에 가상화를 통해 이를 대체합니다. 추상화에서 가상은 인터페이스를 적용하고 실체 객체 생성은 하위 클래스에서 담당하는 것입니다. 추상 팩토리는 복수의 팩토리 메서드 패턴을 결합하여 하나의 가상화된 객체 생성군을 형성합니다. 추상 팩토리는 좀 더 크고 복잡한 객체군을 만들 수 있습니다. 특히 추상 팩토리는 가상화 그룹을 2개 이상 처리합니다.

4.3.3 하위 클래스: 한국 공장

추상 팩토리를 학습하기 위해 다음과 같은 예를 만들어보겠습니다. 규모가 있는 다국적 자동차 회사의 차량을 생산한다고 가정합시다. 이 회사의 생산 공장은 한국과 미국 두 곳에 있어 각각의 생산 지역을 그룹화합니다.

앞으로 우리는 2개의 그룹을 생성할 것입니다. 우선 하나의 그룹을 생성합니다. 한국 공장은 koreaFactory, 미국 공장은 stateFactory입니다. 추상화를 적용해 하위 클래스를 구현합니다.

예제 4-2 AbstractFactory/01/KoreaFactory.php

```php
<?php
// 한국 공장 팩토리
class KoreaFactory extends Factory
{
    public function __construct()
    {
        echo __CLASS__."객체를 생성합니다.\n";
    }

    public function createTire()
    {
        return new KoreaTireProduct;
    }

    public function createDoor()
    {
        return new KoreaDoorProduct;
    }
}
```

하나의 객체군을 만드는 것은 팩토리 메서드와 동일합니다.

하위 클래스는 조건을 매개변수로 처리하지 않았습니다. if문이나 switch문 없이 직접 2개의 객체를 생성하는 메서드로 구현합니다. 필요하다면 메서드명을 통해 생성 객체를 구분할 수 있습니다.

4.4 공장 추가

추상 팩토리는 그룹을 통해 복수의 공장을 생성할 수 있습니다. 추상 팩토리를 사용하는 목적은 복수의 객체 생성을 담당하는 군집을 관리는 것입니다.

4.4.1 프로젝트

프로젝트의 규모가 커질수록 많은 클래스 파일과 객체가 요구되는데, 이때 팩토리 패턴이나 팩토리 메서드 패턴을 사용하여 필요한 객체 생성을 한 곳으로 모은 후 관리하는 것이 편리합니다. 만일 더 큰 규모의 프로젝트를 수행한다면 하나의 생성 패턴으로 모든 객체를 생성 처리하는 것이 힘들 수 있습니다.

이때는 유사한 객체의 생성을 그룹화하어 처리하는 것이 좋습니다. 추상 팩토리의 개념은 생성 패턴을 그룹화하기 위해 도입된 것입니다. 추상 팩토리는 복잡하고 규모가 큰 프로젝트를 수행하기 위해 복수의 생성 패턴의 그룹을 처리하며 추상 팩토리는 다수의 독립적 그룹을 형성합니다.

4.4.2 그룹 추가

팩토리 메서드는 단일 그룹을 관리하지만 추상 팩토리는 복수의 그룹을 관리할 수 있습니다. 추상 팩토리에서 새로운 그룹을 만드는 것은 앞의 예제에서 객체의 생산 공장을 추가하는 것과 같습니다.

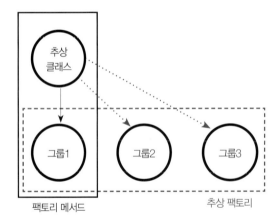

그림 4-6 추상화를 통한 그룹 형성

상위 추상 클래스를 상속받을 하위 클래스를 추가로 생성합니다. 추상 클래스에서 정의한 인터페이스 규격에 맞게 새로운 그룹의 내용을 구현합니다. 하위 클래스는 추상화 규약에 따라 실제 처리 로직을 자유롭게 작성하고, 추상화는 인터페이스와 같이 별도의 로직을 정의하지 않습니다. 이러한 특징이 적용되어 독립된 그룹을 형성할 수 있습니다.

4.4.3 하위 클래스: 미국 공장

복수의 그룹은 팩토리 메서드 패턴이 중복되어 적용되는 것을 의미합니다. 추상 팩토리는 여러 개의 공장이 있는 생산 단지와 같습니다.

기존 팩토리 메서드로 구현된 패턴을 추상 팩토리로 확장합니다. 다음과 같이 새로운 객체 생성군을 가진 클래스를 추가하는데, StateFactory는 미국에 있는 공장을 의미합니다. StateFactory 또한 동일하게 상위 Factory 추상 클래스를 상속받습니다.

예제 4-3 AbstractFactory/01/StateFactory.php

```php
<?php
// 미국 공장 팩토리
class StateFactory extends Factory
{
    public function __construct()
    {
        echo __CLASS__."객체를 생성합니다.\n";
    }

    public function createTire()
    {
        return new StateTireProduct;
    }

    public function createDoor()
    {
        return new StateDoorProduct;
    }
}
```

StateFactory는 추상 클래스인 Factory를 상속하며 다형성이 적용된 상태입니다. 또한 상위 추상 클래스에서 선언된 추상 메서드를 구현하고 추상 메서드에서는 별도로 분리된 객체를 생성합니다. 미국 공장에서만 사용하는 타이어와 도어 부품 객체도 생성합니다.

하나의 부품을 한국과 미국 공장에서 같이 사용할 수도 있는데, 규격 차이로 나누어 적용한다고 가정하고 이를 공장별로 그룹화하여 분리합니다.

4.4.4 객체 분리를 활용한 은닉성 활용

추상 팩토리는 추상 클래스를 응용한 객체 구현 방법을 사용하고 추상 클래스는 실제 구현 내용이 없는 추상 메서드를 선언합니다. 추상 메서드는 구체적 내용을 정의하는 인터페이스 규약과 유사합니다. 하위 클래스가 추상 메서드를 가진 추상 클래스를 상속하면 반드시 약속된 선언에 따라 오버라이드하여 메서드를 만들어야 합니다.

추상화는 인터페이스를 전달하고 상속을 통해 실제 로직을 하위 클래스에 구현합니다. 인터페이스도 실제 생성되는 로직을 하위 클래스에 구현하는데, 이는 실제 동작하는 구현부를 외부로부터 감출 수 있습니다. 이러한 객체지향 특징을 은닉성이라고 부릅니다.

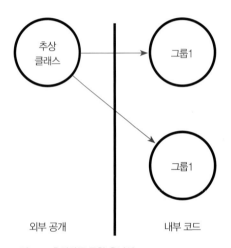

그림 4-7 추상화를 통한 은닉성

추상 팩토리는 객체를 분리함으로써 은닉성을 적용합니다. 분리된 하위 클래스는 독립적인 그룹을 생성하여 외부로부터 감출 수 있습니다.

4.4.5 목적성

추상 팩토리는 특정 클래스에 의존하지 않습니다. 해결해야 하는 문제에 따라 객체 생성 그룹을 형성합니다. 문제가 다양할 경우 새로운 객체를 생성해 그룹을 추가합니다. 해결해야 할 주제가 변할 때마다 목적(문제)에 따른 그룹을 변경하여 적용합니다. 하지만 각각의 그룹들은 서로 호환성을 가지며 동일한 인터페이스에 의해 호출됩니다.

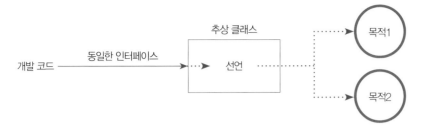

그림 4-8 동일한 인터페이스로 다른 목적을 수행

추상 팩토리는 이러한 목적성에 따라 그룹 간 호환성을 유지합니다. 목적이 변경될 경우 필요한 객체를 생성하는 그룹을 교체할 수 있는데, 이는 객체 생성을 담당하는 클래스와 이를 호출하는 클라이언트 클래스를 분리할 수 있기 때문입니다.

4.5 부품 추가 실습

추상 팩토리를 적용하여 실제 생성하는 객체 클래스를 설계해봅시다.

4.5.1 부품 추상화

앞 절에서 2개의 추상 팩토리 그룹을 생성했습니다. 그룹은 KoreaFactory와 StateFactory 하위 클래스이고, 두 그룹은 독립된 객체를 생성하여 반환합니다.

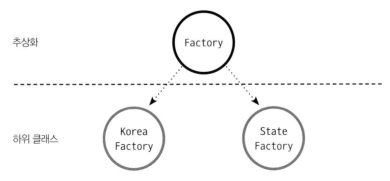

그림 4-9 추상화 그룹

Tire와 Door 객체를 생성하는 것은 두 그룹의 공통 기능이지만, KoreaFactory와 StateFactory 에서 생산되는 Tire와 Door 객체에는 약간의 차이가 필요합니다.

두 그룹에서 직접 Tire와 Door 객체를 생성하지 않고 공통된 부품의 호환성을 위해 추상화를 진행합니다. 각 부품을 추상 클래스로 선언하여 타이어 객체를 생성합니다.

예제 4-4 AbstractFactory/01/TireProduct.php

```php
<?php
// 타이어 부품
// 추상 클래스
abstract class TireProduct
{
    abstract public function makeAssemble();
}
```

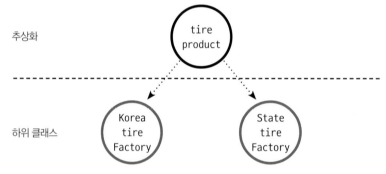

그림 4-10 타이어 부품 추상화

자동차 도어(Door)도 추상 클래스로 선언합니다.

예제 4-5 AbstractFactory/01/DoorProduct.php

```php
<?php
// 도어 부품
// 추상 클래스
abstract class DoorProduct
{
    abstract public function makeAssemble();
}
```

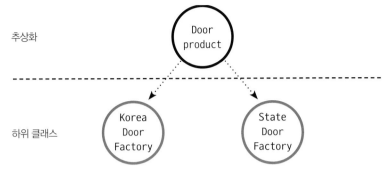

추상화

하위 클래스

Korea Door Factory

State Door Factory

Door product

그림 4-11 도어 부품 추상화

추상 클래스는 직접 구현하지 않고 하위 클래스에 위임합니다. 추상 클래스와 같이 공통된 인터페이스를 적용하면 은닉성을 보장하면서 목적에 맞는 독립된 설계를 다양하게 진행할 수 있습니다.

> **NOTE** 단순한 인터페이스만 상속할 때는 추상 클래스보다 인터페이스를 통해 구현 적용하는 것이 더 나을 수도 있습니다.

4.5.2 KoreaFactory

먼저 KoreaFactory 그룹에서 생성하는 객체를 살펴봅시다. KoreaFactory 클래스는 2개의 객체를 생성한 후 반환합니다.

```
public function createTire()
{
    return new KoreaTireProduct;
}

public function createDoor()
{
    return new KoreaDoorProduct;
}
```

실제 구현은 KoreaTireProduct 클래스와 KoreaDoorProduct 클래스 안에 선언되어 있습니다. 그리고 실제 클래스는 앞에서 선언한 추상 클래스를 상속받습니다.

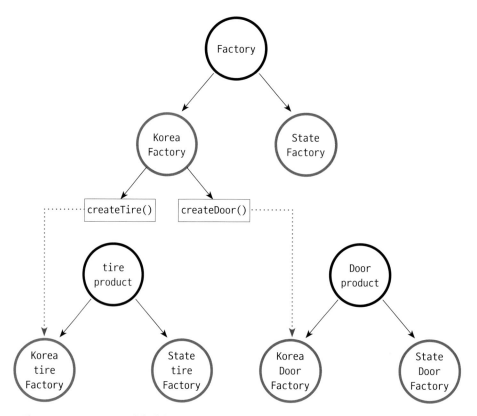

그림 4-12 KoreaFactory 객체 생성 흐름도

KoreaTireProduct 클래스는 추상화 상속을 통해 다른 클래스와 호환성을 가질 수 있습니다. 하위 클래스의 실제 구현을 위해 추상 클래스(TireProduct)를 상속받습니다.

예제 4-6 AbstractFactory/01/KoreaTireProduct.php

```php
<?php
// 추상 클래스 적용
// 한국 규격 타이어
class KoreaTireProduct extends TireProduct
{
    public function __construct()
    {
        echo "Product =".__CLASS__."객체를 생성합니다.\n";
    }

    public function makeAssemble()
```

```php
    {
        echo "메서드 호출 ".__METHOD__."\n";
        echo "한국형 타이어 장착\n";
    }
}
```

KoreaDoorProduct 클래스는 호환성을 위해 추상 클래스인 DoorProduct를 상속받습니다. 하위 클래스에서 실제 구현을 작성합니다.

예제 4-7 AbstractFactory/01/KoreaDoorProduct.php

```php
<?php
// 추상 클래스 적용
// 한국 규격 도어
class KoreaDoorProduct extends DoorProduct
{
    public function __construct()
    {
        echo "Product =".__CLASS__."객체를 생성합니다.\n";
    }

    public function makeAssemble()
    {
        echo "메서드 호출 ".__METHOD__."\n";
        echo "한국형 도어 장착\n";
    }
}
```

생성 클래스를 추상 팩토리에서 분리한 그룹별로 독립해서 설계할 수 있습니다.

4.5.3 StateFactory

이번에는 두 번째 StateFactory 그룹에서 필요로 하는 클래스를 선언해봅시다. StateFactory 클래스도 동일한 상위 Factory 클래스를 상속받으며 KoreaFacoty와 동일한 구현 메서드가 있습니다.

```php
public function createTire()
{
```

```
    return new StateTireProduct;
}

public function createDoor()
{
    return new StateDoorProduct;
}
```

하지만 생성하는 객체의 클래스는 다릅니다. StateTireProduct와 StateDoorProduct 클래스의 객체를 생성하여 반환합니다.

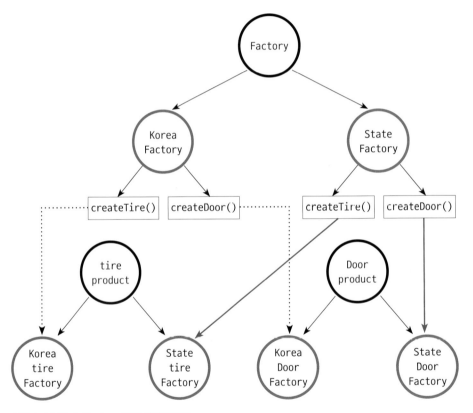

그림 4-13 StateFactory 객체 생성 흐름도

이처럼 StateFactory와 KoreaFactory는 추상화를 통해 동일한 인터페이스를 적용하지만 실제 내부 구현은 하위 클래스가 독립적으로 설계합니다. StateTireProduct 클래스도 호환성을 위해 추상 클래스 TireProduct를 상속받으며 하위 클래스에서 실제 구현을 작성합니다.

```php
<?php
// 추상 클래스 적용
// 미국 규격 타이어
class StateTireProduct extends TireProduct
{
    public function _construct()
    {
        echo "Product =".__CLASS__."객체를 생성합니다.\n";
    }

    public function makeAssemble()
    {
        echo "메서드 호출 ".__METHOD__."\n";
        echo "미국형 타이어 장착\n";
    }
}
```

StateDoorProduct도 호환성을 위해 추상 클래스 DoorProduct를 상속받아 하위 클래스를 실제 구현합니다.

예제 4-9 AbstractFactory/01/StateDoorProduct.php

```php
<?php
// 추상 클래스 적용
// 미국 규격 도어
class StateDoorProduct extends DoorProduct
{
    public function _construct()
    {
        echo "Product =".__CLASS__."객체를 생성합니다.\n";
    }

    public function makeAssemble()
    {
        echo "메서드 호출 ".__METHOD__."\n";
        echo "미국형 도어 장착\n";
    }
}
```

이처럼 추상 팩토리는 객체의 생성을 그룹화하여 관리합니다. 그룹화 과정에서 생성되는 클래스들은 유사한 구조를 가집니다.

4.6 패턴 결합

추상 팩토리를 적용하여 개체의 생성을 그룹화하고 그룹화된 객체를 결합하여 실행합니다.

4.6.1 클라이언트

앞에서 살펴본 예제들의 추상 팩토리는 Tire와 Door 객체를 한국과 미국 2개의 그룹으로 분리합니다. 각 그룹은 다시 추상 클래스를 통해 실제 그룹에 맞게 객체를 생성합니다.

다음에는 이를 응용하여 화면에 결과를 출력합니다. 먼저 메인 코드를 작성하고 필요한 클래스를 추가합니다.

예제 4-10 AbstractFactory/01/index.php

```php
<?php
// 추상 팩토리 및 그룹 정의
require "Factory.php";
require "KoreaFactory.php";
require "StateFactory.php";

// 호환성 정의
require "DoorProduct.php";
require "TireProduct.php";

// 한국 상품 그룹
require "KoreaDoorProduct.php";
require "KoreaTireProduct.php";

// 미국 상품 그룹
require "StateDoorProduct.php";
require "StateTireProduct.php";

echo "추상 팩토리 패턴을 실습합니다.\n";

// 한국 공장
```

```php
$korea = new KoreaFactory;

$ham = $korea->createTire();
$ham->makeAssemble();

$bread = $korea->createDoor();
$bread->makeAssemble();

echo "\n";

// 미국 공장
$state = new StateFactory;

$ham = $state->createTire();
$ham->makeAssemble();

$bread = $state->createDoor();
$bread->makeAssemble();
```

$korea와 $state 2개의 그룹 객체를 생성하고 각 그룹 객체에 선언된 생성 메서드를 호출합니다.

```
$ php index.php
추상 팩토리 패턴을 실습합니다.
KoreaFactory객체를 생성합니다.
Product =KoreaTireProduct객체를 생성합니다.
메서드 호출 KoreaTireProduct::makeAssemble
한국형 타이어 장착
Product =KoreaDoorProduct객체를 생성합니다.
메서드 호출 KoreaDoorProduct::makeAssemble
한국형 도어 장착

StateFactory객체를 생성합니다.
Product =StateTireProduct객체를 생성합니다.
메서드 호출 StateTireProduct::makeAssemble
미국형 타이어 장착
Product =StateDoorProduct객체를 생성합니다.
메서드 호출 StateDoorProduct::makeAssemble
미국형 도어 장착
```

이와 같이 추상 클래스를 이용하면 여러 공장에서 제품을 생산하는 것처럼 복수의 생성 그룹을 적용할 수 있습니다. 또한 각각의 그룹은 목적에 맞는 객체를 독립적으로 생성할 수 있습니다.

4.6.2 새로운 부품

추상 팩토리는 생성 패턴을 그룹화된 구조로 분리합니다. 추상 클래스를 상속받는 하위 클래스를 추가해 새로운 그룹을 쉽게 만들 수 있지만 그룹의 하위 클래스를 추가하는 것은 쉽지 않습니다.

앞에서 살펴본 [예제 4-10]에서 KoreaFactory와 StateFactory는 추상화를 통해 분리된 그룹이며 각 그룹에서 호환성을 유지하기 위해 실체 객체도 추상화합니다. KoreaTireProduct와 StateTireProduct가 공통된 추상 클래스 TireProduct를 상속받는 것을 볼 수 있습니다. KoreaDoorProduct와 StateDoorProduct도 공통된 DoorProduct를 갖습니다.

각 그룹에서 새로운 부품인 Engine을 추가해야 한다고 가정해봅시다. 새로운 부품을 추가할 때는 추상 클래스 그룹으로 분리된 모든 클래스에 Engine 부품 관련 코드를 삽입해야 합니다.

추상 클래스의 경우 그룹을 나누는 것은 쉽지만 서브 생성 객체를 추가하는 것은 어렵습니다. 이처럼 하나의 패턴이 문제를 완벽하게 해결할 수 있는 것은 아닙니다. 패턴을 적용할 때는 장단점을 잘 파악하여 적절하게 사용하는 것이 중요합니다.

4.7 장점과 단점

추상 팩토리는 생성 클래스를 그룹별로 분리할 수 있으며 클래스의 군을 쉽게 변경할 수도 있습니다.

4.7.1 장점

추상 팩토리는 생성 패턴을 독립적으로 동작하도록 분리하며 분리된 하나의 그룹별로 객체를 선택하여 생성합니다. 추상 팩토리의 그룹은 동일한 처리 로직을 갖고 있고, 다른 그룹으로 변경돼도 하위 클래스를 통해 선택적 객체를 다르게 생성할 수 있습니다. 추상 팩토리는 큰 변화

없이 시스템의 군을 생성하고 변경할 수 있습니다.

추상 팩토리의 일부는 인터페이스와 같은 역할을 합니다. 인터페이스는 코드를 일관적으로 유지하고 실제 구현을 다르게 실행시킬 수 있다는 장점을 갖고 있습니다.

4.7.2 단점

추상 팩토리의 경우 새로운 종류의 군을 추가하는 것이 쉽지 않습니다. 이는 기존 군에서 새로운 군을 추가하여 확장할 때 모든 서브 클래스들이 동시에 변경돼야 하는 추상 팩토리의 특징 때문입니다. 새로운 클래스 제품군이 추가되면 클래스 제품에 대한 구조를 설계하고, 이를 다시 추상 팩토리의 구조에 등록해야 합니다. 매번 새로운 종류를 추가할 때마다 구조를 재설계하는 것은 확장성 부분에서 좋지 않습니다.

추상 팩토리의 그룹은 계층적 구조를 가지며 계층을 확장하면서 그룹을 관리합니다. 추상 팩토리는 팩토리 메서드와 매우 비슷하지만 관리할 그룹이 많다는 차이가 있습니다. 또한 계층의 크기가 커질수록 복잡한 문제가 발생합니다.

4.8 관련 패턴

추상 팩토리와 유사한 특징을 가지고 있는 다음 패턴과 같이 활용됩니다.

4.8.1 빌더 패턴

추상 팩토리는 인터페이스를 이용하여 객체를 조립합니다. 하지만 빌더는 더 크고 복잡한 객체를 조립하거나 생성할 때 사용됩니다.

4.8.2 팩토리 메서드 패턴

추상 팩토리는 팩토리 메서드를 더욱 확장합니다. 생성 패턴을 그룹화하여 단위별로 객체 생성하며 객체를 조립하는 과정에서 팩토리 메서드 패턴이 응용됩니다.

4.8.3 복합체 패턴

추상 팩토리는 추상화를 통해 객체 생성을 조합합니다. 조합된 객체는 복합 객체의 특징을 가집니다.

4.8.4 싱글턴 패턴

유일한 객체 생성이 필요하다면 일부 객체는 싱글턴 방식으로 변경할 수 있습니다. 싱글턴 패턴을 이용하면 중복을 배제하고 객체를 생성할 수 있습니다.

4.9 정리

추상 팩토리 패턴은 팩토리 메서드 패턴을 포함하며 팩토리 부분을 추상화해 그룹으로 확장합니다. 생성된 그룹을 통해 전체를 쉽게 변경할 수도 있습니다.

추상 팩토리는 객체 생성 과정이 프로세스 공정과 같습니다. 같은 방식으로 생성할 때 적용하면 좋은 패턴입니다.

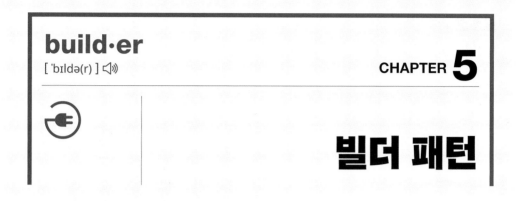

build·er

[ˈbɪldə(r)] 🔊

CHAPTER **5**

빌더 패턴

빌더 패턴은 추상 팩토리를 확장하여 크고 복잡한 객체를 생성할 수 있습니다.

5.1 건축물

builder의 사전적 의미는 '건축물을 짓는 사람 또는 회사'입니다. 즉 커다란 구조의 큰 물체를 설계하고 만드는 것을 의미합니다.

5.1.1 객체 생성

생성 패턴의 주요 목적은 객체의 생성 과정을 한 곳에 집중화하는 것입니다. 패턴을 사용하여 객체를 생성 관리하는 이유는 인스턴스화 과정에서 발생하는 강력한 의존 관계를 해소하기 위해서입니다. 객체지향에서 객체의 종류는 크게 단일 객체와 복합 객체 2가지가 있습니다.

기본적으로 클래스는 하나의 객체입니다. 단일 객체란 하나의 클래스로 생성된 객체를 말합니다. 객체는 데이터와 행동을 가지며 때로는 객체를 확장하기 위해 상속 구조를 적용하기도 합니다. 팩토리, 팩토리 메서드, 추상 팩토리 모두 단일 객체를 사용합니다.

5.1.2 복합 객체

전형적인 클래스 확장 방식은 상속입니다. 상속은 상위 클래스를 is-a 관계로 포괄하여 큰 규모의 객체를 생성하는 기법입니다. 하지만 상속에는 강력한 상하 결합 관계와 불필요한 모든 행위까지 포함된다는 단점도 있습니다.

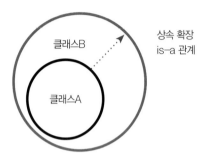

그림 5-1 is-a 관계 상속 확장

객체지향에서는 상속의 단점을 개선하기 위해 의존성 주입을 사용합니다. 의존성을 통해 복합 객체를 생성하여 사용하는 것을 권장합니다. 복합 객체란 하나의 객체가 다른 객체를 포함하는 관계 구조입니다. 복합 객체는 구조적 의존 관계를 통해 객체를 확장합니다.

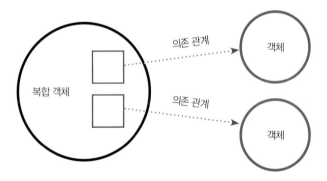

그림 5-2 복합 구조 확장

복합 객체는 객체가 생성된 후에도 다른 객체와 관계를 설정해 동적 확장할 수 있다는 장점을 갖고 있습니다. 많은 디자인 패턴의 원리와 목적은 상속 결합을 배제하고 의존 관계의 복합 객체로 변경하여 처리하는 것입니다.

5.1.3 복잡한 객체

복합 객체는 내부적으로 다른 클래스의 객체를 포함합니다. 복합 객체는 관계 설정을 추가로 해줘야 하므로 객체를 생성하는 과정이 단일 객체보다 복잡합니다. 복합 객체를 생성할 때는 객체의 구조 순서에 맞게 단계별로 실행됩니다.

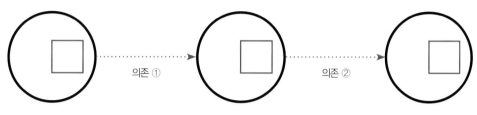

그림 5-3 단계별 의존 관계

복합 객체 사용을 중요시하는 것이 최신 객체지향 트렌드지만 이전에 학습한 팩토리, 팩토리 메서드, 추상 메서드 패턴으로는 복합 객체를 생성할 수 없습니다. 기존 생성 패턴의 한계로 인해 복합 객체 생성을 처리할 수 있는 또 다른 패턴이 필요해졌습니다. 빌더 패턴은 복잡한 구조의 복합 객체를 생성하는 로직을 별로도 분리하여 객체 생성을 처리합니다.

5.2 객체 실습

빌더 패턴을 학습하기 위해 복합 객체를 만들어봅시다. 복합 객체는 하나의 객체가 다른 클래스의 객체를 포함한다는 특징을 갖고 있습니다.

5.2.1 기본 클래스

복합 객체를 생성하기 위해서는 먼저 root 클래스가 필요합니다. 다음 예제는 컴퓨터의 구조를 표현한 클래스입니다.

예제 5-1 Builder/01/Computer.php

```php
<?php
// 기본 객체
```

```php
class Computer
{
    public $_cpu;
    public $_ram = [];
    public $_storage = [];

    public function __construct()
    {
        echo __CLASS__." 객체가 생성이 되었습니다.\n";
    }

    public function __toString()
    {
        return
        "이 컴퓨터의 사양은 CPU=". $this->_cpu.
        ", RAM= ".$this->memory()."GB".
        ", Storage= ".$this->storage()."GB".
        "입니다.\n";
    }

    public function memory()
    {
        $size = 0;
        foreach ($this->_ram as $mem) {
            $size += $mem->getSize();
        }
        return $size;
    }

    public function storage()
    {
        $size = 0;
        foreach ($this->_storage as $disk) {
            $size += $disk->getSize();
        }
        return $size;
    }
}
```

Computer 클래스에는 데이터를 저장하는 3개의 프로퍼티(변수)가 있는데 그것은 하나의 CPU 프로퍼티, 배열로 된 Ram, Storage 프로퍼티입니다. Ram과 Storage는 복수의 객체를 배열로 저장합니다. 객체의 정보를 문자열로 확인하도록 __toString( ) 메서드도 함께 구현합니다.

5.2.2 객체의 구성

복합 객체는 다른 클래스의 객체를 포함합니다. 복합 객체가 다른 객체를 갖는 방법은 다양한데, 먼저 내부적으로 직접 관련된 클래스의 객체를 생성할 수 있습니다. 객체 생성자를 통해 관련 있는 객체들을 생성 결합할 수 있으며, 간단한 팩토리 패턴과 같이 메서드를 활용해 관련된 객체를 생성할 수도 있습니다. 객체를 직접 생성하는 방법 외에 외부로부터 객체의 의존성을 전달받을 수도 있습니다.

디자인 패턴에서 복합 객체의 구성은 의존성 주입 형태가 권장되며 의존성 주입이 이루어진 객체들은 복합 객체의 내부 프로퍼티에 저장됩니다. 기본 객체 안에 선언된 $_ram, $_storage 프로퍼티는 외부에서 전달받은 객체를 담고 있습니다.

```
public $_ram = [];
public $_storage = [];
```

프로퍼티에 저장된 객체는 속성에 따라 접근을 제한할 수 있습니다. public으로 속성을 정의했다면 복합 객체와 연결된 객체에 제한 없이 접근할 수 있습니다.

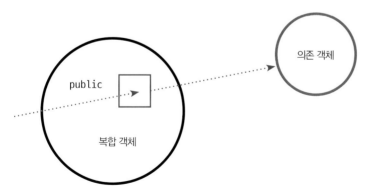

그림 5-4 Public 속성 접근

의존성 주입이 이루어진 객체의 접근 권한을 설정할 때는 몇 가지 로직이 추가됩니다. private, protected 속성은 외부에서 프로퍼티에 직접 접근할 수 없습니다. 접근 권한 관리를 위한 별도의 메서드(setter/getter)를 추가해야 합니다. 게터/세터 메서드가 작성되면 코드의 양이 늘어나고 번거롭습니다. 하지만 객체의 접근을 제한하고 은닉성을 가질 수 있다는 점에서 같이 작성하는 것이 좋습니다.

5.2.3 부속 클래스

복합 객체의 부속 클래스를 설계해봅시다. 기본 클래스인 Computer에는 부속 클래스 Memory와 Storage 클래스가 있습니다.

예를 들어 컴퓨터에는 여러 개의 메모리를 꽂아 확장할 수 있습니다. 복수의 메모리를 관리하기 위해 $_ram 변수를 배열로 선언합니다. Computer 클래스는 복수의 Memory 객체를 포함할 수 있는 복합 객체입니다.

```php
public $_ram = [];
```

다음은 메모리 부품을 처리하기 위한 예제 코드입니다.

예제 5-2 Builder/01/Memory.php

```php
<?php
// 기본 객체
class Memory
{
    private $size; // 메모리 사이즈

    public function __construct($size=null)
    {
        if ($size) {
            $this->size = $size;
        }
    }

    public function setSize($size) // setter
    {
        $this->size = $size;
```

```
    }

    public function getSize() // getter
    {
        return $this->size;
    }
}
```

또한 컴퓨터에는 다수의 저장 장치가 있는데, Computer 클래스는 복수의 Sotrage 클래스의
객체를 포함합니다.

```
public $_storage = [];
```

[예제 5-3]에서 Storage 클래스는 저장 장치를 처리합니다.

예제 5-3 Builder/01/Storage.php

```php
<?php
// 기본 객체
class Storage
{
    private $size; // 저장장치 크기

    public function __construct($size=null)
    {
        if ($size) {
            $this->size = $size;
        }
    }

    public function setSize($size) // setter
    {
        $this->size = $size;
    }

    public function getSize() // getter
    {
        return $this->size;
    }
}
```

5.3 빌더

빌더 패턴은 복잡한 구조를 가진 복합 객체의 생성 과정을 분리하여 처리하는 패턴입니다. 복합 객체의 생성 과정을 단계별로 분리함으로써 복합 객체의 생성을 일반화할 수 있습니다.

5.3.1 빌더 패턴

팩토리 패턴 또한 요청한 객체의 생성 과정을 분리합니다. 요청된 복합 객체의 생성을 처리하기 위해 별도의 독립된 클래스를 준비하고, 생성 패턴은 요청되는 모든 객체를 생성하며 반환하는 역할을 수행합니다. 팩토리 패턴은 단일 클래스의 객체만 생성, 반환하므로 요청된 객체가 복합 객체일 경우 팩토리 패턴을 적용할 수 없습니다.

복합 객체는 동적으로 객체를 확장할 수 있어 보다 효율적입니다. 하나의 객체는 여러 객체를 포함하며 포함된 객체는 또 다른 객체를 포함할 수 있습니다. 복합 객체는 계층적인 구조 관계를 가지는데, 이 특징 때문에 복합 객체를 생성하는 것이 쉽지 않습니다. 복합 객체의 내부 구조는 상하로 확장되기도 하고 다수의 leaf를 가지기도 합니다. 복잡한 구조를 가진 복합 객체를 하나의 방식으로 정의하기는 매우 어려우며 목적에 따라 수없이 많은 종류의 복합 구조가 탄생할 수 있습니다.

이처럼 다양한 구조의 복합 객체를 팩토리 패턴으로 구현하기에는 한계가 있습니다. 따라서 각 구조에 맞게 생성을 처리할 수 있도록 과정을 분리하여 처리합니다.

5.3.2 생성 로직

복잡한 구조를 가진 복합 객체를 한 단계로만 생성할 수는 없습니다. 복합 객체의 내부 구조에 맞게 단계별로 객체 생성을 분리하고 관계를 결합하는 과정이 필요합니다. 복합 객체의 구조는 종속적이기 때문에 종속된 순서의 역순으로 객체를 생성하여 결합해야 합니다.

복합 객체에는 구조에 맞게 객체를 생성하고 관계를 설정하는 로직이 필요합니다. 이러한 생성 로직은 일반적으로 클라이언트 코드 안에 작성됩니다. 복합 객체의 생성 로직을 일반 코드로 작성하면 객체 생성 과정을 효율적으로 관리하기 어렵습니다.

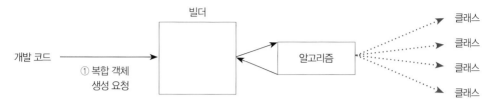

그림 5-5 복합 객체 생성 알고리즘

이러한 이유로 빌더 패턴은 복합 객체 생성 과정을 별도의 독립된 클래스로 관리합니다.

5.3.3 빌더 추상화

빌더 패턴은 추상화를 통해 다양한 종류의 복합 객체를 생성 관리합니다. 다음은 Builder의 추상 클래스입니다. 추상화를 통해 공통된 로직을 분리합니다.

예제 5-4 Builder/01/Builder.php

```php
<?php
abstract class Builder
{
    // 알고리즘 객체를 저장합니다.
    protected $algorism;

    // 알고리즘 선택
    public function setAlgorism(Algorism $algorism)
    {
        // 빌드할 객체의 알고리즘 객체를 저장합니다.
        echo "빌드 객체를 저장합니다. <= ". get_class($algorism). "\n";
        $this->algorism = $algorism;

        return $this;
    }

    public function getInstance(){
        return $this->algorism->getInstance();
    }

    // 추상 메서드 선언
    abstract public function build();

}
```

추상 클래스인 Builder는 추상 메서드 build()를 선언합니다. Build()는 복합 객체를 생성하는 로직을 하위 클래스에 위임합니다.

5.3.4 ConcreteBuilder

추상 클래스로 설계된 빌더는 자체적으로 객체를 생성할 수 없어 추상 클래스를 상속하는 하위 클래스(ConcreteBuilder)가 필요합니다. 하위 클래스는 실제 복합 객체의 생성 과정을 위임받고, 빌더 로직을 구체화하는 하위 클래스(ConcreteBuilder)는 상위 추상 클래스(builder)를 상속받습니다.

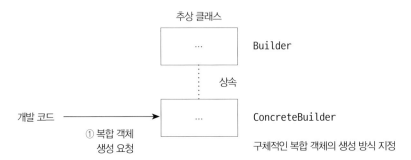

그림 5-6 빌더 패턴의 하위 클래스 구현

하위 클래스는 상위 클래스에서 선언된 추상 메서드의 실제를 구현합니다. 추상 메서드는 인터페이스와 같아서 추상 메서드를 다시 오버라이드하여 구현하는데, 구현하지 않을 경우 오류가 발생합니다.

예제 5-5 Builder/01/Factory.php

```php
<?php
// 외부에서 알고리즘을 전달받습니다.
class Factory extends Builder
{
    // 알고리즘 의존성을 주입 받습니다.
    public function __construct($algorism=null)
    {
        echo __CLASS__ ."객체를 생성하였습니다.\n";
        if ($algorism) {
```

```
            $this->algorism = $algorism;
        }
    }

    // 단계별 빌더의 메서드를 호출합니다.
    public function build()
    {
        echo "=== 빌드합니다. ===\n";
        $this->algorism->setCpu("i7");
        $this->algorism->setRam([8,8]);
        $this->algorism->setStorage([256,512]);

        return $this;
    }
}
```

추상화를 적용하면 여러 개의 하위 클래스를 만들어 다형성을 적용할 수 있습니다. 다형성을
이용해 다양한 복합 객체의 생성 로직을 하위 클래스로 구현할 수 있습니다.

5.3.5 추상 메서드

빌더 패턴은 추상 메서드를 통해 복합 객체 생성 방법을 달리 적용할 수 있습니다. 빌더 패턴은
복합 객체의 생성 로직을 직접 클라이언트 코드로 구현하거나 메서드를 호출하지 않으며, 독립
적인 단계별 구축 공정을 분리하여 처리합니다. 추상 메서드 `build()` 안에는 복합 객체 생성
을 위한 처리 로직들이 들어 있습니다. 또 빌더 생성 로직을 별도의 알고리즘으로 분리하여 외
부로부터 주입받을 수도 있습니다.

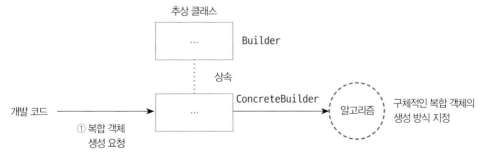

그림 5-7 외부 알고리즘

빌더 패턴은 다양한 종류의 복합 객체 생성 로직을 구분합니다. 또한 추상 메서드와 외부 알고리즘을 통해 객체의 실제 생성 로직을 외부로부터 숨기는 효과도 있습니다.

5.4 알고리즘

빌더 패턴은 복합 객체의 생성 로직을 별도 클래스로 분리하며 분리한 로직을 알고리즘이라고 부릅니다. 분리한 알고리즘 객체는 다시 빌더에 전달되어 복합 객체를 생성합니다.

5.4.1 전략 패턴

복합 객체는 생성 과정이 복잡합니다. 1개의 빌더로 다양한 종류의 복합 객체를 생성하려면 생성 로직을 분리해두는 것이 좋습니다. 알고리즘이라고 했을 때 제일 먼저 떠오르는 패턴이 전략 패턴입니다. 빌더 패턴 또한 분리된 처리 로직을 객체화하여 전달할 수 있습니다. 이때, 빌더 패턴은 전략 패턴과 결합된 형태를 갖게 됩니다.

> **NOTE** 전략 패턴은 외부에서 처리 객체를 전달받아 수행하는 패턴입니다. 자세한 내용은 24장에서 살펴보겠습니다.

다음은 빌더의 하위 클래스 `ConcreteBuilder` 코드의 일부입니다. `ConcreteBuilder`는 외부로부터 의존성 주입 받은 알고리즘 객체로 복잡한 객체의 생성을 처리합니다.

```
public function __construct($algorism=null)
{
    echo __CLASS__ ."객체를 생성하였습니다.\n";
    if ($algorism) {
        $this->algorism = $algorism; // 알고리즘 저장
    }
}
```

알고리즘은 전략 패턴에서 생성자를 통해 의존성을 주입합니다. 의존성을 전달받은 전략 패턴은 내부 프로퍼티에 저장되며 외부로 공개된 메서드를 통해 실행됩니다. 실체 객체 생성을 요

청하는 것과 객체를 생성하는 알고리즘이 분리된 것을 볼 수 있습니다. 빌더 패턴은 전략 패턴의 알고리즘을 응용하여 복합 객체를 생성합니다.

5.4.2 추상화

복합 객체를 생성하는 방법은 다양합니다. 다양한 객체를 생성 및 처리하기 위해서는 다형성을 적용하는 것이 좋은데, 빌더 패턴은 일관적인 알고리즘을 적용하면서 다형성을 유지하기 위해 추상화 구조를 적용합니다.

빌더 패턴은 추상 팩토리를 확장한 패턴입니다. 알고리즘은 다시 추상화를 통해 생성 과정을 단계별로 캡슐화합니다. 추상화된 알고리즘은 각각의 단계를 구조화하여 객체를 생성할 수 있는 로직으로 전달됩니다.

빌더 패턴에 적용되는 알고리즘을 추상화합니다.

예제 5-6 Builder/01/Algorism.php

```php
<?php
// 알고리즘의 공통된 동작을 위하여 추상 클래스를 선언합니다.
// 각 알고리즘으로 재정의되는 추상 메서드를 선언합니다.
abstract class Algorism
{
    // 빌더 객체를 저장합니다.
    protected $Composite;

    abstract public function setCpu($cpu);
    abstract public function setRam($size);
    abstract public function setStorage($size);

    public function getInstance()
    {
        return $this->Composite;
    }
}
```

알고리즘은 객체 생성에 필요한 추상 메서드를 선언하고 공통된 로직은 메서드나 프로퍼티로 연결될 수 있습니다. 복합 객체의 생성 알고리즘을 분리하면 내부 구조를 외부로부터 보호할 수 있습니다.

5.4.3 하위 클래스

복합 객체를 생성하기 위해서는 단계별 과정이 필요한데, 빌더 패턴에서는 추상 클래스를 통해 이러한 과정을 약속합니다. 빌더 객체는 약속된 생성 과정만 호출하며, 빌더 객체에 전달될 생성 알고리즘은 하위 클래스에서 구현합니다.

예제 5-7 Builder/01/ProductModel.php

```php
<?php
// 알고리즘의 하위 클래스를 구현합니다.
class ProductModel extends Algorism
{
    public function _construct()
    {
        echo "Algorism "._CLASS_ ."객체를 생성하였습니다.\n";
        $this->Composite = new Computer();
    }

    // 빌더 단계별 메서드
    public function setCpu($cpu)
    {
        echo "CPU를 설정합니다. \n";
        $this->Composite->_cpu = $cpu;

        return $this;
    }

    // 빌더 단계별 메서드
    public function setRam($size)
    {
        echo "RAM을 설정합니다>>";
        foreach ($size as $mem) {
            echo "슬롯 ".$mem."GB 장착/";
            array_push($this->Composite->_ram, new Memory($mem));
        }
        echo "\n";
        return $this;
    }

    // 빌더 단계별 메서드
    public function setStorage($size)
    {
        echo "Storage를 설정합니다>>";
```

```
        foreach ($size as $disk) {
            echo "슬롯 ".$disk."GB 장착/";
            array_push($this->Composite->_storage, new Storage($disk));
        }
        echo "\n";
        return $this;
    }

}
```

알고리즘의 하위 클래스에는 복합 객체를 생성하기 위한 단계별 행동이 정의되어 있습니다. 이러한 과정의 조합은 실제 제품을 만들 때나 중간에 과정을 추가 확장할 때 매우 유용합니다.

다음은 **ConcreteBuilder**에서 전달받은 알고리즘의 메서드를 호출하는 코드 일부입니다. 분리된 단계별 메서드를 빌더 객체에서 호출하고 조합합니다.

```
// 단계별 빌더의 메서드를 호출합니다.
public function build()
{
echo "=== 빌드합니다. ===\n";
$this->algorism->setCpu("i7");
$this->algorism->setRam([8,8]);
$this->algorism->setStorage([256,512]);

return $this;
}
```

빌더 패턴을 구현할 때는 먼저 생성 및 조합하기 위한 모델을 만들어야 합니다.

5.4.4 교환 가능성

객체지향에서는 복합 객체의 구조가 너무 다양하기 때문에 활용하기 어렵습니다. 이에 빌더 패턴에서는 이를 보완하기 위해 생성과 처리 로직을 분리했고, 처리 로직을 분리할 때 전략 패턴을 사용했습니다.

생성 단계를 위한 알고리즘을 전략 패턴으로 전달함에 따라 다양한 종류의 복합 객체를 쉽게 생성할 수 있게 되었습니다. 전략 패턴을 적용한 빌더 패턴은 생성자를 통해 알고리즘 객체를 전달(의존성) 받습니다. 따라서 빌더 클래스는 어떤 복합 객체가 만들어지는지 구체적으로 알지 못합니다. 미리 약속된 동작으로만 객체 생성 과정을 호출하고, 실체 객체는 알고리즘에 의해 생성됩니다.

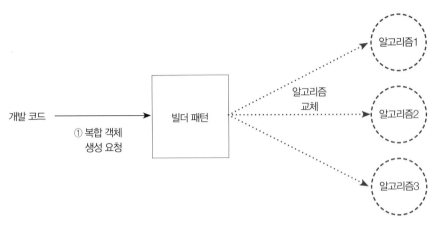

그림 5-8 알고리즘 교체

빌더 패턴은 언제든지 전달되는 알고리즘을 교체하여 다양한 복합 객체를 동적으로 생성할 수 있습니다.

5.4.5 빌더 선택

알고리즘만 사용하여 다양한 복합 객체를 생성하는 것이 충분하지 않을 수도 있습니다. 알고리즘은 빌더 클래스에서 정의된 단계별로 동작을 호출하여 복합 객체를 생성합니다. 만일 단계가 변경된 다른 복합 객체 생성이 필요한 경우, 다수의 `ConcreteBuilder` 하위 클래스를 구성하여 그룹을 생성할 수 있습니다. 그룹 생성은 추상 팩토리에서 만드는 방법과 유사합니다.

빌더 패턴은 추상화의 다형성을 이용해 그룹별로 복합 객체의 종류를 설계합니다. 추상화는 객체의 생성 그룹 A와 그룹 B 형태로 분리할 수 있습니다. 분리된 생성 그룹을 빌더 패턴의 인자로 전달하면 선택된 그룹에서 선언되고 구현된 메서드만 이용하여 복합 객체를 생성합니다.

5.5 생성 요청

앞의 예제 코드에서는 빌더 설계와 알고리즘만 구현했습니다. 이번에는 빌더 패턴을 이용하여 컴퓨터를 의미하는 복합 객체를 생성해보겠습니다.

5.5.1 알고리즘 생성

이번 예제에서는 구조가 복잡한 컴퓨터(computer) 객체를 생성합니다. 복합 객체를 생성하기 위해 먼저 생성 알고리즘을 선택합니다.

```
//알고리즘을 생성합니다.
$algorism = new ProductModel;
```

복합 객체를 생성하는 알고리즘은 다양하게 구성할 수 있습니다. 생성된 알고리즘 객체를 빌더에 전달합니다.

5.5.2 빌더 객체

복합 객체를 제작하는 빌더 객체를 생성합니다. 빌더 패턴 내부에는 복합 객체 생성을 수행할 수 있는 알고리즘이 있으며, 이 알고리즘은 전략 패턴을 결합하여 구현 동작됩니다.

전략 패턴인 알고리즘을 빌더의 생성자로 하여 의존성 주입합니다. 생성자를 통해 의존성 주입이 이루어지면 입력된 알고리즘으로 복합 객체를 생성하는 동작을 수행합니다.

```
// 빌더 객체
$builder = new Builder();
$builder->setAlgorism($algorizm);
```

setter 메서드를 통해 알고리즘을 주입할 수도 있습니다. 위 예제에서는 Setter 메서드를 통해 알고리즘을 주입하는 방식을 적용해보았는데, 이를 위해서는 빌더 패턴에서 알고리즘을 주입할 수 있는 별도의 Setter 메서드를 같이 준비해야 합니다. Setter 메서드를 이용하면 동적으로 객체의 생성 알고리즘을 변경할 수 있습니다.

5.5.3 빌드

앞 절에서는 빌더 객체와 알고리즘을 만들어보았습니다. 이제 클라이언트 코드를 작성해 최종 복합 객체를 생성해봅시다. 클라이언트 코드는 빌더 객체에 실제 복합 객체 생성을 요청합니다. 빌더는 의존성 주입된 알고리즘에 따라서 복합 객체를 생성합니다.

예제 5-8 Builder/01/index.php

```php
<?php
require "Builder.php";
require "Factory.php";

require "Memory.php";
require "Storage.php";
require "computer.php";

require "Algorism.php";
require "ProductModel.php";

// 알고리즘을 생성합니다.
$algorism = new ProductModel;

// 빌더 객체
$factory = new Factory();
$factory->setAlgorism($algorism);

// 생성 요청
// 빌드 생성된 객체를 전달받습니다.
$computer = $factory->build()->getInstance();

// 매직 메서드 __toString()를 이용합니다.
echo $computer;
```

```
$ php index.php
Algorism ProductModel객체를 생성하였습니다.
Computer 객체가 생성이 되었습니다.
Factory객체를 생성하였습니다.
빌드 객체를 저장합니다. <= ProductModel
=== 빌드합니다. ===
CPU를 설정합니다.
RAM을 설정합니다>>슬롯 8GB 장착/슬롯 8GB 장착/
```

```
Storage를 설정합니다>>슬롯 256GB 장착/슬롯 512GB 장착/
이 컴퓨터의 사양은 CPU=i7, RAM= 16GB, Storage= 768GB입니다.
```

빌더 패턴을 이용하면 보다 쉽게 복합 객체를 생성할 수 있습니다. 빌더 객체는 어떤 복합 객체가 생성되는지 알지 못하며, 빌더로 생성되는 복합 객체의 종류는 알고리즘에 의존합니다. 알고리즘을 변경하면 다양한 복합 객체를 생성할 수 있습니다. 이는 전략 패턴과 유사합니다.

5.6 관련 패턴

빌더는 추상화를 통해 다양한 복합 객체를 생성합니다. 추상화는 실제 복합 객체의 생성 로직을 분리하며 필요에 따라 다양하게 로직을 변경할 수 있습니다. 이러한 과정에서 다양한 패턴들과 결합되어 동작합니다.

5.6.1 템플릿 메서드

빌더 패턴의 Buildr는 객체를 건축하는 행위이며 실제로 객체 생성 로직을 분리합니다. 상위 클래스에는 추상 메서드를 선언하기만 하고, 하위 클래스에는 실제 구현 메서드를 오버라이드 합니다.

5.6.2 복합체 패턴

빌더는 복잡한 복합 객체를 생성합니다. 복합 객체는 다른 객체를 포함하며 복합체 패턴과 유사한 구조를 가집니다.

5.6.3 추상 팩토리

빌더 패턴은 추상화 작업으로 다양한 복합 객체의 생성 그룹을 만들 수 있습니다. 추상화를 통해 그룹을 관리하는 것은 추상 팩토리와 유사합니다. 빌더 패턴은 추상 팩토리를 확장하여 복합 객체를 생성합니다.

5.6.4 파사드 패턴

빌더 패턴은 복잡한 객체를 생성합니다. 복합 객체의 생성 로직은 Builder 객체에서 조합합니다. 하지만 외부에서는 빌더 패턴이 복합 객체를 생성하는 내부 구조를 알지 못합니다. 클라이언트Client는 빌더 패턴의 복잡한 구조를 알 필요가 없으며, 외부에 공개된 생성 메서드만 호출하면 복합 객체를 생성할 수 있습니다. 이는 API와 같은 파사드 패턴과 유사합니다.

5.7 정리

빌더 패턴은 추상 팩토리 패턴을 확장하고, 복잡한 단계step를 가진 복합 객체를 생성할 수 있습니다. 빌더 패턴은 생성 단계를 중점으로 설계하고, 추상 팩토리 패턴은 유사한 객체의 생성 과정을 중심으로 제품군을 설계합니다.

빌더 패턴은 추상 팩토리에서 유사한 객체의 제품군을 알고리즘화하여 다양한 복합 객체를 생성, 관리하는 용도로 사용합니다. 빌더는 관계된 서브 객체의 단계별 생성 절차가 완료된 후 복합 객체를 생성 및 반환합니다. 하지만 추상 팩토리는 객체를 생성한 즉시 반환합니다.

빌더 패턴의 경우 만들고자 하는 부품들이 모여야 의미가 있습니다. 추상 팩토리 패턴은 각각의 부품에만 의미를 부여합니다.

proto·type

[|proʊtətaɪp] ◁»

CHAPTER 6

프로토타입 패턴

객체를 생성하는 유일한 방법은 new 키워드를 사용하는 것이며, 앞에서 살펴본 5개의 생성 패턴도 new 키워드를 이용하여 객체를 생성했습니다. 하지만 객체를 생성할 수 있는 방법이 하나더 있는데, 바로 기존에 생성된 객체를 복제하여 생성하는 것입니다. 프로토타입 패턴은 new 키워드를 사용하지 않고 객체를 복제해 생성하는 패턴입니다.

6.1 생성

시스템은 새로운 객체를 생성할 때 자원을 할당합니다. 프로그래밍 언어에서 새로운 객체를 생성하고 자원을 할당하는 과정을 살펴봅시다.

6.1.1 객체 생성

객체를 생성하기 위해서는 먼저 클래스 선언이 필요하며 선언된 클래스를 기반으로 객체를 생성합니다. 객체는 선언한 클래스의 인스턴스화를 통해 생성되고 메모리에 적재됩니다. 다음 예제에서는 인사말을 출력하는 Hello 클래스를 선언합니다.

예제 6-1 Prototype/01/hello.php

```php
<?php
class Hello
{
    private $message;

    public function __construct($msg)
    {
        $this->message = $msg;
    }

    public function setMessage($msg)
    {
        $this->message = $msg;
    }

    public function getMessage()
    {
        return $this->message;
    }
}
```

일반적으로 객체를 만드는 방법은 new 키워드가 유일하며, new 키워드는 인스턴스화 과정을 통해 객체를 생성합니다. 많은 개발 언어에서 객체를 생성하는 키워드로 new를 사용합니다. 다음 예제에서는 new 키워드를 이용하여 선언한 클래스의 객체를 생성합니다.

예제 6-2 Prototype/01/index.php

```php
<?php
include "hello.php";

$obj = new Hello("안녕하세요");
echo $obj->getMessage();
```

```
php index.php
안녕하세요
```

new 키워드 다음에 클래스 이름을 지정합니다. 지정한 클래스의 선언에 따라 객체를 생성하고 메모리에 할당하는 과정을 수행합니다. 이처럼 객체지향에서 객체를 생성한다는 것은 시스템의 자원을 소모한다는 의미입니다.

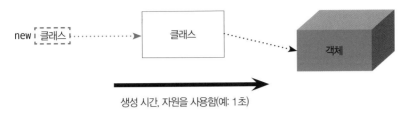

그림 6-1 객체의 생성 자원 소모

생성되는 객체가 많거나 크기가 클수록 시스템이 처리할 부하가 늘어납니다. 빌더 패턴과 같이 복잡한 구조인 객체는 더 많은 자원을 사용합니다.

6.1.2 객체의 상탯값

캡슐화는 객체지향 개발 방법의 기본 개념으로, 행동과 데이터를 한 곳에 묶어서 관리합니다. 따라서 객체의 경우 행동만 가진 함수와 달리 상탯값을 가진 데이터가 존재합니다. 앞의 예제에서 사용한 객체 생성 과정을 다시 한 번 살펴봅시다. hello 클래스 이름 뒤에 '( )'가 붙어 있습니다.

```
$obj = new Hello("안녕하세요");
```

new 키워드는 객체 생성 시 인자값을 전달합니다. 생성 시 전달된 인자값은 클래스의 생성자 메서드를 통해 전달받습니다. 다음은 클래스의 생성자 매직 메서드의 일부 예제입니다.

```
private $message;

public function __construct($msg)
{
    $this->message = $msg;
}
```

생성자 메서드는 객체가 new 키워드로 생성될 때 자동 호출됩니다. 생성자 메서드는 생성 시 전달받은 매개변수를 보존하기 위해 내부의 프로퍼티에 저장합니다. 객체로 전달된 값을 유지하려면 프로퍼티와 같은 데이터 저장 영역이 필요합니다. 프로퍼티는 대표적으로 객체의 상탯값을 저장하는 방법입니다.

일반적인 클래스의 특징은 한 번의 선언으로 다수의 동일 객체를 생성할 수 있다는 것입니다. 다음과 같이 선언된 Hello 클래스를 이용해 2개를 생성할 수 있습니다. new 키워드는 객체를 생성할 때마다 메모리의 자원을 소모합니다. 프로그램에서 다수의 동일한 객체를 만드는 이유는 서로 다른 상탯값을 가진 객체가 필요하기 때문입니다.

예제 6-3 Prototype/01/index2.php

```php
<?php
include "hello.php";

$ko = new Hello("안녕하세요");
$en = new Hello("hello world");

echo $ko->getMessage()."\n";
echo $en->getMessage()."\n";
```

```
php index2.php
안녕하세요
hello world
```

이 예제는 하나의 클래스로 동일한 2개의 객체를 생성합니다. $ko 객체와 $en 객체는 동일한 구조입니다. 두 객체의 차이점은 클래스 내부의 $message 프로퍼티값을 다르게 설정한 것입니다. 동일한 구조의 객체라도 사용 목적에 따라 서로 다른 프로퍼티값을 가질 수 있습니다.

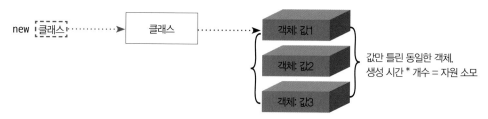

그림 6-2 서로 다른 값을 가진 객체 생성

6.1.3 자원 소모

우리는 앞에서 5가지의 생성 패턴에 대해 살펴봤습니다. 생성 패턴을 도입하는 이유는 직접
new 키워드를 사용하여 객체를 생성할 때 객체와 객체 사이의 강한 결합도를 제거하기 위해서
입니다. 그리고 목적과 용도에 따라 객체의 강력한 결합을 해결하는 패턴을 구분합니다.

앞에서 학습한 모든 생성 패턴은 새로운 객체 생성을 중점적으로 해결합니다. 패턴에 따라 객
체를 생성 처리하는 과정만 다를 뿐, new 키워드를 이용하여 새로운 객체를 생성하는 것은 동
일합니다.

6.2 복사

지금까지 새로운 객체를 생성하기 위해 new 키워드를 사용했습니다. 기본적으로 객체를 생성
하는 방법은 new 키워드가 유일합니다. 하지만 기존의 객체를 복사하는 것도 새로운 객체를 생
성하는 방법 중 하나입니다. 이번에는 객체 복사에 대해 알아봅시다.

6.2.1 복사의 종류

생성된 객체는 변수에 할당하고 객체는 변수를 통해 접근하여 사용합니다. 변수에 담긴 객체는
또 다른 변수로 복제할 수 있습니다. 이때 변수의 복제는 기존 변수를 공유하는 얕은 복사와 새
로운 자원을 할당받는 깊은 복사로 크게 구분됩니다.

6.2.2 객체를 공유하는 얕은 복사

얕은 복사는 객체를 공유 방식으로 복사합니다. 공유 방식은 객체를 복사할 때 새로운 자원을 할당받지 않고 객체를 복사하는 것입니다. 예제 코드를 보면서 얕은 복사에 대해 알아봅시다.

예제 6-4 Prototype/02/copy.php

```php
<?php
include "hello.php";

// 객체를 생성합니다.
$obj = new Hello("안녕하세요");
echo "원본 내용=". $obj->getMessage() ."\n";

// 객체를 복사합니다.
$obj2 = $obj;
$obj2->setMessage("Hello world");

// 원본 객체와 복제 객체의 메시지를 출력합니다
echo "obj2 =". $obj2->getMessage() ."\n";

echo "obj =". $obj->getMessage() ."\n";
```

```
php copy.php
원본 내용=안녕하세요
obj2 =Hello world
obj =Hello world
```

복제 코드와 동작 결과를 같이 살펴봅시다. 먼저 변수 $obj는 new 키워드를 사용하여 생성한 새로운 객체입니다. 새롭게 생성된 객체는 또 다른 메모리 자원을 할당받습니다.

```php
//객체를 생성합니다.
$obj = new Hello("안녕하세요");
echo "원본 내용=". $obj->getMessage() ."\n";
```

```
원본 내용=안녕하세요
```

생성된 객체를 통해 결과 메시지를 출력합니다.

두 번째는 변수 $obj 객체를 복사하여 객체를 생성합니다. 대입 연산자(=)를 통해 변수를 복사하며, 복제된 객체에 새로운 메시지를 설정합니다.

```
//객체를 복사합니다.
$obj2 = $obj;
$obj2->setMessage("Hello world");

// 원본 객체와 복제 객체의 메시지를 출력합니다
echo "obj2 =". $obj2->getMessage() ."\n";
```

```
obj2 =Hello world
```

복제된 객체를 통해 결과 메시지를 출력합니다. 당연히 새로 설정된 값으로 출력됩니다. 여기까지는 문제가 없어 보입니다. 그 다음 줄에 앞에서 생성한 원본 객체 $obj를 재출력해봅시다.

```
echo "obj =". $obj->getMessage() ."\n";
```

```
obj =Hello world
```

처음 생성 시 설정한 '**안녕하세요**' 값은 없어지고, 복제된 $obj2의 설정값인 'Hello world'가 출력됩니다.

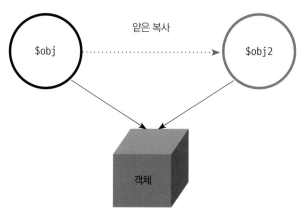

그림 6-3 하나의 객체를 가리키는 얕은 복사

[그림 6-3]은 객체를 복제하는 방식의 차이를 나타낸 것입니다. 두 번째 객체를 복제할 때는 대입 연산자(=)를 사용하는데, 이 연산자는 메모리에 담긴 실제 변수를 복사하지 않습니다. 변수 $obj2는 원본의 변수 $obj 객체를 가리키는 포인터일 뿐입니다. 이런 형태의 복사를 얕은 복사라고 합니다.

6.2.3 깊은 복사

얕은 복사는 실제 변수를 복사하지 않습니다. 그렇다면 실체 객체는 어떻게 복사해야 할까요? 실제 변수 영역을 복사하기 위해서는 깊은 복사를 사용해야 합니다. 깊은 복사는 물리적으로 할당된 변수를 다른 물리적 변수로 복사하는 것입니다.

일반적인 연산자(=)로는 깊은 복사를 처리할 수 없으며 좀 더 복잡한 과정이 필요합니다. 이를 쉽게 하기 위해 별도의 명령이나 클래스 등이 제공됩니다. 예를 들어 자바와 같은 언어에서는 실체 객체의 변수를 복사하기 위해 특별한 Cloneable 인터페이스를 제공합니다. PHP도 실체 객체를 복사할 수 있는 clone 키워드를 제공합니다.

[예제 6-5]에서는 clone 키워드를 추가하여 복제합니다. 대입 연산자 대신 clone 키워드를 사용합니다.

예제 6-5 Prototype/02/clone.php

```php
<?php
include "hello.php";

// 객체를 생성합니다.
$obj = new Hello("안녕하세요");
echo "원본 내용=". $obj->getMessage() ."\n";

// 객체를 복제합니다.
$obj2 = clone $obj;
$obj2->setMessage("Hello world");

// 원본 객체와 복제 객체의 메시지를 출력합니다<div class=""></div>
echo "obj2 =". $obj2->getMessage() ."\n";

echo "obj =". $obj->getMessage() ."\n";
```

```
php clone.php
원본 내용=안녕하세요
obj2 =Hello world
obj =안녕하세요
```

실행 결과를 보면 예상대로 출력되었다는 것을 알 수 있습니다.

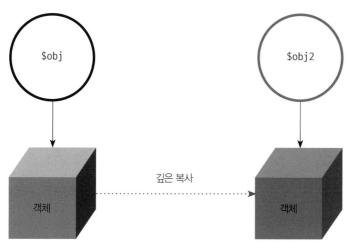

그림 6-4 실체 객체 복제

생성된 $obj 객체는 clone 키워드를 이용하여 $obj2로 복제하고 Clone 키워드는 새로운 메모리 영역을 할당하여 실체 객체를 복제합니다. 이를 깊은 복사라고 합니다. 깊은 복사를 사용하면 메모리의 자원이 소모됩니다.

> **NOTE** 객체 생성은 new 키워드를 사용하고, 객체 복제는 clone 키워드를 사용합니다.

6.3 프로토타입 패턴

프로토타입 패턴은 신규 객체를 생성하지 않고 유사한 기존 객체를 복제합니다. 기존 객체를 복제하면 신규 객체를 생성하는 것보다 자원이 절약됩니다.

6.3.1 원형

프로토타입의 사전적 의미는 '원형'입니다. 객체를 복제하려면 먼저 생성된 객체가 있어야 합니다. 복제 대상인 객체가 존재하지 않으면 복제할 수 없으며, 복제 대상이 되는 원본 객체를 원형이라고 합니다.[1]

6.3.2 생성자 동작

클래스의 생성자는 객체 생성 시 자동으로 호출되는 메서드입니다. 그리고 객체는 '인스턴스화'라는 과정을 통해 생성됩니다. 인스턴스화는 객체 생성 시 클래스에 선언된 생성자를 자동 호출합니다.

PHP는 __construct() 매직 메서드로 생성자를 선언합니다. __construct() 메서드명은 PHP에서 사용하는 예약어입니다.

[예제 6-6]은 [예제 6-5]를 변경하여 생성자 로직에 출력 메시지를 추가한 것입니다.

예제 6-6 Prototype/03/hello.php

```php
<?php
class Hello
{
    private $message;

    // 생성자
    public function __construct($msg)
    {
        echo __CLASS__."를 생성합니다. = 생성자 로직 동작 \n";
        $this->message = $msg;
    }

    public function setMessage($msg)
    {
        $this->message = $msg;
    }

    public function getMessage()
```

----

1 프로토타입 패턴을 원형 패턴이라고도 부릅니다.

```
        {
            return $this->message;
        }
    }
```

```
php clone.php
Hello를 생성합니다. = 생성자 로직 동작
원본 내용=안녕하세요
obj2 =Hello world
obj =안녕하세요
```

생성자 메서드에 추가한 코드가 이와 같이 실행된다는 것을 확인할 수 있습니다. 코드의 동작
내용을 좀 더 살펴봅시다. new 키워드를 이용해서 객체를 생성하면 생성 시 __construct()
생성자 메서드가 같이 호출됩니다.

```
//객체를 생성합니다.
$obj = new Hello("안녕하세요");
echo "원본 내용=". $obj->getMessage() ."\n";
```

```
Hello를 생성합니다. = 생성자 로직 동작
원본 내용=안녕하세요
```

앞에서 생성한 객체 $obj를 clone 키워드로 복제합니다.

```
//객체를 복사합니다.
$obj2 = clone $obj;
$obj2->setMessage("Hello world");

// 원본 객체와 복제 객체의 메시지를 출력합니다<div class=""></div>
echo "obj2 =". $obj2->getMessage() ."\n";
```

```
obj2 =Hello world
```

객체를 복제할 때는 생성자가 호출되지 않습니다. 이처럼 클래스의 객체를 직접 생성할 수도
있지만, 기존의 객체를 복제하여 생성할 수도 있습니다.

6.3.3 복제 처리

new 키워드는 새로운 객체를 생성할 때 시스템의 자원을 소모합니다. 자원 소모란 CPU가 객체를 생성하기 위해 인스턴스화 과정의 역할을 수행한다는 것입니다. 객체를 생성하는 유일한 방법은 new를 사용하는 것입니다. 하지만 동일한 클래스 선언으로 여러 개의 유사한 객체가 필요할 때는 어떻게 해야 할까요? 매번 객체가 필요할 때마다 new 키워드로 새로운 객체를 만드는 것은 중복된 자원 소모가 발생하므로 좋은 방법이 아닙니다. 클래스 선언으로 생성된 객체는 변수에 저장됩니다. 변수에 저장된 객체는 다른 변수로 복제할 수 있습니다. 생성되는 객체가 동일한 클래스라면 매번 인스턴스화 과정을 통해 새로운 객체를 생성하지 않고 변수를 복제하여 객체를 생성할 수도 있습니다.

기존의 동일한 객체가 있다면 새롭게 생성하는 것보다 기존 객체를 복제하는 것이 좋은데, 그 이유는 이미 생성된 객체를 복제할 경우 인스턴스화 과정이 생략되기 때문입니다. 객체를 복제하면 생성 로직에 소모되는 처리 시간과 자원을 절약할 수 있습니다.

6.3.4 자원 절약

객체 생성에 프로토타입 패턴을 사용하면 자원 소모를 줄일 수 있습니다. 특히 프로토타입 패턴은 복잡한 과정으로 생성된 객체를 복제할 때 더 유용합니다. 복잡한 객체 생성은 일반 객체 생성보다 많은 시간과 자원을 소모하지만, 객체 복제는 적은 자원으로 동일한 객체를 추가 생성할 수 있습니다.

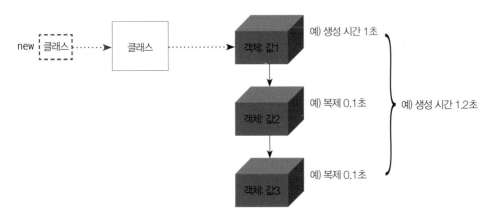

그림 6-5 복제를 통한 자원 절약

객체는 상탯값을 가집니다. 상탯값은 객체 생성 시 초깃값을 통해 설정되며, 객체를 생성한 후 상탯값을 설정할 수도 있습니다. 특히 빌더 패턴과 같은 복합 객체의 상탯값을 설정하는 것은 쉽지 않습니다. 빌더 패턴은 객체가 실행되면서 상탯값을 설정하는 경우도 있는데, 새로운 객체의 상탯값을 설정하기 위해 메서드를 호출하거나 또 다른 객체를 실행해야 하기 때문입니다.

프로토타입 패턴을 적용하면 매번 객체를 만드는 과정과 초기화 작업을 반복하지 않아도 됩니다. 객체 생성 시 많은 자원을 소모하는 경우, 새로운 객체를 생성하는 것보다 기존 객체를 복제하는 것이 더 효율적입니다. 객체가 복제될 때는 생성자 로직이 동작하지 않습니다. 또한 복잡한 객체도 상탯값을 설정하기 위해 별도의 객체를 실행하거나 메서드를 호출할 필요가 없습니다. 공통된 상탯값은 유지한 채 필요한 값만 변경해서 사용하면 됩니다.

6.3.5 주의 사항

복제는 새로운 객체를 생성하지 않습니다. 기존 객체에서 상탯값만 다른 또 다른 객체를 만드는 것입니다. 원형을 복제하면 객체 내의 상탯값도 같이 복제되고, 객체가 복제된 후에는 객체에 접근하거나 메서드를 통해 새로운 값으로 변경합니다. 프로토타입 패턴은 객체의 상탯값을 변경할 수 있도록 접근을 허용하거나 관련 메서드를 미리 만들어야 합니다.

다수의 원형을 만들어 복제에 사용할 때는 별도로 원형 관리자prototype manager를 도입하는 것도 좋은 방법입니다.

6.4 특징

프로토타입은 적은 리소스로 많은 객체를 생성하는 데 유용합니다.

6.4.1 생성 패턴

디자인 패턴은 객체의 생성을 패턴화합니다. 앞에서 배운 팩토리 패턴, 싱글턴 패턴, 빌더 패턴 모두 생성 패턴입니다. 생성 패턴은 객체 생성을 별도의 독립 클래스로 분리하여 처리합니다. 또한 생성 패턴은 과정을 분리하기 위해서 별도의 생성 코드를 필요로 합니다. 패턴을 통해 객체를 생성하면 패턴이 추가된 코드를 같이 실행하므로 객체를 보다 편리하게 생성할 수 있습니다.

프로토타입 패턴은 객체를 직접 생성하지 않고 복제를 통해 생성자의 동작 처리를 배제합니다. 하지만 객체를 생성하는 과정에 생성자만 존재하는 것은 아닙니다. 생성자의 코드와 생성 패턴에서 추가한 코드 실행도 같이 배제할 수 있습니다. 프로토타입은 기존 객체를 복제함으로써 코드의 양과 새로운 객체를 생성하는 처리 로직 수행 과정을 줄입니다.

6.4.2 대량 생산

클래스 선언은 객체를 생성하기 위한 설계도이며, 하나의 클래스 선언으로 다수의 객체를 생성할 수 있습니다. 또한 많은 수의 객체를 한 번에 만들어야 하는 경우도 있습니다.

만일 new 키워드를 이용해 모든 객체를 생성한다면 필요한 객체 수만큼 인스턴스화 작업이 필요합니다. 객체를 효율적으로 생성하기 위해서는 중복된 인스턴스화 작업을 하지 않는 것이 좋습니다.

프로토타입 패턴을 응용하면 적은 자원 소모로 많은 객체를 생성할 수 있습니다.

6.4.3 유사 객체

프로토타입 패턴을 이용하면 런타임 시 새로운 객체를 복제하고 삭제할 수 있습니다. 사실 원형을 복제하는 것은 클래스 객체를 생성하는 것과 같습니다.

클래스는 복수의 객체 생성과 재사용을 위해 선언됩니다. 다양한 종류의 클래스를 가지고 있는 것보다는 기존에 생성한 클래스를 재사용할 수 있도록 유사하게 설계하는 것이 중요합니다. 유사한 구조의 클래스를 갖고 있으면 새로운 클래스 선언과 객체 생성 없이도 객체 생성을 유연하게 관리할 수 있습니다.

여러 개의 동작 객체가 필요할 경우 프로토타입 패턴으로 객체를 복제하고 상탯값만 변경해서 사용하는 것이 더 유용합니다. 프로토타입 패턴을 사용하면 객체 생성을 위한 클래스의 수를 줄일 수 있습니다.

6.4.4 객체 생성이 어려운 경우

객체의 동작을 분리하거나 기존 객체를 수정할 때 객체 생성 과정을 모르는 경우도 있습니다. 또 클래스에서 직접 객체를 생성하기 어려울 때도 있습니다.

프로토타입 패턴을 활용하면 기존의 객체 생성 방법을 몰라도 새로운 객체를 생성할 수 있습니다. 객체를 복제해서 사용하면 실체 객체의 구체적인 형식을 몰라도 객체를 생성할 수 있습니다.

6.5 관련 패턴

프로토타입 패턴은 여러 패턴과 연관시켜 응용할 수 있습니다.

6.5.1 플라이웨이트 패턴

객체를 공유하거나 동일한 상태의 객체를 별도로 생성할 때 프로토타입 패턴을 같이 사용할 수 있습니다(12장).

6.5.2 메멘토 패턴

메멘토 패턴은 객체를 저장하는 역할을 수행합니다. 객체 저장 시 프로토타입 패턴을 같이 응용할 수 있습니다(21장).

6.5.3 복합체 패턴, 장식자 패턴

객체가 동적으로 생성될 때 프로토타입 패턴을 사용할 수 있습니다.

6.5.4 명령 패턴

명령을 복제할 때 프로토타입을 사용할 수 있습니다.

6.6 정리

프로토타입 패턴은 최근 인터프리터 방식의 언어에서 자주 응용됩니다. 인터프리터 언어는 컴파일 언어와 달리 실행 단계에서 객체를 생성하고 메모리 자원에 할당합니다. 추상 팩토리 패턴은 프로토타입 패턴의 집합을 저장하는 상태에서, 필요한 경우 기존 객체를 복제해 객체를 반환할 수 있습니다. 프로토타입 패턴을 이용해 유사한 명령을 복제하고 명령 패턴에도 적용할 수 있습니다. 그리고 프로토타입 패턴을 적용해 기존의 객체를 복제하고 새로운 메모리 영역을 할당합니다.

Part 2

구조 패턴

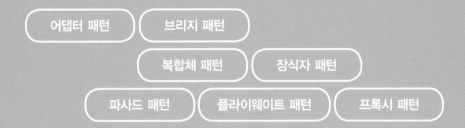

어댑터 패턴   브리지 패턴

복합체 패턴   장식자 패턴

파사드 패턴   플라이웨이트 패턴   프록시 패턴

디자인 패턴은 크게 3개의 파트로 나뉘어 있습니다. 두 번째로 알아볼 패턴은 구조 패턴입니다.
구조 패턴에서는 객체를 확장하는 방법에 대해 알아봅니다.

확장

클래스는 하나의 책임(역할)으로 설계합니다. 하지만 하나의 책임만으로는 전체 기능을 구현할 수 없습니다.

단일 책임은 클래스의 행동을 분리하는 설계 원칙입니다. 여러 개로 분리된 책임과 행동은 서로 관계를 맺고 주어진 문제를 해결합니다. 객체지향 코드를 살펴보면 수많은 파일로 분리된 클래스가 있습니다. 다수의 클래스에 책임을 분산하고, 문제를 해결하기 위해 다시 분리된 책임들을 상호 결합합니다.

객체지향 개발은 클래스를 결합하여 더 큰 객체로 확장합니다. 구조 패턴^{Structural Patterns}은 큰 구조의 객체를 형성하고 관리하는 방법에 대해 설명합니다. 그리고 객체를 확장하기 위해 클래스의 상속과 합성을 사용합니다.

구조 패턴은 상속의 단점을 개선하고, 합성을 통해 구조를 확장합니다. 구조 패턴은 생성 패턴과 달리 클래스 구조를 확장하기 위한 관점으로 설계된 패턴 모음입니다.

상속

상속은 객체지향 초창기 시절부터 나온 개념입니다. 초기에는 객체를 확장하기 위해 상속을 많이 이용했습니다. 상속을 이용하여 객체를 확장하면 상위 클래스에서 정의된 객체의 속성과 동작을 모두 포함하게 됩니다.

상속은 객체지향의 고유 특징으로, 정적인 결합을 통해 객체를 확장합니다. 하지만 정적인 상속 결합은 대형 프로그램을 개발하고 유연한 작업을 하는 데 한계가 있습니다.

상속은 모두 혼합된 구조입니다. 필요한 행위와 불필요한 행위도 모두 같이 존재합니다. 또한 상속의 강력한 결합력 때문에 빠르게 변화되는 현대사회에서 다양한 고객의 요청을 반영하여 코드를 유지 보수하기 힘들어졌습니다.

합성

상속 결합의 단점을 보완하기 위한 기법으로 객체 합성을 사용합니다. 합성이란 하나의 객체가 다른 객체를 포함하는 것을 말합니다.

대표적인 합성으로 복합 객체가 있습니다. 합성은 객체의 강한 의존 관계를 줄이고 유연한 객체 구조로 변경할 수 있습니다. 또한 실행 중에도 객체를 확장할 수 있습니다.

합성을 이용한 객체 확장은 자원을 보다 효율적으로 사용할 수 있게 합니다. 구조 패턴은 상속보다 합성을 통해 다양한 객체 확장 방법을 제안합니다.

패턴

구조 패턴은 크게 구조 클래스 패턴structural class pattern과 구조 객체 패턴structural object pattern으로 나눌 수 있습니다. 구조 클래스 패턴은 구조적 관계가 있는 객체들과의 작업을 정의합니다. 구조 패턴은 다음과 같이 7가지로 분류합니다.

어댑터 패턴

어댑터 패턴은 인터페이스를 추상화하여 서로 다른 인터페이스를 통일화합니다. 상속을 통한 어댑터와 합성을 통한 어댑터로 구분합니다.

브리지 패턴

개념과 추상을 구분하여 처리합니다. 또한 객체의 독립으로 확장과 변형이 가능합니다.

복합체 패턴

객체의 구조를 이용하여 객체를 확장합니다. 복합 객체는 트리 구조의 특징을 갖고 있습니다.

장식자 패턴

객체에 기능을 동적으로 추가합니다. 확장 시 객체에 새로운 책임을 부과할 수 있습니다. 재귀적 합성 방법을 응용하여 객체를 확장합니다.

파사드 패턴

파사드는 복잡한 객체의 구조와 접근을 간단하게 표현하는 방법입니다.

플라이웨이트 패턴

플라이웨이트 패턴은 객체를 공유합니다. 객체 공유를 통해 자원의 효율성과 공유된 객체의 일관성을 보장합니다.

프록시 패턴

객체의 접근을 제한할 수 있습니다. 객체를 액세스할 때 추가적인 책임을 부여하는 역할을 수행합니다.

a·dapt·er

[ədǽptər] 🔊))

CHAPTER **7**

어댑터 패턴

어댑터 패턴은 코드를 재사용하기 위해 구조를 변경하는 패턴입니다. 구조 패턴 중 제일 간단합니다.

7.1 오래된 코드

영국의 물리학자인 아이작 뉴턴^{Issac Newton}은 자신의 업적인 '만유인력'을 발표할 때 "거인의 어깨 위에 올라섰다"라는 말을 인용했습니다. 자신이 만유인력을 발견한 것은 선대의 수많은 수학자와 물리학자의 노력이 없었다면 불가능했을 것이라는 의미입니다.

7.1.1 거인의 어깨

뉴턴의 이야기와 마찬가지로 대부분의 현대 기술은 이전 세대의 노력으로 만들어집니다. 어느 날 갑자기 새롭게 창조되는 것은 없습니다.

최근 개발되는 대부분의 코드도 어느 순간 새로 생겨난 것이 아닙니다. 컴퓨터 소프트웨어 분야도 짧은 시간이기는 하지만 수많은 연구와 개발자의 기여가 있었습니다. 수많은 개발자가 이바지한 노력의 산물로 현재의 기능과 코드가 존재하는 것입니다.

우리는 알게 모르게 이전 코드를 사용합니다. 컴퓨터의 코드는 세대를 거치면서 서로 다른 언어로 이식되고 새로운 코드와 결합했습니다. 현재의 코드는 처음 컴퓨터가 탄생한 순간부터 누적된 코드라고 할 수 있습니다.

우리는 새로운 기능을 만들기 위해 오래된 코드를 참고하거나 기존의 코드를 재사용합니다. 즉 이전 코드를 재사용하면서 새로운 코드를 재창조하는 것입니다. 자신이 작성한 코드도 타인과 미래 세대에 기여하며 재창조의 근원이 될 것입니다.

7.1.2 코드의 변화

컴퓨터의 기능과 코드는 단계별로 발전합니다. 기능이 진화하면서 기존 코드를 재사용하는데, 코드를 재사용하면 기능 구현 시 많은 시간과 노력을 줄일 수 있습니다.

하지만 모든 코드를 재사용할 수는 없습니다. 컴퓨터 기술 발전과 환경 변화로 인해 오래된 코드를 현재의 프로젝트에 바로 사용하기에는 문제가 많습니다. 그 외에도 '코드 스타일 변화', '사회적 변화', '고객 요구 변경' 등 수많은 변화 요인이 있습니다. 이러한 변화는 기존의 코드를 재사용할 수 없도록 방해하는 요인이 됩니다.

개발자는 자신의 코드가 향후 재사용되도록 하기 위해 다양한 변화를 예측합니다. 그리고 그 예측에 맞춰 코드를 설계합니다. 하지만 모든 상황을 완벽히 예측하여 설계할 수는 없습니다.

미세한 동작 변화, 데이터 타입 불일치, 매개변수 인자값 불일치, 반환값 타입 등 다양한 차이가 발생합니다.

이처럼 이전 코드를 재사용하기 위해서는 변환(변형) 작업이 필요합니다.

7.1.3 재사용을 위한 코드 변환

현대의 소프트웨어는 수많은 코드를 어떻게 재사용하고 있을까요? 그 방법 중 하나가 변환입니다. 즉 이전 코드를 현재 상황에 맞게 동작할 수 있도록 변환하는 것입니다.

원본 코드가 존재할 경우 코드를 직접 수정하여 처리 방식을 변경하면 되므로 변환이 쉽습니다.

코드 변환을 위해서는 기존 코드에 새로운 코드를 추가합니다. 추가 코드는 변경된 작업을 처리하기 위해 이전 코드의 기능 일부를 사용합니다.

7.1.4 인터페이스

기존 코드를 재사용하기 위해서는 동작 변환 작업뿐 아니라 외부적인 인터페이스 형식도 일치시켜야 합니다. 인터페이스는 2개의 프로그램이 서로 연동하여 결합되는 데 중요한 요소입니다. 만일 인터페이스에 차이가 있다면 기존 코드를 사용할 수 없습니다.

코드 변환 과정에서 인터페이스가 일치하지 않는 문제는 언제 어디서든 발생할 수 있습니다. 최근 오픈 소스가 활발해지고 여러 개발자가 공동으로 프로젝트를 진행하다 보니 이러한 인터페이스 불일치 현상이 자주 발생합니다.

대부분의 코드 변환 작업은 내부의 기능적 요인보다 외부적인 인터페이스를 변환하는 작업이 많습니다. 어댑터 패턴은 기존의 코드를 재사용하기 위해 내적, 외적 구조를 변환하는 작업을 처리합니다.

7.2 잘못된 코드

세상 어디에도 완벽한 코드는 없습니다. 소프트웨어의 코드 또한 사람에 의해 만들어진 것이므로 어딘가에 실수가 있기 마련입니다.

7.2.1 오류 코드

개발 당시에는 발견하지 못했던 문제가 나중에 발견되기도 합니다. 또한 그 당시에는 정상적이었던 동작이 환경 변화로 인해 문제가 되는 경우도 많습니다.

이러한 문제점은 재사용된 코드를 포함하고 있는 소프트웨어도 고스란히 내포하고 있습니다. 오류가 발견되면 코드를 찾아서 수정해야 합니다.

오류는 언제나 존재합니다. 소프트웨어는 개발 과정도 중요하지만 안정적인 코드 동작과 유지 보수도 매우 중요합니다.

7.2.2 수정 불가

재사용된 기능 중 일부 코드는 수정할 수 없는 것도 있습니다. C언어, 자바와 같이 컴파일이 가능한 언어는 원본 소스 코드를 분실해서 컴파일된 목적 파일만 남은 경우도 있습니다. 특히 잘 알지 못하는 개발자의 이전 코드를 재사용하고자 할 때 자주 발생하며 코드 변경을 요청할 수도 없습니다.

이런 상황이 되면 기능을 유지 보수할 수 없고 이 문제를 직접 해결해야 합니다. 이때는 오류가 포함된 코드를 감싸서 보정 코드를 만들어 사용합니다. 즉 보정 코드를 통해 문제점을 우회합니다.

장식자 패턴도 이러한 보정 코드를 통해 기능을 우회하기도 합니다. 나중에 어댑터 패턴과 장식자 패턴의 차이점을 살펴보겠습니다.

7.2.3 보정 코드

보정 코드는 발생한 오류를 수정하고 기능을 변경합니다. 보정 코드를 만드는 방법은 매우 다양합니다. 보정 코드는 조건을 다르게 처리하여 코드를 호출합니다.

보정 동작이 여러 곳에 분포돼 있다면 많은 영역의 코드가 수정돼야 합니다. 소스에서 보정된 코드가 많으면 가독성이 떨어집니다. 이런 경우 별도의 객체를 생성하여 보정을 처리하는 것이 좋습니다. 이처럼 보정만을 위해 설계된 객체를 어댑터 패턴이라고 합니다.

어댑터 패턴은 수정 불가능한 문제를 분리된 객체로 쉽게 해결할 수 있도록 도와줍니다. 어댑터 패턴을 이용해 문제의 코드를 원하는 요구 사항에 맞춰 변경하도록 합니다. 어댑터 패턴을 설계할 때는 연관성이 없는 2개의 객체를 묶어 인터페이스를 통일화합니다. 그리고 통일화된 변경 인터페이스로 기존의 코드를 재사용합니다.

7.3 어댑터

어댑터 패턴은 코드를 재사용하기 위한 인터페이스를 처리하고 인터페이스를 활용해 보정 코드를 작성합니다.

7.3.1 코드의 래퍼 처리

어댑터 패턴은 다른 말로 래퍼 패턴wrapper pattern이라고 합니다. 래퍼는 '감싸다', '포장하다'는 의미이며 기존의 클래스를 새로운 클래스로 감싸는 기법입니다. 래퍼 처리로 기존의 기능은 유지하면서 변경된 추가 코드를 삽입합니다. 래퍼 처리된 객체를 어댑터라고 합니다.

그림 7-1 어댑터 연결

- 어댑터: 변환을 처리하는 객체

- 어댑티: 변환을 받아 사용하는 객체

7.3.2 호환성

문제점을 가진 객체를 래퍼하면 새로운 객체가 됩니다. 기존 객체를 감싼 또 다른 객체인 것입니다. 새로 생성되는 객체는 클라이언트-어댑티 간 호환을 위해 인터페이스를 갖고 있습니다.

하지만 어댑티가 기존 객체client의 인터페이스와 호환되지 않을 수도 있는데, 이때는 새로운 환경에 맞게 인터페이스(어댑터)를 재설계해야 합니다.

어댑터 패턴은 구조 패턴 중에서도 매우 단순한 패턴입니다. 사전에서 'Adapter'를 찾아보면 '물건을 다른 것에 맞춰 붙이다, 맞춘다'라고 되어 있습니다. 즉, 어댑터는 어댑티가 클라이언트와 통신할 수 있도록 인터페이스의 구조를 변경합니다.

7.3.3 중개 행동 패턴

래퍼 처리된 새로운 객체(어댑터)는 기존의 코드와 새로운 환경(클라이언트) 간의 역할을 중개합니다. 어댑터가 원활한 중개를 하기 위해 인터페이스를 재설계합니다.

어댑터 패턴은 2개의 클래스를 중개한다고 해서 중개 패턴으로도 불립니다. 어댑터는 중개적인 특징을 이용해 코드의 재사용을 높입니다. 중개는 새로운 기능을 제공하는 것이 아니라 단순한 변환과 전달 역할만을 목적으로 합니다.

7.3.4 어댑터 종류

어댑터는 다른 객체의 구조를 내가 원하는 인터페이스 방식으로 개선합니다.

구조를 개선하는 방법은 클래스의 상속을 이용하는 방법과 구성을 이용하는 방법 2가지입니다.

- 클래스 어댑터: 상속
- 객체 어댑터: 구성

7.3.5 클라이언트

어댑터 패턴을 적용하면 클라이언트 입장에서는 변화된 것이 없는 것처럼 사용할 수 있습니다. 중간 역할의 어댑터가 내부적으로 처리 로직을 변경하여 동작을 수행하기 때문입니다. 클라이언트는 기존 방식과 동일하게 코드를 작성해서 사용하면 됩니다.

> **NOTE** 예를 들어 날짜를 처리하는 코드에 발생할 수 있는 오류를 생각해 봅시다. 날짜를 처리하는 코드는 광범위하게 사용됩니다. Y2K 문제와 같이 날짜의 출력 포맷이 틀린 경우 모든 코드를 직접 수정하여 보정한다면 많은 코드 수정이 필요합니다. 이때는 어댑터 패턴을 사용해 날짜 객체를 보정합니다. 보정된 객체는 기존 코드에서 인터페이스를 유지한 상태로 사용됩니다. 하지만 어댑터는 내부적으로 새로운 처리 로직과 또 다른 인터페이스로 변경해 처리합니다.

7.4 클래스 어댑터

클래스 어댑터는 클래스의 상속 특성을 이용하며, 클래스 어댑터를 사용하기 위해서는 다중 상속이 필요합니다.

7.4.1 다중 상속

다중 상속이란 하나의 클래스가 2개 이상의 클래스에서 상속되는 것을 말합니다. 클래스 어댑터는 2개의 클래스를 상속받아 기존 클래스의 메서드를 다른 메서드로 대체하는 방법입니다.

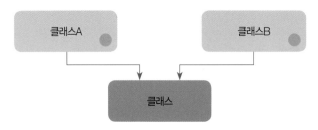

그림 7-2 다중 상속

최신 프로그래밍 언어는 다중 상속을 지원하지 않습니다. PHP나 자바 또한 단일 상속만 지원합니다. 다중 상속에서는 클래스의 메서드 충돌이 발생하며, 2개 이상의 클래스에서 동일한 메서드명을 사용할 경우 어느 것을 기준으로 해야 하는지 판단할 수 없습니다.

최신 언어에서 다중 상속을 이용한 클래스 어댑터를 표현하는 것은 어렵습니다.

7.4.2 장점

클래스 어댑터는 별도의 어댑터를 만들지 않으며, 하나의 클래스로 어댑터 객체를 처리할 수 있습니다.

클래스 어댑터를 사용할 경우 클라이언트는 코드를 수정하지 않습니다. 특별한 변화 작업 없이 기존의 코드를 그대로 사용할 수 있다는 장점이 있습니다.

7.4.3 단점

여러 개의 클래스가 필요한 경우 계층적으로 상속을 받습니다. 이처럼 계층적으로 클래스를 상속할 때는 클래스 사이에 강한 결합이 형성됩니다.

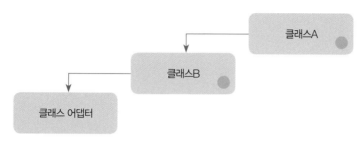

그림 7-3 상속 계층

클래스 어댑터를 사용하면 1개의 클래스 만으로도 기능을 보정할 수 있는데, 계층적으로 상속받은 클래스가 상위 클래스의 메서드를 포함하기 때문입니다. 즉 별도로 다시 메서드를 구현하지 않아도 하위 클래스에서 사용할 수 있습니다. 또는 하위 클래스에서 상위 메서드를 다시 재정의할 수 있는데 이를 오버라이딩이라고 합니다.

7.5 객체 어댑터

객체 어댑터는 객체의 의존성을 이용해 문제를 해결합니다. 객체 어댑터는 기존 타깃인 객체의 인터페이스에 영향을 받으며, 타깃의 인터페이스가 복잡할수록 많은 작업이 필요합니다.

7.5.1 구성

객체 어댑터는 내부적으로 객체를 재구성합니다. 그리고 구성을 위해 기존 객체는 복합 객체로 변환됩니다.

그림 7-4 객체 구성

객체 어댑터의 구성은 변환될 객체를 의존성 관계로 연결합니다. 의존성 연결은 어댑터 객체에서 직접 생성할 수 있으며 외부에서 인자로 받아 주입할 수도 있습니다. 구성으로 변경된 객체는 서브 클래스의 동작도 같이 처리합니다.

7.5.2 캡슐화

어댑터는 인터페이스를 변경합니다. 하지만 어댑터는 변경된 인터페이스로 캡슐화됐기 때문에, 클라이언트에서 변화를 눈치채지 못한 채 그대로 사용할 수 있습니다. 어댑터 패턴은 객체의 호환성을 개선하기 위한 기능들로 새롭게 합성합니다.

어댑터 패턴은 기능상으로 문제없이 동작하는 코드가 단지 인터페이스 차이 때문에 사용할 수 없는 경우 많이 응용되는 패턴입니다. 또 기존 코드에 오류가 있거나 보정 작업이 필요한 경우에도 매우 유용합니다.

> **NOTE** 다중 어댑터(two way adapter)는 2개 이상의 인터페이스를 섞어서 사용하며 기존의 인터페이스와 새로운 인터페이스를 모두 사용합니다.

7.5.3 장점

어댑터는 구조 패턴 중 하나이며 기존의 클래스를 감싼 새로운 클래스를 생성합니다. 그리고 새로운 클래스로 인해 객체의 인터페이스를 재구성합니다.

객체를 구성으로 결합하면 느슨한 연결 방식으로 보다 많은 유연성을 확보할 수 있습니다. 그리고 구성은 프로그램이 실행되는 도중에도 객체를 변경할 수 있습니다.

7.5.4 단점

객체를 구성으로 결합하면 어댑터는 클라이언트에서 사용하는 인터페이스 방식으로 메서드를 새로 생성합니다. 어댑터가 새로운 메서드를 재구성할 때 추가 코드가 필요합니다. 어댑터 패턴 적용으로 프로그램의 코드가 증가합니다.

7.6 설계

예제를 통해 어댑터 패턴을 알아보겠습니다. 어댑터 패턴은 Adapter와 Adaptee 클래스의 결합을 생성합니다.

7.6.1 기존 코드

다음은 곱셈을 계산하는 메서드입니다. 이 메서드는 실숫값을 매개변수 인자로 전달 받습니다. 그리고 계산한 값을 반환합니다(이 코드는 문제 없이 잘 돌아갑니다).

예제 7-1 Adapter/01/Math.php

```php
<?php
// 원본소스
class Math
{
    // 입력한 값이 2배 증가합니다.
    // 입력값과 반환값은 float형입니다.
    public function twoTime(float $num):float
    {
        echo "실수 2배 적용합니다.\n";
        return $num*2;
    }
    // 입력한 값이 절반으로 감소합니다.
    // 입력값과 반환값은 float형입니다.
    public function halfTime(float $num):float
    {
        echo "실수 1/2배 적용합니다.\n";
        return $num/2;
    }
}
```

7.6.2 시스템 변화와 인터페이스 변경

시스템에서는 수많은 변화가 발생합니다. [예제 7-1]에서 실숫값^{float}으로 전달하던 인자값을 정수로 변경한 경우를 생각해봅시다. 정수는 입력된 데이터 타입과 맞지 않으므로 Math 클래스의 메서드를 더 이상 사용할 수 없습니다.

어댑터 패턴으로 문제를 해결해봅시다. 우선 중요한 것은 인터페이스입니다. 어댑터 패턴을 설계하기 위해 최종 객체가 가져야 할 인터페이스를 정의합니다. 클라이언트는 새로운 구현 방식이 아닌 인터페이스 변경으로 문제를 해결합니다.

인터페이스의 비호환성으로 인해 코드를 재사용할 수 없을 때는 어떻게 해야 할까요? 이 경우 인터페이스를 맞추기 위해 코느를 상속하는 클래스를 만들거나 새로운 인터페이스를 가진 클래스를 만들어 서로 변환 작업을 진행하면 됩니다. 그런데 원본 개발자가 우리가 원하는 형식으로 소스 코드의 인터페이스를 변경해줄 수 없다면 어떻게 해야 할까요? 이때는 우리가 어댑터 패턴을 적용하여 인터페이스를 직접 맞춰야 합니다.

7.6.3 어댑터 제작

인터페이스 문제를 해결하기 위해 어댑터 패턴을 적용합니다. 먼저 Adapter 인터페이스를 생성합니다.

예제 7-2 Adapter/01/Adapter.php

```php
<?php
// 어댑터 인터페이스
interface Adapter
{
    public function twiceOf(int $num):int;
    public function halfOf(int $num):int;
}
```

인터페이스에서 입력한 값을 보정합니다. 정수 타입으로 지정한 후 인터페이스에 맞는 구체 클래스를 만듭니다.

인터페이스 변경을 담당하는 클래스를 플러그블 어댑터pluggable adapter라고 합니다. [예제 7-3]은 어댑터 인터페이스를 적용하여 구현 코드를 작성합니다.

```php
<?php
// 새롭게 구현된 코드
class Objects implements Adapter
{
    private $_adapter;

    function __construct()
    {
        // 기존 클래스의 객체를 생성합니다.
        $this->_adapter = new math;
    }

    public function twiceOf(int $num):int
    {
        echo "정수 2배 적용합니다.\n";
        // 캐스팅을 통해 실수로 변환하여 전달합니다.
        $_num = $this->_adapter->twoTime( (float)$num );
        // 캐스팅을 통해 정수로 변환하여 반환합니다.
        return (int)$_num;
    }

    public function halfOf(int $num):int
    {
        echo "정수 1/2배 적용합니다.\n";

        // 캐스팅을 통해 실수로 변환하여 전달합니다.
        $_num = $this->_adapter->halfTime( (float)$num );

        // 캐스팅을 통해 정수로 변환하여 반환합니다.
        return (int)$_num;
    }
}
```

작성한 어댑터는 기존의 Math 클래스를 상속받지 않습니다. 그 대신 객체의 생성자에서 기존 Math 클래스의 객체를 생성합니다. 어댑터는 생성자에서 새로운 객체를 생성, 포함하므로 복합 객체입니다.

어댑터를 설계할 때는 새로운 인터페이스도 같이 적용합니다. 입력된 정숫값을 실숫값으로 캐스팅하고 기존 Math 클래스의 메서드를 호출합니다. 결괏값도 캐스팅하여 정숫값으로 변경한 후 반환합니다.

7.6.4 실행

구성한 어댑터 패턴을 실행하고 클라이언트 코드를 작성합니다.

예제 7-4 Adapter/01/index.php

```php
<?php
include "Math.php";
include "Adapter.php";
include "Object.php";

$obj = new Objects;

// 어댑터를 이용하여 두 배 계산합니다.
echo $obj->twiceOf(5);
echo "\n";

// 어댑터를 이용하여 절반을 계산합니다.
echo $obj->halfOf(4);
```

```
$ php index.php
정수 2배 적용합니다.
실수 2배 적용합니다.
10
정수 1/2배 적용합니다.
실수 1/2배 적용합니다.
2
```

이처럼 어댑터 패턴을 이용하면 클래스와 메서드를 수정하지 않고 자신이 원하는 형태로 변경할 수 있습니다.

> **NOTE** 어댑터 패턴은 한국에서 사용되는 220V 가전제품을 일본에서 110V에 연결하기 위해 변환 어댑터 (돼지코)와 같은 컨버터를 사용하는 것으로 비유할 수 있습니다.

7.6.5 결과

어댑터 패턴을 사용하기 전에 어댑터^{Adapter}와 어댑티^{Adaptee} 간의 유사성을 살펴보는 것이 중요합니다. 변경 작업을 많이 할 경우 어댑터 패턴의 의미를 잃어버릴 수도 있습니다.

어댑터 패턴은 한 개의 Adapter 클래스를 이용해 여러 개의 Adaptee 클래스를 연결함으로써 문제를 해결합니다. 어댑터 패턴은 새로운 인터페이스를 재정의하여 기존 행동을 변경합니다.

프로젝트에서 어댑터 패턴을 적용한다고 해서 코드의 성능이 개선되는 것은 아닙니다. 오히려 어댑터를 통해야 하므로 속도가 저하됩니다. 어댑터 패턴은 복잡한 객체 구조를 깔끔하게 정리하는 데 유용합니다.

7.7 관련 패턴

어댑터 패턴은 인터페이스를 처리한다는 점에서 파사드 패턴이나 프록시 패턴과 구조적으로 유사한 점이 많습니다. 보정 및 버그를 개선하기 위해 추가되는 기능은 장식자 패턴과도 유사합니다.

7.7.1 파사드 패턴

어댑터는 하나의 인터페이스를 다른 인터페이스로 변환합니다. 보통 어댑터 패턴은 구현 시 하나의 인터페이스를 사용합니다. 하지만 상황에 따라 여러 개의 인터페이스가 필요할 때도 있습니다. 여러 개의 인터페이스를 사용할 경우 파사드 패턴과 유사한 특성을 가집니다.

7.7.2 브리지 패턴

어댑터 패턴은 단순한 인터페이스 변경으로 서로 다른 클래스 연결 문제를 해결하는데 브리지 패턴이 이와 유사합니다. 브리지는 기능 계층과 구현 계층을 연결하는 패턴입니다.

브리지 패턴은 추상 개념을 이용하여 코드를 분리하는 반면, 어댑터 패턴은 기존의 인터페이스를 변경하는 것을 목적으로 합니다. 연결하는 관점에서 유사한 패턴이 될 수 있습니다.

7.7.3 장식자 패턴

장식자 패턴은 인터페이스를 변경하지 않고 기능을 추가하는 패턴입니다. 기존의 어댑터는 새로운 기능을 추가하기보다 변경된 인터페이스로 맞춰 전달하는 역할을 담당했습니다. 하지만 장식자 패턴은 기존의 기능에 새로운 기능이 추가된 객체를 전달합니다. 장식자 패턴은 객체의 동적 확장 개념을 사용합니다.

7.8 정리

어댑터 패턴은 간단히 구현할 수 있으며 기존의 코드를 변환하여 재정의합니다.

객체를 랩으로 감싸서 만들어 사용하는 것이 마치 래퍼와 유사합니다. 그래서 어댑터 패턴은 래퍼라는 이름으로도 불립니다. 기존 코드를 감싸서 새로운 인터페이스로 재정의하는 것입니다.

코드를 재정의할 때는 추가하거나 변경해야 하는 부분이 발생합니다. 원본의 코드에서 처리하는 것보다 어댑터 패턴에서 재정의한 코드에 추가하는 것이 좋습니다. 그렇게 하면 원본의 코드를 수정하지 않고 프로젝트에 적용할 수 있습니다.

어댑터 패턴은 오래된 레거시 코드나 라이브러리를 재사용할 때 유용한 패턴입니다. 또한 어댑터 패턴은 서로 호환되지 않는 인터페이스를 가진 코드를 결합하여 응용 프로그램에서 동작할 수 있도록 도와줍니다.

bridge

[bríd3] 🔊

CHAPTER 8

브리지 패턴

브리지 패턴은 객체의 확장성을 향상하기 위한 패턴으로, 객체에서 동작을 처리하는 구현부 body와 확장을 위한 추상부를 분리합니다. 다른 용어로는 핸들 패턴 handle pattern 또는 구현부 패턴 이라고도 합니다.

8.1 복잡한 코드

프로그램을 개발하려면 업무의 도메인 지식이 필요하며 정리된 도메인 지식으로 프로그램의 기능을 설계합니다.

8.1.1 유지 보수

세상에 완벽한 프로그램은 없습니다. 완성된 프로그램도 실제 현장에서 사용하다 보면 다양한 문제가 발생합니다. 또 초기 도메인 지식에서 발견하지 못했던 기능을 추가하거나 새로운 업무를 추가하는 작업도 필요하며 고객의 성향과 행동은 예측하기 어렵습니다.

추가 요청에 의해 기존에 완성된 코드를 변경 작업하는 것을 유지 보수라고 합니다. 생성한 코드를 지속해서 유지하는 것은 쉽지 않습니다.

다음은 간단한 인사말을 출력하는 코드입니다.

예제 8-1 Bridge/hello/01/hello.php

```php
<?php
// 최초 설계 인사말
class Hello
{
    public function greeting()
    {
        return "Hello";
    }
}
```

다음은 선언한 Hello 클래스를 통해 인사말 객체를 생성/호출합니다.

예제 8-2 Bridge/hello/01/index.php

```php
<?php
require "hello.php";

// 인사말 출력
$obj = new Hello;
echo $obj->greeting();
```

이 예제 동작을 그림으로 표현하면 다음과 같습니다.

Hello 클래스

그림 8-1 인사말

다음은 콘솔에서 실행한 결과입니다.

```
$ php index.php
Hello
```

이 코드는 영어로 간단한 인사말을 출력합니다. 하지만 미국과 같은 다민족 국가의 경우 영어만 사용하는 것이 아닙니다. 다른 언어로도 인사말을 제공할 필요가 생겼다고 가정해봅시다. 즉 새로운 고객의 요청이 발생했습니다.

8.1.2 코드의 변질

새로운 변경 사항이 발생하면 기존 코드를 수정해야 합니다. 원본 코드는 처음부터 다국어를 처리하기 위해 설계된 모형이 아닙니다.

고객의 요구 사항인 한국어 인사말을 추가한다고 가정해봅시다.

예제 8-3 Bridge/hello/02/hello.php

```php
<?php
// 최초 설계 인사말
class Hello
{
    public function greeting($lang)
    {
        if ($lang == "Korean") {
            return "안녕하세요";
        } else {
            return "Hello";
        }
    }
}
```

예상치 않았던 작업을 원본 코드에 추가하여 기존에 없던 매개변수 인자값이 추가됐습니다. 외부로부터 전달받은 매개변수값으로 처리 로직을 분기합니다.

원본 객체는 매개변수 추가로 인해 인터페이스와 동작 코드가 변경됐습니다. 설계 변경으로 인터페이스가 변경되면, 이를 호출 실행하는 다른 코드도 같이 변경돼야 합니다. 다음은 변경된 호출 코드입니다.

```php
<?php
require "hello.php";

// 인사말 출력
$obj = new Hello;
echo $obj->greeting("Korean");
```

이처럼 하나의 코드를 수정하면 영향을 미치는 다른 코드도 수정해야 합니다. 조건으로 분기된 객체를 그림으로 설명하면 다음과 같습니다.

Hello 클래스

그림 8-2 조건 분기

콘솔에서 실행한 결과는 다음과 같습니다.

```
$ php index.php
안녕하세요
```

새로운 코드를 추가하는 것은 기존의 설계 모델을 변형하는 것입니다. 처음에 깔끔했던 코드가 잦은 요구 사항으로 인해 지저분하게 변질됩니다. 코드는 점점 가독성이 떨어지고 유지 보수를 위한 코드 분석 시간이 늘어납니다.

8.2 상속

객체지향은 요구되는 행위를 객체화하여 처리합니다. 다양한 행위를 위해 클래스는 다른 클래스를 포함하고 상속을 통해 기능을 확장합니다.

8.2.1 상속 확장

객체지향에서 상속은 부모와 자식 형태의 관계로 설명합니다. 이렇게 유전적인 형태로는 정확한 상속의 의미를 알기 어렵습니다.

유전적인 형태로 상속을 설명하면 상위 클래스의 속성(기능)을 포함하는 서브 객체로 이해할 수 있습니다. 하지만 상속은 기존의 모든 기능을 갖고 있으며 새로운 기능을 추가하는 확장 개념으로 생각하는 것이 더 좋습니다.

다국어 인사말의 요청 사항을 상속 확장 형태로 다시 만들어봅시다.

예제 8-5 Bridge/hello/03/hello.php

```php
<?php
// 최초 설계 인사말
class Hello
{
    public function greeting()
    {
        return "hello";
    }
}
```

Hello 클래스는 수정하지 않습니다. Hello 클래스를 상속하는 새로운 Greeting 클래스를 생성합니다.

예제 8-6 Bridge/hello/03/Greeting.php

```php
<?php
// 최초 인사말을 상속 받습니다.
// 새로운 인사말 기능을 추가합니다.
class Greeting extends Hello
{
    public function ko()
    {
        return "안녕하세요";
    }
}
```

Hello 클래스를 상속하면서 추가 메서드를 하나 더 만듭니다. Greeting 클래스는 Hello 클래스의 메서드와 추가로 작성한 메서드를 모두 갖고 있습니다. 상속은 기존 클래스의 행위를 확장합니다.

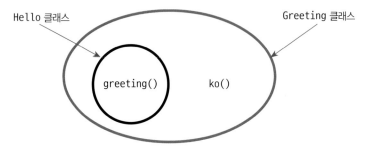

Hello 클래스

Greeting 클래스

greeting()   ko()

그림 8-3 상속을 통한 확장

상속 클래스를 이용해 인사말을 출력합니다.

예제 8-7 Bridge/hello/03/index.php

```php
<?php
// 계층 클래스 로딩
require "hello.php";
require "Greeting.php";

$obj = new Greeting;

echo $obj->ko()."\n";
echo $obj->greeting()."\n";
```

```
$ php index.php
안녕하세요
Hello
```

하위 클래스가 상위 클래스를 상속받으면 하위 클래스는 상위 클래스의 모든 메서드와 프로퍼티를 사용할 수 있습니다.

원본 클래스를 수정하지 않고도 새로운 추가 기능을 상속으로 구현할 수 있습니다. 이처럼 상속을 이용하면 적은 코드로 다양한 요구 사항을 유지 보수할 수 있습니다.

8.2.2 계층

우리는 변경된 기능을 구현하기 위해 클래스를 상속했습니다. 상속은 클래스를 통한 객체의 확장입니다. 클래스가 또 다른 클래스를 상속받는다는 의미는 클래스 간 계층을 만든다는 것입니다.

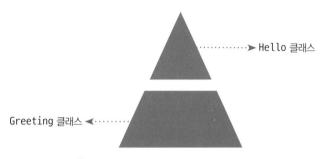

▶ Hello 클래스

Greeting 클래스 ◀

그림 8-4 상속 계층

상속 받은 클래스에 추가 메서드를 하나 추가 선언합니다. 상속된 클래스 계층은 기존 클래스의 모든 기능을 포함하여 새로운 객체를 생성합니다. 상속은 계층적 특성과 함께 기존 클래스의 책임을 포함하는 상하 관계를 갖게 됩니다.

상속을 옆에서 보면 위아래 계층으로 볼 수 있는데, 위에서 보면 클래스가 깊은 구조로 확장되는 것처럼 보입니다.

8.2.3 상속의 문제점

상속은 객체지향에서 중요한 개념이며 코드를 재사용하고 확장하기에 매우 유용합니다. 하지만 상속에는 한 가지 문제점이 있습니다.

클래스를 상속하면 구현과 추상 개념이 영구적으로 결합됩니다. 이 경우 향후 상속된 클래스를 수정하거나 확장하기 어렵습니다. 물론 상위 클래스의 메서드를 오버라이드하여 재정의할 수는 있지만, 오버라이드돼도 상위 객체의 메서드를 모두 포함합니다.

즉, 기능을 상속으로 확장하면 최종 클래스가 무거워집니다.

8.3 패턴 설계 1

상속은 클래스의 계층을 분리하고 기능을 확장하지만 강력한 결합 관계와 불필요한 메서드도 상속에 같이 포함된다는 단점을 갖고 있습니다.

이러한 상속의 문제점은 브리지 패턴을 응용하여 해결합니다. 브리지 패턴을 적용하려면 4개의 구성 요소가 필요합니다.

- Implementor
- ConcreateImplementor
- Abstract
- refinedAbstract

앞에서 살펴본 예에서 Implementor에 해당하는 Hello 클래스와 ConcreateImplemetor 부분에 해당하는 Greeting 클래스를 만들었습니다. 패턴 설계 2(8.4절)에서는 Abstract와 refinedAbstract를 만들어보겠습니다.

8.3.1 종속

상속을 이용해 확장할 경우 상위 클래스와 하위 클래스 사이에 강력한 결합 관계가 발생합니다. 강력한 결합 구조는 종속화되며, 강력한 결합 구조로 인해 종속된 코드는 다른 시스템으로 이식하기 어렵습니다.

작성한 코드를 다양하게 사용하기 위해서는 독립적인 확장이 가능하도록 설계해야 합니다. 먼저 강력한 결합 관계를 줄이고 느슨한 결합 관계로 변경합니다.

느슨한 결합 관계로 변경하는 방법 중 대표적인 것이 위임[delegate]입니다. 위임을 통해 객체의 구성을 복합 객체 구조로 리팩터링합니다.

8.3.2 계층 분리

유지 보수가 많아진 코드는 객체 내에 구현과 추상이 복잡하게 섞여 있습니다. 따라서 여러 군데에 흩어진 기능과 구현을 정리해야 합니다.

클래스의 계층을 설계할 때는 새로운 기능을 생성하기 위한 것인지, 역할 분담을 위한 것인지 판단해야 합니다. 잘 설계된 계층은 클래스의 동작을 쉽게 이해하고 동작 수행을 예측하는 데 수월합니다.

다음에는 상속으로 나뉜 인사말 기능을 분리합니다. 기존 Hello 클래스를 인터페이스로 변경합니다.

예제 8-8 Bridge/hello/04/hello.php

```php
<?php
// 공통 인터페이스
interface Hello
{
    public function greeting();
}
```

인터페이스를 이용하여 계층화된 클래스를 분리합니다. 분리된 객체가 동일한 호출 명령을 할 수 있도록 인터페이스를 각각의 클래스에 적용합니다.

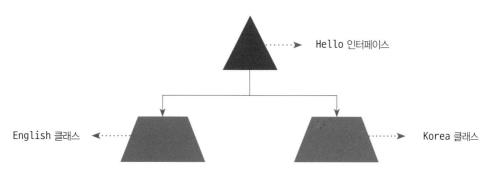

Hello 인터페이스

English 클래스

Korea 클래스

그림 8-5 인터페이스 적용

다음은 브리지 패턴의 설계 요소 중 구현(Implementor) 부분입니다. 인터페이스를 적용해 하위 클래스(ConcreateImplementor)를 설계합니다.

예제 8-9 Bridge/hello/04/English.php

```php
<?php
// 영어 인사말
class English implements Hello
```

```php
{
    public function greeting()
    {
        return "hello.";
    }
}
```

영어 인사말 클래스를 설계하고 인터페이스를 이용해 한글 인사말 클래스를 설계합니다.

예제 8-10 Bridge/hello/04/Korean.php

```php
<?php
// 한글 인사말
class Korean implements Hello
{
    public function greeting()
    {
        return "안녕하세요.";
    }
}
```

재설계한 인사말을 출력하고 각각의 객체를 생성합니다.

예제 8-11 Bridge/hello/04/index.php

```php
<?php
require "hello.php";
require "Korean.php";
require "English.php";

$obj1 = new Korean;
echo $obj1->greeting()."\n";

$obj2 = new English;
echo $obj2->greeting()."\n";
```

```
$ php index.php
안녕하세요.
hello.
```

인터페이스를 적용하여 구현 부분을 각각의 클래스로 분리했습니다.

8.3.3 복합 구조

앞에서 실습한 구조를 좀 더 개선해보겠습니다. 복합 객체를 통해 분리된 2개의 구현 클래스를 연결합니다. 연결은 위임을 사용합니다.

예제 8-12 Bridge/hello/04/Language.php

```php
class Language
{
    public $english;
    public $korean;
    public function setEnglish($obj)
    {
        $this->english = $obj;
    }
    public function setKorean($obj)
    {
        $this->korean = $obj;
    }
}
```

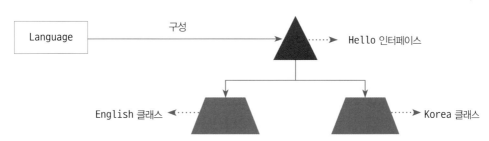

그림 8-6 패턴1 구성 변경

복합 객체인 Language는 구현 클래스의 객체를 프로퍼티^{변수}에 담고 있으며 프로퍼티를 설정할 수 있는 setter 메서드도 갖고 있습니다.

다음에는 구성을 통해 동일한 인사말을 출력합니다.

```php
<?php
require "hello.php";
require "Korean.php";
require "English.php";

require "Language.php";

$obj = new Language;

$obj->setEnglish(new English);
echo $obj->english->greeting()."\n";

$obj->setKorean(new Korean);
echo $obj->korean->greeting()."\n";
```

```
$ php index2.php
hello.
안녕하세요.
```

8.4 패턴 설계 2

패턴 설계 1(8.3절)에서는 결합된 클래스를 상속으로 분리하며 분리된 2개의 클래스를 구성
방식으로 결합하는 단계를 학습했습니다. 이번에는 패턴 설계 1을 기반으로 실제적인 브리지
패턴을 설계합니다.

8.4.1 추상 계층

패턴 설계 1(8.3절)에서 구현부는 하나의 계층으로 설계했습니다. 하나의 계층만으로 설계된
복합 객체는 브리지 패턴이라고 하지 않습니다.

브리지 패턴은 복합 객체를 다시 재정의하여 추상 계층화된 구조입니다. 구성 클래스의 연결
부분을 추상 계층으로 변경합니다. 추상화 변경을 실행하는 이유는 각각의 계층이 독립적으로

확장/변경 가능하도록 하기 위해서입니다.

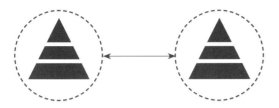

그림 8-7 추상 계층

브리지 패턴은 기능을 처리하는 클래스와 구현을 담당하는 추상 클래스로 구별합니다. 구현뿐 아니라 추상화도 독립적 변경이 필요할 때 브리지 패턴을 사용합니다.

8.4.2 계층 연결

브리지^{bridge}는 구현 계층과 추상 계층 두 곳을 연결하는 다리라는 의미입니다. 브리지 패턴을 적용하기 위해서는 계층을 잘 분리하는 것이 중요합니다. 그리고 분리된 추상적 개념과 구현 계층을 연결합니다.

클래스를 확장하는 방법은 상속에 의한 방식과 구현에 의한 방식이 있습니다. 브리지는 상속 대신 구현을 이용해 분리된 객체를 연결합니다. 연결은 구성을 위한 위임입니다. 구현을 통해 객체를 연결하면 객체 간 종속 관계를 제거할 수 있습니다.

이처럼 브리지 패턴에서 기능과 구현을 분리하는 목적은 확장을 보다 쉽게 하기 위해서입니다. 분리된 계층은 독립적으로 확장 가능합니다.

8.4.3 추상 재설계

브리지 패턴은 추상된 부분도 변경 확장이 가능합니다. 예제 코드를 통해 브리지 패턴의 동작을 이해해봅시다. 구현 부분의 코드는 동일합니다.

예제 8-14 Bridge/hello/05/hello.php

```php
<?php
interface Hello
```

```
{
    public function greeting();
}
```

```php
<?php
class English implements Hello
{
    public function greeting()
    {
        return "hello.";
    }
}
```

```php
<?php
class Korean implements Hello
{
    public function greeting()
    {
        return "안녕하세요.";
    }
}
```

추상 계층을 재설계합니다. Language 클래스를 추상화하는데, 추상 클래스는 구성을 연결할 수 있는 프로퍼티와 인터페이스의 추상 메서드만 선언되어 있습니다.

다음은 브리지 패턴의 설계 요소 중 abstract 부분입니다.

```php
<?php
abstract class Language
{
    public $language;

    abstract public function greeting(); // 추상 메서드

}
```

변경된 추상 클래스를 상속합니다. 추상 클래스는 인터페이스만 선언하고, 실제 메서드는 하위 구현 클래스에서 만듭니다. 하위 클래스는 브리지 패턴의 설계 요소 중 refinedAbstract 부분입니다.

예제 8-18 Bridge/hello/05/Message.php

```php
<?php
class Message extends Language
{
    public function __construct($lang)
    {
        $this->language = $lang;
    }

    public function greeting()
    {
        // 브리지 구현
        return $this->language->greeting(); // 분리된 역할 분담
    }
}
```

추상 클래스는 상위 클래스와 하위 클래스 사이에서 역할을 분담합니다. 이렇게 추상화를 통해 역할을 분담할 때도 계층이 구별됩니다.

역할을 분담하는 추상 클래스의 계층은 새로운 기능을 생성하는 것이 아니라 기존의 기능을 분리하여 계층화합니다.

다음 예제에서는 분리된 계층을 연결하여 인사말을 출력합니다. 실제 인사말의 객체는 의존성 주입하며 주입된 객체는 생성자를 통해 설정됩니다.

예제 8-19 Bridge/hello/05/index.php

```php
<?php
// 계층
require "hello.php";
require "Korean.php";
require "English.php";

// 계층
require "Language.php";
```

```php
require "Message.php";

if(isset($language) && $language == "Korean") {
    $obj = new Message( new Korean );
} else {
    $obj = new Message( new English );
}

echo $obj->greeting();
```

```
$ php index.php
hello.
```

선택한 언어에 따라서 인사말이 변경됩니다.

8.4.4 브리지 의미

상속은 새로운 기능이 추가될 때마다 메서드를 추가하고 호출하는 인터페이스도 계속 변경됩니다. 코드의 규모가 커질수록 특정 기능의 인터페이스 변경으로 인해 많은 관련 코드가 수정돼야 합니다. 디자인 패턴의 고전인 'GoF^{Gang of Four}'는 브리지 패턴을 다음과 같이 정의합니다.

'2개의 객체는 추상화를 구현에서 분리하여 매우 독립적으로 사용할 수 있어야 한다.'

이 정의와 같이 브리지 패턴은 동작하고자 하는 기능을 구현부와 추상화 형태로 분리하며, 새로운 기능을 확장으로 처리하지 않고 위임^{delegate}으로 처리합니다. 그리고 이렇게 분리된 기능과 구현을 브리지화 형태로 결합해 동작하는 패턴이라고 설명합니다. 브리지 패턴은 추상 레벨 간의 연결을 처리합니다.

8.5 장점과 단점

브리지 패턴은 기존 시스템에 부수적인 새로운 기능들을 지속적으로 추가할 때 사용하면 유용한 패턴입니다. 브리지 패턴은 새로운 인터페이스를 정의하여 기존 프로그램의 변경 없이 기능을 확장할 수 있습니다.

8.5.1 장점

클래스 계층을 분리할 때는 완전한 인터페이스로 결합하지 않습니다. 이런 점을 이용해 클래스에서 구현과 추상 부분을 2개의 계층으로 분리할 수 있으며, 분리된 2개의 추상 계층과 구현 계층은 독립적인 확장이 가능합니다.

브리지 패턴을 사용하는 클라이언트 코드에서는 추상 계층과 연결된 구현 클래스를 변경해도 영향 없이 사용할 수 있습니다. 브리지 패턴은 다중 플랫폼을 지원하는 코드를 개발할 때 매우 유용합니다.

8.5.2 단점

브리지 패턴은 하나의 클래스가 추상 계층과 구현 계층으로 분리됩니다. 추상화를 통해 코드를 분리할 경우 코드 디자인 설계가 복잡해진다는 단점이 있습니다.

8.6 관련 패턴

브리지 패턴은 다음 패턴과도 연관시켜 응용할 수 있습니다.

8.6.1 템플릿 메서드 패턴

템플릿 메서드 패턴은 추상화를 통해 구현 계층을 분리하여 사용합니다. 상위 추상 클래스에서는 선언 작업을 하며, 상속받은 하위 클래스에서는 실제 구현 작업을 합니다. 분리된 추상 계층은 템플릿 메서드 패턴과 유사합니다.

8.6.2 추상 팩토리 패턴

브리지 패턴을 생성하고 복합화될 때 추상 팩토리 패턴이 같이 적용됩니다.

8.6.3 어댑터 패턴

어댑터 패턴과 브리지 패턴이 유사해 보이기도 합니다. 어댑터 패턴이 완성된 코드를 통합하고 결합할 때 사용되는 패턴이라면, 브리지 패턴은 처음 설계 단계에서 추상화 및 구현을 위해 확장을 고려한 패턴이라고 할 수 있습니다.

8.7 정리

브리지 패턴은 적용 사례가 많지 않기 때문에 대부분의 책에서 각각 다른 방식으로 설명하고 있어 혼동되는 부분이 많습니다.

하지만 브리지 패턴의 원리를 곰곰이 생각해보면 더 다양한 곳에 적용할 수 있습니다. 예제에서는 간단하게 다국어 인사말을 응용하여 처리하는 코드를 살펴보았습니다. 이와 유사하게 다양한 구현 계층과 연결 처리 계층을 분리하여 응용할 수 있는 사례를 찾아 적용해볼 수도 있습니다.

브리지 패턴은 구현부와 추상부를 계층화하여 독립적으로 확장할 수 있도록 하는 패턴입니다. 자신의 코드가 유지 보수로 인해 많이 변경된다면 미리 예측해서 계층을 분리하는 것도 좋은 방안입니다.

브리지 패턴을 사용하면 런타임 실행 시점에 어떠한 방식으로 기능을 구현할지 선택할 수 있습니다. 또한 기능을 독립적으로 확장할 수 있다면 상세한 기능을 외부로부터 숨길 수 있는 은닉 효과도 얻을 수 있습니다.

com·pos·ite

[kəmˈpɑːzət] ◁》)

CHAPTER 9

복합체 패턴

복합체 패턴은 객체 간의 계층적 구조화를 통해 객체를 확장하는 패턴입니다. 복합체는 재귀적으로 결합된 계층화된 트리 구조의 객체입니다.

9.1 객체를 포함하는 객체

복합 객체는 객체가 또 다른 객체를 포함하는 것을 말합니다. 복합적인 객체 관계를 복합화 composition 또는 집단화Aggregation라고 합니다.

9.1.1 복합 객체로 구조 확장하기

객체의 복합화는 객체를 더 큰 구조의 객체로 확장하는 방법입니다. 복합 객체는 강력한 결합 구조를 가진 상속과 달리 느슨한 결합을 갖고 있으며, 이러한 복합 객체의 결합은 의존체 주입 방식을 사용합니다.

[예제 9-1]을 보면서 복합 구조에 대해 알아봅시다. 다음은 컴퓨터의 구조를 나타내는 클래스입니다.

예제 9-1 Composite/01/computer.php

```php
<?php
class Computer
{
    public $Monitor;
    public $name = "구성";

    public function setMonitor($monitor)
    {
        $this->Monitor = $monitor;
    }
}
```

Computer 클래스는 다른 객체의 정보를 설정할 수 있는 setter 메서드를 갖고 있습니다. 모니터 클래스를 다음과 같이 선언합니다.

예제 9-2 Composite/01/monitor.php

```php
<?php
class Monitor
{
    public $name = "모니터";
}
```

다음에는 앞의 두 객체를 복합 객체로 결합합니다. 2개의 객체를 생성한 후 setter 메서드를 이용하여 의존성을 주입합니다.

예제 9-3 Composite/01/index.php

```php
<?php
require "computer.php";
require "monitor.php";

// Client
$obj = new Computer;
$obj->setMonitor(new Monitor);

echo $obj->name."\n";
echo $obj->Monitor->name."\n";
```

```
$ php index.php
구성
모니터
```

Computer 클래스(객체)가 의존 관계인 Monitor 클래스를 가지고 있습니다. 그림으로 표현하면 [그림 9-1]과 같습니다.

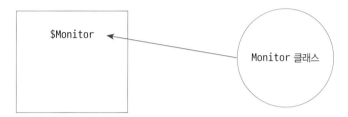

Computer 클래스

그림 9-1 복합 객체

이처럼 복합 객체는 하나의 객체가 다른 객체를 포함하는 구조입니다.

9.1.2 수평으로 객체 확장하기

복합 객체의 특징은 다른 객체 정보를 포함하면서 수평적으로 확장된다는 것입니다. 객체는 여러 개의 객체 정보를 동시에 가질 수 있습니다.

Computer 클래스를 좀 더 확장해보겠습니다. Disk와 Memory 객체를 추가로 생성합니다.

예제 9-4 Composite/02/Disk.php

```php
<?php
class Disk
{
    public $name = "디스크";
}
```

예제 9-5 Composite/02/Memory.php

```php
<?php
class Memory
{
    public $name = "메모리";
}
```

예제 9-6 Composite/02/Computer.php

```php
<?php
class Computer
{
    public $Monitor;
    public $Disk;
    public $Memory;

    public $name = "구성";

    public function setMonitor($monitor)
    {
        $this->Monitor = $monitor;
    }

    public function setDisk($disk)
    {
        $this->Disk = $disk;
    }

    public function setMemory($momory)
    {
        $this->Memory = $momory;
    }
}
```

객체를 합성하여 하나의 큰 객체를 생성하는 것은 매우 복잡합니다. 의존하는 객체가 많을수록 설정을 위해 여러 개의 setter 메서드가 필요합니다.

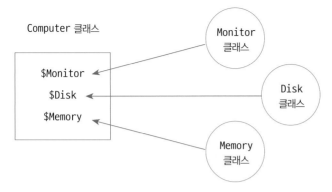

그림 9-2 객체 확장

이처럼 집단화된 객체는 부분−전체 계층^{part-whole hierarchy}구조가 됩니다. 또한 객체들은 트리 구조 형태의 계층화 구조를 가집니다.

예제 9-7 Composite/02/index.php

```php
<?php
require "computer.php";
require "monitor.php";
require "disk.php";
require "memory.php";

// Client
$obj = new Computer;
$obj->setMonitor(new Monitor);
$obj->setDisk(new Disk);
$obj->setMemory(new Memory);

echo $obj->name."\n";
echo $obj->Monitor->name."\n";
echo $obj->Disk->name."\n";
echo $obj->Memory->name."\n";
```

Computer 클래스에 준비된 객체를 의존성 주입합니다. 콘솔에서 실행한 결과는 다음과 같습니다.

```
$ php index.php
구성
```

복합체 패턴은 전형적인 복합 객체의 형태를 갖습니다.

9.1.3 수직으로 객체 확장하기

수평으로 확장하는 것은 하나의 객체가 여러 객체를 포함하는 것을 말합니다. 즉 자식이 하나씩만 존재합니다. 자식 객체로는 일반 객체뿐만 아니라 복합 객체도 확장 가능합니다.

복합 객체를 자식 객체로 사용할 때는 수직적 확장 구조를 갖습니다. 복합 객체는 수직적 확장을 통해 계층적이고 복잡한 트리 구조를 갖게 됩니다.

예제를 통해 살펴봅시다. 이전 Monitor 클래스는 일반 객체였습니다. 하지만 컴퓨터는 여러 대의 모니터를 가질 수 있기 때문에 Monitor 클래스를 복합 객체로 변경합니다.

예제 9-8 Composite/03/Monitor.php

```php
<?php
class Monitor
{
    public $screen = [];
    public $name = "모니터";

    public function addMonitor($monitor)
    {
        array_push($this->screen, $monitor);
    }

    public function show()
    {
        foreach ($this->screen as $part) {
            echo ">>". $part->name ."\n";
        }
    }

}
```

그리고 Monitor 복합 객체에 연결할 Monitor32 클래스도 같이 생성합니다.

예제 9-9 Composite/03/Monitor32

```php
<?php
class Monitor32
{
    public $name = "32인치";
}
```

복합체 패턴은 관련된 객체들을 하나로 묶은 그룹과 같습니다. 하나의 객체가 유사한 다른 객체를 포함하고 이를 하나로 묶음으로써 더 큰 규모의 객체로 확장합니다.

수정된 Monitor 클래스를 메인 코드에 적용합니다.

예제 9-10 Composite/03/index.php

```php
<?php
require "computer.php";
require "monitor.php";
require "disk.php";
require "memory.php";

require "monitor32.php";

// Client
$obj = new Computer;
$obj->setMonitor(new Monitor);
$obj->Monitor->addMonitor(new Monitor32); // 모니터 추가1
$obj->Monitor->addMonitor(new Monitor32); // 모니터 추가2

$obj->setDisk(new Disk);
$obj->setMemory(new Memory);

echo $obj->name."\n";
echo $obj->Monitor->name."\n";
$obj->Monitor->show();

echo $obj->Disk->name."\n";
echo $obj->Memory->name."\n";
```

```
$ php index.php
구성
모니터
>>32인치
>>32인치
디스크
메모리
```

복합 객체는 일반 객체와 복합 객체를 구분하지 않고 포함합니다. 이러한 계층적 구조는 마치 트리 구조와 비슷한 모습입니다. 트리 구조는 하나의 서브 객체가 또 다른 객체의 그룹을 포함하는 것과 같습니다.

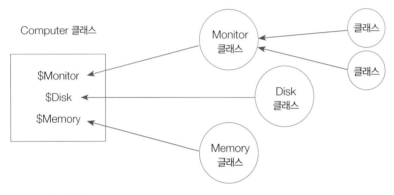

그림 9-3 수직 확장

계층 구조는 다양한 곳에서 사용되는 개념이므로 다른 패턴보다 쉽게 이해하고 응용할 수 있을 것입니다.

9.2 복합체의 구조적 특징

복합 객체는 하나의 객체가 다른 객체를 포함합니다. 또한 복합체 패턴은 복합 객체의 특성을 이용한 구조적 패턴입니다.

9.2.1 재귀적 결합

재귀적인 데이터의 구조를 표현할 때 트리 구조를 자주 사용합니다. 재귀적 결합을 통해 하나의 객체가 다수의 연결 객체를 가질 수 있으며 복합체가 객체를 포함할 때는 단일 객체, 복합 객체를 가리지 않습니다.

복합 객체는 객체들을 서브 하위 객체로 그룹화하는 특징이 있습니다. 객체 그룹화를 통해 더 큰 집단의 객체로 확장하는데 이를 집단화[aggregation]라고 합니다.

이러한 집단화의 특징은 객체 결합 모양이 트리 형태로 확장된다는 것입니다. 트리 모양에서 제일 마지막을 잎[leaf]이라고 하며, 중간에서 다시 확장하는 객체를 노드[node]라고 합니다.

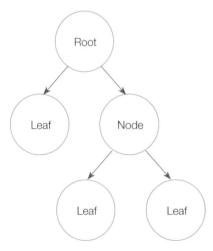

그림 9-4 집단화된 트리 구조

복합체는 객체를 재귀적으로 결합할 때 마지막 노드[Leaf]인지 또는 다른 객체를 포함하는 복합 객체[Node]인지 판단하는데, 이를 판단하기 위해서는 복잡한 조건 처리(예: if문)가 필요합니다.

9.2.2 구성 요소

대표적으로 복합체 패턴을 적용한 예로는 파일 탐색, 조직도 등이 있습니다. 복합체는 하나의 구조 안에 또 다른 구조를 가진 모델을 설계할 때 많이 사용됩니다.

복합체 패턴은 크게 4개의 구성 요소로 이루어집니다.

- Component
- Composite
- Leaf
- Client

9.3 투명성을 활용한 동일한 설계

복합체는 일반 객체, 복합 객체 구분 없이 재귀적 결합이 가능합니다. 모두 동일한 객체로 처리하여 트리 구조를 쉽게 활용합니다.

9.3.1 투명성

복합체의 구성 요소인 Composite와 leaf는 엄밀히 다른 객체입니다. 하지만 복합체는 2개의 객체를 모두 관리하기 위해 동일한 component 인터페이스를 적용하며, 인터페이스에는 두 객체의 공통된 기능이 모두 포함됩니다.

복합체 패턴은 Component 인터페이스를 이용하여 component 객체와 leaf 객체를 서로 구별하지 않고 동일한 동작으로 처리합니다. 이를 투명성이라고 합니다. 투명성은 복합체 패턴의 특징입니다.

9.3.2 동일한 방법

복합체 패턴은 투명성을 적용해 단일 클래스와 복합 클래스를 구분하지 않으며 두 객체 모두 동일한 형태로 접근하여 사용할 수 있습니다.

복합체에서 서로 다른 Composite와 leaf를 동일한 형태로 투명하게 사용하기 위해 클래스의 일반화 작업을 실행합니다. 클래스를 일반화하려면 추상 클래스를 상속받거나 인터페이스를 적용합니다.

일반화된 클래스에서 동일한 메서드의 호출을 보장하기 위해서는 똑같은 인터페이스를 사용해야 합니다. 서로 다른 인터페이스를 사용하려면 각각의 객체에 따라 개별 인터페이스를 설계하고 조건에 따라 처리해야 합니다. 즉 인터페이스가 다르면 투명성이 결여됩니다.

투명성이 보장된 클래스는 단일 클래스와 복합 클래스를 구별하지 않고도 사용자 측면에서 동일한 방법으로 객체에 접근할 수 있습니다.

9.3.3 불필요한 기능

복합체 패턴은 서로 다른 객체를 동일하게 사용할 수 있도록 투명성을 부여했습니다. 하지만 클래스의 일반화와 투명성은 객체 설계 시 불필요한 기능이 추가된다는 단점이 있습니다.

서로 다른 객체의 투명성으로 인해 하나의 객체에 2개 이상의 책임이 부여되기 때문입니다. 이는 객체지향 설계 원칙 중 단일 책임과도 충돌합니다.

클래스를 일반화할 때 동일한 방법으로 투명한 접근을 허용하는 것이 유용한지, 불필요한 기능을 제공하지 않고 안정적인 형태를 유지하는 것이 유용한지 판단하여 적용해야 합니다.

9.3.4 단일 책임 원칙

Component는 Composite 객체와 leaf 객체 모두 투명하게 처리하기 위한 공통 인터페이스입니다. 복합체의 인터페이스는 기능을 두 가지 이상 탑재합니다.

인터페이스에는 두 객체의 모든 기능이 탑재되어 있고, 이는 객체의 단일 역할 원칙과 충돌됩니다. 그리고 여러 기능이 하나의 클래스 안에 탑재되는 것은 객체의 안정성을 떨어뜨립니다. 복합체 패턴은 객체지향의 단일 역할 원칙을 위반하는 패턴 중 하나입니다.

단일 책임 원칙을 위반하여 설계하는 것은 복합체 패턴의 특징인 투명성transparency을 보장하기 위해서입니다. 이처럼 원칙과 특징이 충돌한다는 점에서, 복합체 패턴을 적용하기 위해 어떤 기준으로 패턴을 사용할지 미리 결정해야 합니다.

9.3.5 안전한 복합체

복합체 패턴의 특징인 투명성을 적용하지 않고 서로 다른 인터페이스를 적용하여 설계할 수도 있습니다. 다른 인터페이스를 적용하면 불필요한 메서드가 추가되는 것을 방지할 수 있고 단일 책임 원칙도 준수할 수 있습니다.

다만 여러 개의 인터페이스를 사용할 경우 instanceof와 같은 키워드로 인터페이스를 검사해야 합니다.

9.4 추상화를 통한 일반화 작업

복합 객체를 복합체 패턴으로 재정의하는 목적은 재귀적으로 결합된 노드에 동일한 형태로 접근하기 위해서입니다. 복합체를 통해 객체의 종류를 판별하지 않아도 됩니다.

9.4.1 추상 클래스

서로 다른 객체에서 동일한 방법으로 객체의 동작에 접근하기 위해서는 클래스의 일반화 작업이 필요합니다. 일반화 작업은 크게 인터페이스를 이용하는 방법과 추상화를 이용하는 방법이 있습니다.

복합체 패턴은 일반화를 위한 방법으로 추상 클래스를 사용합니다. 추상 클래스로 일반화된 객체는 계층적 확장이 되어도 Composite와 Leaf를 구별하지 않고 동일한 방법으로 접근이 가능합니다.

추상화를 통해 복합체를 설계할 때 중요한 점은 클래스가 담고 있는 컨테이너를 하나의 추상화로 정의한다는 것입니다. 하나의 추상 클래스를 컴포넌트^{component}라고 하며, 추상 클래스로 제작되는 컴포넌트는 인터페이스 역할도 함께 수행합니다.

9.4.2 컴포넌트

컴포넌트 역할을 수행하는 추상 클래스는 노드인 Composite와 마지막 노드인 Leaf에 공통으로 적용됩니다. Composite와 Leaf는 동일한 처리를 위해 추상 클래스를 상속받습니다.

다음에는 복합체 패턴을 위한 컴포넌트를 설계합니다.

예제 9-11 Composite/05/component.php

```php
<?php
abstract class Compoment
{
    // 이름을 저장합니다.
    private $name;

    // 이름에 대한 getter 입니다.
    public function getName()
    {
        return $this->name;
    }

    // 이름에 대한 setter 입니다.
    public function setName($name)
    {
        $this->name = $name;
    }

}
```

9.5 Leaf

복합체는 계층적 트리 구조로 되어 있습니다. 노드의 제일 마지막 객체를 리프Leaf라고 합니다.

9.5.1 마지막 노드

계층적 노드의 끝을 리프라고 하는데, 리프는 트리 구조에서 제일 마지막에 존재하며 다른 객체를 포함할 수 없습니다.

하지만 마지막 객체는 리프 객체 말고 복합체 패턴으로도 사용될 수 있으며, 마지막 노드가 복합체 패턴일 경우 객체를 추가로 더 확장할 수 있습니다.

9.5.2 컴포넌트 상속

복합체는 상하 관계를 가진 계층적 구조입니다. 즉 상속 관계인 is-a 관계[relationship] 처리가 필요합니다. 또한 리프 객체도 공통된 인터페이스인 추상 클래스를 상속받아 동일한 접속과 처리를 진행합니다.

예제 9-12 Composite/05/leaf.php

```php
<?php
// 컴포넌트 추상화를 적용
class Leaf extends Component
{
    private $price;

    public function __construct($name)
    {
        $this->setName($name);
    }

    public function getPrice()
    {
        return $this->price;
    }

    public function setPrice($price)
    {
        $this->price = $price;
    }
}
```

현재 객체가 마지막 리프일 경우 직접 행동을 수행하고, 객체가 복합체 패턴일 경우 자식 객체로 위임을 요청합니다. 위임할 때는 미리 정해둔 다른 사전 동작을 먼저 수행할 수도 있습니다.

9.6 Composite

복합체 패턴은 마지막인 리프와 달리 중간 계층의 노드입니다. 복합체 패턴은 다른 복합체 패턴 객체를 포함할 수 있으며 마지막 노드가 될 수도 있습니다.

9.6.1 객체 저장

중간 노드인 복합체 패턴 클래스는 복합 객체입니다. 여러 개의 리프 객체를 가질 수 있으며 다른 중간 노드의 복합체 패턴을 포함할 수도 있습니다.

복합체 패턴 객체도 동일한 접속과 처리를 위해 공통된 인터페이스인 추상 클래스를 상속받습니다.

예제 9-13 Composite/05/composite.php

```php
<?php
class Composite extends Component
{
    // 리스트를 담고 있는 배열
    public $children = [];

    public function __construct($name)
    {
        // echo __CLASS__."가 생성이 되었습니다.<br>";
        $this->setName($name);
    }

    // 요소를 추가합니다.
    public function addNode(component $folder)
    {
        $name = $folder->getName();
        $this->children[$name] = $folder;
    }

    // 요소를 제거합니다.
    public function removeNode($component)
    {
        $name = $component->getName();
        unset($this->children[$name]);
    }

    // 노드 확인
    public function isNode($component)
    {
        return $this->children;
    }

}
```

중간 노드 복합체 패턴은 하부 객체의 연결을 갖고 있으며, 연결은 다른 객체를 포함하는 복합 객체를 의미합니다.

9.6.2 합성

하나의 객체만으로는 동작하지 못하고 다른 객체와 같이 이용해야 할 경우 다른 객체들을 합성 composition이라고 표현합니다. 복합 객체는 또 다른 객체를 하나의 부품처럼 추가합니다. 이는 객체가 확장되는 것이며 하나의 구조를 더 큰 구조로 발전시킵니다.

기존의 객체를 확장할 수 있는 복합 객체로 설계하려면 객체를 저장할 수 있는 공간이 필요합니다. 서로 다른 객체를 저장하는 방법은 다양합니다. 여러 개의 프로퍼티를 이용할 수도 있고 배열을 사용할 수도 있습니다. 저장 방식에 따라 관리 방법도 다릅니다.

확장을 위해 각 부품에 해당하는 객체 하나 하나를 프로퍼티 형태로 지정합니다. 확장되는 객체를 개별 프로퍼티로 연결하면 새로운 객체를 추가 확장할 때마다 메인 코드도 수정해야 하므로 매우 불편합니다.

또한 새로운 객체가 추가될 때마다 메인 코드를 수정하는 것은 OCP Open-Closed Principle 원칙에도 위배됩니다. 확장할 때는 기존의 코드를 수정하지 말아야 합니다.

복합체 패턴은 복합 객체 형태로 집합 관계를 정의합니다. 복합체 패턴은 부분-전체에 대한 계통 또는 합성을 통해 결합 객체에 따라 다르게 처리하지 않고 동일하게 취급할 때 매우 유용합니다.

9.6.3 부모 포인터

노드인 복합체 패턴은 연결되는 하위 객체의 정보만 갖고 있습니다. 하지만 부모 객체의 포인터는 함께 저장할 수 있으며, 부모의 객체 포인터를 갖고 있으면 자식 객체에서 상위 객체를 쉽게 참조할 수 있습니다.

트리 구조에서 객체가 복합적으로 중첩될 경우, 하나의 자식 노드가 또 다른 복합체 패턴 객체의 부모가 될 수 있습니다. 부모를 참조하는 상위 포인터를 같이 저장하면 트리 구조를 단순화하고 상위 노드를 쉽게 조작할 수 있습니다.

이처럼 상위/하위 포인터를 모두 갖고 있을 경우 좀 더 세밀한 구조 관리가 필요합니다. 만약 하위 객체를 삭제한다면 부모 포인터를 통해 상위 객체에서 참조하는 자식 포인터도 같이 제거해야 합니다.

9.6.4 순서

복합체 패턴 중간 노드에는 여러 개의 리프와 또 다른 복합체 패턴이 포함될 수 있습니다. 그리고 여러 객체를 하위 객체로 포함할 경우 복합적인 구조가 특별한 순서로 관리될 수도 있습니다.

저장되는 하위 객체의 순서를 관리하려면 별도의 추가 로직이 필요합니다.

9.6.5 캐시

복합체 패턴에서 관리되는 객체와 리프 구조의 크기는 예상할 수 없으며 언제든지 기하급수적으로 커질 수 있습니다.

관리되는 복합 객체의 크기가 너무 커지면 구조를 분석하고 처리하는 데 많은 자원이 할당되므로, 이를 빠르게 처리하기 위해 별도의 캐시 처리 동작을 만들어둘 수 있습니다.

9.7 패턴 결합

복합체 패턴의 구조를 형성하고 기능을 처리하기 위해 몇 가지 다른 패턴을 결합하여 사용합니다.

9.7.1 템플릿 메서드

복합체의 컴포넌트는 추상 클래스로 설계했습니다. 추상 클래스로 컴포넌트를 제작할 때는 템플릿 메서드 패턴을 함께 응용할 수 있습니다.

추상 클래스에 정의된 인터페이스 선언에는 아직 구체적인 행동이 정의되어 있지 않습니다. 구체적인 메서드는 추상 클래스를 상속받는 하위 클래스(leaf와 Composite)에서 구현합니다.

추상 클래스는 아직 구체적인 구현이 정의되지 않은 추상 메서드를 추상 클래스 내의 다른 메서드에서 미리 호출해 사용할 수 있습니다. 이러한 동작의 결합을 템플릿 메서드 패턴이라고 합니다.

9.7.2 반복자

복합체는 여러 객체를 담고 있습니다. 객체가 다수의 객체를 통해 확장될 때 배열과 같은 저장 공간을 사용하면 편리합니다.

배열 저장공간을 통해 객체를 확장 및 관리하면 포함된 객체를 쉽게 순회하여 접근할 수 있습니다. 모든 객체를 순회해서 접근할 때 반복자 패턴을 같이 사용할 수 있습니다.

하지만 복합체에서 확장 객체를 관리하는 기능과 순회 접근하는 반복자 패턴을 함께 사용하면, 객체의 역할이 복합체 패턴 기능과 반복자 기능 2가지로 됩니다. 복합 객체로 확장된 객체를 관리하기 위해 클래스의 역할이 변합니다.

디자인 패턴을 적용하여 개발하는 것은 역할을 나눠 처리하기 위해서입니다. OCP를 위반하지 않고 복합체를 구성하려면 각 파트를 일반화된 클래스로 변경해야 합니다.

9.8 적용 사례 1

복합체 패턴을 많이 사용하는 예로 컴퓨터 파일 시스템이 있습니다. 파일 시스템은 여러 개의 중첩된 폴더와 파일을 관리합니다. 그중 어떤 폴더는 다른 파일 또는 폴더를 담고 있는 특수한 파일 형태로 취급합니다. 폴더는 파일 목록을 담고 있는 리스트 구조입니다.

먼저 인터페이스로 컴포넌트를 정의합니다. 컴포넌트는 추상화 클래스로 생성하는데, 그 이유는 컴포넌트가 값을 갖고 있어야 하기 때문입니다.

```php
<?php
// 추상화로 생성합니다.
abstract class Component
{
    // 이름을 저장합니다.
    private $name;

    // 이름에 대한 getter 입니다.
    public function getName()
    {
        return $this->name;
    }

    // 이름에 대한 setter 입니다.
    public function setName($name)
    {
        $this->name = $name;
    }

}
```

컴포넌트에는 이름 외에 다양한 필요 값을 추가로 넣을 수도 있습니다.

두 번째 구성 요소인 leaf를 생성합니다. leaf는 파일 시스템에서 파일과 같은 역할을 하며 앞에서 미리 생성한 추상 클래스인 컴포넌트를 상속받습니다.

예제 9-15 Composite/01/Leaf.php

```php
<?php
// 컴포넌트 추상화를 적용
class Leaf extends Component
{
    private $data;

    public function __construct($name)
    {
        // echo __CLASS__."가 생성이 되었습니다.<br>";
        $this->setName($name);
    }

    public function getData()
```

```php
    {
        return $this->data;
    }

    public function setData($data)
    {
        $this->data = $data;
    }
}
```

세 번째 구성 요소인 복합체 패턴을 생성합니다. 복합체 패턴은 파일 시스템에서 폴더와 같은 의미입니다.

예제 9-16 Composite/01/composite.php

```php
<?php
class Composite extends Component
{
    // 리스트를 담고 있는 배열
    public $children = [];

    public function __construct($name)
    {
        // echo __CLASS__."가 생성이 되었습니다.<br>";
        $this->setName($name);
    }

    // 요소를 추가합니다.
    public function addNode(component $folder)
    {
        $name = $folder->getName();
        $this->children[$name] = $folder;
    }

    // 요소를 제거합니다.
    public function removeNode($component)
    {
        $name = $component->getName();
        unset($this->children[$name]);
    }

    // 노드 확인
    public function isNode($component)
```

```php
    {
        return $this->children;
    }

}
```

개별 객체(leaf)와 복합 객체(Composite)는 동일한 component를 상속받습니다. 객체의 트리 구조를 구성할 때 개별 객체와 복합 객체를 생성하고, 노드에서는 이 두 객체를 동일하게 사용합니다. 복합체 패턴은 다른 객체를 갖고 있기 때문에 객체 간에 has-a 관계를 가집니다.

트리 구조 생성 시 leaf 노드와 branch 노드를 구별하는 것은 복잡합니다. 또한 구분해서 처리하면 다양한 오류 코드가 발생할 확률이 높습니다. 복합체 패턴에서는 두 객체를 구별하지 않고 동일하게 처리함으로써 향후 발생할 수 있는 문제를 해결할 수 있습니다.

복합체 패턴의 3가지 요소를 가진 클래스를 생성했습니다. 이렇게 생성된 구성 요소로 트리 구조를 생성해보겠습니다.

예제 9-17 Composite/01/index.php

```php
<?php
include "Component.php";
include "Composite.php";
include "Leaf.php";

echo "Composite Pattern \n";

// 폴더
$root  = new Composite("root");
$home  = new Composite("home");
$hojin = new Composite("hojin");
$jiny  = new Composite("jiny");
$users = new Composite("user");
$temp  = new Composite("temp");

// 파일
$img1 = new Leaf("img1");
$img2 = new Leaf("img2");
$img3 = new Leaf("img3");
$img4 = new Leaf("img4");

//
```

```
// 상단에 서브 컴포넌트(폴더)를 추가합니다.
$root->addNode($home);
$root->addNode($users);
    // 서브폴더 추가
    $users->addNode($hojin);
        // 파일(leaf)추가
        $hojin->addNode($img1);
        $hojin->addNode($img2);
        $hojin->addNode($img3);
        $hojin->addNode($img4);
    $users->addNode($jiny);
$root->addNode($temp);

function tree($component) {

    $arr = $component->children;
    foreach ($arr as $key => $value) {

        if ($value instanceof Composite) {
            echo "Folder = ". $key;
            if($value->isNode($value)) {
                echo "\n";
                // 재귀호출 탐색
                tree($value);

            } else {
                echo " ...노드 없음";
                echo "\n";
            }
        } else if ($value instanceof Leaf) {
            echo "File = ". $key. " \n";

        } else {
            echo "?? \n";
        }

    }


}

// 복합체 패턴 노트 트리를 출력합니다.
tree($root);
```

먼저 필요한 Composite와 Leaf 클래스를 생성하고 이를 통해 복합체 트리를 생성합니다. 재귀 함수를 사용해 생성한 복합체 트리를 출력하면 다음과 같이 복합체 트리가 만들어진 것을 확인할 수 있습니다.

```
$ php index.php
Composite Pattern
Folder = home ...노드 없음
Folder = user
Folder = hojin
File = img1
File = img2
File = img3
File = img4
Folder = jiny ...노드 없음
Folder = temp ...노드 없음
```

복합체 패턴을 응용하면 중간 노드를 선택하여 삭제할 수도 있습니다. [예제 9-17]을 다음과 같이 수정합니다.

```php
// 노드를 하나 제거해봅니다.
echo "\n remove node \n";
$users->removeNode($hojin);
tree($root);
```

코드를 수정하고 실행하면 $hojin 노드가 제거된 트리 출력을 볼 수 있습니다.

```
$ php index.php
Composite Pattern

remove node
Folder = home ...노드 없음
Folder = user
Folder = jiny ...노드 없음
Folder = temp ...노드 없음
```

9.9 적용 사례 2

복합체 패턴은 트리 구조를 만드는 디자인 패턴입니다. 대표적으로 파일 시스템을 예를 들어 설명하지만, 실제 프로젝트 내에는 사이트 메뉴 구조, 쇼핑몰 카테고리, 게시판, 회원 구조 등 트리 모양을 가진 구성 요소가 많습니다.

많은 응용프로그램 중 복합체 패턴을 적용하는 분야는 쇼핑몰입니다. 쇼핑몰은 여러 개의 상품을 저장/관리합니다. 또한 각각의 상품을 그룹화하여 카테고리로 관리합니다.

쇼핑몰 상품 중에는 단일 상품도 있지만 세트 상품도 있습니다. 또한 세트 상품은 다른 세트 상품의 일부가 될 수도 있습니다. 이처럼 복합적인 계층을 가진 주문인 경우 복합체 패턴을 응용해서 처리할 수 있습니다.

회원 관리, 이메일 전송 등에서도 복합체 패턴을 응용할 수 있습니다. 여러 그룹으로 묶인 회원을 대상으로 메일을 보낸다고 생각했을 때, 이는 하나의 그룹이 또 하나의 그룹으로 묶인 트리 구조와 비슷하다고 할 수 있습니다.

따라서 다양한 트리 구조에 복합체 패턴을 적용해볼 수 있을 것 같습니다.

9.10 적용 사례 3

복합체 패턴은 그래픽을 처리하는 작업에서도 많이 사용합니다. 그래픽 일러스트 등에서 사용하는 도형 그룹을 생각하면 이해하기 쉽습니다.

이전에는 컴퓨터 그래픽을 처리할 때 비트맵을 이용해 메모리에 직접 복사한 후 도형을 생성했습니다. 하지만 요즘에는 해상도와 성능이 향상되어 비트맵 대신 벡터를 이용해 도형을 생성하며, 하나의 도형은 다른 도형을 포함할 수 있습니다. 이러한 도형의 정보를 트리화하여 객체를 처리합니다.

그룹으로 묶인 도형의 크기를 수정한다고 생각해봅시다. 그러면 모든 도형은 상위 명령에 따라 각각의 작업을 다시 수행해야 합니다. 상위 메서드를 호출하는 해당 메서드는 자신의 자식 메서드를 재호출함으로써 처리 동작을 위임할 수 있습니다.

일부 그래픽에서는 동일한 노드 안에 여러 도형의 상하 관계를 표시하는 경우도 있습니다. 복합체 패턴은 이러한 관계 또한 매우 유용하게 활용할 수 있습니다.

9.11 장단점 및 결과

복합체 패턴은 클래스의 일관된 계통을 정의할 수 있습니다. 또한 코드가 매우 단순해지며 새로운 구성 요소를 추가하거나 삭제하는 것도 편리해집니다.

9.11.1 장점

복합체 패턴으로 트리 구조를 구현하면 트리를 추가하거나 이동, 삭제하여 전체적인 구조를 유지하는 데 매우 유용합니다. 복합체 패턴에서 트리 구조의 재귀적인 특징을 잘 응용하는 것이라고 볼 수 있습니다.

복합체 패턴은 투명성을 이용해 클라이언트의 사용을 단순화할 수 있습니다. 투명성은 if문을 사용하지 않고도 Composite와 leaf를 판단할 수 있습니다.

9.11.2 단점

복합체 패턴은 설계의 범용성이 뛰어납니다. 예를 들어 복합체 패턴은 수평적, 수직적 모든 방향으로 객체를 확장할 수 있습니다. 하지만 수평적 방향으로만 확장이 가능하도록 Leaf를 제한하는 Composite를 만들기는 어렵습니다.

9.12 관련 패턴

복합체 패턴은 다른 패턴에서 함께 사용되는 경우가 많습니다.

9.12.1 체인 패턴

복합체와 유사한 패턴으로 체인 패턴^{chain pattern}이 있습니다. 체인 패턴은 다음 객체를 호출하기 위해 부모 자식 관계를 갖고 있습니다.

9.12.2 명령 패턴

명령 패턴에서 객체를 실행할 때 복합체 패턴을 응용합니다.

9.12.3 방문자 패턴

방문자 패턴에서는 복합체 패턴을 응용하여 방문자 객체를 생성합니다. 방문자 패턴은 복합체로 생성된 객체를 순회하면서 하위 객체를 처리합니다.

9.12.4 장식자 패턴

복합체 패턴은 장식자 패턴과 같이 응용합니다. 장식자 패턴도 새로운 기능을 확장하는 과정에서 재귀적인 결합이 이루어지는데 이는 복합체의 재귀적 모습과 비슷합니다.

차이점은 객체의 확장 유형이 약간 다르다는 것입니다. 장식자는 상하 구조로 확장되지만 복합체는 상하, 좌우 형태로 확장됩니다.

9.12.5 반복자 패턴

복합 객체를 순회하여 출력할 때는 반복자 패턴iterator pattern을 활용할 수 있습니다.

9.13 정리

복합체 패턴은 분할 디자인 패턴partitioning design pattern의 하나입니다. 복합체 패턴을 이용하면 객체의 상위 · 하위 체계를 파악할 수 있고 일대일, 다대일을 처리하는 데도 매우 유용합니다. 하나의 객체를 호출하면 서브로 갖고 있는 자식의 객체 메서드를 호출할 수 있습니다.

dec·or·ator
[ˈdekəreɪtə(r)] 🔊

CHAPTER **10**

장식자 패턴

장식자 패턴은 객체에 동적 기능을 추가하기 위해 구조를 개선하는 패턴입니다. 다양한 확장을 위해 객체를 조합합니다.

10.1 기능 추가

새로운 기능을 추가하기 위해 클래스를 확장하는 방법은 상속과 구성 두 가지입니다.

10.1.1 상속

프로그램이 실행되면서 기존 객체를 확장해 새로운 기능을 추가해야 하는 경우가 있습니다. 객체지향에서는 새로운 기능을 추가하기 위해 상속을 사용합니다.

상속은 클래스를 확장하는 대표적인 구현 기법입니다. 하지만 상속의 단점은 상위 클래스와 하위 클래스 간에 강력한 결합 관계가 생성된다는 것입니다.

클래스 간 강력한 결합은 객체의 유연한 확장을 어렵게 합니다. 또한 기존 객체에 새로운 기능을 추가할 때마다 메서드를 오버라이드하여 변경해야 합니다.

상속은 정적 방식으로 기능을 확장하기 때문에, 객체를 상황에 맞게 동적으로 확장해야 할 경우 상속으로 구현하는 것이 쉽지 않습니다.

10.1.2 오버라이드

오버라이드^{override}는 상위 클래스의 메서드를 재설정하는 기능입니다.

오버라이드했다고 해서 상위 클래스의 메서드가 없어지는 것은 아닙니다. 상위 메서드가 하위 메서드로 대체될 뿐입니다. 오버라이드하면 상위 클래스의 메서드와 하위 클래스의 메서드 2개가 존재합니다. 상속에서 오버라이드하면 불필요한 상위 메서드가 남게 됩니다.

> **NOTE 상속 문제점**
> 상속으로 클래스를 확장할 경우 확장된 클래스에 불필요한 메서드까지 포함되므로 클래스의 크기가 방대해집니다.

10.1.3 상속 조합

상속을 이용해 객체를 유연하게 확장하는 것은 쉽지 않습니다. 어떤 행위는 필요하고 어떤 행위는 불필요할 때 객체의 조합을 다양하게 처리하는 일이 복잡해집니다.

[표 10-1]과 같이 각각의 클래스에 여러 옵션 중 선택된 행위만 구현하려는 경우를 예로 들어 보겠습니다.

표 10-1

기능	옵션 1	옵션 2	옵션 3	옵션 4
Basic	V			
Standard	V	V		
Professional		V	V	
Primary		V	V	V

원하는 기능만 상속해서 조합된 클래스를 생성해야 합니다. 상속으로만 조건을 조합해 특정 행위만으로 구성된 객체를 생성하는 것은 매우 복잡합니다. 기능별로 조합하고 하위 클래스도 개별적으로 생성해야 합니다.

10.2 조건 추가

하나의 단일 행위만 처리하는 것과 달리 여러 행위를 처리해야 하는 경우가 있습니다. 이때 여러 행위를 구분하기 위해 조건을 추가합니다. 여기서 조건이란 다른 행위를 하기 위해 기존의 행위를 확장하는 것과 유사합니다.

10.2.1 옵션

우리가 쇼핑몰에서 상품을 주문할 때 기본 상품과 옵션을 선택합니다. 옵션은 하나의 상품을 기준으로 고객에게 더 많은 선택 사항을 부여합니다. 또한 옵션별로 가격 차이가 발생할 수도 있습니다.

이처럼 하나의 동작에 부수적인 기능을 추가하는 경우가 있으며, 추가 기능을 처리하려면 객체의 행위를 확장해야 합니다. 하지만 몇 개의 부수적 행위가 추가되는지는 정확하게 알 수 없습니다. 따라서 상황별로 다른 행위의 동작 클래스를 설계하는 것은 쉽지 않습니다.

10.2.2 동적 확장을 위한 구성

구성은 위임을 활용해 객체를 확장하는 방법입니다. 최근 모던 객체지향 코드는 고전적인 상속보다 구성을 이용해 객체를 확장하는데, 이 경우 객체를 실행하는 도중에도 동적으로 다른 객체를 결합해 확장 가능하다는 장점이 있습니다.

장식자 패턴은 동적으로 객체를 결합하기 위해서 객체지향의 구성을 통해 확장합니다.

10.2.3 확장을 통한 객체 변경

완성된 코드에 새로운 기능을 추가하려면 객체를 확장해야 하며 이를 위해 기존 코드를 수정해야 합니다. 코드를 수정하는 도중에는 코드 상태가 일시적으로 불안정해집니다. 수정이 완료되지 않은 채 변화 상태에 있는 코드는 다른 코드의 동작에 영향을 주고 잘못된 결과를 발생시킬 수 있습니다.

코드 수정이 완료되면 안정성 테스트 과정이 필요합니다. 수정 중에 어떤 실수나 버그가 발생했을 수 있기 때문입니다. 이와 같이 수정으로 인해 발생하는 불안정한 코드 상태와 테스트는 유지 보수를 어렵게 만드는 요인입니다.

새로운 기능을 추가할 때는 변경이 아닌 확장을 통해 처리하는 것이 좋습니다. 확장하면 기존의 안정적인 코드 상태를 유지하면서 새로운 기능을 추가할 수 있기 때문입니다. 이러한 이유로 장식자 패턴은 코드를 변경하지 않고 확장하기 위해 객체를 구성 방식으로 처리합니다.

10.2.4 OCP

객체를 확장할 때는 개방–폐쇄 원칙^{Open-Closed Principle}(이하 OCP)을 기반으로 합니다. OCP는 새로운 기능을 추가할 경우 확장을 허용하지만 기존 내용은 변경하지 못하게 합니다. 객체지향에서는 OCP 원칙을 유지하기 위해 구성을 사용합니다. 객체 구성을 이용해 기능을 확장하면 기존의 코드를 변경하지 않아도 객체에 새로운 기능을 추가할 수 있습니다.

하지만 객체지향 코드를 개발하면서 OCP 원칙을 유지하는 것은 많은 시간과 노력이 필요하므로 쉽지 않습니다. 따라서 가장 확실하게 변경이 예측되는 부분 위주로 OCP 원칙을 적용한다면 보다 수월하게 진행할 수 있을 것입니다.

10.3 확장

장식자 패턴은 객체에 새로운 부가 기능을 동적으로 추가합니다. 여기서 동적은 실시간으로 변하는 객체에 새로운 행위를 추가하는 것을 의미합니다.

10.3.1 처리 분담

책임이 향후에 어떤 형태로 변경될지 모르니 하나의 클래스에 많은 기능을 집중하는 것은 좋지 않으며 객체의 책임을 여러 클래스에 분산해 설계하는 것이 좋습니다. 그리고 보다 작은 객체가 재사용하기 용이하므로 필요한 기능만 선택적으로 결합합니다.

분산된 각각의 클래스는 작은 객체로 생성되며 더 큰 객체로 결합해 사용할 수 있고, 필요할 때마다 분산된 작은 객체를 결합해 새로운 객체로 생성할 수 있습니다. 또한 객체 결합을 통해 생성된 객체의 자원을 효율적으로 관리할 수 있습니다.

장식자 패턴은 객체에 새로운 기능을 결합할 때 유용하며, 객체의 동적 조합이 많은 경우에도 편리합니다.

10.3.2 융통성

상속은 강한 결합 구조를 가지며 기능을 확장하기 위해 복잡한 조건을 추가해야 합니다. 장식자 패턴은 상속에서 처리하기 힘든 설계 변경을 해결합니다.

장식자 패턴은 객체를 복합 객체로 구성하고 내부적으로는 위임을 통해 유연한 확장이 가능하도록 합니다. 위임은 느슨한 구조의 결합도를 유지하면서, 보다 큰 구조의 객체로 확장 가능합니다.

10.3.3 동적 추가

위임을 통해 객체를 확장하면 여러 가지 이로운 점이 있습니다. 그중 가장 대표적인 것이 동적 객체 확장이며 이는 런타임으로 객체에 새로운 책임을 추가할 수 있는 방법입니다.

초기 클래스는 선언에 의해 객체의 내부 구조가 정의됩니다. 한번 클래스로 생성된 객체의 구조를 변경하는 것은 어렵습니다. 하지만 객체를 복합 객체로 구성하면 위임을 통해 객체를 생성한 후에도 동적으로 구조를 변경할 수 있습니다.

객체가 다양한 책임을 가질 수 있도록 추가 확장이 필요할 때는 동적 확장이 유용합니다. 또한 객체가 확장될 때 사전에 책임이 확정되지 않았어도 적용할 수 있습니다. 장식자 패턴은 추가하려는 미정의 객체 조합이 많을 때 유용한 패턴입니다.

10.3.4 단일화

장식자는 기존의 객체에 새로운 부가 행위를 추가하며 추가하는 행위는 단위별로 분리됩니다.

장식자 패턴은 많은 종류의 작은 객체를 단일화해서 결합합니다. 분리된 객체를 조합해 새로운 파생 클래스를 생성하고 객체를 확장합니다. 단일화 결합은 객체를 실행하는 중에도 동적으로 적용할 수 있습니다.

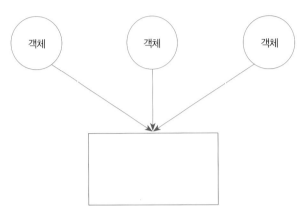

그림 10-1 객체의 단일화

단위 객체를 어떻게 조합하느냐에 따라 생성되는 파생 클래스 수에 차이가 있습니다. 장식자는 수많은 파생 클래스를 생성하고 결합합니다.

10.3.5 축소

장식자는 새로운 기능을 추가하는 것 외에 어떤 기능을 제거하기 위해서도 사용할 수 있습니다. 이는 객체의 내부를 변경하는 것과 유사하며 내부를 변경하는 유사 패턴으로 전략 패턴이 있습니다. 전략 패턴은 알고리즘을 삽입해 동작 구조를 변경합니다. 자세한 내용은 24장에서 알아보겠습니다.

10.4 객체에 추가 장식하기

장식자 패턴은 기존 객체를 확장하기 위해 무언가를 추가 장식^{decorate}합니다. 장식자는 기본 베이스의 객체를 시작점으로 장식을 추가해 객체를 확장합니다.

10.4.1 객체를 감싸는 래퍼

장식자는 기본이 되는 객체를 감싸서 새로운 객체로 확장합니다. 마치 랩으로 감싸는 것과 같다고 해서 래퍼 객체라고도 합니다.

객체를 감쌀 때는 행위를 추가하여 확장합니다. 장식을 위해 기존 객체를 감싸서 처리합니다. 행위가 추가될 때 객체를 또 다른 행위로 꾸미는 형태를 보이므로 장식decorate이라는 말로 불립니다.

부수적인 행위를 추가한 객체는 기존 객체와 다른 또 다른 객체로 변하며, 이 객체는 기존 원본 객체와 다른 객체로 파생됩니다. 새로운 부가 기능이 추가된 파생 객체는 별개의 또 다른 객체처럼 독립적으로 행동할 수 있습니다.

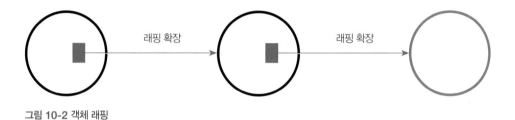

그림 10-2 객체 래핑

장식자 패턴은 기존의 객체를 감싸서 새로운 기능을 추가하는 객체를 생성할 때 매우 유용한 패턴입니다.

10.4.2 객체의 투명성

장식자는 객체를 감싸면서 또 다른 객체로 파생합니다. 장식자 패턴으로 확장된 파생 객체는 요청된 행위를 중간에서 가로채 더 확장된 행위로 대신 처리합니다.

확장된 객체는 동일한 인터페이스를 적용합니다. 클라이언트는 요청된 객체가 원본 객체인지 파생된 객체인지 모릅니다. 이처럼 동일한 인터페이스를 사용해 객체의 투명성transparent을 부여합니다.

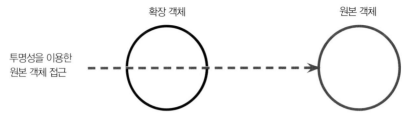

확장 객체　　　　　　　　　원본 객체

투명성을 이용한
원본 객체 접근

그림 10-3 **투명성을 이용한 객체 통과**

투명성은 원본 객체에 영향을 주지 않고 새로운 책임을 추가할 수 있습니다. 투과적인 인터페이스를 재귀적으로 호출하는 것은 복합체 패턴과 유사합니다. 장식자 패턴에서도 투명성을 부여해 객체를 확장하는데, 장식자 패턴은 투명성을 응용해 계속 객체를 감싸면서 기능을 확장합니다. 하지만 장식자는 복합체와 구조 모양만 유사할 뿐 목적이 다릅니다.

10.5 기본 실습

실습을 통해 장식자의 동작을 이해해보겠습니다. 장식자 패턴으로 객체를 확장하려면 약간의 리팩터링이 필요합니다.

10.5.1 구성 요소

장식자 패턴은 4개의 구성 요소로 이루어져 있습니다.

- Component: 인터페이스를 정의합니다.
- ConcreateComponent: 인터페이스에 정의 실제를 구현합니다.
- Decorator: 컴포넌트를 참조하며 인터페이스를 일치화합니다.
- ConcreateDecorator: 확장 및 추가되는 기능을 작성합니다.

10.5.2 인터페이스

장식자 패턴에서 먼저 설계할 것은 컴포넌트component입니다. 컴포넌트는 공통 기능을 정의하는 인터페이스입니다.

예제 10-1 Decorator/shop/Component.php

```php
<?php
// 인터페이스
interface Component
{
    // 상품 정보
    public function product();
    // 가격 정보
    public function price();
}
```

NOTE 추상화를 통해 인터페이스 역할의 클래스를 설계할 수 있습니다. 추상화는 인터페이스 역할의 추상 메서드뿐만 아니라 공통된 메서드나 프로퍼티도 선언 가능합니다. 하지만 [예제 10-1]에서는 컴포넌트를 좀 더 가볍게 설계하기 위해 인터페이스로 작성했습니다. 다만 인터페이스로 설계하면 프로퍼티나 공통된 메서드를 포함할 수 없습니다.

10.5.3 컴포넌트

인터페이스가 적용된 실제 컴포넌트 클래스를 선언합니다. 예제에서 Product1과 Product2 두 개의 제품 클래스를 선언합니다.

예제 10-2 Decorator/shop/Product1.php

```php
<?php
class Product1 implements component
{
    // 상품 정보
    public function product()
    {
        return "원피스";
    }

    public function price()
    {
```

```php
        // 가격을 반환합니다.
        return 20000;
    }
}
```

예제 10-3 Decorator/shop/Product2.php

```php
<?php
class Product2 implements component
{
    // 상품 정보
    public function product()
    {
        return "블라우스";
    }

    public function price()
    {
        // 가격을 반환합니다.
        return 25000;
    }
}
```

컴포넌트 클래스는 인터페이스에 선언된 메서드를 구현하여 구체화합니다.

위 예제에서는 2개의 상품만 컴포넌트 클래스를 선언했습니다. 판매되는 상품이 많을수록 생성되는 컴포넌트의 클래스 파일 수가 증가합니다.

10.5.4 장식자

인터페이스와 실제 컴포넌트를 준비했으므로 이제 장식자 패턴을 적용하여 객체를 확장해봅시다.

장식자 패턴을 적용하기 위해 컴포넌트와 동일한 인터페이스를 유지해야 합니다. 장식자 추상 클래스를 선언할 때 컴포넌트 인터페이스를 같이 적용합니다.

```php
<?php
abstract class Decorate implements component
{
    // 상품 정보
    abstract public function product();

    // 가격 정보
    abstract public function price();
}
```

장식자는 객체를 확장할 때 구성을 사용합니다. 인터페이스를 적용하는 이유는 단지 객체의 통일화된 사용을 위해서이며, 장식자는 실제 장식을 구현하기 위한 껍데기일 뿐입니다.

10.5.5 구체적 장식

인터페이스를 적용해 장식자 추상 클래스를 선언했습니다. 이제 생성한 장식자를 적용해 구체적인 객체를 확장해봅시다.

장식자는 객체를 구성 방식으로 확장하기 위해 객체 정보를 갖고 있습니다. 객체의 정보는 내부 참조자를 통해 저장합니다.

예제 10-5 Decorator/shop/i7.php

```php
<?php
// ConcreateDecorator
class i7 extends Decorate
{
    public $base; // 내부 참조자
    public function __construct($concrete)
    {
        echo __CLASS__."가 생성이 되었습니다.\n";
        $this->base = $concrete;
    }
    // 상품 정보
    public function product()
    {
        return $this->base->product().",i7";
```

```php
    }

    // 가격 정보
    public function price()
    {
        return $this->base->price() + 475000;
    }
}
```

```php
<?php
// ConcreateDecorator
class ssd256 extends Decorate
{
    public $base; // 내부 참조자
    public function __construct($concrete)
    {
        echo __CLASS__."가 생성이 되었습니다.\n";
        $this->base = $concrete;
    }

    // 상품 정보
    public function product()
    {
        return $this->base->product().",ssd256";
    }

    // 가격 정보
    public function price()
    {
        return $this->base->price() + 110000;
    }
}
```

장식자로 확장된 객체의 메서드는 요청된 동작을 가로채 변경된 동작으로 대신 처리합니다. 장식자의 메서드를 호출하면 체인으로 연결된 메서드가 순차적으로 처리됩니다.

객체의 구성으로 확장된 장식자 객체가 연결된 객체를 체인으로 호출하기 위해 내부 참조자를 사용합니다. 내부 참조자는 원본의 객체를 위임 형태로 갖고 있으며, 원본 객체의 위임은 생성자에서 이용 객체를 지정합니다. 또는 별도의 **setter** 함수를 추가하여 사용할 수도 있습니다. 장식자 패턴은 구성으로 객체를 연결하므로 다양한 동작을 추가할 수 있습니다.

10.5.6 실행

작성한 인터페이스와 컴포넌트, 장식자와 확장된 객체를 사용해 실제 코드를 작성해봅시다.

예제 10-7 Decorator/shop/index.php

```php
<?php
require "Component.php";
require "product1.php";

require "Decorate.php";
require "i7.php";
require "ssd256.php";

$p = new product1;

$spec = new i7($p);
$spec = new ssd256($spec);

echo "스펙=".$spec->product()."\n";
echo "가격=".$spec->price()."\n";
```

```
$ php index.php
i7가 생성이 되었습니다.
ssd256가 생성이 되었습니다.
스펙=원피스,i7,ssd256
가격=605000
```

장식자 패턴을 적용할 때 연결되는 객체의 수는 제한이 없습니다. 확장이 필요한 만큼 장식되는 객체를 추가할 수 있습니다.

10.6 장단점 및 결과

장식자 패턴은 기존의 객체에 영향을 주지 않고 새로운 기능을 동적으로 추가합니다.

10.6.1 장점

장식자 패턴을 사용하면 상속 형태의 확장보다 더 융통성 있게 설계할 수 있습니다. 장식자 패턴은 객체 실행 중에도 동적으로 기능을 추가할 수 있기 때문에 새로운 부가 기능을 추가하는 가장 효과적인 방법입니다. 또한 미리 클래스 등의 자원을 생성해 낭비하는 것이 아니라, 동적으로 처리되는 시점에 자원을 할당 받아 사용할 수 있습니다.

10.6.2 단점

장식자 패턴은 작은 단위의 객체가 많이 생성됩니다. 많아지는 객체의 수는 단점이지만, 그렇다고 무조건 단점이라고는 할 수 없습니다. 작은 코드로 이루어진 객체는 보다 이해하기 쉬우며 상호 작용을 통해 다른 객체를 생성할 수 있는 원소 객체입니다.

유사한 성질의 작은 클래스가 증가합니다. 많은 클래스는 코드를 이해하기 어렵게 만들지만 작은 객체는 완전히 다른 클래스가 아니며 상호 작용하는 방법에만 차이가 있습니다.

장식자 패턴은 기존 객체를 감싸는 과정이 있어야 하므로 구성 요소를 초기화하는 작업이 필요합니다.

10.7 관련 패턴

장식자 패턴을 다른 패턴과 비교해보면 해결하고자 하는 목적과 특징을 구별할 수 있습니다.

10.7.1 복합체 패턴

장식자 패턴을 복합체 패턴과 연관시켜 학습하는 것이 좋습니다. 장식자 패턴이 한 개의 구성을 가진 복합 객체라고 생각하면 복합체 패턴과도 유사함 점이 있습니다. 차이는 객체를 합성하는 것이 아닌 새로운 객체의 행동을 추가하는 것이라고 할 수 있습니다.

복합체 패턴의 경우 트리 구조로 인해 좌우 폭, 상하 관계 등 다양한 형태의 크기로 확장될 수 있습니다. 이와 달리 장식자 패턴은 상하 계층으로만 확장된다는 특징이 있습니다.

10.7.2 어댑터 패턴

언뜻 보면 기본 객체에 변화를 추가해 새로운 객체를 생성하는 것이 어댑터 패턴과 유사하다고 생각할 수 있습니다. 장식자 패턴은 동적으로 기능이 추가되므로 새로운 객체를 생성한다는 의미보다는 어댑터 패턴처럼 새로운 기능을 추가하면서 커지는 구조라고 볼 수 있습니다.

어댑터 패턴은 인터페이스를 변경하지만 장식자 패턴은 기능, 행동을 변경합니다. 추가하는 기능이 범용적이라면 독립적으로 객체를 구성해 처리하는 것은 차이점이라고 할 수 있습니다.

10.7.3 전략 패턴

장식자 패턴이 커지거나 무거워질 때는 전략 패턴을 같이 응용하는 것도 좋습니다. 장식자 패턴은 겉모양을 변경하는 반면, 전략 패턴은 내부의 변화를 가져옵니다. 또한 전략 패턴은 자신만의 인터페이스에 따라 처리되는 반면, 장식자 패턴은 컴포넌트에서 정의된 인터페이스를 따라 동작합니다.

10.8 정리

장식자 패턴은 디자인 패턴에서 빠지지 않고 설명되는 중요 패턴 중 하나입니다. 장식자의 경우 실행되고 있는 객체가 동적으로 자신의 객체를 확장할 수 있습니다. 실시간 동작으로 자신의 객체를 확장하면서, 필요로 하는 다양한 책임을 수행하고 문제를 해결해 나갑니다.

장식자의 기본 배경이 되는 개념은 복합 객체와 위임입니다. 상속을 배제하고 구성을 통해 객체를 동적으로 확장합니다.

fa·cade
[fəˈsɑːd] 🔊

CHAPTER 11

파사드 패턴

파사드 패턴은 프로그래밍 언어에서 관심사를 분리하는 패턴입니다. 객체지향은 추상적인 개념을 도입해 객체를 캡슐화합니다. 하지만 캡슐화를 적용했다고 해서 객체 내 서브 시스템으로 접근할 수 없는 것은 아닙니다. 이런 점에서 정보 은닉성은 떨어지는 편이라고 볼 수 있습니다.

파사드facade의 어원은 프랑스어(façade)로 건물의 정면이라는 뜻을 갖고 있습니다. 건물의 외관, 겉모습을 말하며 사전적으로는 '표면, 허울'로도 해석됩니다.

11.1 협업을 위한 분리 작업

파사드는 요즘과 같이 협업과 대형 시스템을 개발하고 배포하는 데 자주 응용되는 패턴입니다. 파사드는 시스템 결합과 사용이 용이하도록 관심사를 분리합니다.

11.1.1 복잡한 구조의 개발 작업

최근 개발되는 코드의 구조는 방대하고 복잡합니다. 또한 많은 기능을 혼자 개발할 경우 오랜 시간이 소요됩니다. 대형 시스템을 효율적으로 개발하려면 기능을 모듈별로 분리하고 분리된 모듈을 공동으로 개발하는 것이 좋습니다. 최근의 모든 개발 과정은 이러한 협업 형태로 이루어집니다.

빠르게 변하는 IT 환경에 적응하는 데는 개발 기간 단축과 기능 유지가 중요합니다. 오픈 소스나 공개된 API 서비스를 이용하는 것도 좋은 방안입니다.

11.1.2 분리된 모듈의 결합

하나의 서비스를 여러 개발자와 공동으로 만드는 과정은 쉽지 않습니다. 또한 분리된 기능별 모듈을 하나로 합치는 과정에서도 수많은 난관에 봉착합니다.

객체지향 개발 방식에서는 하나의 모듈을 작게 분리하고 클래스로 캡슐화하며, 작게 분리된 모듈은 다른 기능 구현에도 재사용됩니다. 이 과정에서 수많은 클래스 객체가 생성되고 객체는 복잡한 구조의 관계를 가집니다.

모듈은 또 다른 모듈을 참조합니다. 다른 개발자가 작성한 코드를 자신의 모듈에 탑재하거나 결합을 시도할 때 크고 작은 문제가 발생합니다. 모듈을 결합하기 위해서는 타인의 개발 코드를 이해해야 하는데, 각 클래스의 실행 순서와 조작 방법이 다를 수도 있습니다.

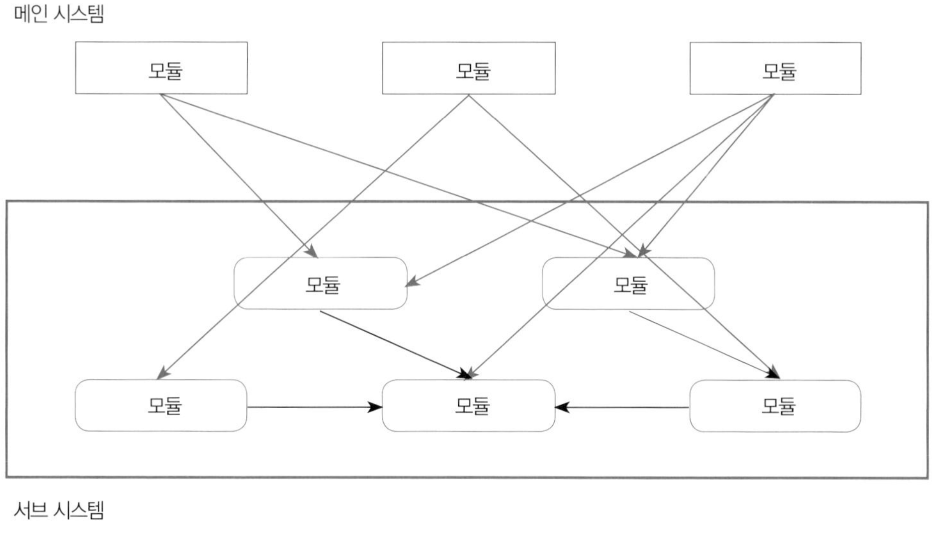

그림 11-1 복잡한 객체 연결 구조

코드를 결합한 후에도 리팩터링이나 변화가 있을 때를 대비하여 지속적으로 코드를 유지 보수해야 합니다.

11.1.3 느슨한 결합

협업 과정에서 발생하는 코드의 결합은 공동 개발 작업에서 다양한 문제를 발생시킵니다. 코드는 분할된 모듈을 결합할 때 강력한 의존 관계를 갖습니다. 파사드 패턴은 강력한 결합 구조를 해결하기 위해 코드의 의존성을 줄이고 느슨한 결합으로 구조를 변경합니다.

파사드 패턴은 메인 시스템과 서브 시스템 중간에 위치하는데, 새로운 인터페이스 계층을 추가하여 시스템 간 의존성을 해결합니다. 인터페이스 계층은 메인 시스템과 서브 시스템의 연결 관계를 대신 처리합니다.

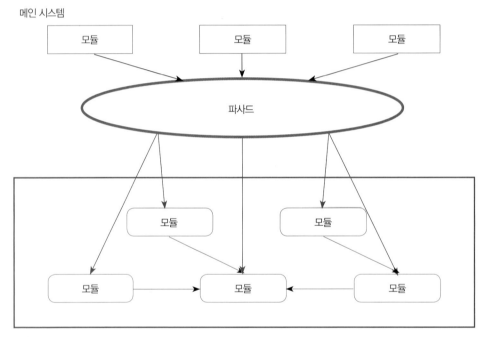

그림 11-2 인터페이스 계층

파사드로 인해 새로운 계층이 하나 더 추가되면 관리할 클래스가 하나 더 생성된다는 단점이 있지만, 강력한 객체의 결합도를 낮추고 유연한 구조를 가질 수 있다는 장점도 있어 매력적인 패턴 중 하나입니다.

11.1.4 간접 접근

파사드는 각각의 모듈 객체에 직접 접근해서 호출하지 않고 파사드의 인터페이스 계층을 통해 간접적으로 접근합니다. 파사드의 인터페이스 계층은 '겉모습', '건물의 정면'과 같이 접근할 수 있는 하나의 통로 역할만 담당합니다.

파사드를 이용하면 객체(서브 시스템)의 내부 구조를 상세히 알 필요가 없습니다. 파사드는 시스템의 연결성과 종속성을 최소화하는 것을 목적으로 합니다.

사실 우리는 이전부터 파사드 패턴을 알고 사용해왔습니다. 라이브러리를 시스템에 탑재할 때 라이브러리의 내부 기능을 집적 제어하면서 코드를 작성하지 않으며 복잡한 라이브러리 코드를 실행하는 몇 가지 함수를 이용해 코드를 결합합니다. 이때 사용하는 몇 가지 함수가 파사드 역할을 수행하는 것입니다.

파사드 패턴은 규모가 있는 작업을 팀 단위로 분리하여 작업할 때 유용하게 적용할 수 있습니다.

11.2 파사드 패턴을 응용한 API

파사드 패턴은 클라우드, 서비스 API를 구축할 때 응용되는 패턴입니다. API를 사용해본 사람이라면 무의식적으로 파사드 패턴을 활용하고 있는 것입니다. 단지 파사드라는 용어가 낯설 뿐입니다.

11.2.1 구조

파사드는 GoF에서 설명하는 구조 패턴 중 하나며 파사드 패턴은 싱글턴 추상 팩토리^{singletone} _{abstract factory}라고 불리기도 합니다. 파사드 패턴은 어떤 기능에 접근할 수 있는 단일화된 추상 클래스를 만듭니다.

예를 들어 은행에 가면 상담 창구가 있습니다. 은행 상담원에게 원하는 업무를 요청하면 은행원은 내부의 전산 작업을 이용하여 요청을 처리합니다. 우리는 은행 내부 시스템을 몰라도 은행 업무를 처리할 수 있으며, 은행원은 고객과 은행 전산 시스템을 이어주는 인터페이스 역할을 합니다. 이처럼 파사드는 단순한 창구 역할의 은행원과 같습니다. 즉 파사드는 시스템에 접근할 수 있는 통로입니다.

11.2.2 인터페이스

앞에서 파사드는 기능을 처리할 수 있는 창구와 같다고 설명했습니다. 이러한 창구를 전문 용어로 인터페이스라고 합니다. 기능을 처리할 수 있는 서로 규약된 방법이라는 의미입니다.

파사드는 서브 시스템을 호출, 결합할 수 있는 인터페이스를 제공합니다. 인터페이스는 한 개일 수도 있고 여러 개일 수도 있습니다. 또 이를 함수 형태로 제공하기도 합니다.

파사드를 이용하면 코드를 사용하는 클라이언트 측에서 세부적인 기능을 일일이 알 필요가 없습니다. 파사드로 제공되는 클래스, 함수를 이용하기만 하면 됩니다. 이처럼 간단한 사용법을 제공하는 것이 바로 파사드 패턴입니다.

11.2.3 최상의 인터페이스

파사드는 통합 인터페이스입니다. 복잡하게 얽힌 서브 시스템의 로직을 쉽게 사용할 수 있도록 상위 레벨 인터페이스로 재정의합니다. 상위 레벨의 인터페이스는 캡슐화하여 하위 시스템에 접근합니다.

파사드의 인터페이스는 서브 시스템에 쉽게 접근해 사용할 수 있도록 하는 부가적인 기능입니다. 최상의 인터페이스를 이용하지 않더라도 필요한 경우 직접 서브 시스템에 접근해 작업할 수도 있습니다. 파사드는 서브 시스템을 보다 쉽게 쓸 수 있도록 높은 수준의 인터페이스를 정의하는 작업입니다.

11.3 파사드를 이용한 단순화

파사드 패턴은 연관된 서브 시스템의 메서드 결합이라고 할 수 있습니다. 복잡한 서브 시스템의 동작을 하나로 묶어서 이를 실행할 수 있도록 제공하는 계층입니다.

11.3.1 단순화

파사드 패턴은 서브 기능을 쉽게 사용할 수 있도록 단순화합니다. 미로처럼 얽혀 있는 클래스의 관계를 일일이 작업하지 않아도 제공된 인터페이스를 사용해 실행할 수 있습니다. 또한 모듈의 내부 동작을 이해한 후 사용할 필요도 없습니다.

파사드로 제공되는 인터페이스만 알고 있으면 사용할 수 있습니다. 향후 서브 시스템이 리팩터링 등으로 구조가 변경돼도 신경 쓸 필요 없습니다. 파사드를 이용하면 서브 시스템 구조에 일일이 대응하지 않고도 쉽게 메인 시스템과 코드를 결합할 수 있습니다.

11.3.2 캡슐화 배제

파사드 패턴을 구현하기 위해 서브 시스템의 캡슐화 작업을 별도로 진행하지 않습니다. 파사드는 단순한 인터페이스입니다.

파사드는 내부의 복잡한 기능은 숨긴 채 간단히 서브 시스템을 사용할 수 있는 외부 인터페이스만 제공하는 것입니다.

11.3.3 복잡성 해결

파사드는 서브 시스템을 구조화하여 복잡성을 해결하는 데 도움을 줍니다. 복잡성을 해결하기 위해 더 상위의 인터페이스를 제공합니다.

파사드는 인터페이스를 이용하여 실제 구현부를 분리하므로 서브 시스템을 계층화하여 처리할 때 매우 유용합니다.

11.3.4 의존성 감소

서브 시스템의 객체가 다른 객체에 의존성을 요구하는 경우가 있습니다. 특정한 서브 시스템의 계층에 접근하기 위해 의존하는 객체를 미리 생성하는 과정이 필요합니다.

파사드 패턴을 응용할 경우 이러한 객체의 의존 관계를 사전에 해결할 수 있습니다. 즉 실체 객체에 접근하기 전에 필요한 작업을 먼저 실행할 수 있도록 도와줍니다. 파사드를 활용하면 시스템 개발 시 보다 유연한 형식의 코드를 작성할 수 있습니다.

11.4 최소 지식 원칙

파사드 패턴은 객체지향의 최소 지식 원칙Principle of Least Knowledge이 적용되는 좋은 예입니다. 최소 지식 원칙은 다른 말로 데메테르의 법칙Law of Demeter이라고도 합니다.

11.4.1 최소 지식

복잡하게 얽혀 있는 서브 시스템의 어떤 부분을 수정할 경우 관련된 다른 부분도 같이 수정해야 하는 경우가 있습니다. 그러려면 하나를 수정할 때 많은 연관 정보를 알고 있어야 합니다. 이처럼 어떤 작업을 할 때 많은 지식이 있어야 한다면 코드를 쉽게 수정하기 어렵습니다.

지식으로 진입 장벽을 만들지 않아야 합니다. 최소 지식만 적용해 객체의 상호 작용을 설정하면 유지 보수가 용이해집니다.

11.4.2 잘못된 예

객체의 메서드를 호출할 때는 단순화해서 접근하거나 호출하는 것이 좋습니다. 불필요한 객체의 생성 루틴과 재호출을 코드에 삽입해 코드의 가독성과 복잡성을 증가시키지 않도록 합니다.

다음 [예제 11-1]에는 온도를 측정하는 **Thermometer** 객체가 있습니다.

예제 11-1 Facade/01/Thermometer.php

```php
<?php
// 서브 시스템
class Thermometer
{
    public $temp;

    public function getTemperature():float
    {
```

```php
        return $this->temp;
    }
}
```

그리고 Temperature 객체는 Thermometer 객체의 메서드를 호출합니다.

예제 11-2 Facade/01/Temperature.php

```php
<?php
// 파사드
class Temperature
{
    public $station;

    public function __construct($station)
    {
        $this->station = $station;
    }

    public function getTemp(): float
    {
        // 인스턴스를 저장합니다.
        $thermometer = $this->getThermometer();

        // 인스턴스를 통하여 메서드를 실행합니다.
        return $thermometer->getTemperature();
    }

    // 불필요한 객체 호출(생성)

    private function getThermometer()
    {
        return $this->station;
    }
}
```

$thermometer는 새로운 객체를 반환 받고 반환된 객체의 메서드를 실행한 후 실행된 결괏값을 반환합니다. [예제 11-2]에서는 $thermometer 변수에 Temperature 객체 정보를 다시 저장해 사용할 필요가 없습니다. 메모리만 증가할 뿐입니다.

Temperature 객체를 수정할 때 개발자는 $thermometer 변수에 담긴 객체 정보를 이해해야 하므로 코드 복잡성이 증가합니다. 이런 경우 가까운 객체 간 상호 작용이 가능하도록 연결을 단순화합니다.

```php
public function getTemp(): float
{
    // 객체의 연결을 단순화합니다
    return $this->station->getTemperature();
}
```

이처럼 가장 가까운 객체를 직접 호출하여 사용하는 것이 좋습니다.

11.4.3 최소 지식 객체

최소 지식의 원칙을 적용하여 코드를 작성하는 것이 오히려 더 복잡해 보일 수 있습니다. 하지만 다음과 같이 4가지 규칙만 따르면 최소 지식의 원칙을 쉽게 적용할 수 있습니다.

- 자기 자신만의 객체 사용
- 메서드에 전달된 매개변수 사용
- 메서드에서 생성된 객체 사용
- 객체에 속하는 메서드 사용

예제 11-3 Facade/02/car.php

```php
<?php
class Car {

    // ① 클래스의 구성 요소.
    // 구성 요소의 메서드는 호출해도 된다.
    private $engine;

    public function __construct($eng)
    {
        $this->engine = $eng;
    }

    public function start($key)
    {
```

```
        // ③ 새로운 객체 생성.
        // 내부에서 생성된 객체의 메서드는 호출해도 된다.
        $doors = new Doors();

        // ② 매개변수로 전달된 객체의 메서드는 호출해도 된다.
        $authorized = $key.turns();

        if ( $authorized ) {

            // ① 객체의 구성 요소의 메서드는 호출해도 된다.
            $engine->start();

            // ④ 객체 내에 있는 메서드는 호출해도 된다.
            $this->updateDashboardDisplay();

            // ③ 직접 생성하거나 인스턴스를 만든 객체의 메서드는 호출해도 된다.
            $doors->lock();

        }

    }

    public function updateDashboardDisplay()
    {
        // 생략
    }

}
```

파사드 패턴을 적용할 때는 최소 단위의 원칙을 적용하여 클래스를 설계하는 것이 중요합니다.

11.5 기본 실습

지금부터는 코드와 사례를 통해 파사드 패턴을 좀 더 자세히 알아보겠습니다. 파사드 패턴은 다른 디자인 패턴과 달리 특정한 구조를 갖지 않으며, 파사드 패턴을 생성하는 방법은 매우 다양합니다.

11.5.1 서브 시스템

파사드는 복잡한 구조의 서브 시스템을 간단하게 호출할 수 있도록 하는 인터페이스 모음입니다.

여기서는 가상의 복잡한 기능을 가진 서브 클래스를 선언하고, 3개의 기능(클래스)을 각각 package1, package2, package3으로 생성합니다. 이 객체는 사실 어떤 라이브러리의 집단이거나 서비스를 위한 API일 것입니다.

예제 11-4 Facade/03/package1.php

```php
<?php
// 기능1 클래스를 선언합니다.
class Package1
{
    public function _construct()
    {
        echo __CLASS__." 객체가 생성이 되었습니다.<br>";
    }

    public function process()
    {
        echo "패키지1 작업을 진행합니다.<br>";
    }
}
```

예제 11-5 Facade/03/package2.php

```php
<?php
// 기능2 클래스를 선언합니다.
class Package2
{
    public function _construct()
    {
        echo __CLASS__." 객체가 생성이 되었습니다.<br>";
    }

    public function process()
    {
        echo "패키지2 작업을 진행합니다.<br>";
    }
}
```

```php
<?php
// 기능3 클래스를 선언합니다.
class Package3
{
    public function __construct()
    {
        echo __CLASS__." 객체가 생성이 되었습니다.<br>";
    }

    public function process()
    {
        echo "패키지3 작업을 진행합니다.<br>";
    }
}
```

파사드의 서브 시스템은 한 개의 클래스 만으로도 구성이 가능하며 여러 개의 클래스도 가능합니다. 파사드가 제공하는 서브 시스템은 복잡한 구조를 갖고 있다고 상상하면 됩니다.

11.5.2 직접 접근

우리는 복잡한 서브 시스템을 갖고 있으며, 이 복잡한 서브 시스템에는 각각의 클래스를 직접 생성해 접근할 수 있습니다.

예제 11-7 Facade/03/index.php

```php
<?php
require "package1.php";
require "package2.php";
require "package3.php";

require "facade.php";
// 기존 패키지에 직접 접근하여 사용

$obj1 = new Package1;
$obj1->process();

$obj2 = new Package2;
$obj2->process();
```

```
$obj3 = new Package3;
$obj3->process();
```

```
$ php index.php
Package1 객체가 생성이 되었습니다.
패키지1 작업을 진행합니다.

Package2 객체가 생성이 되었습니다.
패키지2 작업을 진행합니다.

Package3 객체가 생성이 되었습니다.
패키지3 작업을 진행합니다
```

복잡한 서브 시스템을 사용하려면 서브 시스템의 내부 구조를 모두 알아야 하지만 서브 시스템을 개발, 유지 보수하는 개발자가 아니라면 상세 기능을 파악하기 힘듭니다.

11.5.3 파사드 생성

우리는 서브 시스템의 기능만 사용하면 되며 복잡한 내부 구조는 알 필요가 없습니다. 따라서 서브 시스템 개발자는 복잡한 구조의 서브 시스템을 사용할 수 있도록 인터페이스를 제공합니다.

사용자는 서브 시스템의 클래스를 직접 호출하지 않고도 제공되는 파사드를 통해 서브 시스템을 사용할 수 있습니다.

예제 11-8 Facade/04/facade.php

```php
<?php
// 패키지에 대한 파사드 패턴
class Facade
{
    private $_package1;
    private $_package2;
    private $_package3;

    // 인스턴스를 생성합니다.
```

```php
    public function __construct()
    {
        $this->_package1 = new Package1;
        $this->_package2 = new Package2;
        $this->_package3 = new Package3;
    }

    // 패키지 동작 1,2,3 을 한번에 수행해야 되는
    // 복잡한 동작을 파사드 메서드로 생성합니다.
    public function processAll()
    {
        $this->_package1->process();
        $this->_package2->process();
        $this->_package3->process();
    }

}
```

파사드 패턴은 복잡한 동작이나 패키지를 쉽게 처리할 수 있도록 외부 메서드를 제공합니다. 이렇게 외부로 제공되는 메서드를 호출함으로써 복잡한 기능을 한번에 처리할 수 있습니다.

파사드 패턴을 이용하여 동작을 출력해보겠습니다.

예제 11-9 Facade/04/index.php

```php
<?php
require "package1.php";
require "package2.php";
require "package3.php";

require "facade.php";

// 파사드
$obj = new Facade;
$obj->processAll();
```

각각의 패키지 객체를 직접 실행하는 것이 아니라 파사드 패턴의 메서드를 통해 한번에 실행합니다. 실행 결과는 다음과 같습니다.

```
Package1 객체가 생성이 되었습니다.
Package2 객체가 생성이 되었습니다.
Package3 객체가 생성이 되었습니다.
패키지1 작업을 진행합니다.
패키지2 작업을 진행합니다.
패키지3 작업을 진행합니다.
```

11.6 파사드 패턴의 효과

파사드를 통해 서브 시스템을 구조화하면 복잡성을 해결하는 데 도움이 됩니다.

11.6.1 서브 시스템 보호

파사드 패턴을 활용하면 서브 시스템의 구성 요소를 보호할 수 있는데, 서브 시스템의 구성 요소를 직접 호출하지 않으므로 잘못된 사용을 방지할 수 있습니다.

파사드는 내부 구조와 외부 사용을 구분합니다. 이를 응용하면 추후 서브 시스템을 업그레이드 하는 경우에도 자유롭습니다.

11.6.2 확장성

시스템은 살아 있는 생물과 같습니다. 서비스를 유지하는 동안 새로운 요청과 생각하시 못했던 오류가 발견되곤 하므로, 안정적인 서비스를 유지하기 위해서는 지속적인 코드 변경이 필요합니다.

시스템은 새로운 기능을 구현하기 위해 확장되며, 최적화 및 재사용을 위해 기존의 클래스가 단순해지기를 바랍니다. 이러한 과정은 계속 반복됩니다.

하지만 서비스 중인 코드를 변경하는 것은 쉽지 않습니다. 또한 코드를 변경하면서 안정적인 상태를 유지하는 것도 어렵습니다. 매번 코드를 변경할 때마다 변경된 사용법에 따라 관련 코드도 변경해야 하기 때문입니다.

이처럼 변화되는 코드를 파사드 형태로 제공하면 보다 쉽게 변경 및 확장할 수 있습니다. 상위 시스템에는 파사드를 이용하므로 서브 시스템이 변경돼도 큰 변화를 느낄 수 없습니다. 파사드는 확장성을 고려하면서 서브 시스템의 기능을 유지할 수 있도록 완충하는 역할을 수행합니다.

11.6.3 결합도 감소

서브 시스템은 복잡합니다. 많은 클래스를 사용하고 있으며 각각의 클래스에는 종속적 결합도 발생합니다. 복잡한 서브 시스템의 단계를 직접 따라가면서 객체를 결합하는 것은 불편합니다. 이러한 결합 과정을 유지하면서 코드를 변경하는 것도 쉽지 않습니다.

서브 시스템이 복잡하고 종속성이 강할 때는 파사드 패턴을 이용합니다. 파사드 패턴을 활용하면 서브 시스템과의 결합도를 낮출 수 있습니다. 직접적으로 서브 시스템의 객체에 접근하지 않고 인터페이스와 유사한 역할을 하는 파사드를 이용하여 서브 시스템에 접근할 수 있습니다. 파사드는 복잡한 종속적 결합도를 낮춰주고 독립적인 코드를 유지할 수 있도록 도와줍니다.

11.6.4 계층화

복잡한 서브 시스템은 계층화 구조로 되어 있는 경우가 많습니다. 복합 객체 또는 복합체와 같은 패턴을 활용하면 객체는 계층화되면서 복잡한 구조를 갖게 됩니다.

파사드는 서브 시스템에 간접적으로 접근합니다. 서브 시스템이 계층화된 구조를 갖더라도 파사드는 계층 단계별로 접근하여 행위를 호출할 수 있습니다.

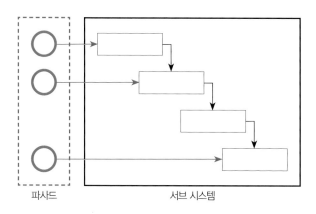

파사드   서브 시스템

그림 11-3 파사드를 이용하여 계층적 단계에 직접 접근

파사드를 이용해 계층적 구조의 접근 포인트를 생성하고 단순화할 수 있으므로 서브 시스템이 좀 더 독립적이고 자유로워집니다.

파사드는 개수 제한 없이 생성할 수 있습니다. 필요에 따라 여러 개의 파사드를 만들어 사용할 수도 있습니다.

11.6.5 이식성

파사드 패턴은 코드의 결합도를 약하게 하는 효과를 발생시킵니다. 코드 결합도가 약해지면 다른 응용프로그램에서도 코드를 쉽게 재사용할 수 있습니다. 파사드는 다양한 응용프로그램에서 서브 시스템을 공통적으로 사용할 수 있도록 이식성을 향상시킵니다.

파사드는 여러 작업을 하나의 묶음으로 처리하며 복잡한 클래스를 단순화합니다.

11.6.6 공개 인터페이스

파사드 패턴을 반드시 사용해야 하는 것은 아니며 직접 서브 시스템에 접근해 필요한 행위를 요청할 수도 있습니다. 하지만 파사드를 사용하면 필요한 행위만 노출하고 그 외의 코드를 비공개로 숨길 수 있습니다.

파사드를 이용하면 외부에 공개되는 기능과 공개되지 않는 기능을 구분할 수 있습니다. 파사드는 인터페이스를 제공함과 동시에 서브 시스템의 기능을 캡슐화합니다. 인터페이스를 활용한 캡슐화를 통해 공개할 부분과 공개하지 않을 부분을 결정합니다.

파사드는 공개되는 기능만 인터페이스로 제공하는데, 이 경우 일시적으로 특정 기능을 감추는 효과를 얻을 수 있습니다.

11.7 관련 패턴

파사드 패턴은 다음 패턴과도 연관시켜 응용할 수 있습니다.

11.7.1 추상 팩토리 패턴

추상 팩토리는 서브 시스템을 독립적으로 처리하기 위해 인터페이스를 제공합니다. 이때 인터페이스를 파사드 패턴과 같이 적용하여 설계할 수도 있습니다. 추상 팩토리도 종속적인 서브 클래스를 감추는 효과를 가집니다.

11.7.2 어댑터 패턴

패턴은 서로 유사한 동작과 구조를 가진 경우가 많습니다. 파사드 패턴은 서브 시스템에 접근하는 인터페이스를 제공하는데, 이처럼 인터페이스를 제공하는 측면에서는 어댑터 패턴과 파사드 패턴이 유사하다고 볼 수 있습니다.

하지만 파사드와 어댑터의 차이는 인터페이스를 사용하는 용도가 다르다는 것입니다. 어댑터가 단순히 차이점을 해결하기 위한 인터페이스라면, 파사드는 쉬운 접근과 동작을 위한 인터페이스를 제공한다고 할 수 있습니다.

11.7.3 중재자

파사드는 복잡한 접근과 동작을 통제한다는 측면에서 중재자 패턴과 유사한 부분이 있습니다. 파사드는 가시적이고 직접적으로 접근하는 반면에 중재자는 은밀하고 비강제적으로 접근합니다.

중재자 패턴은 클래스 접근을 중계하는 기능을 수행하며 양방향성이라는 특징을 갖고 있습니다. 하지만 파사드는 단방향이며 서브 시스템의 접근만 허용합니다.

11.7.4 싱글턴

파사드 패턴에서 서브 시스템의 접근을 단일화하기 위해 싱글턴 패턴을 응용합니다. 싱글턴을 통해 파사드 객체를 생성하는 방식을 적용하는 경우도 많습니다.

11.8 정리

파사드 패턴은 간단하며 일상적으로 많이 사용되는 패턴입니다. 사실 수많은 API 서비스와 라이브러리, 패키지를 사용하면서도 이들이 파사드 패턴을 응용하고 있다는 것을 모르는 경우가 많습니다.

최근 IT 업계의 화두는 클라우드, API와 같은 서비스입니다. 특히 API 서비스는 복잡한 업무와 각종 처리 작업을 외부에 의존하고 통신할 수 있는 규약만 제공합니다.

그 예로 HTTP와 같은 통신 규약 처리 등 파사드 패턴을 적용하여 구현하는 사례가 많습니다. 또한 파사드 패턴은 라라벨과 같은 프레임워크에서 빈번하게 사용되는 디자인 패턴입니다.

fly·weight

[ˈflaɪweɪt] 🔊

플라이웨이트 패턴

플라이웨이트 패턴은 객체를 공유하기 위해 구조를 변경하는 패턴입니다. 객체를 공유하면 객체를 재사용할 수 있어 시스템 자원이 절약됩니다.

12.1 메모리 자원

객체는 클래스 선언을 통해 생성되고, 생성된 객체는 시스템의 자원을 할당 받습니다. 여기서 자원은 시스템의 메모리를 의미합니다.

12.1.1 자원 할당

선언된 클래스를 하나의 객체로 생성하기 위해서는 인스턴스화 작업이 필요합니다. 인스턴스화는 클래스 안에 선언한 내역에 따라 메모리 자원을 할당 받고, 즉각 호출할 수 있는 객체를 배치합니다. 선언된 클래스는 다음과 같이 new 키워드를 이용해 객체를 생성합니다.

```
$obj = new 클래스명;
```

PHP 언어에서는 new 키워드를 통해 객체를 생성합니다. PHP 언어 외에 다른 프로그래밍 언어에서도 객체를 생성하기 위해 new 키워드를 사용합니다.

간단한 예를 들어 하나의 클래스와 객체를 생성해봅시다.

예제 12-1 Flyweight/01/index1.php

```php
<?php
class Hello
{
    public $msg;

    public function greeting()
    {
        return $this->msg;
    }
}

$obj = new Hello; // 객체 인스턴스화, 자원할당
$obj->msg = "hello world";
echo $obj->greeting();
```

```
$ php index1.php
hello world
```

Hello 객체는 동작을 수행하는 메서드와 데이터를 포함하는 프로퍼티로 구성돼 있습니다. 이렇게 new 키워드로 인스턴스화하면 객체를 생성하고 메모리에 자원을 참조할 수 있는 값을 반환합니다. 생성된 객체의 자원을 $obj 변수에 저장하고, 참조 변수인 $obj를 통해 객체 내부에 접근합니다.

12.1.2 작은 단위

클래스를 설계할 때는 객체가 하나의 책임만 갖도록 합니다. 이를 단일 책임 원칙Single Responsibility Principle(SRP)이라고 합니다. 하나의 객체가 다양한 기능과 책임을 가지면 관리가 어려워집니다. 하나의 책임은 다시 여러 동작으로 구분되는데, 동작을 상세히 구분하는 것은 유지 보수와 가독성을 좋게 하기 위해서입니다.

[예제 12-2]의 경우 2개의 클래스 안에 유사한 동작을 처리하는 코드가 있습니다.

```php
<?php
class Korean
{
    public function hello()
    {
        return "안녕하세요 \n";
    }
}

class English
{
    public function hello()
    {
        return "hello \n";
    }
}

$ko = new Korean;
echo $ko->hello();

$en = new English;
echo $en->hello();
```

Korean 객체와 English 객체는 hello() 메서드를 갖고 있습니다. hello() 메서드는 문자열을 출력장치로 전달하는 역할입니다. 선언된 클래스의 객체를 생성하고 메서드를 각각 호출합니다.

```
$ php index2.php
안녕하세요
hello
```

정상적으로 인사말이 출력됐습니다. Hello() 메서드는 문자열 출력 후 '\n'을 추가하고 다음 줄로 출력 위치를 이동합니다. 콘솔이 아닌 웹에서 실행할 경우에는 '<br>' 태그를 사용해야 합니다.

코드를 좀 더 개선해보겠습니다. 객체 간에 유사하고 중복된 코드는 리팩터링을 통해 분리할 수 있습니다. 앞의 [예제 12-2]처럼 행동이 세분화된 코드는 리팩터링하기 용이합니다. 앞의 예제를 좀 더 리팩터링하여 분리합시다. 재사용할 수 있는 유사한 동작들은 별개의 클래스로 분리하여 상속으로 결합합니다.

예제 12-3 Flyweight/02/index3.php

```php
<?php
// 유사 기능 분리
class Hello
{
    public function console($msg)
    {
        return $msg."\n"; // 콘솔 출력 시
    }

    public function browser($msg)
    {
        return $msg."<br/>"; // 브라우저 출력 시
    }
}

// 상속으로 재사용
class Korean extends Hello
{
    public function hello()
    {
        return $this->console("안녕하세요");
    }
}

// 상속으로 재사용
class English extends Hello
{
    public function hello()
    {
        return $this->console("hello");
    }
}

$ko = new Korean;
echo $ko->hello();
$en = new English;
echo $en->hello();
```

```
$ php index3.php
안녕하세요
hello
```

객체를 세분화 및 분리하면 유지 보수와 확장이 용이합니다. 하지만 잘게 분리된 객체가 많을 경우 관리하기가 쉽지 않으며, 객체 재사용 시 중복이 발생할 수도 있습니다.

클래스를 리팩터링하여 인사말 출력을 Hello 객체로 분리하고 Hello 객체는 기존의 Korean 과 English 객체의 상속으로 결합합니다. 상속 결합한 코드는 독립적인 객체로 생성합니다.

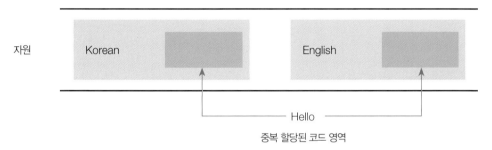

그림 12-1 상속을 이용한 중복된 코드의 자원 할당

실제 사용 시에는 자원의 이중 할당으로 인해 중복 사용될 수도 있습니다. 예를 들어 $ko와 $en 객체에는 상속된 Hello 코드가 동일하게 중복 적용돼 있습니다. 작은 코드에서는 차이가 없을 수도 있지만, 큰 규모의 코드를 작성하다 보면 중복 적용된 자원이 해결해야 할 문제로 남습니다.

12.1.3 중복된 코드의 자원

자원을 효율적으로 사용하기 위해서는 최대한 중복을 방지해야 합니다. 이번 장에서 학습할 플라이웨이트 패턴은 중복을 제거하고 공유를 통해 자원을 효율적으로 사용합니다.

플라이웨이트는 가볍다^{fly}와 무게^{weight}의 합성어입니다. 즉 객체지향에서 가벼운 객체란 메모리를 적게 사용하는 객체를 말합니다. 플라이웨이트 패턴은 중복되는 코드의 객체를 공유함으로써 객체의 메모리 할당을 작게 처리합니다. 중복된 객체를 개별적으로 상속하거나 생성하지 않고 자원을 재사용함으로써 효율을 개선합니다.

12.2 자원 공유

플라이웨이트 패턴은 객체를 공유하기 위한 패턴입니다. 중복되는 객체를 매번 생성하는 것이 아니라 생성된 객체를 공유하여 재사용하는 방법을 제시합니다.

12.2.1 객체 재사용

객체를 생성하는 것은 시스템의 새로운 자원을 할당 받는 것입니다. 개발을 하다 보면 무분별하게 객체를 생성하고 자원을 할당 받는 코드를 작성하는 경우가 있습니다. 또는 기존 객체를 중복으로 생성해 자원을 낭비하는 실수도 자주 합니다.

앞에서 상속으로 분리한 [예제 12-3]을 [예제 12-4]와 같이 수정해봅시다. 객체를 상속이 아닌 의존성 주입으로 변경합니다.

예제 12-4 Flyweight/02/index4.php

```php
<?php
class Hello
{
    public function console($msg)
    {
        return $msg."\n";
    }

    public function browser($msg)
    {
        return $msg."<br />";
    }
}

class Korean
{
    private $hello;
    public function __construct($hello)
    {
        // 의존성 주입
        $this->hello = $hello;
    }
```

```php
    public function hello()
    {
        return $this->hello->browser("안녕하세요");
    }
}

class English
{
    private $hello;
    public function __construct($hello)
    {
        // 의존성 주입
        $this->hello = $hello;
    }

    public function hello()
    {
        return $this->hello->browser("hello");
    }
}

// Hello 객체 중복 생성
$ko = new Korean(new Hello);
echo $ko->hello();

$en = new English(new Hello);
echo $en->hello();

echo "\n메모리 사용량=".memory_get_usage();
```

```
$ php index4.php
안녕하세요<br/>hello<br/>
메모리 사용량=357736
```

[예제 12-4]에서는 중복 코드와 메모리 할당을 줄이기 위해 객체의 의존성을 주입했습니다.
Korean과 English 객체를 생성하면서 의존되는 객체를 new 키워드를 통해 주입한 것입니다.

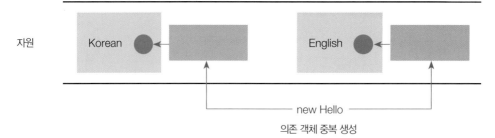

자원

의존 객체 중복 생성

new Hello

그림 12-2 의존 객체의 중복 자원 할당

하지만 실제로 Korean과 English 객체의 내부 $hello 프로퍼티는 서로 다른 Hello 객체를 할당합니다. 직접 객체를 생성하여 의존성을 주입하지 않고, 공유 형태로 의존성을 주입하는 방법으로 변경해봅시다. 먼저 공유되는 객체를 먼저 생성합니다.

생성된 공유 객체를 의존성으로 주입합니다. 공통된 객체를 하나씩 만들어 사용하는 것이 아니라 비슷한 객체 하나를 만들어서 공유하는 것입니다.

예제 12-5 Flyweight/02/index5.php

```php
<?php
class Hello
{
    public function console($msg)
    {
        return $msg."\n";
    }

    public function browser($msg)
    {
        return $msg."<br/>";
    }
}

class Korean
{
    private $hello;
    public function __construct($hello)
    {
        // 의존성 주입
        $this->hello = $hello;
```

```
    }

    public function hello()
    {
        return $this->hello->browser("안녕하세요");
    }
}

class English
{
    private $hello;
    public function __construct($hello)
    {
        // 의존성 주입
        $this->hello = $hello;
    }

    public function hello()
    {
        return $this->hello->browser("hello");
    }
}

// 객체 할당1, <= 공유 객체
$hello = new Hello;

// 객체 할당2
$ko = new Korean($hello);
echo $ko->hello();

// 객체 할당3
$en = new English($hello);
echo $en->hello();

echo "\n메모리 사용량=".memory_get_usage();
```

```
$ php index5.php
안녕하세요<br/>hello<br/>
메모리 사용량=357624
```

실행 결과는 동일하지만 메모리 할당량에 차이가 있습니다. 메모리가 약 112byte 적게 할당됐
습니다.

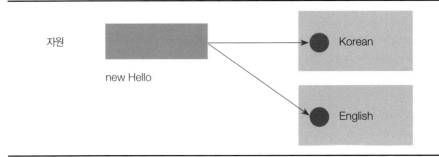

자원

new Hello

Korean

English

그림 12-3 의존 객체 공유

중복된 객체를 재사용하면 메모리를 절약할 수 있습니다. 재사용은 달리 말하면 공유를 의미합니다.

12.2.2 자원 관리

우리는 객체가 필요할 때 언제든지 생성할 수 있습니다. 무수히 많은 객체와의 중복을 방지하려면 관리가 필요합니다.

new 키워드는 클래스의 인스턴스화 과정을 통해 객체 생성과 자원을 할당합니다. 하지만 직접 new 키워드를 이용하여 객체를 생성하는 것은 별로 좋은 방법이 아닙니다. 이전 팩토리 패턴에서 학습한 것처럼 직접 객체를 생성하면 효율적으로 관리할 수 없습니다.

따라서 객체 생성을 대신 처리하는 Factory 클래스를 만들어 사용하는 것이 좋습니다. 팩토리 패턴을 이용해 개체 생성을 위임하면 자원을 보다 효율적으로 관리할 수 있습니다.

예제 12-6 Flyweight/02/factory1.php

```php
<?php
class Hello
{
    public function console($msg)
    {
        return $msg."\n";
    }

    public function browser($msg)
```

```php
        {
            return $msg."<br/>";
        }
    }

    class Factory
    {
        public function make()
        {
            // 객체의 생성을 처리
            echo "팩토리 생성 요청.\n";
            return new Hello;
        }
    }

    // 팩토리 객체1
    $hello1 = (new Factory())->make();

    // 팩토리 객체1
    $hello2 = (new Factory())->make();

    if ($hello1 === $hello2) {
        echo "동일한 객체입니다.\n";
    } else {
        echo "서로 다른 객체입니다.\n";
    }
```

```
$ php factory.php
팩토리 객체를 생성합니다.
팩토리 객체를 생성합니다.
서로 다른 객체입니다.
```

팩토리 패턴을 이용해 기존 Hello 클래스의 객체 생성을 Factory 클래스에 위임했습니다. 하지만 팩토리의 instance() 메서드를 중복으로 사용하여 호출 실행할 경우 매번 다른 형태의 객체가 생성됩니다.

12.2.3 동일 객체

객체를 공유하려면 동일한 객체를 생성해야 합니다. 이를 위해 싱글턴 패턴을 같이 응용하면 좋습니다.

싱글턴은 하나의 객체만 생성하도록 보증합니다. 싱글턴 패턴은 객체를 생성하는 개수를 제한해 여러 객체가 중복 생성되는 것을 방지합니다.

예제 12-7 Flyweight/02/factory2.php

```php
<?php
class Hello
{
    private static $Instance;
    public static function instance()
    {
        // 객체 생성을 처리
        if (isset(self::$Instance)) {
            echo "기존 객체를 반환합니다.\n";
            return self::$Instance;
        } else {
            echo "공유 객체를 생성합니다.\n";
            self::$Instance = new self();
            return self::$Instance;
        }
    }

    public function console($msg)
    {
        return $msg."\n";
    }

    public function browser($msg)
    {
        return $msg."<br/>";
    }
}

class Factory
{
    public function make()
    {
        // 객체의 생성을 처리
        echo "팩토리 생성 요청=";
        return Hello::instance();
    }
```

```
    }

    // 팩토리 객체1
    $hello1 = (new Factory())->make();

    // 팩토리 객체1
    $hello2 = (new Factory())->make();

    if ($hello1 === $hello2) {
        echo "동일한 객체입니다.\n";
    } else {
        echo "서로 다른 객체입니다.\n";
    }
```

```
$ php factory2.php
팩토리 생성 요청=공유 객체를 생성합니다.
팩토리 생성 요청=기존 객체를 반환합니다.
동일한 객체입니다.
```

팩토리 패턴과 싱글턴 패턴을 같이 결합하여 공유 객체를 생성합니다.

12.2.4 공유 저장소

객체를 공유한다는 것은 동일한 객체를 생성하고 이를 다시 재사용하는 것을 말합니다. 싱글턴 패턴은 단일 인스턴스의 생성을 보장하므로 객체를 공유하는 것이 유용합니다.

싱글턴은 정적 메서드를 이용하여 자체 객체를 생성합니다. 하지만 객체를 생성하는 정적 메서드를 재호출하면 또 다른 객체를 생성할 수 밖에 없습니다. 싱글턴 패턴은 유일한 객체를 생성하기 위해서 플라이웨이트 패턴과 결합해 설계돼야 합니다.

플라이웨이트 패턴은 보다 효율적인 공유 객체를 관리하기 위해 별도의 저장소를 갖고 있는데 이를 공유 저장소라고 합니다. 객체 각각의 생성 로직은 싱글턴으로 동작하지만 이를 호출하는 곳은 팩토리 클래스입니다.

플라이웨이트 패턴은 팩토리 클래스에 공유 저장소를 추가하여 객체의 중복 생성 동작을 제한합니다.

```php
<?php
class Hello
{
    private static $Instance;
    public static function instance()
    {
        // 객체의 생성을 처리
        if (isset(self::$Instance)) {
            echo "기존 객체를 반환합니다.\n";
            return self::$Instance;
        } else {
            echo "공유 객체를 생성합니다.\n";
            self::$Instance = new self();
            return self::$Instance;
        }
    }

    public function console($msg)
    {
        return $msg."\n";
    }

    public function browser($msg)
    {
        return $msg."<br/>";
    }
}

class Factory
{
    private $pool=[];

    public function make($name)
    {
        if(!isset($this->pool[$name]) ) {
            echo "팩토리 생성 요청=";
            $this->pool[$name] = $name::instance();
            return $this->pool[$name];
        }

        echo "저장된 pool 객체 반환\n";
        return $this->pool[$name];
```

```
        }
    }
    // 팩토리 객체1
    $factory = new Factory();
    $hello1 = $factory->make("Hello");

    // 팩토리 객체1
    $hello2 = $factory->make("Hello");

    if ($hello1 === $hello2) {
        echo "동일한 객체입니다.\n";
    } else {
        echo "서로 다른 객체입니다.\n";
    }
```

```
$ php factory3.php
팩토리 생성 요청=공유 객체를 생성합니다.
저장된 pool 객체 반환
동일한 객체입니다.
```

팩토리는 싱글턴으로 생성된 객체를 내부 $pool 공유 공간에 저장합니다.

기존과 동일한 방법으로 생성된 객체는 싱글턴으로 생성 요청하지 않고 내부의 저장된 객체를 먼저 사용합니다.

12.2.5 공유 객체의 참조

공유란 동일한 객체를 참조하는 것입니다. 팩토리 패턴에서는 객체 생성을 분리하고 싱글턴 패턴에서는 중복 생성을 방지했습니다.

중복된 자원을 효율적으로 사용하는 방법은 기존의 객체를 재사용하거나 공유하는 것입니다. 기존의 객체를 사용한 후 삭제하지 않고 재사용 또는 공유할 경우 메모리 자원을 절약하는 것과 동시에 객체를 생성하는 자원과 시간도 같이 절약할 수 있습니다.

팩토리에 보관된 $pool 저장소는 참조할 수 있는 객체를 관리합니다. 이전에 생성한 객체가 $pool 저장소에 있을 경우 동일 객체를 반환합니다. $pool 저장소에 없다면 새로운 인스턴스화를 통해 객체를 생성합니다.

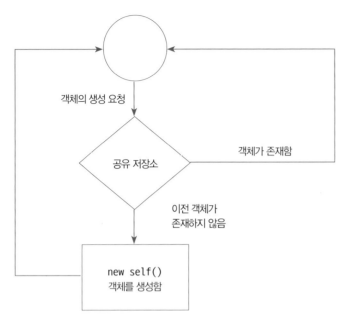

그림 12-4 공유 객체의 생성 관리

플라이웨이트 패턴은 무분별하게 객체를 생성하지 않고 기존 객체를 참조함으로써 중복을 방지합니다. 이러한 공유 객체를 저장하는 방식을 인스턴스풀, 레지스트리 패턴이라고도 부릅니다.

12.3 상태 구분

플라이웨이트 패턴은 객체를 공유합니다. 객체 공유는 본질적^{intrinsic} 공유와 부가적^{extrinsic} 공유로 구분합니다. 플라이웨이트 패턴의 개념을 더 잘 이해하려면 상태를 구분할 줄 알아야 합니다.

12.3.1 본질적 상태

객체는 행동을 처리하는 메서드와 값을 저장하는 프로퍼티로 구성돼 있습니다. 공유 및 참조하는 객체가 메서드만으로 구성돼 있다면 상관없지만, 데이터를 포함한 객체라면 공유 시 문제가 발생합니다.

공유는 동일한 메모리에 생성된 객체를 여러 객체에서 참조하는 것을 말합니다. 공유되는 객체의 데이터가 변경되면 참조되는 모든 다른 객체에도 영향을 미치는데 이를 사이드 이펙트^{side}^{effect}라고 합니다.

따라서 사이드 이펙트 현상 없이 안정적으로 객체를 공유하려면 어떤 변경도 없이 객체를 있는 그대로 참조해서 사용해야 합니다. 이러한 상태를 본질적 상태라고 합니다.

본질적 상태 공유는 객체의 상태값에 따라 달라지지 않고 동일하게 적용되는 것을 말합니다.

> **NOTE** 본질적 상태의 공유 객체를 shared라고 합니다.

12.3.2 부가적 상태

본질적 상태와 반대되는 의미로 부가적 상태가 있는데, 객체를 공유할 때 상태값에 따라 달라지는 것을 말합니다. 즉 객체의 값에 따라 종속적 상태가 됩니다. 부가적 상태로 객체를 사용하는 경우는 객체의 특정 데이터값을 변경해 참조하는 다른 객체에 영향을 주기 위해서입니다. 일례로 글자나 이미지를 출력할 때 위치나 크기를 변경하는 것을 들 수 있습니다.

공유 객체가 상태값에 종속적인 상태면 플라이웨이트 패턴으로 공유할 수 없습니다. 객체 상태가 변경됨으로써 참조하는 다른 객체에 사이드 이펙트 효과가 발생하기 때문입니다.

> **NOTE** 부가적 상태의 객체를 unshared라고 합니다.

12.3.3 사이드 이펙트

나비 효과라고도 부르는 사이드 이펙트는 소프트웨어 개발 시 매우 주의해야 하는 문제입니다.

하나의 동작이나 값이 다른 동작과 값에 영향을 줄 경우, 이들은 서로 종속적이며 강력하게 결합돼 있다고 표현합니다. 종속적 결합 관계를 주의해서 작성하지 않으면 예상치 않은 오동작이 발생할 수 있습니다.

특히 플라이웨이트 패턴으로 공유되는 객체는 사이드 이펙트 문제에 노출될 확률이 매우 높습니다. 공유 객체는 새로 생성된 객체가 아니라 기존의 객체를 참조하는 객체이기 때문입니다.

하나의 객체를 참조 형태로 공유하면 상호 영향이 발생할 수 있습니다. 한쪽 기능에서 공유 객체에 특별한 값을 설정할 경우, 참조하는 다른 객체에서 변경된 값과 기능이 적용되기 때문입니다.

따라서 공유 객체를 여러 곳에서 참조할 때는 신중하게 판단한 후 적용해야 합니다.

12.3.4 독립 객체

공유 객체와 반대되는 의미로 독립 객체가 있습니다. 독립 객체는 공유되지 않고 각각의 상황에 맞게 생성된 객체입니다. 즉 독립적인 동작을 수행합니다.

공유된 객체는 사이드 이펙트 문제에 주의해야 합니다. 이를 해결하기 위해 부가적 상태로 처리되는 종속 객체는 독립 객체로 처리하는 것이 좋습니다.

소프트웨어를 개발할 때는 공유 객체와 독립 객체를 구분해서 사용해야 하며, 이를 명확히 구분하는 것이 플라이웨이트 패턴을 유용하게 적용할 수 있는 방법입니다. 하지만 실제 개발 과정에서는 이를 구분하기 어렵습니다. 플라이웨이트 패턴을 실제 현장에서 사용하기 어려운 이유는 개발 과정에서 공유 객체와 독립 객체를 쉽게 구별할 수 없기 때문입니다.

12.4 패턴 실습

플라이웨이트 패턴 설계에서 중요한 부분은 객체를 공유하는 것입니다. 패턴을 확인할 수 있는 실습 코드를 하나 만들어봅시다. 모스 부호를 출력하는 공유 객체를 만들어 메시지를 출력합니다.

12.4.1 Flyweight 인터페이스

우리는 여러 개의 공유 객체를 생성할 것입니다. 생성된 공유 객체들을 동일한 방법으로 호출 처리하기 위해 하나의 인터페이스를 생성합니다.

예제 12-9 Flyweight/03/flyweight.php

```php
<?php
// 공유 객체의 인터페이스
interface flyweight
{
    public function code();
}
```

공유 객체에 인터페이스를 적용하면 호출 방식을 단일화할 수 있습니다.

12.4.2 ConcreateFlyweight 인터페이스

인터페이스를 적용하여 공유되는 객체의 클래스를 선언합니다.

생성되는 공유 객체는 크게 본질적 상태와 부가적 상태로 구분할 수 있습니다. 모스 부호는 상태값이 없기 때문에 본질적 상태의 공유 객체를 정의하기 좋습니다. 공유되는 객체를 개별로 작성합니다.

예제 12-10 Flyweight/03/MorseG.php

```php
<?php
class MorseG implements flyweight
{
    public function __construct()
    {
        echo __CLASS__."을(를) 생성하였습니다.\n";
    }

    public function code()
    {
        echo "*";
        echo "*";
        echo "-";
        echo "*";

        echo " ";
```

```php
        }
    }
```

예제 12-11 Flyweight/03/MorseO.php

```php
<?php
class MorseO implements flyweight
{
    public function __construct()
    {
        echo __CLASS__."을(를) 생성하였습니다.\n";
    }

    public function code()
    {
        echo "-";
        echo "-";
        echo "-";

        echo " ";
    }
}
```

예제 12-12 Flyweight/03/MorseL.php

```php
<?php
class MorseL implements flyweight
{
    public function __construct()
    {
        echo __CLASS__."을(를) 생성하였습니다.\n";
    }

    public function code()
    {
        echo "*";
        echo "-";
        echo "*";
        echo "*";

        echo " ";
    }
}
```

```
        }
    }
```

```php
<?php
class MorseE implements flyweight
{
    public function __construct()
    {
        echo __CLASS__."을(를) 생성하였습니다.\n";
    }

    public function code()
    {
        echo "*";

        echo " ";
    }
}
```

우리는 본질적 상태의 공유 객체 4개를 선언했습니다. 클래스 내부에는 본질적 공유 상태를 유지하기 위해 변수가 존재하지 않습니다. 따라서 객체의 상탯값 변경에 따라 영향을 받는 사이드 이펙트가 발생하지 않습니다.

각각의 공유 객체는 해당 알파벳의 모스 부호를 출력합니다.

12.4.3 FlyweightFactory 인터페이스

플라이웨이트 패턴에서는 공유되는 객체의 인스턴스를 직접 생성하지 않습니다. 플라이웨이트 패턴은 객체 공유를 위해 new 키워드를 통한 객체 생성을 금지합니다. 그 대신 공유 객체를 생성할 수 있는 팩토리에게 위임합니다. 플라이웨이트 패턴은 실질적으로 하나의 인스턴스만 가지며 필요한 객체를 팩토리에서 담당하고 객체의 중복 생성을 방지합니다. 팩토리는 생성된 공유 객체의 관리 역할도 함께 수행합니다.

플라이웨이트 패턴에서는 실체 객체를 갖지 않으며 필요한 객체를 참조해 사용할 수 있도록 합니다. 이러한 참조 객체를 가상의 인스턴스라고 합니다. 플라이웨이트 패턴은 가상 인스턴스를 통해 메모리 공간을 절약하고, 보다 빠르게 많은 양의 동일 객체를 처리할 수 있습니다.

예제 12-14 Flyweight/03/Factory.php

```php
<?php
class Factory
{
    private $pool=[];

    public function getCode($char)
    {
        if(!isset($this->pool[$char])) {
            $className = "Morse".strtoupper($char);
            $this->pool[$char] = new $className;
        }

        return $this->pool[$char];
    }
}
```

플라이웨이트 패턴은 공유하는 객체를 모두 똑같은 방식으로 제어할 때 유용합니다. 특정 객체만 다른 형식으로 구현해서 처리하는 것은 어려우며 플라이웨이트 특성상 모두 동일하게 처리합니다.

12.4.4 Client

플라이웨이트 패턴으로 생성한 공유 객체를 참조하여 모스 부호를 출력해봅시다.

예제 12-15 03/index.php

```php
<?php
require "flyweight.php";
require "MorseE.php";
require "MorseG.php";
require "MorseL.php";
require "MorseO.php";

require "Factory.php";
```

```
$share = new Factory;

$name = "gooooglΙΙeee";
echo "원본 이름 = ".$name."\n";

for ($i=0; $i<strlen($name); $i++) {
    echo $name[$i]."=> ";
    echo $share->getCode($name[$i])->code();
    echo "\n";
}
```

```
$ php index.php
원본 이름 = gooooglΙΙeee
g=> MorseG을(를) 생성하였습니다.
**-*
o=> MorseO을(를) 생성하였습니다.
---
o=> ---
o=> ---
o=> ---
g=> **-*
l=> MorseL을(를) 생성하였습니다.
*-**
l=> *-**
l=> *-**
e=> MorseE을(를) 생성하였습니다.
*
e=> *
e=> *
```

$name에 저장된 'gooooglΙΙeee' 글자를 출력합니다. 해당 문자열 글자에는 중복된 알파벳이
존재합니다. 플라이웨이트 패턴에서는 중복된 글자의 모스 부호 객체를 참조하여 출력합니다.

12.5 관련 패턴

플라이웨이트 패턴을 학습하면서 다른 패턴과 같이 사용한다는 것을 확인할 수 있었습니다. 플

라이웨이트 패턴이 다른 패턴을 포함하기도 하고, 다른 패턴에서 플라이웨이트 패턴을 응용하기도 합니다.

12.5.1 프록시 패턴

플라이웨이트 패턴은 중복 객체를 판별하기 위해 조건을 사용하는데, 조건을 사용해 객체를 검사하는 역할은 프록시 패턴에도 적용됩니다.

12.5.2 복합체 패턴

플라이웨이트 패턴에는 팩토리 패턴이 같이 사용됩니다. 팩토리 패턴은 생성된 객체가 담긴 저장소를 갖고 있습니다.

$pool 저장소는 생성된 객체를 저장하며 중복 객체를 관리합니다. 하나의 객체가 다수의 다른 객체를 포함하고 있는 구조로 생각해보면, 복합체 패턴을 응용한다는 사실을 알 수 있습니다.

12.5.3 싱글턴 패턴

플라이웨이트 패턴에서는 중복 객체 생성을 방지하기 위해 싱글턴 패턴을 응용하며, 싱글턴 패턴을 적용해 공유되는 객체의 중복 생성을 방지합니다.

12.5.4 전략 패턴, 상태 패턴

전략 패턴과 상태 패턴을 구현할 때 플라이웨이트 패턴이 활용됩니다.

12.6 정리

우리는 객체에 접근하기 위해 동일한 인스턴스를 중복 생성하는 실수를 합니다. 서비스 응용프로그램처럼 한 명이라도 더 많은 사람에게 자원을 분배하기 위해서는 자원을 최대한 절약하는 설계가 필요합니다. 무분별하게 자원을 소모하는 코드는 올바른 작성법이 아닙니다.

플라이웨이트는 객체의 할당을 적게 하기 위한 패턴이며, 한 번 할당한 자원을 재사용함으로써 메모리를 관리합니다. 그리고 플라이웨이트 패턴은 자원을 공유함으로써 낭비를 사전에 막을 수 있습니다. 객체를 생성, 호출하기 전에 중복 검사로 객체를 관리하는 패턴입니다.

대량의 객체를 생성 및 관리할 경우 플라이웨이트 패턴은 매우 유용한 대안이 될 수 있습니다. 또한 관리하는 객체의 수가 많아서 처리하기 힘든 경우에도 효과적이라고 할 수 있습니다.

proxy
[ˈprɑːksi] 🔊

CHAPTER **13**

프록시 패턴

프록시 패턴은 객체 접근을 제어하기 위해 중간 단계에 대리자^{Surrogate}를 위치시키는 패턴입니다.

13.1 객체를 대행하는 프록시

프록시는 무슨 일을 직접 처리하지 않고 대리자를 내세워 처리를 위임합니다.

13.1.1 프록시의 특징

프록시의 특징은 하나의 객체를 두 개로 나눠 재구성한다는 것입니다. 분리하는 이유는 직접적인 접근을 막고 대리할 객체를 구현하기 위해서입니다.

프록시에서 분리된 두 개의 객체는 서로 다른 객체가 아닙니다. 두 객체는 동일한 인터페이스 규격을 갖고 있으며, 프록시는 단지 객체의 접근과 동작을 제어하기 위한 중간 제어 구조가 추가된 객체일 뿐입니다.

13.1.2 다양한 프록시

프록시 패턴이 응용되는 범위가 매우 넓기 때문에 하나의 예로 설명하기 어렵습니다. 또한 응용 범위에 따라 다르게 불리는 파생 프록시들도 많습니다.

대표적인 파생 프록시 패턴은 다음과 같습니다.

- 원격 프록시
- 가상 프록시
- 보호 프록시
- 스마트 프록시

이 외에도 방화벽 프록시, 레퍼런스 프록시, 동기화 프록시 등 다양한 프록시 적용 사례가 있습니다.

13.2 객체 가로채기

프록시는 실체 객체를 호출하면 행위를 중간에 가로채서 다른 동작을 수행하는 객체로 변경합니다.

13.2.1 실체 객체

프록시 패턴을 실습하려면 먼저 실제로 동작하는 객체가 필요하므로 객체를 하나 설계합니다.

예제 13-1 Proxy/01/RealSubject.php

```php
<?php
// 실체 객체
class RealSubject
{

    public function __construct()
    {
        echo __CLASS__." 객체가 생성이 되었습니다.\n";
    }

    public function action1()
    {
```

```php
        echo __METHOD__."을(를) 호출합니다.\n";
        echo "실제 action1 작업을 처리합니다.\n\n";
    }

    public function action2()
    {
        echo __METHOD__."을(를) 호출합니다.\n";
        echo "실제 action2 작업을 처리합니다.\n\n";
    }
}
```

13.2.2 객체 호출

[예제 13-2]는 [예제 13-1]에서 생성한 실제 클래스의 객체를 호출하는 코드입니다.

예제 13-2 Proxy/01/index.php

```php
<?php
require "RealSubject.php";

$obj = new RealSubject;
$obj->action1();
$obj->action2();
```

```
$ php index.php
RealSubject 객체가 생성이 되었습니다.
RealSubject::action1을(를) 호출합니다.
실제 action1 작업을 처리합니다.

RealSubject::action2을(를) 호출합니다.
실제 action2 작업을 처리합니다.
```

실제 객체를 생성하고 action1( )과 action2( ) 행위 메서드를 호출했습니다. 이처럼 선언된
클래스의 객체를 생성하고 메서드를 호출하는 동작이 일반적입니다. 다음에는 이 일반적인 동
작을 프록시로 분리 처리하는 방법에 대해 알아보겠습니다.

13.3 객체 분리

객체를 정교하게 제어해야 하거나 객체 참조가 필요한 경우 프록시 패턴을 사용합니다.

13.3.1 대리자

프록시Proxy는 대리인을 의미하며, 실체 객체에 직접 접근하지 않고 똑같이 동작하는 대리자Surrogate를 생성합니다. 프록시는 대리자 객체를 통해 실체 객체를 가로챈 후 대리자 객체로 우회한 접근을 허용합니다.

그림 13-1 대리자

실제 동작하는 객체는 B입니다. 하지만 객체 B를 직접 호출하지 않고 대리자인 객체 A를 호출합니다. 객체 A는 요청한 동작을 수행하지 않고 객체 B로 처리 요청을 전달합니다.

이처럼 프록시는 우회 접근을 통해 실체 객체를 실행합니다. 우회 접근으로 객체의 정교한 제어 작업이 필요할 때 객체 A를 통해 사전 작업을 수행할 수 있습니다.

13.3.2 인터페이스

프록시는 동일한 역할을 수행하는 대리자를 생성하고, 대리자는 원본 객체와 동일한 인터페이스를 적용해 투명성을 갖도록 설계됩니다. 두 객체는 인터페이스를 통해 동일한 규약을 가지며 객체 호출 시 중간에서 행위를 가로챌 수 있습니다.

프록시는 투명성의 특징을 이용해 객체 분리 작업을 실행하고, 프록시를 위한 인터페이스를 설계합니다.

```php
<?php
// 프록시 생성을 위한 인터페이스를 정의합니다.
interface Subject
{
    // 작업1
    public function action1();

    // 작업2
    public function action2();

}
```

Subject 인터페이스는 실체 객체와 동일한 설계 규칙을 정의합니다.

13.3.3 인터페이스 적용

투명성으로 정의된 인터페이스를 실체 객체에 적용합니다. 인터페이스는 실체 객체와 동일하게 선언했습니다.

예제 13-4 Proxy/02/RealSubject.php

```php
<?php
// 실체 객체
class RealSubject implements Subject
{

    public function _construct()
    {
        echo __CLASS__." 객체가 생성이 되었습니다.\n";
    }

    public function action1()
    {
        echo __METHOD__."을(를) 호출합니다.\n";
        echo "실제 action1 작업을 처리합니다.\n\n";
    }

    public function action2()
```

```
    {
        echo __METHOD__."을(를) 호출합니다.\n";
        echo "실제 action2 작업을 처리합니다.\n\n";
    }
}
```

인터페이스를 적용했다고 해서 특정한 변화가 생기는 것은 아닙니다. 인터페이스를 생성한 이유는 실체 객체에 프록시 간의 규약을 전달하기 위해서일 뿐입니다.

13.4 프록시 생성

인터페이스를 이용해 프록시 객체를 생성합니다. 프록시 객체를 생성할 때 기존의 실체 객체 정보도 같이 필요합니다.

13.4.1 기능 분리

프록시는 실체 객체의 역할을 대신 수행합니다. 실체 객체와 프록시는 전혀 다른 객체가 아니라 동일한 객체처럼 보이며 그렇게 동작합니다. 그러기 위해 인터페이스를 프록시 객체에도 적용합니다.

프록시는 실체 객체를 대신해 행위를 처리하므로 실체 객체의 정보가 필요합니다. 프록시에 별도로 저장된 실체 객체의 정보를 사용하여 행위를 위임합니다.

13.4.2 프록시 객체

프록시 객체를 생성합니다. 프록시는 실체 객체에서 선언한 동일 인터페이스를 적용합니다. 인터페이스를 이용해 프록시의 객체를 구현하면 실체 객체와 동일한 메서드를 갖게 됩니다.

예제 13-5 Proxy/02/Proxy.php

```php
<?php
// 프록시 객체
```

```
class Proxy implements Subject
{

    public function action1()
    {
        echo __METHOD__."을(를) 호출합니다.\n";
        echo "프록시 action1 작업을 처리합니다.\n";
    }

    public function action2()
    {
        echo __METHOD__."을(를) 호출합니다.\n";
        echo "프록시 action2 작업을 처리합니다.\n";
    }
}
```

인터페이스에 정의된 규약에 맞게 프록시를 설계합니다. 정의한 인터페이스 규약에 맞지 않는
메서드를 설계할 경우 오류가 발생합니다.

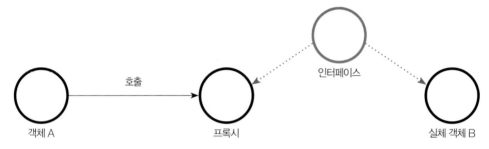

그림 13-2 프록시 생성

인터페이스에 맞게 프록시를 생성했습니다. 하지만 프록시는 실체 객체와 분리된 별개의 객체
입니다.

또 객체 간 연결도 없습니다. 프록시 객체는 외부와 고립된 객체로 되어 있습니다. 프록시와 실
체 객체를 연결하려면 위임이라는 연결 고리가 필요합니다.

13.4.3 실체 객체 위임

프록시에서 위임은 프록시 객체와 실체 객체를 연결하는 고리입니다. 다음과 같이 의존성 주입

을 통해 실체 객체와 프록시 객체를 연결합니다.

다음은 프록시 객체를 보완한 코드입니다. 분리된 2개의 객체는 동일한 인터페이스를 가집니다.

예제 13-6 Proxy/03/Proxy.php

```php
<?php
class Proxy implements Subject
{
    private $_object;

    public function __construct($real)
    {
        echo __CLASS__." 객체가 생성이 되었습니다.\n\n";
        $this->_object = $real;
    }

    public function action1()
    {
        echo __METHOD__."을(를) 호출합니다.\n";
        // 행위를 가로챕니다. 실체 객체로 위임합니다.
        $this->_object->action1();
    }

    public function action2()
    {
        echo __METHOD__."을(를) 호출합니다.\n";
        // 행위를 가로챕니다. 실체 객체로 위임합니다.
        $this->_object->action2();
    }
}
```

프록시 객체의 생성자를 통해 원본 객체 정보를 전달 받은 후, 이 객체 정보를 내부 프로퍼티에 저장합니다.

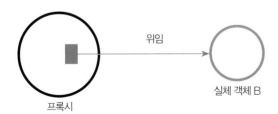

그림 13-3 행위 위임

프록시 객체가 실체 객체로 행위를 위임하는 것을 봤을 때 프록시 객체는 복합 객체가 됩니다.

13.4.4 프록시 출력

이제 생성한 프록시를 통해 실체 객체를 다시 호출해봅시다.

먼저 실체 객체를 생성합니다. 생성된 실체 객체가 프록시 객체로 의존성 주입합니다. 의존성 주입은 프록시 객체의 생성자 인수로 전달합니다.

예제 13-7 Proxy/03/index.php

```php
<?php
require "Subject.php";
require "Proxy.php";
require "RealSubject.php";

$real = new RealSubject;
$proxy = new Proxy($real);
$proxy->action1();
$proxy->action2();
```

프록시 객체로 이전 실습와 동일한 메서드를 호출합니다. 프록시는 전달받은 메서드의 동작을 중간에 가로채고, 위임된 실체 객체로 행위 처리를 다시 요청합니다.

```
$ php index.php
RealSubject 객체가 생성이 되었습니다.
Proxy 객체가 생성이 되었습니다.

Proxy::action1을(를) 호출합니다.
RealSubject::action1을(를) 호출합니다.
실제 action1 작업을 처리합니다.

Proxy::action2을(를) 호출합니다.
RealSubject::action2을(를) 호출합니다.
실제 action2 작업을 처리합니다.
```

출력 결과는 [예제 13-2]의 출력 결과와 동일합니다. 클라이언트 코드는 실체 객체에 직접 접근하지 않고 프록시 객체로 대신 실행한다는 것이 차이점입니다.

13.4.5 투과적 특성

프록시의 객체는 실체 객체와 동일한 동작을 수행합니다. 프록시는 요청된 동작을 실체 객체로 위임함으로써 동일한 결과를 반환하게 됩니다.

프록시와 실체 객체는 투명성을 보장하기 위해 동일한 인터페이스를 적용받습니다. 실체 객체와 동일한 동작을 그대로 대신하는 것을 투과적 특성이라고 합니다.

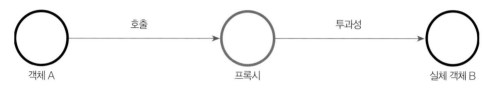

그림 13-4 투과성

프록시는 실제적으로 동작을 수행하지 않고 투과적 특성만 갖습니다. 즉 실제 동작을 다시 호출하는 역할만 수행합니다.

13.5 행위를 처리하는 핸들러

핸들러는 투과적 특성을 이용하여 요청된 행위를 처리하는 프록시 동작을 말합니다.

13.5.1 간접 통로

프록시는 간접화된 객체의 접근 통로를 제공합니다. 간접 통로는 프록시의 투과적 특성을 이용하여 실체 객체의 행위를 위임하고 처리를 요청합니다.

네트워크같은 공간에서는 프록시의 투과적 특성을 이용해 원래 객체의 존재를 숨기기도 합니다. 그렇다고 해도 실체 객체와 프록시는 동일 객체입니다.

13.5.2 핸들러 설계

개발 중에는 실체 객체를 수정하는 경우도 발생합니다. 프록시에서 실체 객체가 변경되면 인터페이스도 같이 바뀝니다. 인터페이스가 변경되면 프록시 객체에도 다시 변경된 인터페이스를 적용해야 합니다.

두 객체의 동일성을 유지하기 위해 같은 인터페이스를 유지하는 것이 중요합니다. 인터페이스에 맞게 프록시 객체에도 변경된 메서드를 생성해야 합니다. 이처럼 프록시 객체의 내부 설계를 동일하게 유지하는 작업은 매우 번거롭습니다.

이를 쉽게 처리하기 위해 핸들러를 프록시 안에 추가합니다. 다음은 핸들러를 추가한 프록시 코드입니다.

예제 13-8 Proxy/04/proxy.php

```php
<?php
class Proxy implements Subject
{
    private $_object;

    public function __construct($real)
    {
        echo __CLASS__." 객체가 생성이 되었습니다.\n\n";
        $this->_object = $real;
    }

    public function action1()
    {
        echo __METHOD__."을(를) 호출합니다.\n";
        $this->_object->action1();
    }

    public function action2()
    {
        echo __METHOD__."을(를) 호출합니다.\n";
        $this->_object->action2();
    }

    public function __call($method, $args)
    {
        if(method_exists($this->_object, $method)) {
```

```
            $this->_object->$method($args);
        } else {
            print $method."는 실제 존재하는 메서드가 아닙니다.\n";
            var_dump($args);
        }
    }

}
```

핸들러 설계를 위해 매직 메서드 __call()을 사용합니다. __call() 메서드는 객체 내부에 존재하지 않는 메서드가 호출될 때 자동 실행되는 매직 메서드입니다.

클라이언트 사용자가 프록시에 없는 메서드를 호출할 경우 __call() 메서드가 대신 실행되고, __call() 메서드는 요청된 메서드가 있는 실체 객체를 탐색합니다. 실체 객체에 요청된 메서드가 있으면 위임 처리합니다.

__call() 매직 메서드는 2개의 인자값을 전달 받는데, 바로 호출되는 메서드명과 전달된 인수값의 배열입니다.

13.5.3 실체 객체 변경

핸들러 동작을 실습하기 위해 실체 객체를 변경해봅시다. 실체 객체에 action3() 메서드를 추가합니다.

예제 13-9 Proxy/04/ RealSubject.php

```php
<?php
// 실체 객체
class RealSubject implements Subject
{

    public function _construct()
    {
        echo __CLASS__." 객체가 생성이 되었습니다.\n";
    }

    public function action1()
    {
```

```php
        echo __METHOD__."을(를) 호출합니다.\n";
        echo "실제 action1 작업을 처리합니다.\n\n";
    }

    public function action2()
    {
        echo __METHOD__."을(를) 호출합니다.\n";
        echo "실제 action2 작업을 처리합니다.\n\n";
    }

    public function action3()
    {
        echo __METHOD__."을(를) 호출합니다.\n";
        echo "실제 action3 작업을 처리합니다.\n\n";
    }
}
```

프록시 객체에는 아직 실체 객체에 추가한 action3() 메서드가 선언되지 않았습니다.

13.5.4 핸들러 실습

설계한 핸들러를 실습해보겠습니다. 실체 객체에 있는 메서드와 실체 객체에 없는 메서드를 각각 호출합니다.

예제 13-10 Proxy/04/index.php

```php
<?php
require "Subject.php";
require "Proxy.php";
require "RealSubject.php";

$real = new RealSubject;
$proxy = new Proxy($real);
$proxy->action1();
$proxy->action2();

$proxy->action3();
$proxy->action4();
```

action3() 메서드의 경우 실체 객체에는 존재하지만 프록시와 인터페이스에는 존재하지 않습니다. 프록시는 정의되지 않은 메서드 호출에 대해 __call() 매직 메서드로 핸들러를 처리합니다. __call() 메서드는 실체 객체에 요청한 메서드가 있는지 검사하여 호출을 위임 처리합니다.

```
$ php index.php
RealSubject 객체가 생성이 되었습니다.
Proxy 객체가 생성이 되었습니다.

Proxy::action1을(를) 호출합니다.
RealSubject::action1을(를) 호출합니다.
실제 action1 작업을 처리합니다.

Proxy::action2을(를) 호출합니다.
RealSubject::action2을(를) 호출합니다.
실제 action2 작업을 처리합니다.

RealSubject::action3을(를) 호출합니다.
실제 action3 작업을 처리합니다.

action4는 실제 존재하는 메서드가 아닙니다.
array(0) {
}
```

action4() 메서드는 프록시와 실체 객체에 모두 존재하지 않는 메서드입니다. 프록시의 핸들러는 존재하지 않는 메서드 호출을 중단합니다. 이처럼 핸들러를 이용하면 프록시의 호출을 동적으로 처리할 수 있습니다.

13.6 동적 프록시

프록시에는 실체 객체를 숨기는 효과가 있습니다. 객체를 호출하는 쪽에서는 실행되는 객체가 실체 객체인지 프록시인지 몰라야 합니다.

13.6.1 동적 클래스

우리는 앞에서 프록시의 객체를 생성했습니다. 클라이언트 코드에서는 행동을 처리하기 위해 프록시와 실체 객체를 구별하지 않습니다. 즉 프록시 객체를 생성할지 실체 객체를 생성할지 판단하지 않고 객체를 생성해서 사용할 수 있어야 합니다.

그러면 어떻게 프록시와 실체 객체를 구별하지 않고 접근하는 객체의 인스턴스를 만들 수 있을까요? 이를 해결하는 방법은 팩토리 패턴을 같이 사용해 객체를 동적으로 생성하는 것입니다.

이처럼 패턴은 하나만 사용하지 않으며 다른 패턴과 결합해 문제를 보다 유연하게 해결합니다.

13.6.2 팩토리 패턴

팩토리 패턴을 적용하여 프록시 객체를 생성해봅시다. 팩토리 패턴으로 객체의 생성을 대신 처리하도록 요청하겠습니다.

예제 13-11 Proxy/05/ProxyFactory.php

```php
<?php
// 프록시 팩토리
class ProxyFactory
{
    public function getObject()
    {
        $real = new RealSubject;
        return new Proxy($real);
    }
}
```

클라이언트는 팩토리에 객체 생성만 요청할 뿐이며 반환되는 객체가 프록시인지 실체 객체인지 알 수 없습니다. 또한 실시간으로 프록시 객체를 동적 생성할 수도 있습니다.

동적 생성되는 프록시 객체를 적용해보겠습니다.

예제 13-12 Proxy/05/index.php

```php
<?php
require "Subject.php";
```

```
require "Proxy.php";
require "RealSubject.php";

require "ProxyFactory.php";

$factory = new ProxyFactory;
$proxy = $factory->getObject(); // 프록시 동적 생성
$proxy->action1();
$proxy->action2();

$proxy->action3();
$proxy->action4();
```

출력 결과는 이전과 동일합니다.

```
$ php index.php
RealSubject 객체가 생성이 되었습니다.
Proxy 객체가 생성이 되었습니다.

Proxy::action1을(를) 호출합니다.
RealSubject::action1을(를) 호출합니다.
실제 action1 작업을 처리합니다.

Proxy::action2을(를) 호출합니다.
RealSubject::action2을(를) 호출합니다.
실제 action2 작업을 처리합니다.

RealSubject::action3을(를) 호출합니다.
실제 action3 작업을 처리합니다.

action4는 실제 존재하는 메서드가 아닙니다.
array(0) {
}
```

13.6.3 프록시 확인

팩토리 패턴을 같이 사용할 경우 클라이언트에서는 실체 객체를 사용하는지 팩토리 객체를 사용하는지 구별할 수 없습니다.

필요에 따라 이를 확인할 수 있도록 프록시 클래스에 전용 메서드를 하나 더 추가합니다.

```php
public function isProxy()
{
    return true;
}
```

이처럼 팩토리 클래스에 추가 메서드를 넣어두면 객체를 구별할 수 있습니다.

13.7 원격 프록시

원격 프록시^{Remote Proxy}는 프록시 패턴을 가장 많이 응용하는 적용 사례이며 주로 데이터 전달을 목적으로 사용합니다.

13.7.1 프록시 vs. 어댑터

두 개의 객체를 이어준다는 역할적인 측면에서 두 패턴은 서로 유사합니다. 어댑터 패턴은 서로 다른 인터페이스를 맞춰주는 반면, 프록시는 투과적 특성으로 동일한 인터페이스를 유지합니다.

프록시 패턴은 객체를 분리하는 역할을 하고, 원격 프록시는 분리된 객체에 투과적 특성을 결합해 객체의 연결을 제어합니다.

[예제 13-13]을 보면서 학습해봅시다. 앞에서 작성한 [예제 13-9]를 수정해보겠습니다.

예제 13-13 Proxy/06/RealSubject.php

```php
<?php
// 실체 객체
class RealSubject implements Subject
{

    public function __construct()
    {
```

```php
        echo __CLASS__." 객체가 생성이 되었습니다.\n";
    }

    public function action1()
    {
        echo __METHOD__."을(를) 호출합니다.\n";
        return "실제 action1 작업을 처리합니다.\n\n";
    }

    public function action2()
    {
        echo __METHOD__."을(를) 호출합니다.\n";
        return "실제 action2 작업을 처리합니다.\n\n";
    }

    public function action3()
    {
        echo __METHOD__."을(를) 호출합니다.\n";
        return "실제 action3 작업을 처리합니다.\n\n";
    }
}
```

변경된 실체 객체는 메시지를 직접 출력하지 않고 출력 문자열을 반환합니다.

13.7.2 캐싱 처리

웹 HTTP에서 프록시라는 단어를 많이 들어봤을 것입니다. 프록시는 HTTP에서 웹페이지를 캐시 처리함으로써 속도를 개선하고 우회 접속을 시도합니다.

우리도 이와 유사한 방법으로 프록시 코드를 변경해봅시다.

예제 13-14 Proxy/06/proxy.php

```php
<?php
class Proxy implements Subject
{
    private $_object;

    public function __construct($real)
    {
```

```php
        echo __CLASS__." 객체가 생성이 되었습니다.\n\n";
        $this->_object = $real;
    }

    public function action1()
    {
        echo __METHOD__."을(를) 호출합니다.\n";
        return "action1은 기능이 대체되었습니다.\n";
    }

    public function action2()
    {
        echo __METHOD__."을(를) 호출합니다.\n";
        if($msg = $this->_object->action2()) {
            return $msg;
        } else {
            return "실체 객체에서 문자열을 반환 받지 못하였습니다.";
        }
    }

    public function __call($method, $args)
    {
        if(method_exists($this->_object, $method)) {
            if($msg = $this->_object->$method($args)) {
                return $msg;
            } else {
                return "실체 객체에서 문자열을 반환 받지 못하였습니다.";
            }

        } else {
            print $method."는 실제 존재하는 메서드가 아닙니다.\n";
            var_dump($args);
        }
    }

}
```

action2( )는 실체 객체에서 출력 문자열을 반환 받으며, 반환값이 없는 경우 대체 오류 문자열을 반환 받습니다.

13.7.3 원격 프록시 실습

원격 프록시 패턴을 적용하여 동작을 출력해보겠습니다.

예제 13-15 Proxy/06/indexp.php

```php
<?php
require "Subject.php";
require "Proxy.php";
require "RealSubject.php";

require "ProxyFactory.php";

$factory = new ProxyFactory;
$proxy = $factory->getObject();

echo $proxy->action1();
echo $proxy->action2();

echo $proxy->action3();
echo $proxy->action4();
```

원격 프록시는 투과적인 특징을 활용해 원격 객체의 접근과 결괏값을 반환합니다.

13.7.4 대체 처리

프록시 패턴을 적용할 때는 실체 객체와 프록시 객체로 분리됩니다. 객체 분리가 가능한 이유
는 동일한 인터페이스를 모두 적용했기 때문입니다.

실체 객체와 프록시 객체는 서로 다르지만 유사한 객체입니다. 이러한 유사점을 이용하여 특
정한 기능은 다르게 행동하도록 처리할 수도 있습니다. 다른 행동으로 처리가 변경된 것은 프
록시 객체에서 대체하고, 원래의 행동은 실체 객체로 위임하여 처리합니다. 다음은 [예제 13-
15]의 출력 결과입니다.

```
$ php index.php
RealSubject 객체가 생성이 되었습니다.
Proxy 객체가 생성이 되었습니다.
```

```
Proxy::action1을(를) 호출합니다.
action1은 기능이 대체되었습니다.
Proxy::action2을(를) 호출합니다.
RealSubject::action2을(를) 호출합니다.
실제 action2 작업을 처리합니다.

RealSubject::action3을(를) 호출합니다.
실제 action3 작업을 처리합니다.

action4는 실제 존재하는 메서드가 아닙니다.
array(0) {
}
```

출력 결과를 보면 action1 프록시는 대체된 메시지로 확인되는데, 그 이유는 프록시 내부에서 동작을 변경했기 때문입니다.

action2 프록시 호출 동작은 프록시에서 처리하지 않고 실체 객체로 위임하며 결괏값을 받아 화면에 출력합니다.

13.7.5 객체의 대리

이처럼 프록시는 어떠한 일을 대신해서 처리합니다. 객체의 동작을 위임할 수도 있고 변경된 행위를 대신할 수도 있습니다. 하지만 프록시가 행위를 대리하는 데는 한계가 있습니다. 모든 것을 대신해서 처리할 수는 없습니다.

대리로 처리할 수 없는 동작은 본래의 객체로 접근해서 처리해야 합니다. 이는 프록시의 투과성을 의미합니다.

13.8 가상 프록시

가상 프록시^{Virtual Proxy}는 프로그램의 실행 속도를 개선하기 위한 패턴입니다. 프록시 패턴을 이용하여 무거운 객체 생성을 잠시 유보합니다.

13.8.1 초기화 로딩

프로그램은 수많은 객체를 생성하고, 생성된 객체에 접근하기도 합니다. 일부 프로그램은 내부에서 필요한 객체를 미리 생성하는 작업을 하기도 합니다. 이를 부트스트래핑 과정이라고 합니다.

초기화 작업은 프로그램이 시작될 때 관련성 있는 객체 생성들을 처리해야 하므로 실행 지연이 발생합니다. 사실 기동 시 모든 객체를 생성하는 것보다 필요할 때마다 객체를 생성해 사용하는 것이 더 효과적입니다.

가상 프록시 패턴은 실제로 동작하는 객체를 생성하지 않고, 필요 시점에서 객체를 동적으로 생성하도록 프록시 객체로 대신 연결합니다. 가상 프록시는 게으른 초기화lazy initialization와 유사합니다.

13.8.2 게으른 초기화

프로그램 실행 시 객체를 초기화하는 작업은 많은 시간을 소모합니다. 객체 생성 수가 많을수록 기동시간이 느려집니다. 하지만, 프로그램 초기화에서 생성된 모든 객체를 즉시 사용하지는 않습니다.

사용빈도가 낮은 객체 생성까지 초기화 과정에서 실행됨으로써 불필요한 지연시간이 발생하기도 합니다. 게으른 초기화는 이러한 단점을 보완하기 위해 가상 프록시를 사용합니다. 실체 객체를 생성하지 않고 가상의 프록시만 생성 반환합니다. 가상의 프록시는 실체 객체 생성보다 더 빨리 객체를 생성, 반환할 수 있습니다.

가상 프록시는 프로그램에 껍데기만 있는 객체를 전달합니다. 가상 프록시를 통해 실체 객체의 접근이 필요할 때 원본 객체를 동적으로 생성하여 프록시와 연결합니다. 이러한 동적 객체 연결 방식은 초기화 작업에서 오래 걸리는 객체를 처리할 때 유용합니다. 객체의 초기화 작업으로 지연되는 시간 없이 빠르게 코드 작업을 수행할 수 있습니다.

13.8.3 속도 개선

다수의 초기화 작업은 프로그램이 처음 실행될 때 속도에 영향을 주는데, 가상화된 프록시를 통해 객체 생성을 임시 처리함으로써 시스템 성능을 최적화할 수 있습니다.

인스턴스화는 객체를 생성하고 메모리 자원을 할당 받기 위해 컴퓨터 내부 연산을 필요로 합니다.

객체를 생성하는 연산량에 따라서 약간의 지연 시간이 발생하는데, 가상 프록시를 사용하면 즉시 실행이 필요한 객체를 제외하고는 객체의 실행 시간을 줄일 수 있습니다.

13.8.4 실습

[예제 13-16]에서는 이전에 실습한 [예제 13-15]를 가상 프록시 패턴으로 변경해보겠습니다.

예제 13-16 Proxy/07/index.php

```php
<?php
require "Subject.php";
require "Proxy.php";
require "RealSubject.php";

$proxy = new Proxy();
$proxy->action1();
$proxy->action2();
```

프록시 객체는 실체 객체를 인자값으로 넘겨받아 의존성 결합을 실행합니다. 하지만 가상 프록시에서는 프록시 객체만 생성하고 원본의 실체 객체는 프록시 안에서 관리합니다.

13.8.5 플라이웨이트 패턴 결합

가상 프록시를 구현하기 위해 프록시의 내부 구조를 약간 변경하겠습니다.

프록시 객체 외부에서 주입되는 의존 객체의 설정을 삭제합니다. 가상 프록시는 내부적으로 의존된 객체를 생성하도록 설계합니다.

예제 13-17 Proxy/07/Proxy.php

```php
<?php
```

```php
class Proxy implements Subject
{
    private $_object;

    public function __construct()
    {
        echo __CLASS__." 객체가 생성이 되었습니다.\n";
    }

    public function action1()
    {
        echo __METHOD__."을(를) 호출합니다.\n";
        echo "action1 작업을 처리합니다.\n\n";
    }

    public function action2()
    {
        echo __METHOD__."을(를) 호출합니다.\n";
        // 게으른 객체 생성
        if(!$this->_object) $this->real();
        $this->_object->action2();
    }

    private function real()
    {
        echo "실체 객체를 생성합니다.\n";
        $this->_object = new RealSubject;
    }
}
```

가상 프록시는 내부적으로 실체 객체의 정보를 직접 생성 관리합니다. 이때 같이 사용되는 패턴으로 플라이웨이트가 있습니다.

action2()는 실체 객체와 연결돼 있습니다. 만일 실체 객체가 없다면 가상 프록시 내부에서 실체 객체를 생성합니다. 조건문을 이용하여 객체의 존재 유무를 판단 처리합니다.

```php
// 게으른 객체 생성
if(!$this->_object) $this->real();
```

가상 프록시의 action2()가 처음 실행될 경우 실체 객체의 정보가 없으므로 real() 메서드를 호출하여 객체를 생성합니다. 실체 객체는 공유를 위한 프로퍼티에 저장합니다.

두 번째 action2()가 호출될 때는 실체 객체를 다시 생성하지 않고 내부에 저장된 프로퍼티를 참조하여 실체 객체를 사용합니다. 처음으로 action2()가 실행될 때는 다소 지연시간이 발생할 수 있습니다. 하지만 두 번째 호출부터는 실체 객체를 생성하지 않으므로 빠르게 동작합니다.

객체 생성을 real() 메서드 형태로 분리했습니다. real()은 간단 팩토리 패턴을 응용한 것입니다.

13.8.6 결과 확인

원격 프록시와 가상 프록시의 결과는 동일합니다. 다만 RealSubject의 객체 생성 단계에 차이가 있을 뿐입니다.

```
$ php index.php
Proxy 객체가 생성이 되었습니다.
Proxy::action1을(를) 호출합니다.
action1 작업을 처리합니다.

Proxy::action2을(를) 호출합니다.
실체 객체를 생성합니다.
RealSubject 객체가 생성이 되었습니다.
RealSubject::action2을(를) 호출합니다.
실제 action2 작업을 처리합니다.
```

13.8.7 프레임워크 응용

최신 프레임워크는 실행 시 필요한 클래스의 인스턴스를 미리 생성하여 사용하는 경우가 많습니다. 이를 컨테이너라는 배열로 저장해 객체를 관리합니다.

하지만 이렇게 생성된 모든 객체를 코드에서 전부 사용하는 것은 아닙니다. 필요한 객체와 불필요한 객체가 동시에 생성되며, 불필요한 객체는 코드의 기동 시간만 늦추게 됩니다.

객체의 배열을 초기화할 때 가상 프록시 패턴을 이용하면 보다 효율적으로 자원을 관리할 수 있습니다.

13.9 보호용 프록시

프록시 패턴의 또 다른 적용 사례로 통제 제어 목적이 있습니다. 객체 접근을 제어하기 위해 객체의 대리자surrogate 또는 표시자placeholder를 제공합니다.

13.9.1 통제

객체를 사용하기 위해서는 생성 과정과 자원 할당이 필요합니다. 하지만 객체에 접근 권한이 없는 사람이 프로그램을 사용하고자 할 때 제한된 객체 생성까지 할 필요는 없습니다. 권한이 없는 객체를 생성 과정에서 배제하면 자원 낭비를 줄일 수 있습니다.

프록시를 통해 먼저 제어권을 확인한 후 실제적인 객체를 생성하는 것이 더 좋습니다. 이 경우 보호용 프록시 패턴을 적용합니다.

13.9.2 권한 추가

프록시는 실체 객체로 접근을 시도할 때 접근을 관리하는 책임을 같이 부여하며 권한 정보는 프록시 인자로 전달합니다.

예제 13-18 Proxy/08/index.php

```php
<?php
require "Subject.php";
require "Proxy.php";
require "RealSubject.php";

const ACT1 = 0x01;
const ACT2 = 0x02;
$permit = ACT1;

$proxy = new Proxy($permit);
$proxy->action1();
$proxy->action2();
```

프록시는 전달받은 권한에 따라서 내부를 설정합니다. 프록시는 실체 객체와 동일한 메서드를 갖고 있으며, 프록시의 동일한 메서드를 호출할 때 권한 정보를 같이 검사하여 객체를 생성합니다. 권한이 없으면 실제 연결 객체도 생성하지 않습니다.

예제 13-19 Proxy/08/Proxy.php

```php
<?php
class Proxy implements Subject
{
    private $_object;
    Private $_permit;

    public function __construct($permit)
    {
        echo __CLASS__." 객체가 생성이 되었습니다.\n";
        $this->_permit = $permit;
    }

    public function action1()
    {
        echo __METHOD__."을(를) 호출합니다.\n";
        echo "action1 작업을 처리합니다.\n\n";
    }

    public function action2()
    {
        echo __METHOD__."을(를) 호출합니다.\n";

        if($this->_permit & 0x02) {
            // 게으른 객체 생성
            if(!$this->_object) $this->real();
            $this->_object->action2();
        } else {
            echo "action2 실행 권한이 없습니다.";
        }
    }

    private function real()
    {
        echo "실체 객체를 생성합니다.\n";
        $this->_object = new RealSubject;
    }
}
```

보호용 프록시 패턴을 응용하면 자원을 효율적으로 관리할 수 있습니다.

```
$ php index.php
Proxy 객체가 생성이 되었습니다.
Proxy::action1을(를) 호출합니다.
action1 작업을 처리합니다.

Proxy::action2을(를) 호출합니다.
action2 실행 권한이 없습니다.
```

13.9.3 보호용 프록시 vs. 장식자

2개의 패턴은 객체를 동적으로 확장하여 실행할 수 있다는 점에서 유사합니다. 장식자 패턴의 목적이 새로운 기능을 추가하는 것이라면, 보호용 프록시는 접근을 제어하기 위해 코드를 추가하는 것입니다. 접근을 통제한 후 실체 객체로 접속을 중개합니다.

13.10 스마트 참조자

프록시는 실체 객체에 접근할 때 추가 행위를 부여하여 호출할 수 있습니다. 스마트 참조자smart reference는 장식자 패턴과 유사하게 객체를 동적으로 확장 응용하는 기법입니다.

13.10.1 확장

프록시 패턴은 구조를 응용하여 객체를 확장할 수 있습니다. 실체 객체를 호출하여 행동을 수행하기 전에 프록시 내부에 어떤 작업을 같이 추가해서 실행하는 경우입니다. 이를 스마트 참조자 프록시라고 합니다.

13.10.2 응용

기존에 동작을 처리하던 실체 객체가 있습니다. 이 객체가 동작을 수행하기 전 또는 후에 추가 동작을 삽입합니다.

예제 13-20 Proxy/09/proxy.php

```php
<?php
class Proxy implements Subject
{
    private $_object;
    private $_permit;

    public $_action1;

    public function __construct($permit)
    {
        echo __CLASS__." 객체가 생성이 되었습니다.\n";
        $this->_permit = $permit;
    }

    public function action1()
    {
        echo __METHOD__."을(를) 호출합니다.\n";
        $this->_action1++; // 추가 동작
        echo "action1 작업을 처리합니다.\n\n";
    }

    public function action2()
    {
        echo __METHOD__."을(를) 호출합니다.\n";

        if($this->_permit & 0x02) {
            // 게으른 객체 생성
            if(!$this->_object) $this->real();
            $this->_object->action2();
        } else {
            echo "action2 실행 권한이 없습니다.";
        }
    }

    private function real()
    {
        echo "실체 객체를 생성합니다.\n";
        $this->_object = new RealSubject;
    }
}
```

실체 객체를 직접 수정하는 것보다 프록시 패턴을 통해 추가 행동을 대신 처리하도록 하는 것이 좋습니다.

프록시의 action1( ) 메서드 호출 횟수를 카운트하는 기능을 추가했습니다.

예제 13-21 Proxy/09/index.php

```php
<?php
require "Subject.php";
require "Proxy.php";
require "RealSubject.php";

const ACT1 = 0x01;
const ACT2 = 0x02;
$permit = ACT1;

$proxy = new Proxy($permit);
$proxy->action1();
$proxy->action1();

echo "Action1 실행횟수=".$proxy->_action1."\n";
```

프록시를 통해 action1( ) 메서드를 여러 번 호출한 후 호출 횟수를 읽어옵니다. 이처럼 프록시 패턴을 이용하면 실제 코드를 변경하지 않고도 추가 작업을 부여할 수 있습니다.

```
$ php index.php
Proxy 객체가 생성이 되었습니다.
Proxy::action1을(를) 호출합니다.
action1 작업을 처리합니다.

Proxy::action1을(를) 호출합니다.
action1 작업을 처리합니다.

Action1 실행횟수=2
```

13.11 정리

프록시 패턴의 적용 사례는 매우 다양합니다. 또한 다른 패턴과 결합하여 프록시 패턴이 사용되는 경우도 많습니다.

프록시 패턴의 특징은 투명성을 이용해 객체를 분리하여 재위임한다는 것입니다. 분리된 객체를 위임함으로써 대리 작업을 중간 단계에 삽입할 수 있으며, 분리된 객체를 동적으로 연결함으로써 객체의 실행 시점을 관리할 수도 있습니다. 프록시 패턴은 세밀한 객체의 접근이 필요할 때도 매우 유용합니다.

Part 3

행동 패턴

반복자 패턴 명령 패턴 방문자 패턴

체인 패턴 감시자 패턴 중재자 패턴

상태 패턴 메멘토 패턴

템플릿 메서드 패턴 전략 패턴 인터프리터 패턴

디자인 패턴은 크게 3개의 파트로 나뉘어 있습니다. 세 번째로 알아볼 패턴은 행동 패턴입니다. 행동 패턴은 객체의 행위가 어떻게 목적을 수행하는지에 대해 알아봅니다.

감시자 패턴   메멘토 패턴

명령 패턴   반복자 패턴

방문자 패턴   복합체 패턴   브리지 패턴

빌더 패턴   상태 패턴

싱글턴 패턴   어댑터 패턴   인터프리터 패턴

장식자 패턴   전략 패턴

중재자 패턴   체인 패턴

추상 팩토리 패턴   템플릿 메서드 패턴

파사드 패턴   팩토리 메서드 패턴

팩토리 패턴   프로토타입 패턴

프록시 패턴   플라이웨이트 패턴

책임

객체는 상태^{state}와 행위^{behavior}라는 두 개의 특징을 갖고 있습니다. 객체지향은 목적을 수행하기 위해 관련 있는 상태와 행위를 하나로 묶어서 처리합니다. 그리고 이를 객체라고 합니다.

상태는 객체가 갖고 있는 속성을 말하며 행위는 객체가 갖고 있는 기능을 의미합니다. 또 객체는 하나의 목적을 해결하기 위해서 다수의 객체로 분리되고 서로 유기적인 연관 관계를 가집니다.

행동 처리

객체는 어떤 처리를 해야 하는 책임을 갖고 있으며 그 책임을 객체에 할당합니다. 정확한 책임 할당과 설계는 프로그램을 보다 효율적으로 동작하고 유지할 수 있게 하므로 객체에 책임을 할당하고 정의하는 것은 중요합니다.

객체에 행동이 할당될 경우 객체 간 상호 교류가 발생합니다. 객체지향에서 유기적으로 서로 연관된 객체를 제어하는 것은 쉽지 않습니다. 객체들은 상호 작용을 위해 객체의 정보가 포함된 데이터 구조를 필요로 합니다. 행동 패턴은 객체의 상호작용을 위해 연결하는 방법을 규정하는 것이며, 객체의 제어 구조를 패턴화해 객체 간 상호 작용을 해결합니다.

행동 분리

절차적 방식과 달리 객체지향은 책임이 여러 객체로 분산돼 있습니다. 규모가 있는 프로그램을 단 하나의 객체로 설계하지는 않습니다. 만일 하나의 객체로 프로그램이 설계된다면 절차적 방식의 프로그램과 다르지 않습니다.

객체지향은 분산을 통해 하나의 객체에 역할을 집중하지 않고, 다수의 객체들과 함께 책임을 분담합니다. 예전에는 객체지향이 상속을 통해 분산을 처리했습니다만, 행동 패턴에서는 상속보다 복합 구조를 통해 객체의 책임을 분산합니다.

객체의 행동이 분산됐을 때 어떻게 서로 연결하고 제어해야 하는가가 문제입니다. 각각의 객체는 분산된 행위를 호출하기 위해 서로 참조 가능한 참조자를 갖고 있는데, 객체는 참조자를 통해 서로 의존 관계를 유지하고, 객체 간 관계를 같이 관리합니다.

추상화

객체 행위는 크게 공통된 연산^operation과 공통되지 않은 연산으로 구별할 수 있습니다. 행동 패턴은 객체에서 변화 가능한 부분이 어디인지 찾아냅니다. 그리고 변화되는 부분과 변화되지 않는 부분을 추상화로 분리합니다.

추상화를 통해 행위를 분리하는 목적은 객체의 다형성을 부여하기 위해서입니다. 다형성은 계속 변경되고 유사한 행동들에 대해 쉽게 객체를 정의할 수 있습니다. 공통된 연산은 추상 클래스에 정의하고, 공통되지 않은 연산은 하위 클래스로 구현을 요청합니다.

알고리즘

행동 패턴은 추상화로 객체의 책임을 분리합니다. 또한 추상화는 다형성을 적용해 유사한 행위들을 독립적인 객체로 캡슐화합니다.

추상화를 통해 하위 클래스로 분리하는 것과 달리 별도의 객체로 책임을 캡슐화합니다. 행위를 별도의 객체로 분리할 때 기존 객체는 복합 객체로 변경됩니다. 복합 객체는 분리된 객체의 참조값을 가지며 참조를 통해 객체의 의존 관계를 형성합니다. 이렇게 분리되는 객체는 알고리즘 형태로 대체됩니다.

분리된 객체의 참조값은 매개변수를 통해 전달하거나 별도의 setter 메서드를 통해 설정할 수 있습니다. 이때 기존 객체에는 의존 관계인 외부 객체를 제어하는 로직이 필요합니다.

패턴

행동 패턴은 다른 패턴보다 종류가 많은데, 행위를 추상화하는 방법에 따라 10가지로 분류됩니다.

반복자 패턴

반복자 패턴은 집합체를 통해 객체의 원소를 순회하여 처리합니다. 또한 객체의 반복 접근을 위해 인터페이스를 제공하고 순회 방법을 캡슐화합니다.

명령 패턴

명령 패턴은 객체의 행위를 직접 요청하지 않으며 캡슐화된 행위 객체를 전달하여 동작을 수행합니다.

방문자 패턴

방문자 패턴은 객체의 데이터 구조와 처리를 분리합니다. 양방향 참조를 통해 분리된 객체 행위를 수행합니다.

체인 패턴

체인 패턴은 객체의 요청을 사슬 고리 형태로 연결합니다. 객체는 자신의 동작이 완료될 때 내부적으로 연결된 객체에 다음 행위를 위임합니다. 한 번의 객체 호출로 여러 객체의 행위를 수행할 수 있습니다.

감시자 패턴

감시자 패턴은 상태 변화가 있을 때 직접 처리하지 않습니다. 변화에 대한 행위를 독립된 객체로 분리하고 상태를 통보합니다. 수신자는 전달 받은 상태의 객체를 호출합니다.

중재자 패턴

중재자 패턴은 상호 연결된 객체를 그룹화하고 객체 사이의 프로토콜을 캡슐화하는 등 분산된 객체의 역할을 조정합니다.

상태 패턴

상태 패턴은 조건에 따른 행동을 독립 객체로 캡슐화하고, 상태값에 따라 의존된 객체의 행동을 호출하는 형태로 제어 구조를 개선합니다.

메멘토 패턴

메멘토 패턴은 스냅숏을 활용해 객체 상태를 스택에 저장하고, 스택에 저장된 객체는 복구를 통해 이전 상태로 되돌릴 수 있습니다.

템플릿 메서드 패턴

템플릿 메서드 패턴은 객체의 행위를 단계적으로 분리합니다. 추상화를 통해 공통된 단계와 공통되지 않은 단계를 분리함으로써 다양한 로직을 처리합니다.

전략 패턴

전략 패턴은 객체의 행위를 독립적인 알고리즘 객체로 분리합니다. 분리된 객체를 전달함으로써 내부의 행위를 다양하게 변경하여 처리합니다.

it·er·a·tor
[ítərèitər] 🔊))

CHAPTER **14**

반복자 패턴

반복자 패턴[1]은 내부 구조를 노출하지 않고 집합체를 통해 원소 객체에 순차적으로 접근할 수 있는 방법을 제공합니다.

14.1 객체의 집합

집합은 어떤 조건에 의해 모인 요소의 묶음입니다. 객체의 데이터 또는 기능을 집합으로 묶어 처리할 수 있습니다.

14.1.1 배열로 데이터 묶기

변수는 하나의 데이터를 가집니다. 이와 달리 배열은 유사한 조건의 데이터를 하나의 집합으로 묶어서 처리합니다.

다음은 과일 이름을 배열로 저장합니다.

```
$fruit = ['apple','banana','berry','grape'];
```

---

1 영문 표현으로는 이터레이터 패턴이라고 합니다.

배열의 특징은 하나의 변수명을 사용해 여러 데이터를 저장한다는 것입니다. PHP와 같은 동적 데이터를 저장하는 언어에서는 배열에 문자열뿐만 아니라 다양한 종류의 데이터 타입을 저장할 수 있습니다.

하나의 배열은 복수의 데이터를 가집니다. 즉, 데이터를 그룹화합니다. 배열 각각의 요소는 색인을 이용해 접근하며 각 색인은 숫자 또는 키^{key}값을 이용해 접근합니다.

14.1.2 반복문

반복문은 코드의 일부분을 반복 실행합니다. 반복문 중에서는 for문과 while문을 가장 많이 사용합니다.

for문은 변수를 초기화해 지정된 횟수만큼 일정 영역의 코드를 반복합니다. 이때 for문은 변수를 1씩 늘릴 수 있으며 이 변수를 배열의 색인값으로 사용할 수 있습니다.

예제 14-1 Iterator/01/index.php

```php
<?php
$fruit = ['apple','banana','berry','grape'];
for ($i=0; $i<count($fruit);$i++) {
    echo $fruit[$i]."\n";
}
```

apple　　　　banana　　　　berry　　　　grape

그림 14-1 배열값

```
$ php index.php
apple
banana
berry
grape
```

예제에서 $i 변수는 0으로 초기화되고 증가 연산자(++)를 이용해 변수를 +1씩 늘립니다. $i
는 $fruit 배열의 색인값으로 사용되며 배열의 각 요소에 접근합니다.

배열과 반복문(for문, while문)의 동작은 향후 반복자 패턴으로 확장됩니다.

14.2 배열

배열은 집합 개념을 이해하는 데 도움이 되는 학습 예제입니다. 배열과 집합에 대해 좀 더 알아
보겠습니다.

14.2.1 요소 객체

집합은 여러 개의 데이터를 하나로 묶습니다. 묶인 데이터 하나를 요소라고 하며, 반복자 패턴
에서는 객체를 하나의 데이터 요소로 처리합니다. 또한 반복자 패턴에서는 객체로 묶인 요소들
을 관리하고 실행합니다.

선언된 클래스는 인스턴스화를 통해 객체로 생성되고, 생성된 여러 객체들은 배열로 묶어 관리
합니다. 다음 예제는 과일 정보를 담는 클래스를 선언합니다.

예제 14-2 Iterator/02/fruitphp

```php
<?php
class Fruit
{
    public $name;

    public function __construct($name)
    {
        $this->name = $name;
    }

    public function getName()
    {
        return $this->name;
    }
}
```

14.2.2 순서

먼저 요소로 묶일 객체의 클래스를 선언했습니다. 선언한 Fruit 클래스를 이용해 객체들을 생성합니다. 생성된 객체는 다시 배열로 묶어 저장합니다.

다음은 배열을 이용해 복수의 객체를 묶은 코드의 일부입니다.

```
$fruit = [
    new Fruit("Apple"),
    new Fruit("Banana"),
    new Fruit("Berry"),
    new Fruit("Grape")
];
```

$fruit 배열 안에서는 인스턴스화를 통해 객체를 생성함과 동시에 객체를 배열로 묶습니다. 묶인 배열은 순차적으로 저장됩니다.

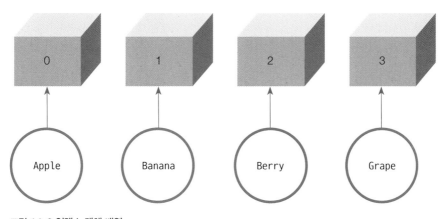

그림 14-2 인덱스 객체 배열

요소를 하나의 집합으로 묶으면 각각의 요소는 순서를 가집니다. 이 순서는 색인 또는 키를 통해 묶을 수 있습니다. 순차적^{indexed}으로 묶인 배열은 인덱스 번호를 통해 접근합니다.

14.2.3 순환

순환은 모든 요소에 하나씩 접근하여 실행하는 것을 말합니다. 배열이 여러 개의 객체를 가진 경우 각각의 객체에 접근해서 사용합니다.

배열의 객체 요소를 순환할 때는 for문과 같은 반복문을 사용합니다. 다음 예제는 생성한 객체 배열을 하나씩 순환하여 객체에 접근하는 것입니다.

예제 14-3 Iterator/02/index.php

```php
<?php
require_once "Fruit.php";

$fruit = [
    new Fruit("Apple"),
    new Fruit("Banana"),
    new Fruit("Berry"),
    new Fruit("Grape")
];

for ($i=0; $i<count($fruit);$i++) {
    echo $fruit[$i]->getName()."\n";
}
```

```
$ php index.php
Apple
Banana
Berry
Grape
```

반복자는 객체에 순차적으로 접근하여 처리를 수행하는 동작과 유사합니다.

14.3 집합체

반복자는 객체의 효율적인 집합 관리를 위해 별도의 집합체^{Aggregate}를 갖고 있습니다. Aggregate는 사전적으로 '집합', '모으다'라는 의미가 있습니다.

14.3.1 집합 객체

집합체는 단순 배열과 달리 복수의 객체를 가진 복합 객체입니다. 집합체를 다른 말로 컬렉션 collection이라고 합니다.

반복자 패턴은 배열을 사용하지 않고 별도의 컬렉션 객체를 생성합니다. 컬렉션 객체로 설계하는 이유는 패턴으로서 효율적으로 객체를 관리하기 위해서입니다. 컬렉션의 메서드를 통해서는 새로운 객체를 추가하거나 삭제하는 행위를 쉽게 처리할 수 있습니다.

일부 프로그래밍 언어는 배열의 크기를 제한하는 경우가 있습니다. 이때, 컬렉션을 응용하면 보다 유연하게 확장할 수 있습니다.

14.3.2 인터페이스

집합체를 위한 인터페이스를 설계합니다. 인터페이스는 컬렉션에서 처리하는 메서드 규약을 정의합니다.

예제 14-4 Iterator/03/Aggregate.php

```php
<?php
interface Aggregate
{
    public function iterator();
}
```

집합체는 객체의 순환 반복을 처리하기 위해 한 개의 `iterator()` 메서드를 인터페이스로 선언합니다.

14.3.3 컬렉션

컬렉션은 객체의 모음입니다.[2] 다음 예제에서는 Aggregate 인터페이스를 적용하여 집합체 객체를 생성합니다.

....
2 다른 용어로 '객체의 컨테이너'라고도 합니다.

```php
<?php
// 컬렉션
class Collection implements Aggregate
{
    // 외부의 직접 수정을 방지합니다.
    private $objs = [];
    private $last = 0;

    // 집합에서 하나의 객체를 반환합니다.
    public function getObj($id)
    {
        return $this->objs[$id];
    }

    // 전체 객체의 개수를 반환합니다.
    public function getLast()
    {
        return $this->last;
    }

    // 새로운 객체를 추가합니다.
    public function append($obj)
    {
        array_push($this->objs, $obj);
        $this->last++;
    }

    // 인터페이스 구현
    public function iterator()
    {
        // 이터레이터 객체를 생성합니다.
        return new IteratorObject($this);
    }
}
```

컬렉션으로 묶은 각각의 객체는 요소^{element}입니다. 컬렉션은 append( ) 메서드가 전달한 객체를 내부의 $objs 배열에 저장합니다.

객체를 추가하는 경우 객체의 $last값을 1씩 증가시킵니다.

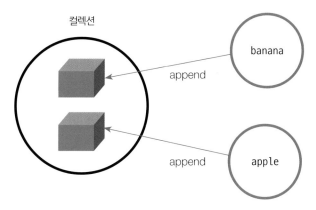

그림 14-3 컬렉션 객체

컬렉션은 순환하는 객체를 가진 단순한 묶음의 객체입니다.

14.3.4 제어권

컬렉션은 복수의 객체를 가진 집합체로, 내부 객체의 반복 순환을 처리하기 위해 동작을 분리합니다. 분리된 제어부는 필요에 따라 내부 또는 외부에 위치할 수 있습니다. 외부 반복자는 사용자가 반복 제어를 직접 결정하고, 내부 반복자는 내부 제어를 반복자가 처리합니다.

복합체는 주로 외부 반복자를 사용하며 [예제 14-4]에서는 외부 반복자를 사용하기 위해 iterator() 메서드를 제공합니다. iterator() 메서드는 외부의 반복자 객체를 생성합니다.

14.4 반복자

반복자는 묶여 있는 객체들에 순차적으로 접근하여 처리할 수 있는 로직들을 제공합니다. 또한, 컬렉션 안에 있는 객체를 순환 반복하기 위해 외부 반복자를 분리하여 설계합니다.

14.4.1 인터페이스

반복자 패턴이 객체를 순환 처리하기 위해서는 몇 가지 메서드가 필요합니다. 설계 시 메서드의 생성 의무를 부여하는 인터페이스를 선언합니다.

PHP, 자바와 같은 언어들은 반복자 패턴을 응용하기 위해 내장된 인터페이스를 자체적으로 제공하기도 합니다.

다음은 PHP 내부적으로 제공되는 SPL 인터페이스입니다.

```
interface Iterator extends Traversable {
    /* Methods */
    abstract public current ( void ) : mixed
    abstract public key ( void ) : scalar
    abstract public next ( void ) : void
    abstract public rewind ( void ) : void
    abstract public valid ( void ) : bool
}
```

반복자를 설계할 때는 반복 개념을 일반화하여 다형성을 추가하는 것이 중요합니다.

실습을 위해 인터페이스를 추가로 설계하겠습니다.

예제 14-6 Iterator/03/PloyIterator.php

```
<?php
interface PloyIterator
{
    public function isNext();
    public function next();
}
```

반복자의 인터페이스는 요소를 선택하는 메서드를 포함합니다. 필요한 경우 더 다양한 메서드를 추가할 수 있습니다.

14.4.2 반복 객체

선언한 PloyIterator 인터페이스를 적용하여 반복 객체를 선언합니다. 반복 객체는 몇 가지 제어 메서드를 필요로 하므로 함께 구현합니다.

```php
<?php
// 집합체: 이터레이터
class IteratorObject implements PloyIterator
{
    private $Aggregate;
    private $index = 0;

    public function __construct($agg)
    {
        $this->Aggregate = $agg;
    }

    public function isNext()
    {
        if ($this->index >= $this->Aggregate->getLast()) {
            return false;
        } else {
            return true;
        }
    }

    public function next()
    {
        $obj = $this->Aggregate->getObj($this->index);
        $this->index++;
        return $obj;
    }
}
```

isNext( ) 메서드는 다음 객체의 존재를 확인하고 next( ) 메서드는 다음 객체를 반환합니다.

반복 객체는 컬렉션에 저장된 객체를 순환하도록 객체를 반환하는 역할을 합니다.

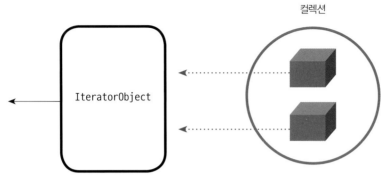

컬렉션

그림 14-4 반복자

14.4.3 결합 관계

반복자의 객체 생성은 집합 객체에 의해 이루어집니다. 따라서 반복자는 집합 객체와 의존 관계를 가집니다.

```php
public function __construct($agg)
{
    $this->Aggregate = $agg;
}
```

반복자 객체는 집합 객체를 의존성으로 주입 받습니다. 반복자 객체 생성 시 자신의 인스턴스인 $this를 매개변수로 전달하는데, $this로 전달 받는 객체는 컬렉션 객체입니다.

```php
public function iterator()
{
    // 반복자 객체를 생성합니다.
    return new IteratorObject($this);
}
```

반복자 객체는 컬렉션이 가진 객체를 순환하는 제어부입니다. 외부로 분리된 제어부는 객체를 하나씩 읽어 처리합니다.

집합체는 의존 관계를 통해 객체를 확장한 것과 같습니다. 집합체와 반복자는 양방향성의 강력한 결합 관계를 가집니다.

14.4.4 객체 추적

반복자는 순환을 위해 다음에 접근할 객체의 정보를 알아야 하므로 다음에 접근할 객체의 위치를 계속 추적합니다. 이를 위해 내부적으로 객체의 위치 정보를 참조할 수 있는 프로퍼티를 갖고 있습니다.

```
private $index = 0;
```

반복을 시작하는 초깃값은 0으로 설정합니다. 반복자의 next() 메서드를 호출하면 현재 객체를 반환하고, 다음 객체를 가리키기 위해 위치값을 1씩 증가시킵니다. 이처럼 위치 정보를 가리키는 것을 커서라고 합니다. 커서는 Iterator 객체의 상태값을 갖고 있습니다.

```
public function next()
{
    $obj = $this->Aggregate->getObj($this->index);
    $this->index++;
    return $obj;
}
```

다음 객체의 정보를 요구하는 메서드를 호출할 때 커서 정보를 변경합니다.

14.5 작업 분할

반복자는 분할되어 여러 객체의 작업을 집합으로 가집니다. 분할된 객체에 실행 알고리즘 로직을 적용할 수 있도록 캡슐화 작업을 합니다.

14.5.1 캡슐화

반복자는 객체를 순환하는 제어부를 캡슐화합니다. 객체지향에서는 반복되는 객체의 행위를 외부 객체로 분리하기 위해 반복자 패턴을 사용합니다. 외부로 분리된 반복자Iterator를 통해 순환 처리를 위임합니다.

반복자는 객체의 항목을 추출하기 위해 next()와 같은 메서드를 구현합니다.

반복자의 순환 제어문을 외부로 분리하여 적용하면, 기존의 코드를 수정하지 않고도 반복되는 작업들을 외부 객체로 해결할 수 있습니다. 이를 위해 각각의 순환문에 동일한 인터페이스를 적용하거나 인터페이스를 통합할 필요가 있습니다.

14.5.2 순환 알고리즘

반복자는 분리된 집합체를 별도의 제어 객체로 관리합니다. 외부 반복자로 집합체를 순환시켜 처리합니다.

집합체와 반복자를 분리하는 이유는 다양한 순환 알고리즘을 적용할 수 있기 때문입니다. 또 서로 다른 객체의 순환을 처리할 수도 있습니다.

반복자는 여러 개의 서로 다른 객체를 포함할 수도 있습니다. 하지만 서로 다른 객체에 접근할 경우 약간의 문제가 발생합니다. 외부 반복자를 이용하면 서로 다른 집합 객체가 있을 때도 동일한 방법으로 순환합니다.

> **NOTE** 주의점
> 객체를 순환할 때 집합 객체를 수정하는 것은 위험합니다. 집합 객체를 순환하는 도중에 객체가 수정되면 오동작이 발생할 수 있습니다. 만약 집합 객체와 별도로 안전하게 객체를 순환하고 싶다면 객체 목록을 복사해서 처리합니다. 그러나 이 작업은 많은 리소스를 소모합니다.

14.5.3 실습 실행

집합체와 반복자를 이용하여 설계한 반복자 패턴을 동작시켜봅시다.

예제 14-8 Iterator/03/index.php

```php
<?php
require_once "Aggregate.php";
require_once "Collection.php";

require_once "PloyIterator.php";
require_once "IteratorObject.php";
```

```
require_once "Fruit.php";

// 집합 생성 및 요소 추가
$menu = new Collection;
$menu->append( new Fruit("Apple") );
$menu->append( new Fruit("Banana") );
$menu->append( new Fruit("Berry") );
$menu->append( new Fruit("Grape") );

// 반복자 객체 호출

$loop = $menu->iterator();
// 반복자를 이용하여 순환
while ($loop->isNext())
{
    $item = $loop->next();
    echo $item->getName()."\n";
}
```

```
$ php index.php
Apple
Banana
Berry
Grape
```

직접 배열로 객체를 저장하는 방법 대신 집합체를 이용하여 컬렉션을 생성합니다. 컬렉션을 통해 외부 반복자를 생성하고, 이 외부 반복자로 컬렉션에 저장된 객체들에 순차적으로 접근하여 순환합니다.

14.5.4 마지막 객체

컬렉션의 객체를 순환할 때는 마지막 객체 여부를 확인합니다. 컬렉션의 isNext() 메서드는 마지막 객체의 존재 여부를 반환합니다.

```
while ($loop->isNext())
{
    $item = $loop->next();
```

```
    echo $item->getName()."\n";
  }
```

순환하기 위해서는 매번 마지막 객체 여부를 확인해야 하지만 이 작업은 번거로울 수 있습니다.

이를 대체하기 위해 마지막 객체의 값으로 null을 넣어두는 방법이 있습니다. 마지막으로 호출되는 객체의 값이 null일 때 순환 루프를 종료하도록 설계할 수 있습니다.

14.6 관련 패턴

반복자 패턴은 매우 인기 있는 디자인 패턴으로 다음과 같은 패턴과 같이 활용되며 유사한 특징을 보입니다.

14.6.1 방문자 패턴

반복자 패턴은 집합체 요소의 개수를 파악하고, 요소의 개수에 접근하여 함께 처리합니다.

14.6.2 팩토리 메서드

반복자 객체 생성 시 팩토리 메서드 패턴을 응용할 수 있습니다.

14.6.3 복합체 패턴

하나의 객체가 다수의 여러 객체를 가질 수 있으며 이러한 구조는 복합체 패턴과 유사합니다. 재귀적 합성 구조를 가진 복합체는 외부 반복자로 처리하기 어려운데, 그 이유는 재귀적 합성 구조가 중첩된 위치 관계를 갖고 있기 때문입니다.

14.7 정리

반복 로직을 처리하는 for문보다 반복자 패턴을 더 많이 응용하는 것은 반복되는 처리를 분리하여 구현하기 위해서입니다. 반복자 패턴은 순환 알고리즘이 실제 구현된 객체에 의존하지 않고, 독립적인 동작을 유지하기 위해 객체의 내부 메서드에 직접 접근하지 않습니다. 그 대신 반복자의 메서드를 호출하여 처리합니다.

반복자 패턴은 객체지향 개발 환경에서 자주 사용되는 패턴입니다. 또한 언어에서 제공되는 반복 기능을 무의식적으로 사용하기도 합니다.

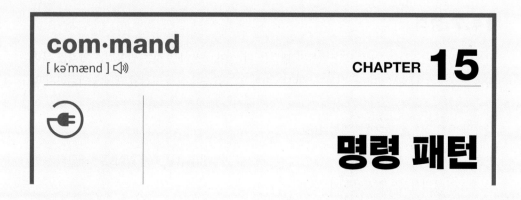

com·mand

[kə'mænd] ◁))

CHAPTER **15**

명령 패턴

명령 패턴은 행동의 호출을 객체로 캡슐화하여 실행하는 패턴입니다.

15.1 명령 처리

작업 결과물이 아닌 작업하는 동작 자체를 다른 객체에 전달하는 경우가 있습니다. 처리해야 하는 동작 코드를 어떻게 다른 객체에 전송할 수 있을까요? 명령 패턴은 행동을 객체로 캡슐화하여 전달합니다.

15.1.1 명령 클래스

객체지향 프로그래밍에서는 데이터와 행위를 하나의 객체로 묶어 캡슐화합니다. 객체는 '동작의 행위'와 '행위를 실행하는 호출 메서드'를 함께 만드는데, 이렇게 구현하는 방법을 작업의 객체화라고 합니다.

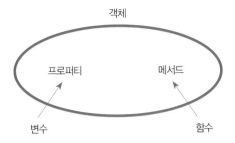

그림 15-1 객체의 구성

기존에는 동작 명령을 함수나 메서드로 구현했습니다. 하지만 명령 패턴에서는 동작 명령을 하나의 클래스 형태로 표현하며 수행하는 동작을 메서드 형태가 아닌 객체 형태로 별도 생성합니다. 명령 패턴은 내부 동작을 위한 모든 정보를 하나의 객체로 캡슐화하고 분리된 객체를 실제 수행으로 전환합니다.

명령 패턴은 유사한 동작을 하나의 객체로 묶어 실행하는 행위 패턴입니다.[1]

15.1.2 객체 전달

명령 패턴은 동작을 하나의 객체로 캡슐화하여 행위를 실행합니다. 명령 패턴은 실제 작업을 수행하는 객체와 이를 실행하는 객체로 분리하여 설계합니다.

객체의 동작 행위와 이를 실행하는 호출 부분을 분리하면 다양한 명령 처리 요청에 따라서 실제 동작의 행위를 제어할 수 있습니다. 분리된 작업 객체와 실행 객체는 의존성 주입을 통해 명령 객체에 위임을 요청합니다. 명령 객체는 실행 메서드에서 위임된 객체를 실행함으로써 실제 동작을 처리합니다.

15.2 명령 패턴의 구성과 특징

명령 패턴을 구현하기 위한 객체의 구성과 특징을 알아보겠습니다.

....

1 명령 패턴은 작동(행동) 패턴(action pattern) 또는 트랜잭션 패턴(transaction pattern)이라고도 불립니다.

15.2.1 구성 요소

명령 패턴은 복수의 명령을 처리하기 위해 객체 간 관계를 정의합니다. 명령 패턴은 4가지의 구성 요소를 갖고 있으며 이 구성 요소는 명령 객체의 인스턴스를 저장하고 호출을 관리합니다.

- 인터페이스(15.3)
- 명령(15.4)
- 리시버(15.5)
- 인보커(15.6)

각각의 구성 요소에 대해서는 예제를 보면서 설명하겠습니다.

15.2.2 매개변수

명령 패턴은 동작을 객체화하여 매개변수 형태로 전달합니다. 전달 받은 객체를 바로 실행하는 것이 아니라 명령 객체로 프로퍼티에 저장한 후 임의의 시점에서 일괄 실행하는 형태입니다.

명령 패턴은 객체의 실행 동작 시점을 분리하여 지연시키는데, 이는 절차지향적 개발에서 콜백callback 함수를 처리하는 것과 같습니다. 또한 명령 패턴은 객체지향적인 콜백 처리와 같습니다.

15.2.3 시점 제어

명령 패턴은 작업의 요청과 처리를 분리하고 요청하는 작업들을 객체로 캡슐화합니다. 이처럼 객체의 실제 동작과 호출 실행 부분을 분리하면 동작의 실행 시점을 제어할 수 있습니다. 동작 객체를 위임 받아 이를 미리 저장해놓고, 필요한 시점에 따라 별도로 실행함으로써 처리합니다. 명령 패턴은 코드의 동작을 순차적으로 실행하지 않고 큐에 쌓아놓았다가 특정 시점에 호출합니다.

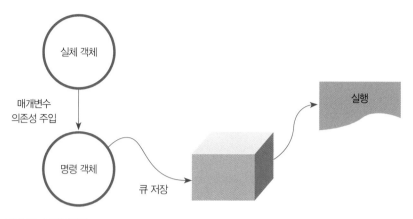

그림 15-2 명령 저장

명령 패턴은 객체의 동작 처리 시간을 구별할 수 있습니다. 위임 받은 객체를 순차적으로 실행하는 것이 아니라, 실행 시점을 미리 설정한 후 실행하는 것입니다. 명령 패턴은 객체의 원래 처리 요청 시점과 다른 생명주기^{lifetime}를 가지며, 명령 패턴을 이용하면 동작 실행의 예약 처리 같은 작업도 가능합니다.

15.2.4 복구

프로그램에는 일반적으로 undo 기능이 있으며 undo 명령을 실행^{execute}할 때 동작 행위를 저장합니다. 동작 행위와 반대되는 행위의 명령을 취소^{unexecute}하는 처리도 추가할 수 있습니다. 또는 큐와 같은 저장소 리스트를 역으로 탐지해 기존의 동작을 취소할 수도 있습니다.

15.2.5 저장

명령을 실행하는 중에 갑자기 오류가 발생하는 등 명령 실행 과정이 정상적으로 이뤄지지 않는 경우가 있습니다. execute 명령을 실행하면서 `load()` 또는 `store()`와 같은 기능을 확장할 수도 있습니다. 명령의 동작을 임시로 저장하면 향후 실행에서 문제가 발생할 경우 재실행도 가능합니다.

15.3 인터페이스

명령 패턴은 동일한 명령 구조와 호출을 위해 인터페이스를 정의합니다. 인터페이스는 명령 패턴의 핵심이며, 통일화된 실행 동작을 유지하는 데 중요한 구성 요소입니다.

15.3.1 일관된 동작

실체 객체의 동작을 실행하는 방법이 클래스마다 다르다면 코드 재사용이 어려울 것입니다. 코드 재사용을 위해서는 클래스를 수정할 필요가 있으며, 동일하게 명령을 실행할 수 있는 호출함수도 필요합니다. 또한 객체를 실행할 때는 통일화된 동작도 필요합니다.

명령 패턴은 일관적인 코드 실행과 재사용을 위해 실행 메서드 호출을 하나로 통일하는데, 인터페이스를 적용해 실행 메서드의 통일화를 강제적으로 적용합니다. 인터페이스는 선언된 메서드를 클래스에서 반드시 구현해야 하는 의무를 갖습니다. 명령 패턴은 인터페이스를 통해 코드의 재사용과 일관된 코드 실행을 유지합니다.

15.3.2 인터페이스 설계

명령 패턴에서 사용할 인터페이스를 선언합니다. 인터페이스 선언은 매우 간단한데 [예제 15-1]에서는 execute() 메서드를 정의합니다.

예제 15-1 Command/01/Command.php

```php
<?php
// 명령 패턴: 인터페이스
interface Command
{
    // 실행 메서드
    public function execute();
}
```

실행되는 모든 객체는 인터페이스의 적용을 받고, 실행 객체는 execute() 메서드를 반드시 구현해야 합니다. 인터페이스는 의무적 설계 구현을 강제화하는 데 유용합니다.

15.4 명령

명령으로 실행되는 실체 객체를 구현합니다. 명령 객체는 일급 객체^{First class citizens}로 분류합니다.

15.4.1 실행 메서드

실행되는 모든 객체는 Command 인터페이스를 적용 받습니다. 인터페이스에는 통일화된 실행 메서드가 선언돼 있는데, 그 이유는 명령 패턴이 미리 약속한 객체의 실행 메서드를 호출하기 때문입니다.

객체를 생성할 때는 인터페이스에서 정의된 실행 메서드를 반드시 같이 구현하여 작성합니다. 이는 명령 패턴이 객체를 실행하는 유일한 메서드입니다.

15.4.2 명령 객체

명령으로 실행되는 객체를 생성합니다. 객체는 명령에 따라 별개의 독립된 객체로 작성합니다.

또한 명령 객체는 실행을 호출하는 메서드를 통일하기 위해 Command 인터페이스를 적용 받습니다. 다음과 같이 execute() 메서드를 구현합니다.

예제 15-2 Command/01/exec1.php

```php
<?php
// 명령 객체
class Exec1 implements Command {

    public function __construct()
    {
        echo __CLASS__." 객체를 생성합니다.\n";
    }

    // 인터페이스 적용
    // 실행 메서드 구현
    public function execute()
    {
        echo "명령1을 실행합니다.\n";
        // 추가 코드 작성
```

```
        }

    }
```

명령 객체는 Command 인터페이스를 이용해 동일한 서브 클래스로 공유하는 것과 같습니다.

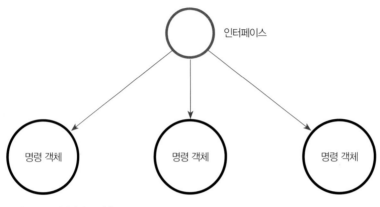

그림 15-3 인터페이스 적용

인터페이스를 적용하여 다수의 명령 객체를 통일합니다.

15.4.3 실행 메서드

모든 실행 객체는 인터페이스에서 정의된 실행 메서드를 갖고 있습니다. 즉 캡슐화된 실행 객체의 execute() 메서드만 호출하면 객체를 실행할 수 있습니다. 이는 명령 패턴의 장점으로, 통일화된 명령 호출과 실행으로 코드를 재사용할 수 있습니다.

예제 15-3 Command/01/index.php

```php
<?php
require "Command.php";
require "exec1.php";

// 명령 객체를 생성합니다.
$cmd = new Exec1;

// 객체를 실행합니다.
$cmd->execute();
```

```
$ php index.php
Exec1 객체를 생성합니다.
명령1을 실행합니다.
```

15.4.4 동작 정의

명령 객체별로 내용을 구성할 수 있습니다. 명령 객체는 execute() 메서드에서 필요한 동작만 정의하며, 명령 객체의 execute() 메서드는 객체 실행을 호출하는 방아쇠와 같다고 볼 수 있습니다.

[예제 15-3]은 간단한 메시지를 출력하지만, 기능을 추가하여 복잡한 명령 동작의 코드를 작성할 수 있습니다.

15.5 리시버

명령 패턴은 처리해야 하는 명령을 하나의 객체로 캡슐화합니다. 명령의 실행 동작을 내부적으로 구현하는 것과 달리 외부로부터 객체를 위임 받아 대신 호출합니다.

15.5.1 실제 동작

분리된 실제 동작은 명령 객체에서 처리됩니다. 다음 Concrete 클래스는 실제 동작을 처리하는 객체입니다.

예제 15-4 Command/02/Concrete.php

```
<?php
// 실제 명령
class Concrete
{
    public function action1()
    {
```

```
        echo "동작1: 안녕하세요.\n";
    }

    public function action2()
    {
        echo "동작2: 즐거운 시간 되세요.\n";
    }

}
```

실체 객체는 클라이언트^{client}에서 미리 생성되고 명령 객체의 인자로 전달됩니다.

15.5.2 객체 인자

명령 객체를 생성할 때는 실행 동작을 직접 구현하지 않고 외부로부터 동작을 위임 받아 처리
합니다. 명령 객체를 생성할 때 실제 동작과 관련된 객체를 인자로 전달 받습니다. 명령 객체는
의존성 주입으로 전달 받은 객체를 통해 실체 객체에 접근하는 명령을 실행합니다.

예제 15-5 Command/02/exec2.php

```php
<?php
// 명령 객체
class exec2 implements Command {

    private $Receiver;

    public function __construct($receiver)
    {
        echo __CLASS__." 객체를 생성합니다.";
        // 실체 객체 의존성 주입
        $this->Receiver = $receiver;
    }

    // 인터페이스 적용
    // 실행 메서드 구현
    public function execute()
    {
        echo "명령2를 실행합니다.\n";

        // 여러 개의 리시버 동작을 처리할 수 있습니다.
```

```
        // 실체 객체의 명령을 수행합니다.
        $this->Receiver->action1();
        $this->Receiver->action2();

        // 추가 코드 작성

    }

}
```

다양하고 복잡한 명령을 처리하기 위해 실체 객체와 명령 객체를 분리합니다.

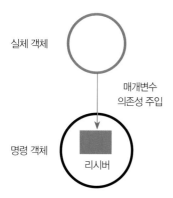

실체 객체

매개변수
의존성 주입

명령 객체

리시버

그림 15-4 실체 객체와 명령 객체 연결

사실 우리는 간단한 명령 하나를 실행한 것이지만, 그 안에서는 상당수의 복잡한 기능이 처리
될 수도 있습니다. 앞에 나온 명령 객체처럼 동작 객체를 위임 받아 함께 실행합니다.

15.5.3 리시버 연결

리시버^{Receiver}는 클라이언트로부터 생성된 Concrete 객체를 보관합니다. 명령 패턴을 응용하면
명령을 동적으로 변경할 수 있습니다.

예제 15-6 Command/02/index.php

```
<?php
require "Command.php";
```

```
require "exec2.php";

// concrete
require "concrete.php";

$receiver = new Concrete;

// 명령 객체를 생성합니다.
$cmd = new Exec2($receiver);

// 객체를 실행합니다.
$cmd->execute();
```

리시버를 명령의 매개변수로 전달합니다. 리시버는 실제 작업 처리를 수행합니다.

```
$ php index.php
exec1 객체를 생성합니다. 명령2를 실행합니다.
동작1: 안녕하세요.
동작2: 즐거운 시간 되세요.
```

명령 객체는 실체 객체를 리시버로 연결해 하나의 객체로 캡슐화합니다. 또한 하나의 execute( ) 메서드만 이용하여 실행합니다.

리시버 동작의 경우 수신자[receiver] – 동작[action]이 한 쌍으로 처리됩니다. 이 동작은 명령 객체의 execute( ) 메서드를 호출할 때 코드를 작성하며 명령 패턴은 객체로 동작을 분리합니다.

15.6 인보커

명령 패턴은 다수의 명령 객체를 관리합니다. 인보커[Invoker]는 생성된 명령 객체를 저장하고 관리하는 역할을 합니다.

15.6.1 요구 저장

인보커는 작업을 저장하는 객체입니다. 명령 객체를 생성하여 인보커에 등록하면 저장된 명령 객체를 관리할 수 있습니다.

인보커는 내부적으로 명령 객체를 담고 있는 배열입니다. 또한 배열에 새로운 명령 객체를 추가합니다. setCommand() 메서드는 새로운 명령 객체를 인보커에 할당하는 동작을 수행합니다.

예제 15-7 Command/03/Invoker.php

```php
<?php
// 명령 패턴
class Invoker
{
    public $cmd = [];

    // 명령 객체를 저장합니다.
    public function setCommand($key, $command)
    {
        $this->cmd[$key] = $command;
    }

    // 명령 객체를 삭제합니다.
    public function remove($key)
    {
        unset($this->cmd[$key]);
    }

    // 명령 객체를 실행합니다.
    public function execute($key)
    {
        if (isset($this->cmd[$key])) {
            $this->cmd[$key]->execute();
        }
    }
}
```

등록한 명령 객체를 remove() 메서드로 삭제할 수도 있습니다.

15.6.2 명령 목록

명령의 동작을 다른 말로 이벤트[event]라고 합니다. 이러한 이벤트 명령은 이벤트 목록에 저장되고 명령을 순차적으로 처리합니다.

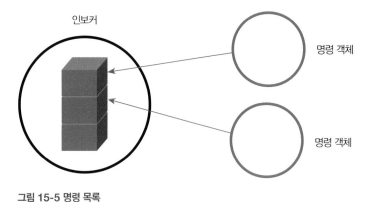

인보커

명령 객체

명령 객체

그림 15-5 명령 목록

인보커에는 실제 동작의 리시버 객체를 저장합니다. [2]

15.6.3 요청 실행

인보커는 저장된 명령 객체의 요청을 실행하고 명령 객체의 execute( ) 메서드를 대신 호출하여 실행합니다.

예제 15-8 Command/03/index.php

```php
<?php
require "Command.php";
require "exec1.php";
// 명령 객체를 생성합니다.
$Exec1 = new Exec1();

require "exec2.php";
// concrete
require "concrete.php";
$Receiver = new Concrete;
// 명령 객체를 생성합니다.
$Exec2 = new Exec2($Receiver);
```

....

2 $this 변수와 같이 자기 자신을 가리키는 참조를 넣으면 명령 패턴이 무한 루프로 빠질 수 있습니다.

```
// 인보커
require "Invoker.php";
$Invoker = new Invoker;
$Invoker->setCommand("cmd1",$Exec1);
$Invoker->setCommand("cmd2",$Exec2);

// 객체를 실행합니다.
$Invoker->execute("cmd1");
$Invoker->execute("cmd2");
```

```
$ php index.php
Exec1 객체를 생성합니다.
exec2 객체를 생성합니다. 명령1을 실행합니다.
명령2를 실행합니다.
동작1: 안녕하세요.
동작2: 즐거운 시간 되세요.
```

인보커에 등록된 특정 명령 객체를 선택할 수 있으며 이를 실행할 수도 있습니다.

15.6.4 매크로 처리

인보커는 다수의 명령 객체를 갖고 있습니다. 다음 예제는 인보커에 등록된 모든 명령 객체를 한번에 수행할 수 있는 매크로입니다.

```
// 객체를 실행합니다.
foreach ($Invoker->cmd as $cmd) {
    $cmd->execute();
}
```

인보커에 등록된 배열을 순차적으로 실행합니다. 이때 반복자 패턴을 결합하여 사용합니다. 이처럼 인보커를 이용해 명령 객체를 관리하면 복수의 명령 객체를 동시에 실행할 수 있습니다.

15.7 클라이언트

클라이언트는 명령 패턴에서 새로운 명령 객체를 생성하고 생성된 명령 객체를 다시 리시버에 전달하며 인보커에 저장된 명령 객체 실행을 요청합니다.

15.7.1 클라이언트

우리는 이미 클라이언트 실습을 진행했습니다. 단락마다 실행한 index.php 파일이 클라이언 트에 해당합니다.

클라이언트는 명령 객체를 생성하고 리시버 객체에 명령 인자값으로 명령 객체를 전달하는 역할을 합니다. 또한 생성된 명령 객체를 인보커에 저장하며 실행과 관리를 대신 처리합니다.

15.7.2 익명 클래스

앞의 실습에서는 명령 객체를 생성한 후 인보커에 의존성을 주입했습니다. 동일한 객체가 클라이언트와 인보커에 동시 저장되는 형태입니다.

익명 클래스를 이용해 직접 명령 객체를 생성하고 인보커에 저장할 수도 있습니다.

예제 15-9 Command/04/index.php

```php
<?php
require "Command.php";

// 인보커
require "Invoker.php";
$Invoker = new Invoker;

// Command 인터페이스를 적용한 익명함수를 저장합니다.
$Invoker->setCommand("cmd1",
    new class implements Command {
        public function execute()
        {
            echo "명령1을 실행합니다.\n";
        }
    }
```

```
  );

  $Invoker->setCommand("cmd2",
     new class implements Command {
        public function execute()
        {
           echo "명령2를 실행합니다.\n";
        }
     }
  );

  // 객체를 실행합니다.
  foreach ($Invoker->cmd as $cmd) {
     $cmd->execute();
  }
```

익명 클래스에 인터페이스를 적용하여 명령 객체를 직접 인보커에 전달합니다. 인보커 배열에
저장된 명령 객체는 호출할 수 있는 execute() 메서드를 갖고 있습니다.

익명함수로 구현된 인보커의 모든 명령 객체는 반복자 패턴을 응용하여 매크로로 호출해봅니다.

```
$ php index.php
명령1을 실행합니다.
명령2를 실행합니다.
```

Clinet는 Concrete 객체를 생성하고 리시버에 저장하며 명령의 execute를 직접 실행할 수 있
습니다. 하지만 직접 명령을 실행하면 리시버와 인보커를 분할하기가 어렵습니다.

15.8 undo

명령 패턴은 각각의 명령 동작을 캡슐화하여 실행합니다. 명령을 실행할 수 있다는 것은 반대
로 취소도 가능하다는 의미입니다.

15.8.1 취소 동작

윈도우와 같은 응용 프로그램을 보면 메뉴에 실행 명령과 이를 취소할 수 있는 undo 기능이 같이 있는 것을 확인할 수 있습니다.

명령 객체에 꼭 1개의 실행 메서드만 만들어서 사용할 필요는 없습니다. 다수의 메서드를 인터페이스 형태로 선언해 다양한 실행 동작을 지정할 수 있습니다.

이러한 실행 및 취소 기능은 대부분 명령 패턴을 응용하여 사용된 사례입니다.

15.8.2 undo 추가

Undo 기능을 추가하기 위해 Command 인터페이스에 새로운 메서드를 하나 추가합니다.

예제 15-10 Command/05/command.php

```php
<?php
// 명령 패턴: 인터페이스
interface Command
{
    // 실행 메서드
    public function execute();

    // 취소 명령
    public function undo();
}
```

새로운 메시드가 인터페이스에 추가됐습니다.

15.8.3 undo 기능 구현

인터페이스가 변경되면 이를 적용한 모든 명령 객체는 undo ( ) 메서드를 구현해야 합니다.

예제 15-11 Command/05/exec1.php

```php
<?php
// 명령 객체
```

```php
class Exec1 implements Command {

    public function __construct()
    {
        echo __CLASS__." 객체를 생성합니다.\n";
    }


    // 인터페이스 적용
    // 실행 메서드 구현
    public function execute()
    {
        echo "명령1을 실행합니다.\n";
        // 추가 코드 작성
    }


    // 취소 기능 추가
    public function undo()
    {
        echo "명령1 실행을 취소합니다.\n";
    }
}
```

15.8.4 undo 실행

클라이언트에서 execute ( ) 메서드와 undo ( ) 메서드를 같이 실행해봅시다.

예제 15-12 Command/05/index.php

```php
<?php
require "Command.php";
require "exec1.php";

// 명령 객체를 생성합니다.
$cmd = new Exec1;

// 객체를 실행합니다.
$cmd->execute();
$cmd->undo();
```

```
$ php index.php
Exec1 객체를 생성합니다.
명령1을 실행합니다.
명령1 실행을 취소합니다.
```

15.8.5 undo 상태 저장

명령 객체의 undo( ) 메서드는 작업한 객체 실행을 취소하는 동작입니다. 만일 여러 개의 명령 객체가 순차적으로 실행됐다면 취소 동작도 역순으로 순차 실행돼야 합니다.

복수의 명령 객체를 취소할 때는 인보커를 통해 마지막으로 실행한 명령 상태를 저장하는 방법을 사용합니다.

15.9 장단점

명령 패턴은 요청과 실행이 서로 의존하지 않는 구조를 만들 때 매우 유용합니다.

15.9.1 확장성

기존의 코드 수정 없이 명령 객체를 추가해 실행 동작을 확장할 수 있습니다. 또한 여러 개의 명령을 하나의 리스트로 묶어 실행합니다.

15.9.2 클래스 개수

명령 패턴은 다수의 명령이 존재할 때 클래스의 개수가 증가합니다. 클라이언트는 명령 클래스의 인스턴스를 생성하며 명령 실행은 인보커가 처리합니다.

15.10 관련 패턴

명령 패턴 응용은 다음 패턴과도 연관됩니다.

15.10.1 복합체 패턴

여러 개의 명령 객체를 관리하기 위해 복합체^{composite} 패턴을 사용합니다. 복합체 패턴은 복합 구조의 객체를 응용하여 여러 개의 노드를 갖습니다. 명령 객체의 인보커가 여러 개의 명령 객체를 갖고 있는 것이 복합체 패턴과 유사합니다.

15.10.2 메멘토

실행되는 명령의 이력을 저장할 때 메멘토 패턴을 함께 응용합니다. 메멘토는 상태를 관리하는 패턴입니다. 메멘토를 이용해 객체의 상태를 저장하고, 저장된 상태값을 이용해 undo 기능을 구현할 수 있습니다.

15.10.3 프로토타입

명령 객체 상태를 저장할 때 객체를 복사합니다. 프로토타입 패턴은 객체를 생성하지 않고 생성된 객체를 복제하여 저장합니다.

15.11 정리

명령 패턴은 다양한 곳에서 활용할 수 있습니다.

15.11.1 메뉴 처리

오래 전부터 명령 패턴이 가장 많이 활용된 부분은 컴퓨터 응용프로그램^{application}입니다. 응용프로그램에는 동작을 구분하기 위한 메뉴가 다수 존재합니다.

이러한 메뉴는 대부분 하나의 객체로 캡슐화되며 클릭 시 동작을 처리합니다. 그리고 각각의 메뉴는 명령 객체로 생성되며 이를 인보커 목록에 저장합니다.

15.11.2 CLI

요즘 CLI^{command line interface} 도구를 개발할 때도 명령 패턴을 응용하는데, 옵션 동작을 하나의 명령 객체로 캡슐화하여 처리합니다. 즉, 터미널에서 명령을 입력하면 명령에 대한 객체를 찾아 호출하는 방법으로 처리합니다.

CHAPTER 16
방문자 패턴

방문자^{visitor} 패턴은 공통된 객체의 데이터 구조와 처리를 분리하는 패턴입니다.

16.1 데이터 처리

객체는 데이터와 행위가 있으며 객체의 행위는 데이터를 처리합니다.

16.1.1 캡슐화

객체는 데이터와 함수를 하나의 그룹으로 묶어 처리하는데, 이러한 객체의 특성을 캡슐화라고 하며 다른 말로 번들링^{Bundling}이라고도 합니다.

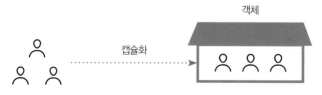

그림 16-1 데이터 캡슐화

초창기의 캡슐화는 C 언어에서 구조체^{struct}나 공용체^{union}로 데이터만 묶어 처리했습니다. 그러나 데이터만 포함된 구조체와 달리 객체는 함수도 포함합니다.

예제 16-1 Visitor/01/IceCream.php

```php
<?php
class IceCream
{
    private $name;
    private $price;
    private $tax;
    private $num;
}
```

최근의 캡슐화는 데이터와 행위를 위한 메서드 함수를 하나의 객체로 묶어 처리합니다. 이와 같이 캡슐화는 데이터와 행위를 하나의 객체로 만들어 재사용을 늘립니다. 또한 캡슐화는 추상화로 인해 모듈화 프로그램을 개발하는 데 유용하게 활용됩니다.

16.1.2 정보 은닉

객체를 이용하여 데이터를 캡슐화하는 이유는 정보를 은닉할 수 있기 때문입니다. Private, Protected와 같은 접근 속성을 이용하면 객체 내에 있는 데이터를 외부로부터 숨기는 효과가 있습니다.

외부로부터 은닉화된 데이터에 접근하려면 세터setter, 게터getter와 같은 데이터 접근 메서드를 함께 구현해야 합니다. 이러한 메서드는 데이터 캡슐화 처리 시 같이 설계합니다.

다음 예제는 상품 주문을 처리하는 객체 구조입니다.

예제 16-2 Visitor/01/product.php

```php
<?php
class Product
{
    protected $name;
    protected $price;
    protected $num;
```

```php
    // Setter: 상품명 설정
    public function setName($name)
    {
        $this->name = $name;
    }

    // Getter : 상품명 확인
    public function getName()
    {
        return $this->name;
    }

    // Setter: 가격 설정
    public function setPrice($price)
    {
        $this->price = $price;
    }

    // Getter : 가격 확인
    public function getPrice()
    {
        return $this->price;
    }

    // Setter: 수량 설정
    public function setNum($num)
    {
        $this->num = $num;
    }

    // Getter : 수량 확인
    public function getNum()
    {
        return $this->num;
    }

    // 행위 추가 동작
    public function getTax($tax=10)
    {
        return ( $this->price * $this->num ) * $tax/100;
    }

}
```

캡슐화된 객체의 메서드는 단순히 데이터에만 접근할 수 있는 것이 아니라 필요 시 데이터 가공도 같이 처리합니다. 대부분의 객체는 데이터를 처리하는 행위 동작까지 같이 갖고 있는 경우도 많습니다.

16.1.3 행위 추가

캡슐화된 객체에 데이터를 처리하기 위한 동작을 추가하고 싶은 경우도 있을 것입니다. 일반적으로 객체는 데이터를 처리하기 위한 다수의 행위들을 갖고 있습니다.

그렇다면 데이터를 연산하는 코드는 어디에 삽입하는 것이 좋을까요? 일반적으로는 데이터를 갖고 있는 클래스에 행위 메서드를 삽입합니다.

예를 들어 객체가 가격 데이터 정보를 갖고 있고, 이를 이용하여 가격의 부가가치세를 같이 계산해야 하는 코드가 필요하다면 동일한 객체 내에 구현합니다.

```
public function getTax($tax=10)
{
    return ( $this->price * $this->num ) * $tax/100;
}
```

이처럼 데이터를 처리하는 행위가 객체에 추가되면 클래스 선언을 수정해야 합니다. 데이터를 처리해야 하는 작업이 늘어날수록 코드 수정이 잦아집니다.

16.1.4 데이터 접근

객체의 행위는 대부분 객체 내 데이터를 중심으로 동작을 처리합니다. 하지만 객체의 행위가 다른 객체의 정보를 참조하는 경우도 있습니다. 객체의 동작을 수행하기 위해 외부 객체에 접근할 때는 미리 관계를 설정해야 합니다.

객체지향에서 객체는 하나의 책임을 가집니다. 객체는 책임 관계를 형성하면서 다양한 객체들과 동작을 같이 수행합니다. 따라서 여러 객체에 데이터가 분산된 경우 객체 간 관계가 복잡합니다.

데이터가 여러 객체로 분산된 경우, 객체의 데이터에 접근할 수 있는 구조의 큰 객체가 필요합니다. 큰 객체는 데이터가 포함된 객체를 갖고 있는 복합 객체입니다.

복합 객체 생성은 시스템 자원을 소모하며 복잡한 결합 단계가 필요합니다. 하지만 방문자 패턴은 분산된 객체의 데이터와 행위를 순차적으로 접근하여 데이터를 처리할 수 있도록 합니다.

16.2 분리

방문자 패턴은 분산된 객체에서 공통된 처리 로직만 분리합니다. 그리고 공통된 로직 구조를 별도의 객체로 분리합니다.

16.2.1 공통된 로직

객체는 데이터와 이를 처리하기 위한 행위를 포함하고 있습니다. 여기서는 객체에서 데이터를 처리하는 행위만 분리합니다.

예제 16-3 Visitor/02/cart.php

```php
<?php
class Cart extends Product
{
    public function __construct($name, $price, $num=1)
    {
        $this->name = $name;
        $this->price = $price;
        $this->num = $num;
    }

    public function getTax($tax=10)
    {
        return ( $this->price * $this->num ) * $tax/100;
    }

    public function list()
    {
```

```
        $order = $this->name;
        $order .= ", 수량=".$this->num;
        $order .= ", 가격=".$this->price * $this->num." 입니다.\n";
        return $order;
    }

}
```

분리된 객체는 상속을 통해 확장합니다.

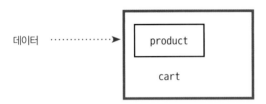

그림 16-2 상속을 통한 객체 확장

데이터를 포함한 객체에서 행위만 별도의 객체로 분리하면 데이터를 갖고 있는 객체는 크게 수정하지 않고도 행위를 쉽게 변경할 수 있습니다. 객체의 데이터와 행위를 분리함으로써 보다 나은 확장성을 갖게 됩니다.

16.2.2 처리 객체

앞절에서 객체의 데이터와 행위 로직을 별도의 객체로 분리했습니다. 변경된 객체를 통해 주문을 처리하는 시스템을 다시 실행해봅시다.

예제 16-4 Visitor/02/index.php

```
<?php
include "product.php";
include "cart.php";

$cart = new Cart("컵라면", 900, 2);
echo $cart->list();
```

```
php index.php
컵라면, 수량=2, 가격=1800입니다.
```

16.2.3 개방-폐쇄 원칙

개방-폐쇄 원칙open-closed principle(OCP)은 객체지향 설계 원칙으로, 소프트웨어 객체 확장은 열려 있어야 하고 수정은 닫혀 있어야 한다는 프로그래밍 원칙입니다.

수정 불가

그림 16-3 확장만 가능한 OCP

즉 OCP 원칙은 클래스를 설계할 때 확장만 허용한다는 것이며 확장을 위해 기존 코드를 수정해서는 안 된다는 뜻입니다. 방문자는 객체지향의 OCP 원칙을 반영한 패턴이고, 방문자 패턴은 데이터 처리 행위를 위해 객체를 분리합니다.

16.3 원소 객체

객체의 데이터와 행위가 다수의 객체로 분산된 경우 방문자 패턴을 활용합니다. 방문자 패턴을 통해 분산된 데이터를 처리하고, 공통된 로직을 분리하여 변경을 쉽게 처리합니다. 방문자 패턴으로 분리된 객체는 데이터와 연산을 쉽게 처리합니다.

16.3.1 원소

방문자 패턴에서 원소[element] 객체는 데이터를 보관하는 구조 클래스입니다.[1]

객체는 일반적으로 능동적인 데이터 접근 방식을 사용하지만, 방문자 패턴의 원소 객체는 외부로부터 자신의 데이터에 접근할 수 있는 수동적 방식을 사용합니다.

외부로부터 자신의 객체에 접근하는 것을 허용하기 위해서는 관계를 설정해야 합니다. 데이터를 갖고 있는 원소 객체는 관계를 설정하기 위해 accept() 메서드를 추가로 갖고 있습니다.

추가 메서드는 모든 원소 클래스에서 동일하게 갖고 있어야 합니다. 이를 위해 Visitable 인터페이스를 사용하여 메서드 구현을 강제화합니다.

예제 16-5 Visitor/03/Visitable.php

```php
<?php
// 방문을 받아들이는 인터페이스
interface Visitable
{
    public function accept($visitor);
}
```

원소 객체의 accept()는 객체의 관계 설정을 위해 방문자 객체를 위임 요청합니다.

16.3.2 구현

모든 원소에 구현해야 하는 메서드를 인터페이스로 적용했습니다. 인터페이스를 적용하여 실제 객체[concrete element]를 선언합니다.

예제 16-6 Visitor/03/cart.php

```php
<?php
class Cart extends Product implements Visitable
{
    public function _construct($name, $price, $num=1)
    {
```

---

1 다른 말로 데이터 객체라고 합니다.

```
        $this->name = $name;
        $this->price = $price;
        $this->num = $num;
    }

// 인터페이스 구현
    public function accept($visitor)
    {
        // 방문자의 주문을 호출합니다.
        // 인자로 원소 객체 자신을 전달합니다.
        return $visitor->order($this);
    }

    public function getTax($tax=10)
    {
        return ( $this->price * $this->num ) * $tax/100;
    }

    public function list()
    {
        $order = $this->name;
        $order .= ", 수량=".$this->num;
        $order .= ", 가격=".$this->price * $this->num." 입니다.\n";
        return $order;
    }

}
```

선언된 클래스에는 인터페이스인 accept ( ) 메서드를 같이 구현해야 합니다.

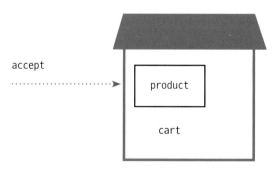

그림 16-4 Visitable

16.3.3 로직 분리

방문자 패턴은 실제 처리 로직을 다른 객체로 분리하여 위임합니다.

모든 원소 객체는 위임을 위해 인터페이스에 선언된 accept() 메서드를 구현하며, accept() 메서드는 매개변수를 통해 위임되는 객체를 전달 받습니다.

```
// 인터페이스 구현
   public function accept($visitor)
   {
      // 방문자의 주문을 호출합니다.
      // 인자로 원소 객체 자신을 전달합니다.
      return $visitor->order($this);
   }
```

앞의 예제에서 장바구니 객체는 데이터와 처리를 위한 연산 list() 메서드를 갖고 있지만, 패턴에서는 실제 처리 동작을 방문자 객체에 위임합니다.

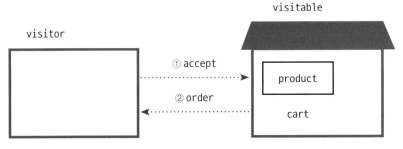

그림 16-5 visitor 객체 위임

accept() 메서드는 매개변수를 통해 visitor 객체를 전달 받습니다. accept()는 public 속성의 공개된 메서드이며, 위임된 visitor 객체를 받아 대신 호출하여 처리합니다. 그리고 위임된 visitor 객체의 order() 메서드를 호출합니다.

방문자 패턴을 이용하면 객체 내에서 처리해야 하는 것을 Visitor 객체로 분리합니다. 즉 원소 객체에서 정의하지 못한 메서드를 외부의 Visitor 객체로 분리하여 처리하는 것입니다.

방문자 패턴은 다수의 행동을 Visitor 객체로 분리할 수 있습니다. 각각의 구성 요소가 다른 경우 각 행위를 수정하지 않고도 위임을 통해 처리합니다.

방문자 패턴은 새로운 행위가 추가돼도 기존 객체를 변경하지 않고 추가 행위를 구현할 수 있습니다. 왜냐하면 구체적인 작업을 방문자 객체가 처리하도록 위임하기 때문입니다. 그리고 데이터 객체는 방문자의 접근을 허용해 처리를 호출합니다.

16.3.4 캡슐화 실패

객체는 캡슐화를 통해 데이터와 행위를 은닉할 수 있습니다. 하지만 방문자 패턴은 방문하는 외부 객체에 자신의 모든 데이터와 행위의 접근을 허용합니다.

패턴은 객체지향의 장점인 캡슐화와 데이터 은닉을 활용할 수 없게 방해하는 요인입니다. 또한 각 객체의 모든 연산은 공개된 인터페이스로, 연산 작업이 외부에 노출됩니다.

16.4 방문자

Visitor는 방문자를 의미합니다. 원소 객체의 accept는 외부의 Visitor를 전달 받도록 설계되어 있습니다.

16.4.1 방문자 호출

방문자 패턴을 활용해 분리된 주문 처리 동작을 설계합니다.

원소 객체의 accept()는 외부로부터 Visitor 객체를 전달 받고, 매개변수로 전달 받은 Visitor 객체의 order() 메서드를 실행합니다.

예제 16-7 Visitor/03/cart.php

```
… 생략

public function accept($visitor)
{
    // 방문자의 주문을 호출합니다.
    // 인자로 원소 객체 자신을 전달합니다.
```

```
        $visitor->order($this);
    }

    … 생략
```

원소 객체는 분리된 동작을 Visitor 객체로 위임합니다.

Visitor 객체의 order() 메서드를 호출할 때 자신의 객체 정보 $this를 매개변수로 전달합니다. 방문자와 원소 객체는 상호 객체의 정보를 주고받음으로써 양방향으로 접근할 수 있는 관계를 설정합니다.

16.4.2 인터페이스

방문자의 동작은 원소 객체의 accept() 메서드 호출을 통해 실행됩니다. 원소 객체의 accept() 메서드는 다시 의존성 관계인 Visitor 객체의 order() 메서드를 호출합니다.

따라서 의존되는 모든 Visitor 객체는 order() 메서드를 필수로 포함하고 있어야 합니다. 호출한 메서드가 존재하지 않으면 프로그램 실행 중에 오류가 발생합니다. 이를 코드로 강제화하기 위해 인터페이스나 추상화를 적용합니다. 인터페이스로 선언한 후 적용받는 방문자 클래스에서 order() 메서드를 구현하지 않으면 코드 오류가 발생합니다.

그러면 이제 Visitor 인터페이스를 생성해봅시다.

예제 16-8 Visitor/03/Visitor.php

```php
<?php
// 방문자
interface Visitor
{
    public function order($visitable);
}
```

order() 메서드는 하나의 매개변수를 전달 받습니다. order()는 원소 객체의 $this를 전달 받음으로써 양방향 관계를 설정합니다.

16.4.3 구체적 Visitor 객체 생성 – concreteVisitor

Visitor 인터페이스를 적용하여 하위 클래스를 생성하고 Visitant에 order() 메서드를 추가합니다.

예제 16-9 Visitor/03/Visitant.php

```php
<?php
// 방문 조사
class Visitant implements Visitor
{
    // 상태값
    private $total;
    private $num;

    public function __construct()
    {
        echo "주문을 처리합니다.\n";
        $this->total = 0;
        $this->num = 0;
    }

    // 원소 객체를 전달 받습니다.
    public function order($visitable)
    {
        echo "==상품 내역==\n";

        // 방문자를 확인합니다.
        if ($visitable instanceof Cart) {
            $msg = "상품명:".$visitable->getName();

            $msg .= ", 수량:".$visitable->getNum();

            $total = $visitable->getPrice() * $visitable->getNum();
            $msg .= ", 가격:".$total." 입니다.\n";

            $this->total += $total;
            $msg .= "합계:".$this->total;

            // 주문건수 증가
            $this->num++;
            return $msg;
        }
```

```
    }

    public function getTotal()
    {
        return $this->total;
    }

    public function getNum()
    {
        return $this->num;
    }
}
```

16.4.4 방문자 동작

원소 객체의 accept() 메서드는 방문자의 order() 메서드를 호출하여 위임을 요청합니다. 원소 객체는 방문자 객체와의 양방향 관계 설정을 위해 자신의 $this를 전달합니다.

예제 16-10 Visitor/03/Visitant.php

```
… 생략

// 원소 객체를 전달 받습니다.
public function order($visitable)
{
    echo "==상품 내역==\n";

    // 방문자를 확인합니다.
    if ($visitable instanceof Cart) {
        $msg = "상품명:".$visitable->getName();

        $msg .= ", 수량:".$visitable->getNum();

        $total = $visitable->getPrice() * $visitable->getNum();
        $msg .= ", 가격:".$total." 입니다.\n";

        $this->total += $total;
        $msg .= "합계:".$this->total;

        // 주문건수 증가
```

```php
        $this->num++;

        return $msg;
    }
}

… 생략
```

방문자의 order() 메서드는 원소 객체의 $this를 매개변수 $visitable로 의존성을 전달 받습니다. 방문자는 $visitable 변수를 통해 원소 객체의 데이터와 메서드에 접근합니다.

분리된 행동을 가진 방문자의 order() 메서드는 원소 객체에 직접 접근하여 동작을 수행하며, 동작 과정에서 결과물을 저장하거나 상태를 읽어올 수 있습니다.

16.4.5 패턴 실행

다음 예제에서는 구조와 행위를 분리한 방문자 패턴을 실행합니다.

예제 16-11 Visitor/01/index.php

```php
<?php
include "visitable.php";

include "product.php";
include "cart.php";

include "visitor.php";
include "visitant.php";

$cart = new Cart("컵라면", 900, 2);
// echo $cart->list();
echo $cart->accept(new Visitant);
```

```
php index.php
주문을 처리합니다.
==상품 내역==
상품명:컵라면, 수량=2, 가격=1800 입니다.
합계:1800
```

16.4.6 재귀적 호출

방문자 패턴은 서로의 메서드가 재귀적으로 호출되는 등 복잡한 호출 관계를 갖고 있어 처리 흐름을 이해하기가 쉽지 않습니다.

원소 객체의 accept( ) 메서드는 방문자의 order( ) 메서드를 호출합니다. 방문자는 다시 원소 객체의 데이터와 메서드를 호출합니다. 이때 원소 객체에 역방향으로 접근하는 것을 방문이라고 합니다.

이중 분리 $^{double\ dispatch}$는 서로 반대의 관계를 갖고 있습니다.

```
echo $cart->accept(new Visitant);
```

방문자 패턴은 방문자와 원소 객체 간의 양방향 의존 관계를 갖고 있습니다.

```
return $visitor->order($this);
```

방문자 패턴은 두 개의 클래스 간 계통을 정의합니다. 하나는 원소에 대한 클래스 계통이고, 다른 하나는 처리 연산을 위한 클래스 계통입니다.

방문자 패턴이 단순한 반복문을 사용하지 않고 복잡한 흐름을 가진 이유는 데이터 객체와 작업 객체를 분리하기 때문입니다. 이처럼 분리하면 데이터의 독립성을 유지할 수 있습니다.

복잡한 호출 관계는 방문자 패턴을 학습하는 데 있어서 어려운 부분 중 하나입니다.

16.5 반복자

방문해서 처리하는 원소 객체가 여러 개일 경우 반복자 패턴을 결합해 사용합니다.

16.5.1 다수의 원소 객체

방문자 패턴은 데이터와 처리 행위를 분리하는데, 공통된 로직을 별도의 객체로 분리함으로써 행위를 보다 쉽게 추가할 수 있습니다. 공통된 로직을 분리하는 또 다른 이유는 다수의 원소 객체를 처리하기 위해서입니다.

방문자 패턴은 다수의 원소 객체를 처리하기 위해 반복자 패턴과 결합해서 동작합니다. 여러 개의 원소 객체와 하나의 방문자 객체로 데이터를 처리합니다.

16.5.2 반복자 패턴

다음 예제는 반복자 패턴을 활용하여 다수의 원소 객체 방문을 처리합니다.

예제 16-12 Visitor/04/index.php

```php
<?php
include "visitable.php";

include "product.php";
include "cart.php";

include "visitor.php";
include "visitant.php";

echo "쇼핑몰 상품 주문 처리\n";
echo "-----\n";

// 공통된 방문자 객체
$visitant = new Visitant;

// 방문객이 방문지를 하나씩
$list = [
    new Cart("컵라면", 900, 3),
    new Cart("아이스크림", 1500, 1),
    new Cart("음료수", 2800, 1)
];
foreach ($list as $obj) echo $obj->accept($visitant);

echo "\n-----\n";
echo "감사합니다. 주문건수:".$visitant->getNum()."\n";
echo "주문 합계:". $visitant->getTotal() ." 입니다.";
```

먼저 공통된 방문자 객체를 하나 생성합니다. 방문자 객체는 원소 객체의 매개변수로 전달됩니다.

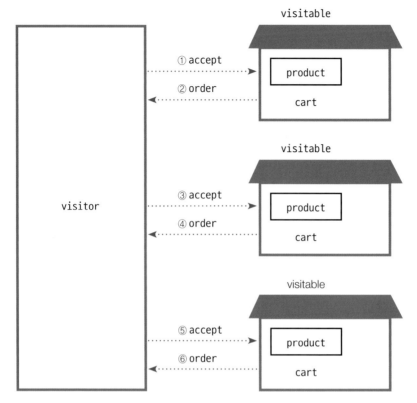

그림 16-6 다수의 원소 객체 방문

다수의 원소 객체를 배열로 저장합니다. foreach 문을 통해 원소 객체의 accept( ) 메서드를
하나씩 실행합니다.

```
php index.php
쇼핑몰 상품 주문 처리
-----
주문을 처리합니다.
==상품 내역==
상품명:컵라면, 수량=3, 가격=2700 입니다.
합계:2700
==상품 내역==
상품명:아이스크림, 수량=1, 가격=1500 입니다.
합계:4200
==상품 내역==
상품명:음료수, 수량=1, 가격=2800 입니다.
```

```
합계:7000
-----
감사합니다. 주문건수:3
주문 합계:7000 입니다.
```

accept() 메서드를 통헤 방문할 객체에 $visitant 인스턴스를 주입합니다. accept() 메서드는 전달 받은 방문자 인스턴스를 확인하고, 방문자 인스턴스의 order() 메서드를 역으로 호출합니다. 이때 방문한 객체 자신의 인스턴스($this)를 같이 전달합니다.

즉 방문자 $visitant 인스턴스는 원소 객체에 접근해 데이터와 행위를 가져올 수 있습니다. $visitant 인스턴스는 원소 객체의 인스턴스 접근을 통해 주문 내역을 조회하고 금액을 합산합니다.

방문자 패턴으로 하나의 객체가 여러 객체의 인스턴스를 하나씩 얻어낼 수 있습니다.

16.5.3 반복 메서드

실제 연산을 처리하는 방문자를 각각의 데이터 객체에 전달합니다. 그리고 과정을 순환하여 결과를 얻습니다. 데이터를 순환시키려면 객체는 방문자를 받아들일 수 있도록 허용해야 하는데 이를 수락이라고 합니다.

모든 원소 객체는 accept() 메서드를 갖고 있습니다. 방문자 패턴은 다수의 원소 객체로 이뤄진 리스트 형태의 집합입니다. 배열로 저장된 원소 객체는 순차적으로 accept()를 실행합니다. accept() 메서드는 반복자 처리를 위한 메서드입니다. 원소 객체의 accept()가 호출되면 전달 받은 방문자 객체의 order() 메서드도 순차적으로 실행합니다. 또한 방문자 패턴은 2개의 인터페이스와 2개의 구현체를 만듭니다.

16.6 관련 패턴

방문자 패턴의 경우 다음과 같은 패턴들도 함께 활용할 수 있으며 유사한 특징을 갖고 있습니다.

16.6.1 반복자 패턴

데이터 구조는 다수의 객체로 되어 있습니다. 방문자 패턴은 데이터 구조에 방문하여 처리를 위임하는데, 이를 위해 반복자 패턴을 응용하여 사용합니다.

16.6.2 복합체 패턴

방문자 패턴의 데이터 구조는 복합 구조이고 내부 구조가 복합체composite 패턴과 유사합니다.

16.6.3 인터프리터 패턴(해석 패턴)

방문자 패턴은 인터프리터 패턴과도 함께 활용합니다. 구문을 분석하기 위해 트리를 탐색할 때 해당 구문의 처리를 방문자 패턴으로 실행하는 경우가 발생합니다.

16.7 정리

방문자 패턴을 이해하기 위해서는 먼저 객체의 관계와 메시지 처리에 대해 이해해야 합니다. 메시지는 객체 간 행위를 호출하는 객체의 역할을 의미합니다. 방문자 패턴의 동작은 간단하지만 클래스가 서로 복잡하게 연결되어 있어 이해하기 어렵습니다.

하지만 방문자 패턴은 기존 객체에서 행위 동작을 분리하고 새로운 행위를 추가할 수 있는 유용한 패턴입니다. 또한 기존 객체를 직접 수정하기 어려울 경우 방문자 패턴을 통해 행동을 대신 처리할 수 있다는 장점도 있습니다. 그뿐 아니라 많은 연산으로 클래스를 더럽히고 싶지 않을 때도 유용합니다.

방문자 패턴의 구조는 계층 구조를 가진 복합체 패턴과 유사합니다. 계층화된 모든 원소를 파악하고 누적하여 객체의 상태를 가질 수 있습니다.

방문자 패턴의 적용 여부가 고민될 때는 객체 구조의 알고리즘이 많이 변하는지, 구성에 대한 클래스 변화가 많이 발생하는지를 고려해서 적용하는 것이 좋습니다.

chain

[tʃeɪn] 🔊

CHAPTER 17

체인 패턴

체인 패턴은 객체 메시지의 송신과 수신을 분리해서 처리합니다. 17장에서는 다음 세 가지 내용을 중심으로 살펴보겠습니다.

- 상태값과 처리 방식에 대해 알아봅니다.
- 상태값과 복수의 행동 객체를 연결하는 방법에 대해 알아봅니다.
- 객체를 연결하는 방법에 대해 알아봅니다.

17.1 제어문

프로그램은 순차적 절차에 따라 코드를 실행합니다. 그중 제어문은 상태값을 비교하여 코드의 실행 흐름을 변경합니다.

17.1.1 조건 처리

개발 언어는 코드의 동작을 제어할 수 있는 조건문을 지원합니다. 대표적으로 if문과 switch문이 있습니다.

다음 예제는 상태값에 따라 실행하는 함수를 다르게 호출합니다.

```php
<?php
$conf = true;

if ($conf) {
    // 조건이 참인 경우 코드 분기
    ordered();
} else {
    // 조건이 기깃인 경우 고드 분기
    cancel();
}

function ordered()
{
    echo " 주문이 성공적으로 접수되었습니다.";
}

function cancel()
{
    echo "주문을 취소합니다.";
}
```

```
$ php index.php
주문이 성공적으로 접수되었습니다.
```

if문은 상태값을 비교합니다. 소괄호 안의 상태값이 참^{true}인 경우 다음 중괄호 블록의 코드를 실행합니다. 만일 상태값이 거짓^{false}이라면 else 이후의 중괄호 블록 코드를 실행합니다.

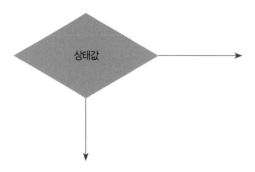

그림 17-1 조건에 따른 동작 분리

조건문은 순차적으로 실행되는 코드를 상태값에 의해 선택적으로 제어합니다. 선택적으로 실행을 제어한다는 의미는 상태에 따라 동작을 분리한다는 것과 같습니다.

17.1.2 메시지 전송

객체지향 개발에서는 메시지에 대해 이해하는 것이 중요합니다. 절차적 프로그래밍에서는 코드 순서와 함수 호출을 통해 동작을 분리하지만, 객체지향에서는 함수 호출 대신 메시지를 객체에 전송하여 메서드를 호출합니다.

객체의 메시지 전송은 다른 객체에 접근하여 메서드를 호출하는 동작을 말합니다. 또한 객체 간 정보도 주고받습니다.

다음 예제는 메시지 전송을 통해 객체의 메서드 호출을 분리합니다.

예제 17-2 Chain/02/index.php

```php
<?php
class Cart
{
    public function ordered()
    {
        echo "장바구니 상품을 성공적으로 주문 접수했습니다.";
    }

    public function cancel()
    {
        echo "장바구니 상품 주문을 취소합니다.";
    }
}

$Cart = new Cart;

$conf = false;

if ($conf) {
    // 조건이 참인 경우
    // 메시지를 전송합니다.
    $Cart->ordered();
} else {
```

```
    // 조건이 거짓인 경우
    // 메시지를 전송합니다.
    $Cart->cancel();
}
```

```
$ php index.php
장바구니 상품 주문을 취소합니다.
```

[예제 17-2]는 조건의 상태값에 따라 함수를 다르게 호출했습니다. 변경된 예제는 상태값에 따라 객체의 메시지 전송을 다르게 처리합니다.

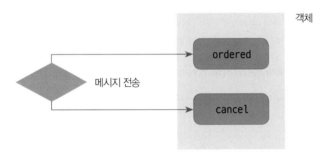

그림 17-2 객체의 메서드로 메시지를 전송하여 호출

즉 객체지향에서는 함수 호출 대신 객체의 메시지를 전송하여 동작을 분리합니다.

17.2 동작 조건

제어문은 상태값에 따라 동작을 분리하며, 상태값은 동작을 분리하는 조건의 기준값입니다. 다음에는 시스템에서 조건의 상태값을 처리하는 다양한 방법에 대해 알아보겠습니다.

17.2.1 조건값

순차적으로 실행되는 코드의 동작을 분기하기 위해 조건문과 상태값을 사용합니다. 조건문을 처리하려면 상태값이 반드시 필요한데 상태값은 대부분 내부 동작에 의해 발생하는 경우가 많으며 외부로부터 조건의 상태값을 전달 받기도 합니다.

조건의 상태값이 발생하는 방법에 따라 처리 동작이 두 가지로 나뉩니다.

- 외부 하드웨어로부터 발생한 조건을 처리하는 인터럽트
- 내부의 상태값을 처리하는 이벤트

17.2.2 인터럽트

인터럽트interrupt는 외부적인 하드웨어 신호를 입력 받아 상태를 처리합니다.

프로그램은 조건문을 처리한 후 다음 줄의 코드를 실행합니다. 인터럽트가 발생하면 중앙 처리 장치(CPU)는 프로그램 실행을 잠시 중단하고 실행 제어권을 지정한 코드의 위치로 이동시킵니다. 인터럽트 동작이 완료되면 다시 이전의 실행 위치로 제어권을 되돌리고 다음 코드줄을 실행합니다. 인터럽트는 함수와 같은 호출의 성격을 갖고 있습니다.

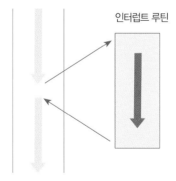

코드 실행

인터럽트 루틴

그림 17-3 인터럽트 동작

인터럽트의 특징은 하드웨어적으로 프로그램 실행을 방해하여 외부로부터 입력 받은 조건 동작을 최우선적으로 처리합니다. 따라서 인터럽트는 하드웨어적으로 구성되어 있으며 개수와 동작 방식은 제한적입니다.

17.2.3 이벤트

이벤트^Event는 하드웨어적인 인터럽트와 달리 프로그램에 의해 동작을 분리하여 실행합니다. 그리고 이벤트는 내부의 상태값을 지속적으로 감시하고, 특정 상태값이 됐을 때 지정한 동작을 실행합니다.

프로그램은 이벤트를 감지하기 위해 일정 시간마다 상태값을 체크합니다. 펌웨어나 운영체제는 시스템의 타이머 인터럽트를 이용하여 상태값을 지속적으로 확인합니다.

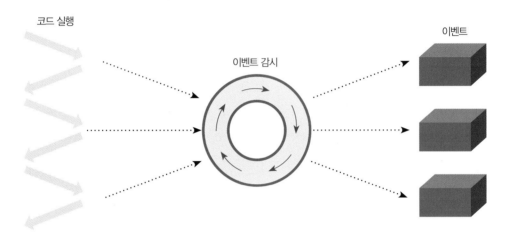

그림 17-4 이벤트 감시

이벤트는 사전에 정의된 상태값에 따라서 분리된 동작을 실행하며 상태값은 상수로 지정하여 사용합니다.

상태값에 의한 이벤트 처리 동작은 별도의 처리 로직으로 분리할 수 있습니다. 이렇게 분리된 로직을 디스패치라고 하며, 이벤트의 처리를 핸들러라고 하기도 합니다.

17.2.4 핸들러

핸들러는 분리된 이벤트를 처리하는 로직입니다. 핸들러는 이벤트의 상태값을 지속적으로 감시하기 위해 반복 루프 구조로 되어 있는 경우가 많습니다.

핸들러는 다중 처리를 위한 작업을 선택적으로 실행하며, 실행 대기열에 있는 프로세스를 선택하여 작업 처리를 지시합니다.

핸들러는 크게 정적static과 동적dynamic 동작으로 구분합니다. 정적 핸들러는 코드에서 미리 결정된 동작을 실행하며, 동적 핸들러는 실행 중에 결정되는 동작을 실행합니다.

다음은 핸들러 예제 코드입니다.

예제 17-3 Chain/02/Handler.php

```php
<?php
// 클래스 선언
class Handler
{
    public function event($message)
    {
        if($message == "action01") {
            return "버튼 동작 01입니다."; // 책임 동작1
        } else
        if ($message == "action02") {
            return "버튼 동작 02입니다."; // 책임 동작2
        } else
        if ($message == "action03") {
            return "버튼 동작 03입니다."; // 책임 동작3
        }

        return "동작이 없습니다.";
    }
}

// 객체 생성
$obj = new Handler;

// 이벤트를 실행
echo $obj->event("action02");
```

```
$ php Handler.php
버튼 동작 02입니다.
```

코드에서 Handler 클래스는 Event 메서드를 갖고 있으며, 입력된 상태값에 따라 다른 동작을 수행합니다.

이벤트를 기반으로 동작을 분리하는 방식을 이벤트 주도^{Event Driven} 개발이라고 합니다. 이벤트는 멀티태스킹, 대화형 프로그램 개발 시 많이 사용되는 방식입니다.

17.3 행동 분리

핸들러는 이벤트의 처리 로직을 분리합니다. 이벤트 처리 로직을 분리하면 행동을 독립적으로 관리할 수 있습니다. 이벤트의 행동은 단일 책임을 적용하여 독립 객체로 설계합니다.

17.3.1 단일 책임

단일 책임은 객체지향 설계 원칙 중 하나입니다. 객체는 하나의 책임과 동작을 가지며, 잘못된 설계 객체는 하나의 객체에 여러 가지 행동과 책임이 포함됩니다.

핸들러는 분리된 이벤트의 처리 로직으로서 다양한 동작을 선택적으로 처리합니다. 이러한 점에서 핸들러 객체는 객체지향의 단일 책임 원칙이 위반(핸들러가 여러 책임을 가짐)되고, 체인 패턴은 단일 책임의 원칙을 위반한 핸들러 객체를 보완합니다.

17.3.2 행동 분리

단일 책임 원칙을 위반한 핸들러를 보완하기 위해 이벤트 처리 로직과 실제 동작을 분리합니다.

[예제 17-4]의 핸들러는 요청된 이벤트를 처리하며 결과에 따라 직접 메시지를 출력합니다. 이는 이벤트 핸들러 객체가 처리 로직과 출력 동작을 모두 갖고 있기 때문입니다. 이벤트 핸들러의 출력 메시지를 독립된 객체로 분리합니다. 다음은 메시지를 출력하는 객체입니다.

예제 17-4 Chain/03/Order.php

```php
<?php
class Order
{
    public function execute()
```

```php
    {
        return "주문을 처리합니다.";
    }
}
```

예제 17-5 Chain/03/Cancel.php

```php
<?php
class Cancel
{
    public function execute()
    {
        return "주문을 취소합니다.";
    }
}
```

분리된 실제 동작 객체를 핸들러 객체와 결합합니다. 핸들러는 전송 받은 상태값에 따라 객체를 생성하고 메시지를 출력합니다. 다음은 수정된 핸들러입니다.

예제 17-6 Chain/03/Handler.php

```php
<?php
require_once "Order.php";
require_once "Cancel.php";

class Handler
{
    public function event($message)
    {
        if($message == "order") {
            return (new Order)->execute();
        } else
        if ($message == "cancel") {
            return (new Cancel)->execute();
        }

        return "동작이 없습니다.";
    }
}

// 객체 생성
```

```
$obj = new Handler;

// 이벤트를 실행
echo $obj->event("order");
```

```
$ php Handler.php
주문을 처리합니다.
```

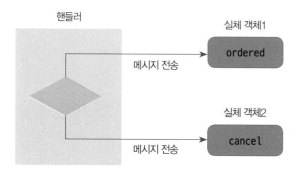

그림 17-5 핸들러 객체와 실체 객체

17.4 사슬 연결

이벤트 핸들러의 처리 동작을 단일 사슬 형태로 변경합니다. 사슬 연결을 통해 하나의 상태값에 따라 복수의 행동을 실행할 수 있습니다.

17.4.1 조건 검사 흐름

핸들러는 발생된 이벤트에 대해 조건을 검사합니다. 이벤트 조건은 작성한 코드 순서대로 검사가 이뤄집니다.

```
public function event($message)
    {
```

```php
        if($message == "order") {
            return (new Order)->execute();
        } else
        if ($message == "cancel") {
            return (new Cancel)->execute();
        }

        return "동작이 없습니다.";
    }
```

제일 먼저 **"order"** 상태를 검사하고 조건이 맞지 않으면 **"cancel"** 상태를 처리합니다. 조건 문을 검사하는 순서는 코드 작성 방법에 따라 다르므로, 조건 상태마다 객체가 생성되고 실행되는 시점이 서로 다릅니다.

상태값에 따른 핸들러의 실제 동작을 독립된 객체로 분리하여 개선했습니다. 하지만 핸들러 안에는 여전히 조건을 판단하는 로직이 존재합니다. 다음에는 핸들러의 조건을 판단하는 수신부를 분리하여 개선하겠습니다.

17.4.2 송수신 분리

체인 패턴의 아이디어는 핸들러에서 순차적으로 이벤트를 검사는 조건들을 분리하는 것입니다.

핸들러 객체에서 검사하던 조건 처리 로직이 분리된 실제 동작 객체로 이동시킵니다. 핸들러 객체 안에 있는 조건 처리 로직을 분리하면, 핸들러는 단일 책임 원칙을 유지할 수 있습니다. 또한 실체 객체로 분리된 처리 로직은 보다 구체적이고 세분화하여 동작할 수 있다는 장점을 가집니다.

다음은 예제를 변경해봅시다. 핸들러에서 검사하던 if문의 조건을 이동시킵니다.

예제 17-7 Chain/04/Order.php

```php
<?php
class Order
{
    public function execute($event)
    {
```

```php
        if ($event == "order") {
            return "주문을 처리합니다.";
        }
    }
}
```

예제 17-8 Chain/04/Cancel.php

```php
<?php
class Cancel
{
    public function execute($event)
    {
        if ($event == "cancel") {
            return "취소 처리합니다.";
        }
    }
}
```

핸들러의 처리 로직도 변경합니다. 상태값을 판별하는 코드 대신 객체를 생성하고 메시지를 전송합니다. 전송된 메시지의 결과가 있으면 이벤트 동작을 수행합니다.

예제 17-9 Chain/04/Dispatch.php

```php
<?php
require_once "Order.php";
require_once "Cancel.php";

class Handler
{
    public function event($event)
    {
        if ( $message = (new Order)->execute($event) ) {
            return $message;
        }

        if ( $message = (new Cancel)->execute($event) ) {
            return $message;
        }

        return "동작이 없습니다.";
```

```
        }
    }

    // 객체 생성
    $obj = new Handler;

    // 이벤트를 실행
    echo $obj->event("cancel");
```

```
$ php Handler.php
취소 처리합니다.
```

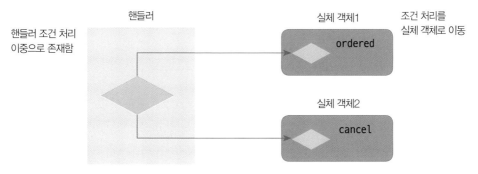

그림 17-6 조건 처리를 실체 객체로 이동

[예제 17–9]에서 핸들러는 별로 개선되지 않았습니다. 여전히 조건을 처리한 문장이 남아 있습니다. 또한 이벤트 동작을 검출하기 위해서는 모든 객체를 순차적으로 실행해야 됩니다.

17.4.3 인터페이스

체인 패턴은 행동의 요청과 처리를 분리하며 핸들러에서 분리된 동작 객체에 독립성을 부여합니다.

핸들러로부터 독립된 객체는 자신만의 동작을 갖습니다. 독립된 객체의 실제 처리는 핸들러에서 분리되고 외부에 노출되지 않으므로 독립적인 개발 진행이 가능합니다.

일반적으로 이벤트 핸들러는 하나의 상태값에 하나의 동작 객체를 지정하는데, 하나의 상태값에 복수의 동작 객체를 지정할 경우 처리 로직이 복잡해집니다. 체인 패턴은 하나의 상태값에 복수의 동작 객체를 처리할 수 있도록 객체를 하나의 사슬 형태로 묶어서 처리합니다.

객체를 하나의 사슬 형태로 연결하기 위해 객체 정보와 연결을 위한 몇 개의 메서드가 필요합니다. 추상 클래스를 이용하여 객체를 연결할 수 있는 골격을 설계합니다.

예제 17-10 Chain/05/Chain.php

```php
<?php
abstract class Chain
{
    protected $Next;
    public function setNext($obj)
    {
        $this->Next = $obj;
    }

    abstract function execute($event);
}
```

추상 클래스는 객체 연결을 위한 프로퍼티와 설정 메서드를 갖고 있으며, 실체 객체에서 실행되는 추상 메서드도 같이 선언합니다. 추상 메서드의 역할은 하위 클래스에 적용되는 인터페이스입니다.

체인 패턴은 다음 처리를 위한 객체 정보를 갖고 있습니다. setNext() 메서드를 이용하여 위임되는 객체의 정보를 사슬 형태로 설정합니다.

17.4.4 사슬 형성

핸들러는 이벤트 행동 조건을 검사하지 않습니다. 이벤트 조건은 실제 동작하는 객체가 판단하며, 만약 자신이 처리해야 하는 조건이 아니라면 다음 객체로 행동을 위임합니다.

체인 패턴으로 동작 객체를 변경해봅시다. 추상 클래스를 상속함으로써 동작 객체가 복합 객체로 변경됩니다.

예제 17-11 Chain/05/Order.php

```php
<?php
class Order extends Chain
{
  public function execute($event)
  {
    if ($event == "order") {
      return "주문을 처리합니다.";
    }

    return $this->Next->execute($event);
  }
}
```

추상 메서드인 execute( )를 구현합니다. 추상 메서드는 반드시 구현해야 하는 인터페이스와 같은 역할을 합니다.

예제 17-12 Chain/05/Cancel.php

```php
<?php
class Cancel extends Chain
{
  public function execute($event)
  {
    if ($event == "cancel") {
      return "취소 처리합니다.";
    }

    return $this->Next->execute($event);
  }
}
```

구현된 추상 메서드 내에는 다음 사슬로 연결되는 객체를 실행합니다. 객체가 순차적으로 연결되어 있고, 조건이 만족할 때까지 재귀적으로 실행됩니다.

Handler 클래스의 코드는 다음과 같이 변경합니다.

예제 17-13 Chain/05/Handler.php

```php
<?php
require_once "Chain.php";
require_once "Order.php";
require_once "Cancel.php";

class Handler
{
    public function event($event)
    {
        // 체인 설정
        $First = new Order;
        $First->setNext(new Cancel);

        return $First->execute($event);
    }
}

// 객체 생성
$obj = new Handler;

// 이벤트를 실행
echo $obj->event("cancel");
```

```
$ php Handler.php
취소 처리합니다.
```

핸들러에 포함됐던 기존 조건문이 제거됐습니다. 사슬로 연결된 객체의 첫 번째 객체만 실행합니다.

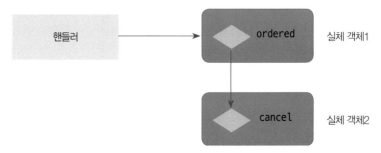

그림 17-7 체인으로 연결된 실체 객체

체인 패턴으로 연결된 객체는 상태값을 스스로 판별하여 자신의 행동을 실행합니다. 실행이 완료되면 다음 객체를 재귀적으로 실행합니다. 조건이 만족스러운 상태로 될 때까지 실행을 계속합니다.

17.5 체인 패턴

체인 패턴은 조건을 판별하는 코드를 포함하지 않습니다. 메시지를 전달 받으면 상태값이 만족할 때까지 복수의 이벤트를 처리합니다. 체인 패턴의 특징을 다시 한번 살펴봅시다.

17.5.1 순차적 행동

체인 패턴은 하나의 상태값에 여러 객체를 묶어 실행하는 방법입니다. 묶은 모양이 마치 체인의 연결 고리 같다고 해서 체인 패턴이라고 부릅니다.

체인 패턴은 이벤트의 조건에 맞는 행동을 찾을 필요가 없습니다. 처음 객체부터 순차적으로 자신에게 맞는 행동을 판단하고 실행을 계속합니다. 자신의 객체가 처리할 수 있는 상태값이면 동작을 실행하고, 자신의 객체와 맞지 않는 상태값이면 다음 객체로 행동을 위임합니다.

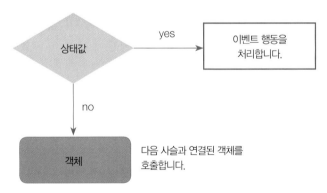

그림 17-8 객체의 사슬 호출

이러한 객체의 순차적 행동은 요청된 이벤트를 특정하여 지정할 수 없을 때 유용하게 활용할 수 있는 방법입니다.

17.5.2 행동 위임

체인 패턴은 처리 로직을 요청하는 송신부와 처리를 검사하는 수신부를 분리하는 효과가 있습니다. 패턴으로 분리된 객체의 송신부는 이벤트 상태값의 판단 조건 로직을 수신부의 객체로 위임합니다. 그리고 핸들러로부터 송신된 요청을 분리하여 결합도를 제거합니다.

체인 패턴은 객체들의 상호 작용을 단순하게 만들고 책임을 여러 객체에 분산함으로써 보다 유연한 이벤트 동작을 처리합니다.

체인 패턴은 여러 객체에 요청된 이벤트를 처리할 수 있도록 균등한 기회를 제공합니다. 또한 새로운 이벤트 동작이 추가돼도 기존의 처리 로직을 변경하지 않고 새로운 사슬만 추가하면 됩니다.

17.5.3 재귀적 호출

체인 패턴은 이벤트에 대한 모든 객체를 사슬로 엮어 작업하며, 핸들러는 제일 처음 사슬만 시작합니다.

```
// 체인 설정
$First = new Order;
$First->setNext(new Cancel);

return $First->execute($event);
```

사슬로 연결된 객체는 순차적으로 실행됩니다. 첫 번째 사슬 동작을 실행한 후 두 번째 사슬 동작을 실행합니다.

```
public function execute($event)
{
    if ($event == "order") {
        return "주문을 처리합니다.";
    }

    return $this->Next->execute($event);
}
```

자신이 처리하지 못한 경우 다음 객체의 실행 메서드를 호출합니다. 메서드가 다음으로 동일한 메서드를 계속 호출하는 구조입니다.

실제 요청이 처리되는 객체를 만날 때까지 복합 객체로 연결된 $Next를 따라 재귀적으로 처리합니다. 체인 패턴은 모든 연결된 객체의 실행이 완료됐을 때 결과를 반환합니다.

체인 패턴으로 연결되는 메서드의 이름은 동일한데, 그 이유는 추상 클래스를 적용해 동일한 인터페이스 형태로 메서드를 구현했기 때문입니다. 하지만 실체 객체의 메서드 구현 내용은 다릅니다.

체인 패턴의 특징은 자신이 요청한 이벤트의 상태를 어떤 객체가 처리할지 모른다는 것입니다.

17.5.4 복수 행동

체인 패턴은 좀 더 확장된 구조이며 하나의 상태값에 따라 복수의 객체 실행을 요청할 수 있습니다.

하나 이상의 객체에 요청을 전송하는 경우, 우선순위 설정이 필요할 수 있습니다. 우선순위는 체인 패턴의 메서드를 통해 확정할 수 있습니다. 체인 패턴은 하나의 요청을 세부적으로 분리하거나 복수의 동작을 처리할 때 유용합니다.

17.6 미들웨어

체인 패턴은 미들웨어 기능을 구현할 때 많이 응용됩니다. 미들웨어는 객체의 행동을 수행하기 전에 미리 실행되어야 하는 기능을 말합니다. 체인 패턴을 이용해 객체의 행동을 연결합니다.

17.6.1 사전 동작

프레임워크의 코어와 비즈니스 사이에 일정한 동작이 반복해서 추가되는 경우가 있습니다. 이를 해결하기 위해 프레임워크는 복잡한 구현을 사전에 미리 정의해둡니다. 코어를 감싸는 계층을 한 단계 더 만들어 반복되는 동작을 수행하도록 사전에 제공합니다.

코어와 비즈니스 사이의 중간 단계에서 동작하는 코드를 미들웨어라고 합니다. 이러한 사전 동작들은 비즈니스 로직 구현에 더 집중해서 개발할 수 있도록 도와줍니다.

17.6.2 미들웨어

미들웨어는 여러 개의 동작을 묶어 순차적으로 처리합니다. 프레임워크는 사전에 특정 동작들을 파이프라인 형태로 처리한 후 실제 동작을 호출합니다. 미들웨어는 비즈니스 동작이 실행되기 이전과 이후로 구분하여 정의합니다.

미들웨어는 처리의 흐름이 통과될 때 중간에 걸쳐서 동작하는 계층을 말하며, 체인 패턴으로 많이 사용됩니다.[1] 또한 객체를 변경하지 않고 확장해서 새로운 기능을 쉽게 추가합니다.

17.7 관련 패턴

체인 패턴은 다음 패턴과 유사한 특징을 가지고 있습니다.

17.7.1 복합체 패턴

체인 패턴의 구조는 복합적인 사슬 구조로 엮여 있고 내부 구조는 복합체 패턴과 유사합니다.

17.7.2 명령 패턴

핸들러를 통해 위임된 객체의 메서드를 호출할 때 명령 패턴이 같이 사용됩니다.

---

[1] 체인 패턴을 다른 말로 미들웨어 패턴이라고도 합니다.

17.8 정리

체인 패턴에서는 실제로 동작하는 객체를 선택하여 호출하지 않고, 사슬의 첫 고리를 호출한 후 따라가면서 해당 객체를 만납니다.

체인 패턴은 객체의 의존성 주입을 통해 위임을 설정합니다. 상태값에 따른 실행 유무는 위임된 객체에서 판단하므로 프로그램 실행 중에도 언제든지 객체의 사슬을 추가하거나 변경할 수 있습니다. 실제 동작을 체인 속에 숨기는 기능도 있습니다.

체인 패턴은 사슬로 묶인 객체를 순차적으로 탐색하면서 요청된 객체를 수행합니다. 순차적으로 모든 객체를 처리하기 때문에 다소 지연 시간이 발생합니다. 이는 체인 패턴의 단점입니다.

체인 패턴의 특징은 하나의 객체를 처리할 때 클래스 객체 한 개의 메서드에서 책임을 지는 것이 아니라 여러 객체의 메서드에서 동시에 책임을 처리합니다.

ob·ser·ver

[əb | zɜːrvə(r)] 🔊

CHAPTER **18**

감시자 패턴

감시자 패턴은 모던 언어에서 많이 응용되는 대표적인 패턴입니다. 몇몇 프로그래밍 언어는 자체적으로 감시자 패턴의 기본 구현체를 만들어 제공하기도 합니다.

18.1 감시자

감시자를 이해하기 위해 프로그램에서 말하는 감시가 무엇인지부터 살펴봅시다.

18.1.1 관찰

프로그램 동작은 하나의 로직을 실행한 후 다음 로직을 실행하는 것처럼 순차적으로 이뤄집니다. 로직을 단계별로 연결하면 프로그램이 동작합니다.

코드의 로직은 독립적이고 자체적인 동작입니다. 또는 외부의 값에 따라 실행되는 동작을 다르게 할 수도 있습니다. 코드의 로직이 다른 값(상태)에 의존해서 동작하는 경우, 코드는 값을 확인하는 과정이 필요합니다.

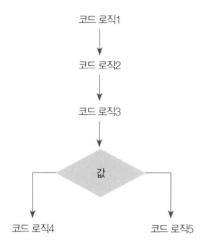

그림 18-1 코드의 동작 처리

코드는 순차적으로 실행됩니다. 동일 값을 확인하여 지속적으로 동작을 분기하는 작업이 자주 발생한다면 반복문을 이용할 수 있습니다. 반복문은 코드의 일정 영역을 반복적으로 수행하면서 코드의 값을 지속적으로 확인할 수 있습니다.

다음은 반복문과 조건문을 이용한 감시 코드입니다.

예제 18-1 Observer/01/monitor.php

```php
<?php
// 상태값
$status = false;

while (1) {
    // 상태값 모니터
    if($status) {
        hello();
        // 상태값이 `참`인경우 탈출
        break;
    }
}

function hello()
{
    echo "안녕하세요.";
}
```

외부의 값을 반복문으로 지속해서 확인합니다. 조건값이 맞을 경우 반복문을 탈출합니다.

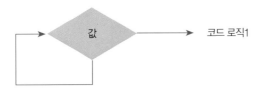

그림 18-2 값을 지속적으로 감시하는 무한 루프

[예제 18-1]에서는 상태값을 지속적으로 모니터링하기 위해 무한 루프를 사용했습니다. 무한 루프는 지속적인 상태값을 모니터링할 수 있지만, 관찰하는 도중에 다른 동작을 처리할 수는 없습니다. 마치 프로그램이 어떤 상태를 대기하고 있는 것과 같습니다.

이처럼 상태값에 따라 동작을 처리하기 위해 지속적으로 관찰하는 것은 비효율적입니다.

18.1.2 상태 변화

컴퓨터는 짧은 시간 안에 수많은 일을 처리합니다. 상태값을 하나하나 관찰하면서 동작하는 것은 비효율적이며, 이러한 프로그램 처리는 성능을 저하시키는 요인입니다.

프로그램 코드가 직접 상태값을 관찰하는 것이 아니라 값에 변화가 있을 때 이를 알리고 처리를 수행하면 상태를 기다리는 동안 다른 일을 처리할 수 있어 더욱 효율적입니다. 이처럼 직접 상태값을 관찰하는 것이 아니라 수동적으로 상태값을 전달 받아 처리하는 패턴을 감시자^{Observer} 패턴이라고 합니다.[1]

18.1.3 통보

직접 상태값을 관찰하지 않고 수동적으로 상태값을 전달 받으려면 어떻게 해야 할까요? 바로 상태가 변경됐을 때 통보해주면 됩니다.

감시자 패턴에는 주체^{Subject}라는 구성 요소가 있는데, 주체 클래스는 상태를 갖고 있습니다. 그

---

1 감시자 패턴은 어떤 상태값을 관찰하고 있다는 점에서 '관찰자 패턴'이라고도 부르며, 영어적 표현으로는 옵저버 패턴이라고도 합니다.

리고 이러한 상태에 변경이 발생했을 경우 실제 동작하는 객체(Observer)에 통보하거나 갱신 작업을 통보합니다.

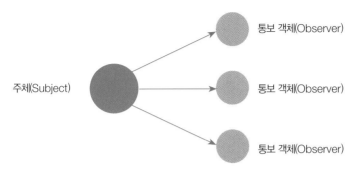

그림 18-3 통보

실제 동작하는 객체는 주체의 상태값을 직접 관찰하지 않고도 상태 변화를 알 수 있습니다. 감시자 패턴은 상태를 감시하는 행동과 실제 동작을 처리하는 행동을 분리해서 구현합니다.

18.1.4 할리우드 원칙

객체지향의 설계 원칙 중 할리우드 원칙Hollywood Principle이라는 것이 있습니다. 이는 영화 산업으로 유명한 할리우드에서 배우를 캐스팅하는 과정을 객체에 비유한 데서 만들어진 원칙입니다.

예를 들면 배우는 영화에 출연하기 위해 자신의 프로필을 영화사에 전달합니다. 그리고 자신의 캐스팅 상태를 지속적으로 물어봅니다. 하지만 영화사 입장에서는 매일 연락하는 배우들에게 캐스팅 상태를 통보해주기가 어렵습니다.

그래서 영화사는 모든 배우에게 "앞으로 연락하지 말고 캐스팅되면 저희가 연락 드리겠습니다."라고 공지하고, 배우는 캐스팅 상태를 영화사에 물어보지 않은 채 통보를 기다리는 것입니다. 다른 비유로는 입사시험을 치른 후 합격통지를 기다리는 취업 준비생을 들 수 있습니다.

이처럼 영화 산업에서 이뤄지는 관련 경험을 객체지향 설계에 도입한 것이 할리우드 원칙이며, 감시자 패턴은 할리우드 원칙을 적용한 패턴 구현입니다.

18.2 구성

본격적으로 감시자 패턴을 학습하기 위해 구성 요소를 살펴보겠습니다.

18.2.1 관련 클래스

감시자 패턴은 크게 4개의 클래스로 구성됩니다.

- 주체(subject)
- 실제 주체(concreteSubject)
- 감시자(observer)
- 실제 객체(concrateObserver)

4개의 클래스는 다시 2개의 그룹으로 구분할 수 있습니다.

- 통보를 위한 주체-실제 주체 클래스
- 처리를 위한 감시자-실체 객체 클래스

18.2.2 주체-실제 주체

주체-실제 주체는 감시자 패턴에서 객체의 등록, 삭제, 통보를 담당하는 클래스입니다. 주체 클래스는 실제 처리하는 객체를 관리하고 관리를 담당하는 주체(Subject)는 1개 이상의 감시자 객체를 갖고 있습니다.

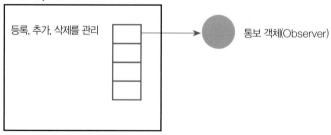

그림 18-4 감시자 객체 관리

18.2.3 감시자-실체 객체

감시자-실체 객체는 통보를 수신 받아 처리하는 객체입니다. 통보를 받으려면 주체 클래스에 수신 받는 객체를 등록해야 합니다.

보통은 주체로부터 수동적으로 통보를 받지만, 필요 시 능동적으로 서브 객체 상태를 주체로 전달하기도 합니다.

18.2.4 이벤트

감시자 패턴은 이벤트를 처리하는 패턴과 유사하며 주체 클래스는 이벤트를 중재하는 객체와 같습니다. 상태값이 이벤트라면 주체는 이벤트를 받아 감시자 객체에 전달하는 역할을 합니다. 감시자 패턴은 분산 이벤트 핸들링 처리를 수행합니다.

18.3 관계

감시자 패턴은 구성 클래스 간에 관계를 형성하는데, 이는 주체와 감시자들 간의 관계를 말합니다. 관계적 관점에서 감시자 패턴의 여러 특징들을 살펴봅시다.

18.3.1 감시자 객체의 의존성

객체가 관계를 가진다는 것은 의존성을 의미합니다. 메인 객체가 서브 객체를 필요로 하고, 서브 객체에 동작 메시지를 전달합니다.

메인 구성 요소인 주체는 처리해야 하는 복수의 서브 객체(Observer)를 갖고 있습니다. 주체-감시자가 하나의 커다란 객체 덩어리고, 이러한 객체 덩어리를 복합 구조Composite 객체라고 합니다.

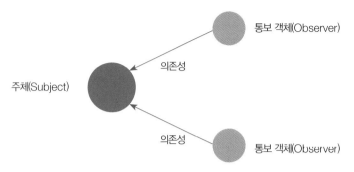

그림 18-5 감시자 객체의 의존성

감시자 패턴은 주체와 감시자 간 의존 관계를 갖고 있습니다. 이러한 관계 형태의 패턴을 다른 말로 종속자^{Dependent} 패턴이라고도 합니다.

18.3.2 등록

실제 동작하는 모든 객체(Observer)는 주체에 등록돼야 합니다. 주체는 몇 개의 필수 메서드를 갖고 있으며, 필수 메서드를 통해 관계를 설정하기 위한 등록을 요청합니다. 주체에 등록된 감시자는 언제든지 등록과 제거가 가능합니다.

이러한 필수 메서드는 인터페이스로 적용하여 구현을 일반화하고, 일반화된 인터페이스는 상태 변화 시 주체에 등록된 감시자로 통보를 전달합니다.

18.3.3 느슨한 결합

이벤트 통보를 받는 실제(Observer) 객체를 주체에 등록합니다. 하나의 객체를 또 다른 객체에 등록할 경우 두 객체 사이에 의존 관계가 발생합니다. 의존성은 객체 간 결합이지만 직접적인 결합은 객체의 유연성을 저해합니다.

감시자 패턴은 객체의 결합을 보완하기 위해 관계를 동적으로 형성합니다. 객체를 동적으로 결합하면 강력한 결합 구조가 아닌 느슨한 결합 구조로 구성되는데, 이는 감시자 패턴의 경우 하나의 커다란 복합 구조 객체로 설계하기 때문입니다.

18.3.4 독립적

주체와 감시자는 느슨한 형태의 결합 구조와 의존성을 갖고 있습니다. 결합과 의존성을 가진다고 해서 결합된 모든 감시자 객체의 세부 내용까지 알 필요는 없습니다.

주체는 상태 변화 시 감시자에 변경된 상태만 전달하면 됩니다. 모든 감시자 객체는 주체에 의존하는 관계지만, 때로는 독립적 실행이 가능한 개별 객체입니다.

객체가 서로 협력하면서 행위를 처리할 때, 다른 객체에서 객체의 변화를 참조하는 경우가 있습니다. 독립적인 실행은 다른 객체의 클래스에 의존하지 않고도 메시지를 전달할 수 있는 것을 말합니다. 독립적인 특성은 감시자 패턴의 장점입니다.

18.3.5 일대다 관계(1:N)

하나의 주체는 다수의 감시자 객체를 가집니다. 이러한 관계 구조는 객체의 일대다 관계를 말합니다. 일대다 관계 구조는 복합 구조 객체가 됩니다.

감시자 패턴은 상태가 변경될 경우 다른 객체에 상태 변화를 통보합니다. 이때 통보되는 감시자는 여러 개가 될 수 있습니다.

상태 변화가 발생하면 주체는 등록된 모든 감시자 객체에 변경을 통보합니다. 여러 개의 등록된 감시자에게 통보하기 위해 반복문을 사용하기도 합니다. 이를 푸시^{push}형 통보라고 합니다.

주체와 객체 간에는 상호 작용이 발생하며, 모든 감시자는 주체에 의해 갱신되기를 기다리고 있습니다.

18.3.6 구독 관계

일대다 구조의 감시자 패턴에서는 주체가 변화 상태를 모든 객체에 통보합니다. 여기서 통보는 일방적인 단방향성으로 이뤄집니다.

단방향성을 가진 감시자 패턴을 다른 말로 게시-구독^{publish-subscribe} 패턴이라고 합니다. 어떤 UI 프레임워크에서는 감시자 패턴을 리스너 패턴^{Listener pattern}이라고 부르기도 합니다. 이처럼 감시자 패턴은 적용되는 방식에 따라 다른 이름으로 불리기도 합니다.

18.3.7 복합 관계

하나의 주체는 여러 개의 감시자 객체를 갖고 있습니다. 감시자 패턴은 커다란 복합 구조의 객체 덩어리입니다.

감시자 패턴은 일대다 의존 관계를 가지며, 상태가 변화될 때 자동으로 갱신될 수 있도록 처리합니다. 시스템을 하나의 공통된 클래스 집합으로 처리할 때 객체 간 일관성이 유지돼야 하지만, 일관성 때문에 객체 간 결합도가 높아져서는 안 됩니다. 결합도가 높아지면 재사용성이 떨어지기 때문입니다. 따라서 느슨한 결합의 복합 구조를 형성합니다.

감시자 패턴은 복합 구조를 관리하는 패턴 중 하나입니다.

18.4 주체

먼저 감시자 패턴을 구현하기 위해 주체를 설계해야 합니다. 주체는 인터페이스^{subject}와 실제 주체^{ConceteSubject}로 이뤄집니다.

18.4.1 주체 인터페이스

[예제 18-2]는 주체를 설계하기 위한 공통 인터페이스입니다. 인터페이스를 적용하면 복수의 주체를 생성할 수 있습니다.

예제 18-2 Observer/02/subject.php

```php
<?php
// 주체의 인터페이스를 선언합니다.
```

```php
interface Subject
{
    public function addObserver(Observer $o);
    public function delelteObserver(Observer $o);
    public function notiObserver();
}
```

인터페이스에는 주체가 감시자를 관리하기 위한 메서드를 선언합니다. 필요에 따라 인터페이스 대신 추상화 객체를 사용하기도 합니다.

18.4.2 실제 주체

실제 주체는 인터페이스(subject)를 적용한 하위 클래스입니다. 즉 실제 주체는 인터페이스에서 선언된 메서드의 작업을 구체화합니다.

예제 18-3 Observer/02/Members.php

```php
<?php
// 실제적 주체 구현
class Members implements Subject
{
    // 감시자 보관
    private $Objs = [];

    public function __construct()
    {
        echo __CLASS__." 실제 주체(concreteSubject)를 생성합니다.\n";
    }

    // 감시자를 등록합니다.
    public function addObserver(Observer $o)
    {
        echo "감시자 객체를 추가합니다.\n";
        array_push($this->Objs, $o);
    }

    // 감시자를 제거합니다.
    public function delelteObserver(Observer $o)
    {
        for ($i=0; $i<count($this->Objs); $i++) {
```

```
                if ($this->Objs[$i]->name == $o->name) {
                    unset($this->Objs[$i]);
                }
            }
        }

        // 모든 감시자에게 통보합니다.
        public function notiObserver()
        {
            foreach ($this->Objs as $obj) {
                echo "감시자=> ";
                $obj->update();
            }
        }
    }
```

18.4.3 감시자 보관

실제 주체는 1:N 관계의 복합 객체 구조이며, 여러 개의 감시자 객체를 관리하기 위해 내부적으로 배열 저장소를 갖고 있습니다. 또한 실제 주체는 다수의 감시자 객체와 의존 관계를 가집니다.

```
    // 감시자 보관
    private $Objs = [];
```

배열은 객체를 보관할 수 있습니다. 실제 주체는 배열 저장소에 감시자 객체를 보관하고, 필요시 객체의 정보를 참조합니다.

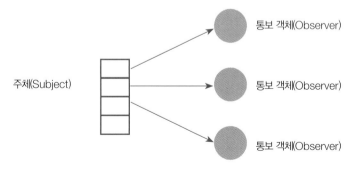

그림 18-6 객체 저장

저장되는 배열은 private 접근자 속성을 갖습니다. 따라서 감시자 객체를 저장하려면 setter 메서드를 같이 생성해야 합니다.

18.4.4 관리 메서드

실제 주체는 인터페이스(subject)의 구현을 적용 받습니다. 인터페이스에는 감시자 객체를 관리하는 메서드를 정의합니다.

주체 인터페이스를 이용하여 정의된 메서드의 구현체를 생성합니다. 이 메서드는 주체의 배열 공간에 감시자를 저장할 수 있는 setter 역할의 메서드입니다. 관리 메서드는 감시자를 실제 주체에 등록 또는 제거할 수 있습니다.

18.4.5 호출

실제 주체는 감시자의 등록을 관리하고 외부로부터 상태 변화나 이벤트를 수신합니다. 그리고 수신된 상태를 등록된 모든 감시자 객체에 통보합니다.

등록된 감시자는 모두 주체와 느슨한 결합 관계로 되어 있습니다. 변화가 한 개라도 발생하면 주체는 모든 감시자 객체들에게 상태를 통보합니다. 모든 감시자 객체는 각각 변경 상태를 수신하고 처리합니다.

18.5 감시자

앞에서는 감시자 패턴의 주체를 설계했습니다. 이제는 실제 동작을 처리하는 감시자 객체를 생성하겠습니다.

18.5.1 감시자 인터페이스

감시자는 주체로부터 통보되는 상태를 수신 받아 동작합니다. 각각의 감시자 객체는 주체와 상호 작용할 수 있는 공통된 메서드가 필요하며 이를 위해 인터페이스를 적용합니다.

개별 감시자를 생성하기 위한 인터페이스를 설계합니다.

예제 18-4 Observer/02/Observer.php

```php
<?php
abstract class Observer
{
    // 감시자 이름
    private $name;

    // 상태 업데이트
    abstract public function update();
}
```

인터페이스는 추상화 클래스로 설계할 수 있습니다. 추상화는 공용 메서드나 프로퍼티를 각각
의 옵버저와 공유할 수 있습니다. 그 외 상태 처리 메서드는 상속받은 하위 클래스에서 개별적
으로 구현합니다.

18.5.2 감시자 객체

감시자 객체^{ConcreteObserver}는 감시자 인디페이스를 상속하고 이를 구체화합니다. 감시자 객체는
요청 받는 실행 객체입니다.

각각의 감시자 객체는 추상 클래스(감시자 인터페이스)에서 선언된 update() 메서드를 구현
해야 합니다. update 메서드는 주체와 통신하는 연결 창구입니다.

예제 18-5 Observer/02/UserA.php

```php
<?php
// 구현체
class UserA extends Observer
{
    public function _construct($name)
    {
        echo __CLASS__."객체를 생성합니다.\n";
        $this->name = $name;
    }
```

```php
    public function update()
    {
        echo $this->name." 갱신합니다.\n";
    }
}
```

생성된 모든 감시자 객체는 공통된 인터페이스 및 추상화를 통해 일관성을 유지하고, 동일한 상태값을 저장합니다.

예제 18-6 Observer/02/UserB.php

```php
<?php
// 구현체
class UserB extends Observer
{
    public function __construct($name)
    {
        echo __CLASS__."객체를 생성합니다.\n";
        $this->name = $name;
    }

    public function update()
    {
        echo $this->name." 갱신합니다.\n";
    }
}
```

18.5.3 통보 시스템

통보는 크게 수동적 통보와 능동적 통보로 구분됩니다. 감시자 패턴은 수동적 통보 방식으로 감시자에 전달하며, 감시자는 객체로부터 상태 변화 메시지를 수동적으로 기다립니다.

상태 변화가 감지되면 주체는 등록된 감시자에 변경을 통보합니다. 이때 주체는 각 감시자가 가진 공통된 update 메서드를 호출합니다.

18.5.4 브로드캐스팅

감시자 객체는 감시자 패턴에서 수동적인 상태 변화 메시지를 수신합니다. 메시지를 수동적으로 수신한다는 측면에서 브로드캐스팅 통보와도 유사합니다.

브로드캐스팅 방식의 단점은 불필요한 객체에도 메시지를 전달한다는 것입니다. 등록된 모든 객체로 전달하다 보면 예측하지 못한 잘못된 동작이 발생할 수 있습니다.

18.5.5 능동적 통보

감시자 패턴은 주체를 통해 상태 변화를 모든 감시자 객체에 통보합니다.

감시자 객체가 메시지 수신만 받는 것은 아니며, 때로는 자신의 변화를 주체에게 능동적으로 통보합니다. 주체는 하위 감시자 객체가 통보한 상태를 다른 감시자 객체에 통보할 수 있습니다.

이처럼 주체는 감시자와 결합 관계를 가지고 상호 간 정보를 교류할 수 있습니다. 이는 주체와 감시자 간의 의존 관계를 어떻게 구성하느냐에 따라 다릅니다. 다만 상호 통보 기능을 구현할 때는 객체 간 호출 순환 고리에 빠지지 않도록 설계해야 합니다.

18.5.6 상태 저장

감시자 패턴은 수동적, 능동적 통보가 모두 가능하도록 설계할 수 있는데, 그러기 위해서는 주체와 감시자 사이에 더욱 긴밀한 관계를 설정해야 합니다.

상태가 변화한 때마다 감시자에 매번 통보하는 것이 아니라 특정한 상태의 조건이 발생했을 경우에만 통보를 전달합니다. 그리고 상태를 판별하기 위해 상태 플래그를 추가로 사용합니다.

18.6 동작 실습

앞에서 생성한 주체와 감시자를 이용해 감시자 패턴을 실행해보겠습니다.

18.6.1 메인 동작

[예제 18-7]은 감시자 패턴을 실습하기 위한 메인 코드입니다.

예제 18-7 Observer/02/index.php

```php
<?php
// 주체(subject)
require "Subject.php";
require "Members.php";

// 감시자 객체
require "Observer.php";
require "UserA.php";
require "UserB.php";

echo "감시자 패턴을 실행합니다\n";

$subject = new Members;

// 감시자에 등록합니다.
$a = new UserA("Jiny");
$subject->addObserver($a);

$b = new UserB("Eric");
$subject->addObserver($b);

// 모든 감시자에게 통지를 전송합니다.
$subject->notiObserver();
```

18.6.2 주체 생성

감시자를 관리하는 주체를 생성합니다. 주체는 필요에 따라 다수의 주체를 생성할 수 있고, 주체가 다른 주체의 감시자 객체로 될 수도 있습니다. 주체를 계층적으로 응용하면 더 큰 형태의 감시자 패턴을 구현할 수 있습니다.

18.6.3 감시자 생성과 등록

다음에는 감시자 객체를 생성하고 생성한 감시자 객체는 주체에 등록합니다. 주체에 등록된 감시자 객체만 통보를 받을 수 있으며, 감시자 객체를 등록할 때는 주체에서 제공하는 메서드를 호출하여 등록합니다.

등록된 감시자는 필요에 따라 삭제할 수 있는데 등록이 해제된 객체는 더 이상 통보를 받을 수 없습니다.

등록된 감시자는 주체로부터 요청을 기다립니다.

18.6.4 상태 변경과 통보

주체는 등록된 모든 감시자 객체에 변경된 상태를 통보합니다. 주체의 통보를 전송하는 메서드는 배열을 순환하면서 모든 감시자의 **update** 메서드를 호출합니다.

```
$ php index.php
감시자 패턴을 실행합니다
Members 실제 주체(concreteSubject)를 생성합니다.
UserA객체를 생성합니다.
감시자 객체를 추가합니다.
UserB객체를 생성합니다.
감시자 객체를 추가합니다.
감시자=> Jiny 갱신합니다.
감시자=> Eric 갱신합니다.
```

18.6.5 상태 보관

주체가 모든 상태를 감시자 객체에 전달하는 과정에서 많은 부하가 발생합니다. 주체는 특정 상태만 검출하여 감시자에 통보할 수 있습니다.

주체는 발생한 상태값을 보관하고 보관된 상태값을 조건 처리하며, 조건이 성립된 경우에만 감시자 객체에 통보를 전달합니다.

18.6.6 비동기와 스레드

예제로 사용한 PHP는 비동기와 멀티 스레드를 지원하지 않지만, 다른 프로그래밍 언어에서는 비동기 통신을 활용해 감시자 패턴을 사용할 수 있습니다.

동기 방식으로 통신할 때는 감시자 실행 순서와 처리값이 순차적으로 동작합니다. 하지만 감시자 객체가 비동기 통신할 때는 결괏값이 순차적이지 않습니다. 감시자 패턴을 비동기로 실행할 때는 실행의 흐름을 파악하기 힘듭니다. 특히 다중 동기로 여러 개의 감시자를 실행할 경우 구조를 더 이해하기 힘들어집니다.

동작 결과가 순서대로 처리돼야 한다면 감시자 패턴을 적용할 수 없습니다. 감시자 패턴은 독립적으로 실행되고 느슨한 결합으로 언제든지 결합과 제거가 가능하기 때문입니다.

18.7 활용

감시자 패턴은 상태를 직접 관찰하지 않고 불특정 다수의 객체에 통보할 때 유용합니다.

18.7.1 불특정 대상

감시자 패턴은 언제든지 주체에 감시자를 등록하거나 제거할 수 있으며 독립적인 실행도 가능합니다. 각 감시자의 구체적인 동작을 알지 못해도 메시지를 전달해 독립적인 동작을 수행합니다.

또한 통보하는 객체의 수도 상관없습니다. 주체는 등록된 모든 감시자 객체에 통보할 수 있어 자신의 변화를 불특정 다수의 객체에게 통보할 수 있습니다.

18.7.2 언어 지원

감시자 패턴의 인기는 높습니다. 최근 모던 프로그래밍 언어에서는 감시자 패턴을 자체 코드로 제공하기도 합니다. 대표적으로 자바는 감시자 패턴을 내장된 코드로 제공합니다.

자바에서는 API 형태로 observer 인터페이스와 observable 클래스를 사용할 수 있습니다.

통보는 푸시^{push} 방식과 풀^{pull} 방식 모두 지원합니다.

18.7.3 하드웨어

감시자 패턴은 하드웨어 분야에서 많이 사용되는 일반적인 기법입니다. 하드웨어는 상태값이 변경되면 신호로 통보합니다. 그리고 신호가 수신되면 인터럽트 등의 처리가 발생해 상태를 처리합니다.

하지만 소프트웨어적인 방법은 다릅니다. 계속 상태값을 관찰하거나 감시자 패턴과 같은 기법을 사용해야 합니다.

18.8 관련 패턴

감시자 패턴은 다른 패턴을 구현할 때 같이 응용되는 경우가 많습니다. 행동들이 유사한 성격을 갖기도 하지만, 해결하고자 하는 목적에는 조금씩 차이가 있습니다.

18.8.1 중재자 패턴

중재자^{mediator}도 객체에 발생한 상태를 다른 객체에 전달합니다. 객체 간에 직접 통신하는 것이 아니라 중심 객체가 통신을 중재합니다. 이때 감시자 패턴을 함께 사용합니다.

상태 변화를 통보하는 측면에서 봤을 때 중재자 패턴과 감시자 패턴은 유사합니다. 하지만 감시자 패턴은 상태만 통보하며, 중재자는 역할 조정을 목적으로 통보합니다.

18.8.2 MVC

MVC 설계 모델에서 M은 데이터베이스 모델^{model}을 의미하고 V는 화면을 구성하는 뷰^{view}를 의미합니다. MVC 설계에서도 감시자 패턴을 응용하는데, 모델이 주체에 해당하고 뷰가 감시자 역할을 수행하는 구조로 설계됩니다.

18.9 정리

감시자 패턴은 객체의 상태 변화를 다른 객체에 통보하는 패턴입니다. 또는 감시자를 통해 자신의 상태를 다른 대상의 객체에 통보할 수도 있습니다.

감시자 패턴은 매번 상태를 관찰하는 것이 아니라 상태가 변경됐을 때 통보함으로써 작업을 처리합니다. 감시자는 언제든지 메서드를 통해 통보를 전송할 수 있습니다.

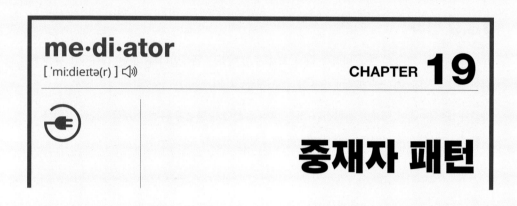

me·di·ator

[ˈmiːdieɪtə(r)] 🔊))

CHAPTER **19**

중재자 패턴

중재자 패턴은 분산된 다수의 객체 역할을 조정할 때 주로 사용됩니다.

19.1 중재

중재는 어떤 문제를 해결하거나 조정을 돕는 것을 말합니다. 객체지향에서는 분산된 객체의 행동을 중재합니다.

19.1.1 분산

객체지향의 특징은 모든 행동을 하나의 객체에 집중하여 처리하지 않는다는 것입니다. 행동은 작은 단위로 분리되고, 목적 동작을 수행하기 위해 분리된 행동을 연결합니다.

그림 19-1 행동 분리

분리된 객체는 각각의 독립된 행동을 가진 객체입니다.

19.1.2 상호 작용

객체지향은 하나의 커다란 행동을 작은 단위의 객체로 분산합니다. 이렇게 객체의 역할을 보다 작은 객체로 분할하는 이유는 동작을 재사용하기 위해서입니다.

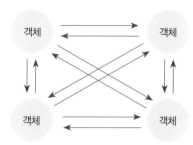

그림 19-2 객체의 상호 작용

객체의 행동을 작은 객체 단위로 분리하면, 객체는 목적으로 하는 행동을 수행하기 위해 객체 간에 의존 관계가 발생합니다. 이렇게 분리된 객체의 의존 관계는 구조적으로 복잡한 연결 고리를 생성합니다.

하나의 목적을 완전히 이루기 위해서는 연관된 모든 객체의 행동이 필요합니다. 분산된 작은 객체들 간에 정보를 주고받기 위해 복잡한 메시지 호출 동작이 발생합니다.

19.1.3 행동 제약

분산된 객체는 각각 세분화된 행동을 가지며, 분리된 객체는 서로 강력한 의존적 결합 구조를 가집니다. 또한 분리된 객체 수가 늘어날수록 구조는 더욱 복잡해지고 결합도는 단단해집니다. 그럼에도 불구하고 객체의 행동을 분산시키는 목적은 객체의 구성 단위를 재사용하기 위해서 입니다.

강력한 결합 구조는 객체의 재사용을 방해하는 요인이 됩니다. 이러한 이유로 객체를 분리했지 만, 분리된 객체는 강한 의존성 때문에 독립적인 행동을 할 수 없습니다. 객체의 행동 제약이 발생한 것입니다.

객체를 단순히 분할하는 것은 복합 객체와 같은 큰 덩어리입니다.

19.1.4 중재자 패턴

중재자Mediator의 사전적 의미를 찾아보면 '중재인, 조정관, 중재기관'이라는 뜻이 있습니다.

실제 생활과 관련된 예를 들어 봅시다. 회의, 토론 등에서는 여러 사람의 패널과 사회자를 볼 수 있습니다. 사회자는 여러 패널의 발언권을 제어하고 이를 정리하는 역할을 합니다.

그리고 각종 모임에는 총무가 존재하는데, 총무는 각 회원에게 회식 비용을 받아 결제를 대행합니다. 회원이 일일이 계산하는 것은 복잡하기 때문입니다.

이처럼 이해 관계자가 많은 경우 이를 정리하는 중개인이 있으면 일을 보다 편리하게 처리할 수 있습니다.

19.1.5 중재를 위해 관계 정리하기

객체의 행동을 중재하기 위해서는 복잡한 구조적 관계를 개선해야 합니다.

분산된 객체는 매우 복잡하게 엮여 있습니다. 객체는 상호 관계를 가지며 호출되면서 결합도가 급속히 증가합니다. 이렇게 되면 객체의 유연성이 떨어지고 원래 목적인 객체의 재사용도 힘들어집니다.

중재자는 객체 간 복잡한 상호 관계를 중재하며 객체 간에 복잡한 관계로 묶인 것을 재구성합니다. 즉 서로 의존적인 M:N의 관계를 가진 객체를 느슨한 1:1 관계로 변경합니다.

중재자 패턴은 객체의 관계를 하나의 객체로 정리하는 패턴입니다.

19.1.6 소결합

복잡하게 얽히는 객체의 연관 관계를 중재자 객체에게 집중합니다. 객체의 연관 관계를 하나의 중간 매개 객체에 집중함으로써 관계의 결합도를 해소합니다.

중재자 역할을 수행하는 객체를 관계 중심에 추가합니다. 중재자는 각각의 객체를 자신과 연결하고, 객체의 행위 요청을 중앙에서 제어합니다.

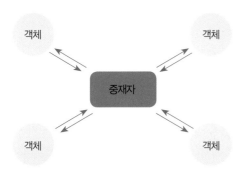

그림 19-3 중재자 객체

객체는 더 이상 상호 간에 직접적으로 접근하지 않는 대신 중재자에게 필요한 행동을 요청합니다. 중재자 패턴을 사용하면 여러 클래스가 서로 직접적으로 호출해 복잡한 관계를 느슨한 결합으로 만듭니다. 그리고 느슨한 결합은 객체의 재사용과 유연성을 높입니다.

중재자 객체는 행동을 중재함으로써 복잡한 객체의 구조를 단순화합니다. 또한 복잡한 통신과 제어를 한 곳에 집중하여 처리하는 효과도 있습니다.

19.2 중재자

중재자는 객체 간 상호 작용을 제어하며 객체의 동작을 조화롭게 조정하는 역할을 수행합니다.

19.2.1 중재자와 동료

중재자는 하나의 중재자와 여러 동료 객체^{Colleague}로 구성되어 있으며, 동료 객체의 강력한 결합 구조를 느슨한 결합 구조로 개선합니다.

또한 중재자는 객체 간에 상호 작용을 제어하고 조화롭게 만드는 역할을 합니다. 호출이 필요한 경우 동료 객체가 다른 동료 객체에 직접 접근해서 호출하지 않으며, 중재자를 의존해서 다른 동료 객체를 호출합니다. 즉 각각의 동료 객체가 서로 통신하는 것이 아니라 중재자를 통해 통신하는 것입니다.

중재자는 동료 객체가 호출한 명령을 다시 동료 객체에 전달하고, 중재자 패턴은 동료 객체와 명령을 주고받는 중재 역할을 수행합니다.

19.2.2 인터페이스

중재자는 여러 동료 객체의 관계를 조정하는데, 행동을 중재하기 위해서는 다양한 메서드가 필요합니다. 이 메서드는 관계를 중개하는 모든 동료 객체에 적용되며 이 경우 공통된 인터페이스가 필요합니다.

생성된 동료 객체에 여러 방식의 중재 기능이 더 필요하다면, 복수의 concreateMediator 메서드를 생성할 수도 있습니다. concreateMediator를 설계하기 전에 먼저 Mediator 인터페이스를 생성합니다.

예제 19-1 Mediator/01/Mediator.php

```php
<?php
interface Mediator
{
    // 회원을 생성합니다.
    public function createColleague();
}
```

중재자는 관리할 동료 객체의 목록을 관리합니다. 또한 다음과 같이 Client 실행 코드에서 동석으로 동료를 생성하고 중재 목록에 추가할 수도 있습니다.

중재자의 공통된 부분을 추상화로 변경하여 개선해봅시다.

예제 19-2 Mediator/02/Mediator.php

```php
<?php
abstract class Mediator
{
    // 중재해야 될 객체의 목록을 가지고 있습니다.
    protected $Colleague = [];
```

```php
    // Colleague를 추가합니다.
    public function addColleague($obj)
    {
        array_push($this->Colleague, $obj);
    }

    // 동료를 생성합니다.
    abstract public function createColleague();

}
```

추상 클래스는 $Colleague 배열을 이용해 복수의 동료 객체를 관리합니다. 접근 속성은 추상 클래스를 상속할 수 있도록 protected로 설정합니다.

addColleague() 메서드는 스택 배열($Colleague)에 동료 객체를 추가합니다. $Colleague 는 복수의 객체를 보관하는 스택 구조입니다.

19.2.3 concreteMediator 클래스

중재자는 인터페이스/추상화와 구체적인 concreteMediator 클래스로 분리하여 설계합니다. 실제적인 중재 동작은 concreteMediator 클래스에 선언합니다.

예제 19-3 Mediator/01/Server.php

```php
<?php
// concreteMediator
class Server extends Mediator
{
    public function __construct()
    {
        echo "중재자 생성이 되었습니다.\n";
        $this->Colleague = array();
    }

    public function createColleague()
    {
        // 동료 객체 목록을 초기화합니다.
    }
```

```
        // 중재 기능
    public function mediate($data, $user)
    {
        echo ">> ".$user." 로부터 서버 메시지를 받았습니다.\n";

        // 모든 Colleague에게 전달 받은 메시지를 통보합니다.
        foreach ($this->Colleague as $obj) {
            echo "<< ". $obj->userName() ." : ";
            $obj->message($data);
        }
    }
}
```

중재자의 핵심 기능은 mediate() 메서드입니다. mediate() 메서드는 각각의 동료 객체로부터 호출되며, 호출된 mediate() 메서드는 다시 전달해야 하는 동료 객체의 메서드를 재호출합니다.

19.2.4 서브 클래스 제한

중개하는 행동마다 concreteMediator 클래스를 생성합니다. 중개 행동이 변경되는 경우 mediator 인터페이스를 적용 받은 또 다른 서브 클래스를 생성합니다. 이를 위해 미리 인터페이스/추상화를 실시한 것입니다.

하나의 concreteMediator 클래스에는 하나의 mediate() 메서드만 구현하고 분산된 객체는 하나의 서브 객체로 제한합니다.

19.2.5 집중적 통제

행동들이 여러 동료 객체로 분산되면 객체 간 결합이 발생하면서 서로 직접적으로 통신하게 됩니다. 이때 객체의 통신부는 내부적으로 캡슐화되어 있습니다. 이러한 객체의 내부적 통신은 중재자 패턴으로 변경하는 것을 힘들게 합니다.

19.3 동료 객체

동료 객체는 분산된 행동들의 독립된 객체입니다. 동료 객체는 직접 통신하지 않고 중재자를 통해서만 상호 통신하도록 제한됩니다.

19.3.1 통신 경로

중재자 패턴은 객체의 강력한 구조적 결합 문제점을 해결합니다.

중재자를 이용하지 않으면 다수의 동료 객체가 서로 정보를 직접 주고받습니다. 중재자 패턴은 동료 객체끼리 정보를 직접 주고받지 않도록 통신 경로를 제한합니다. 또한 서로의 참조 정보를 전달하지도 않습니다.

중재자 패턴을 이용하더라도 처리할 동료의 객체가 많으면 또 다른 문제가 발생합니다. 중재자는 하나의 객체 요청에 대해 모든 객체로 통보를 처리해야 하므로 경로의 수가 증가합니다.

중재자 패턴을 설계할 때는 경로의 수가 증가함에 따라 성능이 저하되지 않도록 신경 써서 구상해야 합니다.

19.3.2 인터페이스

중재자 패턴은 분산된 여러 동료 객체의 행동들을 조정해야 합니다. Mediator, Colleague와 같이 상호 간에 통신을 중개하기 위해 메서드를 사용합니다. 메서드는 객체 내부에 캡슐화되어 있습니다.

중재자와 동료 객체들 간 통신을 위해 메서드를 사전에 정의합니다. mediator는 Colleague의 메서드를 호출함으로써 동작 처리를 요청합니다. Colleague 인터페이스는 Madiator와의 통신을 처리하기 위해 동료 객체에 적용되는 인터페이스입니다.

예제 19-4 Mediator/01/Colleague.php

```php
<?php
interface Colleague
{
```

```
    // 중재자 객체를 설정합니다.
    public function setMediator();
}
```

인터페이스는 하나의 setMediator() 메서드를 필수로 선언합니다. 중재자는 통신을 위해 행동 객체의 정보를 갖고 있어야 합니다.

동료 객체는 복합 객체의 구조를 갖고 있습니다. 공통된 기능을 포함하기 위해 추상화로 변경합니다.

예제 19-5 Mediator/02/Colleague.php

```php
<?php
abstract class Colleague
{
    protected $Mediator;

    // 중개 객체를 설정합니다.
    // concreteMediator에 의해서 호출됩니다.
    public function setMediator($mediator)
    {
        $this->Mediator = $mediator;
    }

}
```

중재 객체의 정보를 저장할 수 있도록 프로퍼티를 하나 선언하고, 추상화 상속 후에도 접근할 수 있도록 속성을 protected로 설정합니다. setMediator() 메서드는 중재를 처리하는 객체의 정보를 설정합니다.

19.3.3 concreateColleague

추상 클래스 Colleague를 상속받아 실제적인 concreteColleague를 생성합니다. 처리할 행동에 따라 다수의 concreteColleague를 생성할 수도 있습니다.

다음 예제에서는 채팅을 위한 concreteColleague를 생성합니다. Mediator 인터페이스를 통해 객체 간 통신을 실시해봅시다.

```php
<?php
// concreteColleague
class User extends Colleague
{
    protected $name;

    public function __construct($name)
    {
        echo "Colleague가 등재되었습니다.\n";
        $this->name = $name;
    }

    // 사용자 이름을 확인합니다.
    public function userName()
    {
        return $this->name;
    }

    // 메시지를 전달합니다.
    public function send($data)
    {
        // 중개 서버로 메시지를 전송합니다.
        $this->Mediator->mediate($data, $this->name);
    }

    public function message($data)
    {
        echo "<< ".$data."\n";
    }
}
```

Colleague 객체는 독립적이며 재사용 가능한 객체이므로 통신 방법에 따라 Colleague에 구현해야 하는 메서드가 달라집니다.

이 예제의 concreteColleague는 2개의 통신 메서드 send()와 message()를 갖고 있습니다. send()는 중재자에게 처리를 요청하는 메서드이며, message()는 중재자로부터 처리를 부여받는 메서드입니다.

중재자 패턴은 요청과 부여를 통해 Colleague 객체 간 종속성을 제거합니다. 중재자 패턴은 중재 기능을 캡슐화하고 각각의 객체는 행동보다 객체 연결에만 관심을 갖게 됩니다.

19.4 기본 실습

구현한 mediator와 Colleague를 통해 실제 채팅 통신을 처리하는 Client를 생성해보겠습니다.

19.4.1 관계 설정

채팅 동작을 위해 먼저 중재자 기능을 처리하는 서버 객체를 생성합니다. 그리고 Colleague 기능을 갖는 3명의 사용자 객체를 생성합니다.

각각의 Colleague에는 객체를 구별할 수 있는 이름이 있습니다. 구별되는 이름은 Colleague 생성자를 통해 지정하며, Colleague가 생성되면 각각의 Colleague에 mediator 객체의 정보를 추가 설정합니다.

예제 19-7 Mediator/02/index.php

```php
<?php
require "Mediator.php";
require "Server.php";
require "Colleague.php";
require "User.php";

// 1단계: 서버생성
$mediator = new Server;

// Colleague 1 등록
$user1 = new User("james");
$user1->setMediator($mediator);
$mediator->addColleague($user1);

// Colleague 2 등록
$user2 = new User("jiny");
$user2->setMediator($mediator);
```

```php
$mediator->addColleague($user2);

// Colleague 3 등록
$user3 = new User("eric");
$user3->setMediator($mediator);
$mediator->addColleague($user3);

// 중재자로 데이터를 전송합니다.
$user1->send("안녕하세요, 저는 james 입니다.");
echo "\n";

$user2->send("안녕하세요, 저는 jiny 입니다.");
echo "\n";

$user3->send("안녕하세요, 저는 eric 입니다.");
```

Mediator와 Colleague의 관계를 설정했으면 각각의 Colleague 사용자에게 메시지를 전달합니다.

```
$ php index.php
중재자 생성이 되었습니다.
Colleague가 등재되었습니다.
Colleague가 등재되었습니다.
Colleague가 등재되었습니다.
>> james 로부터 서버 메시지를 받았습니다.
<< james : << 안녕하세요, 저는 james 입니다.
<< jiny : << 안녕하세요, 저는 james 입니다.
<< eric : << 안녕하세요, 저는 james 입니다.

>> jiny 로부터 서버 메시지를 받았습니다.
<< james : << 안녕하세요, 저는 jiny 입니다.
<< jiny : << 안녕하세요, 저는 jiny 입니다.
<< eric : << 안녕하세요, 저는 jiny 입니다.

>> eric 로부터 서버 메시지를 받았습니다.
<< james : << 안녕하세요, 저는 eric 입니다.
<< jiny : << 안녕하세요, 저는 eric 입니다.
<< eric : << 안녕하세요, 저는 eric 입니다.
```

19.4.2 양방향

중재자 패턴은 다른 패턴들과 달리 양방향 통신을 처리합니다. 먼저 concreteColleague의
send() 메서드를 호출합니다.

```
// 중재자로 데이터를 전송합니다.
$user1->send("안녕하세요, 저는 james 입니다.");
echo "\n";
```

메시지를 전달 받은 동료 객체는 수신한 메시지를 다시 중개 객체로 전송합니다.

```
// 메시지를 전달합니다.
public function send($data)
{
    // 중개 서버로 메시지를 전송합니다.
    $this->Mediator->mediate($data, $this->name);
}
```

전송 받은 중개 객체는 동작을 분석한 후 처리 의무가 있는 다른 동료 객체에게 행위를 요청합
니다.

```
// 중재 기능
public function mediate($data, $user)
{
    echo ">> ".$user." 로부터 서버 메시지를 받았습니다.\n";

    // 모든 Colleague에게 전달 받은 메시지를 통보합니다.
    foreach ($this->Colleague as $obj) {
      echo "<< ". $obj->userName() ." : ";
      $obj->message($data);
    }
}
```

중재자 패턴은 Mediator와 Colleague 사이를 양방향 통신하면서 요청한 행위를 조정합니다.

19.5 관련 패턴

중재자 패턴은 다른 패턴들과 같이 활용되며 유사한 특징을 갖고 있습니다.

19.5.1 파사드 패턴

중재자 패턴과 유사한 패턴으로 파사드 패턴이 있습니다. 이 패턴은 더 편리한 인터페이스를 제공하는 추상화 작업이라고 할 수 있습니다. 파사드 패턴은 통신을 위해 높은 레벨의 인터페이스를 만든다는 점에서 중재자 패턴과 비슷하게 볼 수 있지만, 중재자 패턴은 양방향으로 통신하고 파사드는 단방향으로만 통신한다는 차이가 있습니다.

19.5.2 감시자 패턴

중재자는 중개 기능을 처리하는 메서드를 갖고 있습니다. 이 메서드는 각각의 Colleague 요청 처리를 감지합니다. 중자재가 Colleague의 요청을 감지할 경우 감시자^{Observer} 패턴을 같이 활용할 수 있습니다.

19.6 정리

객체지향에서는 수많은 객체들이 생성되고 관계를 맺습니다. 객체들은 강력한 결합 구조와 상호 의존 관계를 가지며, 복잡한 의존 관계를 M:N 관계로 풀어가는 것은 매우 힘든 일입니다.

중재자 패턴은 여러 객체들의 복잡한 상호 의존성을 느슨한 소결합으로 재조정합니다. 또한 1:1 관계로 통신하여 보다 간단히 처리합니다. 중재자 패턴은 생성된 객체의 재사용이 용이하도록 만들 수도 있지만, 잘못된 중재자의 설계는 더 복잡한 객체를 생성할 수 있으므로 주의할 필요가 있습니다.

sta·tus

[ˈsteɪtəs] ◁»

CHAPTER **20**

상태 패턴

상태 패턴은 조건에 따른 별개의 동작을 제어문으로 사용하지 않습니다. 그 대신 객체를 캡슐화하여 독립된 동작으로 구분하는 패턴입니다. 상태 패턴은 상태 표현 객체[object for state]라고 부르기도 합니다.

20.1 상태란

프로그램은 조건에 따라 분기해 다양한 동작을 처리합니다. 제어문은 조건[condition]의 상태값을 참과 거짓으로 판단하여 상태를 처리합니다.

20.1.1 값을 조건으로 사용

제어문은 주어진 조건을 비교하여 동작을 다르게 처리합니다. 제어문의 조건은 값을 이용해 참과 거짓으로 상태를 구분하고 동작을 제어하는 것입니다.

다음은 if 조건 제어문을 사용하는 예시 코드입니다.

```php
<?php
if ($status == true) {
    echo "참 입니다.\n";
```

```
    } else {
        echo "거짓 입니다.\n";
    }
```

위 코드에서는 $status 변수를 상수 true 값과 비교합니다. 제어문은 변수값 비교에 의해 '참'
동작과 '거짓' 동작으로 나뉘며, 이처럼 2가지 형태로 값의 상태를 구별하는 것을 플래그[flag]라고
도 합니다.

20.1.2 동작을 구분하는 상태값

제어문은 주어진 값을 비교해 결과를 논리값으로 반환하거나, 논리값을 직접 0과 1로 입력하
여 동작을 구분할 수 있습니다. 따라서 제어문은 단순한 상태값이 아닌 논리 연산을 통해 조건
의 상태를 확장할 수 있습니다.

예를 들어 온라인 쇼핑몰에서 주문을 처리할 때 결제와 주문 상태에 따라 값을 구별합니다. 실
제 운용되는 쇼핑몰은 이보다 더 복잡한 상태일 것입니다.

그림 20-1 상태값 비교

주문 상태별로 값을 다르게 지정하고 이를 비교합니다. 주문 상태를 처리하기 위해 비교할 수
있는 값의 표현을 '상태'라고 합니다. 즉 상태값은 처리 로직을 구별할 수 있는 특정한 값이라고
생각하면 됩니다.

20.1.3 상수값을 사용하여 비교하기

다양한 종류의 상태가 있는 경우 값을 미리 정의합니다. 코드에 직접 리터럴값을 작성하여 상
태를 사용하는 것보다 상수를 정의하여 사용하는 것이 편리합니다.

```php
<?php
const OPEN    = 0x01;    // 주문
const PAY     = 0x02;    // 결제중
const ORDERED = 0x04;    // 주문완료
```

상수로 상태값을 정의하면 수정 시 소스코드를 직접 수정하지 않고도 일괄 변경할 수 있습니다.

20.2 상태 처리

상태값은 조건 비교를 통해 동작을 분리합니다. 전형적으로는 상태를 처리하기 위해 제어문 (if)을 사용합니다.

20.2.1 제어문

제어문은 조건을 구별하는 프로그래밍 언어 문법입니다. 대표적인 제어문으로 if문과 switch 문이 있습니다.

if문은 값을 비교하거나 값의 대소 관계를 구별합니다. 그리고 switch문은 if문 제어 기능 중 단순한 값 비교만 처리하므로 조건 비교 속도가 빠릅니다.

20.2.2 if문 상태 처리

if문을 사용하여 상태에 따른 동작을 구별해봅시다. 다음은 가장 전형적인 상태 처리 로직입니다.

예제 20-1 State/01/index.php

```php
<?php
const OPEN = 0x01;     // 주문
const PAY = 0x02;      // 결제중
const ORDERED = 0x04;    // 주문완료
```

```php
$state = NULL;

$state = OPEN;

if ($state == OPEN) {
    echo "주문\n";
} else if ($state == PAY) {
    echo "결제중\n";
} else if ($state == ORDERED) {
    echo "주문완료\n";
}
```

3가지 상태를 구별하기 위해 중첩된 if문 코드를 사용합니다. 각 상태에 따라서 else if문을 사용해 체인 형태로 제어문을 연결합니다.

20.2.3 상태 추가

[예제 20-1]에서 작성한 코드에 상태가 추가될 수도 있습니다. 새로운 상태가 추가되면 코드를 변경해야 합니다. 새로운 상태를 추가해봅시다.

예제 20-2 State/02/index.php

```php
<?php
const OPEN = 0x01;      // 주문
const PAY = 0x02;       // 결제중
const ORDERED = 0x04;   // 주문완료
const FINISH = 0x08;    // 처리완료

$state = NULL;
$state = PAY;

if ($state == OPEN) {
    echo "주문\n";
} else if ($state == PAY) {
    echo "결제중\n";
} else if ($state == ORDERED) {
    echo "주문완료\n";
} else if ($state == FINISH) {
    echo "처리완료\n";
}
```

[예제 20-2]에 '**처리완료**' 상태값 하나를 추가했습니다. 새로운 상태값을 처리하기 위해 [그림 20-2]와 같이 조건 제어문도 함께 변경됩니다.

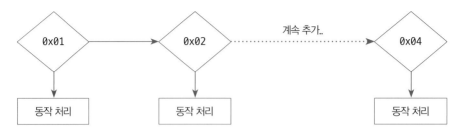

그림 20-2 if문 조건 추가

이처럼 상태가 추가되면 제어문은 계속 확장되고 코드가 복잡해집니다. 실제 개발 현장에서는 이러한 수정과 변경 작업들이 빈번히 발생하며, 매번 코드를 변경해야 하는 유지 보수 빈도가 늘어납니다.

20.2.4 switch문

상태를 처리하는 대부분의 로직은 값의 비교(==)입니다. 동일한 값을 비교할 경우 if문보다 switch문이 더 효율적이며 높은 성능을 발휘합니다.

예제 20-3 State/03/index.php

```php
<?php
const OPEN = 0x01;      // 주문
const PAY = 0x02;       // 결제중
const ORDERED = 0x04;   // 주문완료
const FINISH = 0x08;    // 처리완료

$state = NULL;
$state = ORDERED;

switch ($state) {
    case OPEN:
        echo "주문\n";
        break;
    case PAY:
```

```
            echo "결제중\n";
            break;
        case ORDERED:
            echo "주문완료\n";
            break;
        case FINISH:
            echo "처리완료\n";
            break;
    }
```

[예제 20-2]에 if문을 switch문으로 변경했습니다.

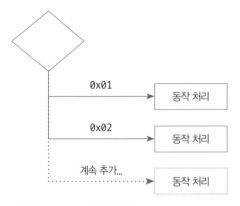

그림 20-3 switch문 조건 추가

하지만 코드 가독성과 처리 측면에서는 모두 별다른 개선점이 없습니다.

20.2.5 가변 함수 응용

가변 함수는 변수를 이용해 함수를 호출하는 프로그래밍 문법입니다. 변수명에 함수명을 설정
한 후 변수값과 동일한 함수를 호출합니다.

그림 20-4 가변 함수 호출

이처럼 상태 패턴의 원리는 [그림 20-4]와 같이 상태값에 따라 처리 로직을 각각의 함수로 분리합니다.

예제 20-4 State/03/func.php

```php
<?php
$state = "ordered";
if($state && function_exists($state)){
    $state();
}

// 오픈상태
function open()
{
    echo "주문\n";
}

// 결제상태
function pay()
{
    echo "결제중\n";
}

// 주문상태
function ordered()
{
    echo "주문완료\n";
}

// 완료상태
function finish()
{
    echo "처리완료\n";
}
```

복잡한 제어문은 코드 상태를 판단하기 어렵습니다. 규모가 커질수록 코드의 흐름을 이해하고 전체 동작을 파악하는 데 많은 시간이 소요됩니다. 특히 특정 상태가 제어문에 의해 숨겨진 동작일 경우 더욱 더 파악하기 어렵습니다.

앞에 나온 코드를 보면 동일한 상태값과 함수명을 사용해 동작을 구분하고 실행합니다. if문과 switch문을 사용하지 않고 가변 함수를 이용하여 상태값에 따라 동작을 실행할 수 있습니다.

20.3 패턴 구현

앞 절에서는 상태 패턴을 학습하기 전에 상태에 대한 개념과 처리 로직에 대해 먼저 학습했습니다.

20.3.1 상태 패턴

[예제 20-4]에서는 상태값과 가변 함수로 동작을 분기 처리하는 실습을 진행했습니다. 상태 패턴은 상태값에 따른 동작을 각각의 함수 형태로 구별하는 것과 달리 객체로 동작을 분리합니다.

객체 형태로 상태를 분리할 경우 상태의 동작을 객체에 위임할 수 있습니다. 그뿐 아니라 해당 객체에 동작을 한정시키는 국지화도 가능합니다. 상태 패턴은 객체의 상태에 따라 위임하는 객체를 변경하기 때문에 객체의 상태값과 직접적인 객체의 상태값에 영향을 받는다.

20.3.2 객체화

상태 패턴을 적용하기 위해 [예제 20-4] 코드를 클래스로 변경합니다.

예제 20-5 State/04/index.php

```php
<?php
class JinyOrder
{
    const OPEN = 0x01;      // 주문
    const PAY = 0x02;       // 결제중
    const ORDERED = 0x04;   // 주문완료
    const FINISH = 0x08;    // 처리완료

    public function process($state)
    {
        switch ($state) {
            case "OPEN":
                $this->stateOrder();
                break;
            case "PAY":
```

```
            $this->statePAY();
            break;
        case "ORDERED":
            $this->stateORDERED();
            break;
        case "FINISH":
            $this->stateFINISH();
            break;
        }
    }

    public function stateOrder()
    {
        echo "주문\n";
    }

    public function statePAY()
    {
        echo "결제중\n";
    }

    public function stateORDERED()
    {
        echo "주문완료\n";
    }

    public function stateFINISH()
    {
        echo "처리완료\n";
    }

}

$obj = new JinyOrder();
$obj->process("FINISH");
```

클래스로 변경했지만 아직도 복잡한 제어문을 사용하고 있어 별로 나아진 것이 없어 보입니다.

20.3.3 상태 캡슐화

[예제 20-5]를 상태 패턴으로 변경하기 위해 각 상태의 동작을 캡슐화합니다.

앞에서 실습한 가변 함수의 처리 방식을 다시 살펴봅시다. 우리는 가변 함수 처리에서 각 상태의 동작을 함수 형태로 분리했습니다. 상태 패턴에서는 함수 형태가 아니라 서브 클래스 형태로 분리합니다.

상태를 서브 클래스로 캡슐화할 때는 코드가 독립적으로 수행할 수 있도록 작성하는 것이 중요합니다. 독립적인 클래스는 상태를 서로 다른 별개의 행동 객체로 관리합니다. [예제 20-6]은 상태를 클래스화합니다.

예제 20-6 State/05/StateOrder.php

```php
<?php
class StateOrder implements State
{
    public function process()
    {
        echo "주문\n";
    }
}
```

각 상태의 행동들은 클래스로 형태를 캡슐화합니다. 또한 각 클래스는 상태의 변화에 대응하며 독립적으로 실행 가능합니다. 서브 클래스는 상태에 종속적이면서 독립적인 행동이 가능하도록 구현합니다.

예제 20-7 State/05/StatePay.php

```php
<?php
class StatePAY implements State
{
    public function process()
    {
        echo "결제중\n";
    }
}
```

예제 20-8 State/05/StateOrdered.php

```php
<?php
class StateOrdered implements State
```

```
{
    public function process()
    {
        echo "주문완료\n";
    }
}
```

예제 2-9 State/05/StateFinish.php

```php
<?php
class StateFinish implements State
{
    public function process()
    {
        echo "처리완료\n";
    }
}
```

[예제 20-6~예제 20-9]는 각 조건의 행동을 클래스로 캡슐화하여 분리하며 상태값에 따라 객체를 달리 호출합니다.

상태 패턴에서는 각각의 상태를 객체로 캡슐화하기 때문에 클래스 파일이 늘어난다는 단점이 있습니다. 그러나 상태 패턴을 사용하지 않고 수많은 조건문을 사용하는 것보다는 유연하게 확장할 수 있습니다.

20.3.4 단일 상태

상태 패턴에서 객체를 생성할 때는 단일 상태값으로 캡슐화합니다. 1개의 객체는 1개의 상태만 구현합니다.

때로는 1개의 상태 객체가 2개 이상의 상태값을 처리하는 경우도 있습니다. 복수의 상태값을 처리하려면 별도의 조건 제어문을 추가해야 합니다. 그러나 복수의 상태값을 처리하는 경우 상태 객체의 동작이 불분명해지는 상황이 발생합니다.

20.3.5 국지화

1개의 상태를 하나의 단일 객체로 생성하면 코드가 국지화되는 효과를 얻을 수 있습니다. 객체 국지화의 장점은 해당 객체에만 영향이 미친다는 것입니다. 따라서 각각의 상태를 하나의 객체로 국지화하면 상태에 따른 코드를 보다 쉽게 이해하고 수정할 수 있습니다.

20.3.6 인터페이스

상태 패턴은 서브 클래스 생성 시 인터페이스를 적용하는데, 이 인터페이스는 서브 클래스의 통일성을 유지하기 위해 사용합니다. 인터페이스는 모든 객체에 대응해 동일한 형태의 서브 클래스를 생성하도록 규약을 적용합니다.

상태 패턴은 모든 상태에 인터페이스를 적용하여 객체를 캡슐화합니다. 다음은 상태 인터페이스의 예제 코드입니다. 앞의 캡슐화된 상태 클래스를 보면 'implements State'로 인터페이스가 적용된 것을 확인할 수 있습니다.

예제 20-10 State/05/State.php

```php
<?php
// 상태 인터페이스를 선언합니다.
interface State
{
    public function process();
}
```

또한 각 상태 서브 클래스는 동일한 process() 메서드를 구현해야 합니다.

> **NOTE** 인터페이스 대신 추상화(Abstract)를 상속받아 처리할 수도 있습니다. 추상화는 인터페이스와 달리 공통된 메서드를 같이 포함하여 설계할 수 있습니다.

인터페이스로 구현된 process() 메서드는 상태 패턴의 상태값만 바라보고 처리하는 실행 동작입니다.

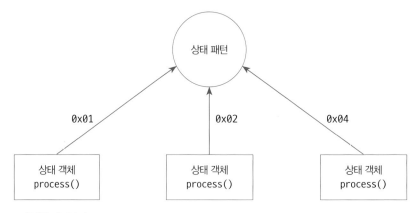

그림 20-5 상태값 바라보기

따라서 상태 객체는 특정한 상태에 종속된 동작을 가지는 의존성이 발생하게 됩니다.

20.4 객체 생성

상태 패턴은 상태별로 구분된 객체에 동작을 위임합니다. 위임하기 위해서는 각 상태별 객체의 생성 관리가 필요합니다.

20.4.1 서브 클래스

가 상태에 따라 동작하는 서브 클래스를 생성합니다. 상태 패턴은 상태나 동작할 서브 클래스의 객체 정보를 가지고 있습니다.

그림 20-6 상태 객체의 정보 및 위임 처리

상태에 따른 객체 정보를 변경하여 동작을 위임합니다. 상태 객체는 구체적으로 행동하는 파생 클래스와 같습니다.

20.4.2 인스턴스

캡슐화된 상태 클래스를 실체 객체로 생성합니다. 초기화 과정에서 상태별로 클래스의 객체를 생성합니다.

예제 20-11 State/05/Order.php

```php
<?php
class JinyOrder
{
    private $state;

    // 객체 초기화
    public function __construct()
    {
        // 상태의 서브 클래스 객체의 인스턴스를 생성합니다.
        $this->state = [
            'ORDER'=> new StateOrder(),
            'PAY'=> new StatePay(),
            'ORDERED'=> new StateOrdered(),
            'FINISH'=> new StateFinish()
        ];
    }

    // 상태의 서브 클래스를 호출합니다.
    public function process($status)
    {
        $this->state[$status]->process();
    }

}
```

상태의 객체를 저장하기 위해 배열 또는 여러 변수를 사용합니다. 각 상태에 따라 여러 변수를 추가로 사용하는 것은 상태 패턴의 단점입니다.

20.4.3 객체 생성

상태 패턴은 모든 상태에 대해 객체를 생성하고 관리하는데, 새로운 상태 객체를 생성하는 것은 시스템의 메모리 자원을 할당하는 일입니다. 객체를 생성하는 과정에서 중복된 객체가 생성될 우려도 있습니다.

중복된 객체가 생성되는 것을 방지하기 위한 방법으로 싱글턴 패턴이 있습니다. 서브 클래스를 싱글턴으로 변경히여 치리히는 것도 좋은 아이디이입니다. 이처럼 하나의 패딘만 사용하지 잃고 다른 패턴과 결합해서 사용하는 경우가 많습니다.

20.5 상태 전환

상태 패턴은 상태값에 따라 실제 동작되는 상태 객체를 결정하고 호출합니다. 이러한 호출의 선택과 변화는 상태 전이를 통해 관리합니다.

20.5.1 상태 호출

상태 패턴은 객체의 상태값을 갖고 있습니다. 상태값은 동작에 의해 변경될 수 있으며, 상태값에 따라 객체를 다르게 호출할 수도 있습니다.

다음은 상태를 지정하여 객체를 호출하는 예제입니다. 주문은 각 상태에 따른 객체 동작을 실행합니다.

예제 20-12 State/05/index2.php

```php
<?php
require "State.php";
require "StateOrder.php";
require "StatePay.php";
require "StateOrdered.php";
require "StateFinish.php";

require "Order.php";
```

```
$obj = new JinyOrder();
$obj->process("ORDERED");
```

```
$ php index2.php
주문완료
```

상태 패턴은 상태에 따라 동작하는 서브 클래스를 선택합니다. 상태값에 따라 실시간으로 객체를 변경하여 동작을 다르게 처리합니다.

20.5.2 상태 전이

상태 패턴에서 상태값은 고정되지 않습니다. 상태값은 동작에 따라서 변하는데 이를 상태 전이 state transition라고 합니다. 상태 전이는 통합 모델링 언어Unified Modeling Language(UML)의 상태 머신 다이어그램으로도 자주 나타냅니다.

상태 전이는 특정한 규칙에 의해 변동됩니다. 상태 전이는 객체의 행동과 조건 상황을 표현한 것이고, 상태 패턴은 객체를 상태별로 만들어 위임하므로 상태 전이를 명확하게 표현하는 효과가 있습니다. 이러한 규칙을 명확히 함으로써 오류 상태의 행동을 방지하는 효과도 있습니다.

20.5.3 상태 결정

상태 전환은 코드의 흐름에 따라 상태를 처리하며 현재 자신의 상태를 유지합니다. 상태를 공유할 때는 정적 변수를 응용하는 것이 좋습니다.

상태 처리는 주어진 상태를 처리하고 다음 상태로 이동합니다. 대부분의 상태는 스스로 알아서 다음 상태를 결정하며, 다음 상태가 결정되면 어떤 조건이나 이벤트에 따라 상태를 처리합니다.

상태 객체는 자기 자신의 상태값을 보관하지 않지만, 다음 상태로 전환되는 값은 구현되는 상태 객체에 추가로 포함할 수 있습니다. 상태 객체가 다음 상태값을 갖고 있을 때 상태 객체 간 의존성이 발생합니다.

20.6 실습

다음은 전구의 on/off 기능 상태를 통해 상태 패턴의 원리를 다시 한 번 학습해보겠습니다.

20.6.1 상태 인터페이스

먼저 상태 패턴에 대한 인터페이스를 생성합니다. 상태 클래스가 많을수록 인터페이스가 중요해집니다.

예제 20-13 State/06/lightState.php

```php
<?php
// 상태 인터페이스를 선언합니다.
interface LightState
{
    public function lightOn();
    public function lightOff();
    public function lightState();
}
```

상태 인터페이스에 메서드 3개를 정의합니다. 전구를 켜는 메서드, 끄는 메서드, 전구 상태를 가져오는 메서드입니다.

20.6.2 상태 객체

다음에는 상태를 처리하는 객체를 생성합니다.

예제 20-14 State/06/LightLamp.php

```php
<?php
// 객체를 구현합니다.
class LightLamp implements LightState
{
    // private 속성을 이용하여
    // 외부에서 상태에 직접 접근할 수 없도록 정의합니다.
    private $_lightstate;
```

```php
    public function __construct()
    {
        echo __CLASS__." 객체를 생성합니다.\n";
        // 전구의 초기 상태는 off입니다.
        $this->_lightstate = FALSE;
    }

    // 전구(LED)를 on 합니다.
    public function lightOn()
    {
        echo "전구를 on 합니다.\n";
        $this->_lightstate = TRUE;
        return $this;
    }

    // 전구(LED)를 off 합니다.
    public function lightOff()
    {
        echo "전구를 off 합니다.\n";
        $this->_lightstate = FALSE;
        return $this;
    }

    // 전구(LED)의 상태값을 반환합니다.
    public function lightState()
    {
        return $this->_lightstate;
    }
}
```

20.6.3 객체 구현

앞의 객체를 이용하여 상태를 실습해보겠습니다.

예제 20-15 State/06/Index.php

```php
<?php
require "LightState.php";
require "LightLamp.php";
```

```php
$obj = new LightLamp;
echo $obj->lightOn()->LightState()."\n";
echo $obj->lightOff()->LightState()."\n";

echo $obj->lightOn()->LightState()."\n";
echo $obj->lightOn()->LightState()."\n";
```

```
$ php index.php
LightLamp 객체를 생성합니다.
전구를 on 합니다.
1
전구를 off 합니다.

전구를 on 합니다.
1
전구를 on 합니다.
1
```

상태값을 갖고 있을 때 메서드는 상태 체크 부분을 같이 구현해야 합니다. 상태 패턴은 if문이나 switch문과 같은 제어문을 사용하지 않아도 메서드를 이용해 상태를 처리할 수 있습니다.

20.7 효과

상태 패턴은 거대한 구조의 코드를 구조화하는 데 유용합니다.

20.7.1 조건문 해결

프로그램에서 제어문은 코드를 실행하는 데 많은 부하를 발생시키고, 코드의 가독성 또한 떨어뜨립니다. 상태 패턴은 소스 코드에서 복잡한 if문과 switch문을 제거하고 조건 분기 없이 상태값을 이용해 객체의 동작을 처리합니다.

20.7.2 런타임

상태 패턴은 상태값에 따라 객체의 동작을 수행하며 내부 상태값을 조사해 상태 객체의 행위를 위임합니다.

상태별로 위임 객체를 변경합니다. 런타임으로 위임 객체를 변경해 동적으로 행동을 변화합니다.

20.7.3 확장성

상태 패턴은 새로운 상태를 쉽게 추가해서 구현할 수 있습니다. 상태의 로직을 상태 객체로 변경하고, 상태에 따른 동작을 상태 객체에 위임합니다.

상태 패턴은 상태값에 따라 행동을 위임함으로써 동작을 간편하게 확장할 수 있습니다. 이렇게 확장과 변경이 간편한 것은 상태 객체가 동일한 인터페이스를 적용하고 있기 때문입니다.

20.7.4 변화

상태 패턴은 변경된 상태에 따라 행동을 위임합니다. 이것은 마치 상태값에 따라 자신의 클래스가 변경되는 것처럼 보입니다. 실제 클래스가 변경되는 것이 아니라 구성에 따라서 상태 객체가 변경되는 것입니다.

20.8 패턴 유사성

상태 패턴을 전략 패턴과 비교하면서 살펴보겠습니다.

20.8.1 구조의 유사성

상태 패턴은 구조적으로 전략 패턴과 매우 유사합니다. 또한 UML 표현도 비슷합니다. 두 패턴 모두 런타임으로 객체를 위임해 동작을 변경합니다. 전략 패턴은 위임된 객체를 알고리즘으로 생각하지만, 상태 패턴에서는 위임된 객체를 상태값의 처리로 생각합니다.

20.8.2 목적의 차별성

상태 패턴과 전략 패턴은 구조가 유사하지만 목적성으로 두 패턴을 구별할 수 있습니다.

전략 패턴은 객체의 상태값에 관심이 없으며, 일고리즘을 교체하고 동작을 변경시키는 것만 생각합니다. 그러나 상태 패턴은 동작하는 객체의 변경이 상태에 따라 달라집니다. 상태 패턴에서는 상태값이 매우 중요하며 다음 동작과 객체의 위임을 결정합니다.

전략 패턴은 객체를 이용해 적용 알고리즘을 변경하고, 상태 패턴은 이벤트로 발생하는 상태에 따라 객체를 변경해줍니다.

20.9 적용 사례

상태 패턴은 다양한 응용프로그램에서 적용하는 디자인 패턴 중 하나입니다.

20.9.1 TCP 프로토콜

상태 패턴을 실제 적용한 분야는 TCP 연결 프로토콜입니다. 존슨과 츠바이크는 상태 패턴을 정의하면서 인터넷 TCP 연결 통신 프로토콜 설계 시 실제 이 패턴을 적용했다고 합니다.

20.9.2 그래픽

그래픽 응용프로그램에도 상태 패턴을 적용합니다. 보통 그림 도구를 선택하면 선택한 도형으로 계속 그릴 수 있습니다. 이는 도형을 선택하는 것이 객체의 상태값을 변경하는 것이며, 변경된 상태값이 유지되는 것과 같습니다. 다른 도형을 선택할 경우 생성되는 도형의 모양이 변경됩니다. 상태값을 변경하면 그림 그리는 작업 객체를 변경할 수 있습니다.

20.10 정리

상태 패턴은 행동 패턴으로 분류되고 객체 내부 상태에 따른 동작 객체를 결정합니다. 상태별로 분리된 동작 객체는 독립적이며, 각 상태값에 따라 국지화된 객체 행위를 위임합니다.

상태값은 시스템 내부 또는 단계별로 변경되며, 조건 판별 없이 객체를 직접 호출하여 동작시킨다는 장점이 있습니다. 상태 패턴은 상태값을 설정 또는 변경함으로써 객체 실행을 다르게 할 수 있습니다.

me·mento
[mə|mentoʊ] 🔊

CHAPTER 21

메멘토 패턴

메멘토 패턴은 객체의 상태를 저장하여 이전 상태로 복구하는 패턴입니다.

21.1 상태 저장

객체는 고유한 상태를 갖고 있으며 객체의 상태는 프로그램 실행 중에 다른 객체에 의해 끊임없이 값이 변경됩니다.

21.1.1 상태값

객체는 프로퍼티와 메서드로 구성되고 프로퍼티는 객체의 상태 형태로 값을 가집니다. 그리고 메서드는 객체의 행위로 내부 상태를 변경하고, 상태값에 따라 동작을 수행합니다.

다음은 인사말을 출력하는 Hello 클래스 예제입니다.

예제 21-1 Memento/01/hello.php

```php
<?php
class Hello
{
    private $message;
```

```php
    public function __construct($msg)
    {
        $this->message = $msg;
    }

    public function setMessage($msg)
    {
        $this->message = $msg;
    }

    public function getMessage()
    {
        return $this->message;
    }
}
```

인사말을 출력하는 Hello 클래스는 하나의 상태값을 갖고 있습니다. 객체 내에 선언된 프로퍼티($message)에 인사말을 저장하고 읽어봅니다.

그러면 선언한 Hello 클래스를 실행하는 코드를 작성해봅시다.

예제 21-2 Memento/01/index.php

```php
<?php
require "hello.php";

// 첫 번째 인사말
$obj = new Hello("안녕하세요.");
echo $obj->getMessage()."\n";

// 상태 변경
// 두 번째 인사말
$obj->setMessage("Hello nice meet you.");
echo $obj->getMessage()."\n";
```

```
$ php index.php
안녕하세요.
Hello nice meet you.
```

Hello 클래스의 객체를 생성합니다. 객체의 초기 인사말은 객체 생성 과정에서 설정하고, 설정된 인사말은 getMessage() 메서드를 이용해 상태값을 출력합니다.

두 번째 인사말을 설정합니다. setMessage() 메서드는 객체의 상태값을 변경할 수 있는 행위입니다. 변경된 인사말을 다시 출력합니다.

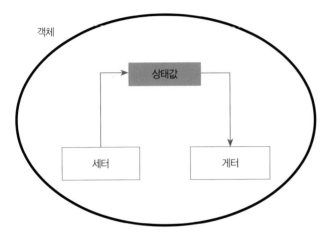

그림 21-1 객체의 상태값과 설정 방법

객체의 행위는 상태값을 읽고 변경을 수행합니다.

21.1.2 상태 이력

객체의 상태값이 한 번 변경되면 이전 상태로 돌아갈 수 없습니다. [예제 21-2]를 다시 살펴봅시다. 만약 이전의 인사말 메시지를 다시 출력하고 싶다면 어떻게 해야 할까요? 새로운 인사말 메시지를 출력하려면 상태값을 재설정해야 합니다.

프로그램의 동작 실행 단계 하나를 체크 포인트라고 합니다. 최신 응용프로그램은 사용자의 행위를 체크 포인트 형태로 기록합니다. 기록된 정보를 활용하면 이전 상태로 되돌릴 수 있는 객체의 복원 시점을 정할 수 있습니다.

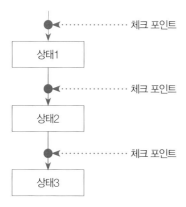

그림 21-2 상태 변경 시점의 체크 포인트

객체의 상태값을 체크 포인트 형태로 기록하면 이전의 객체 상태로 되돌아갈 수 있습니다. 최근 들어 많은 프로그램들이 객체 상태를 기록해 undo 기능을 구현합니다. Undo는 방금 전에 실행한 동작을 취소하는 명령입니다.

21.2 캡슐화

객체는 데이터와 행위를 캡슐화합니다. 캡슐화는 객체지향의 고유 특징입니다.

21.2.1 객체 관계

객체들은 상호 밀접한 의존 관계를 갖고 있고, 객체는 의존성 객체로 메시지를 전송하며 행위를 호출해 동작을 수행합니다.

다른 객체와 의존 관계인 복합 객체를 저장하거나 복원하는 것은 쉽지 않은 작업입니다. 단순히 하나의 객체만 복원하는 것이 아니라 복원 객체와 의존 관계인 모든 객체를 함께 이전 상태로 복원해야 합니다. 또한 복원 시 객체의 상태값도 같이 되돌려야 합니다.

복합 객체 구조의 객체를 저장하거나 복원하는 것은 단순한 작업이 아닙니다.

21.2.2 객체 접근

캡슐화는 외부로부터의 객체 접근과 직접적인 객체 접근, 임의 수정을 제한합니다. 이러한 객체지향의 캡슐화는 객체의 안정성을 확보하기 위해서입니다. 하지만 캡슐화의 접근 제한 속성은 객체의 저장 및 복원을 힘들게 하는 장애물이 됩니다. 객체 상태를 복원하려면 객체 내부로 접근해야 하기 때문입니다.

객체지향에는 3가지 종류의 접근 제어 속성이 있습니다.

- Public
- Private
- protected

public 속성은 객체 내부에 누구나 접근할 수 있습니다. 하지만 private과 protected는 제한된 접근만 허락합니다. 만일 객체의 상태값이 private이나 protected라면 복원에 필요한 상태를 읽을 수 없습니다.

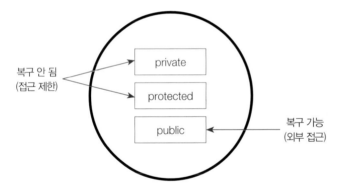

그림 21-3 복구를 위한 접근 제한 속성

저장된 객체를 복원하기 위해 이전 상태값을 참조하여 현재 상태를 되돌려놓습니다. 객체가 다른 객체에 의존한다면 분산된 객체의 상태값까지 모두 복원해야 합니다. 이러한 복원 과정은 매우 어렵고 복잡합니다. 접근 제한이 있는 객체는 완벽하게 복구할 수 없습니다.

21.2.3 캡슐화 파괴

객체를 복원하기 위해서는 완전한 객체의 내부 접근이 필요합니다. 완전한 객체의 내부 접근을 허용하는 방법은 모두 public 속성으로 설정합니다.

하지만 객체 내부의 모든 속성을 public으로 해서 노출하면 객체를 캡슐화한 장점을 잃어버리게 됩니다. 공개된 접근 허용은 캡슐화 정책을 위반하고, 심지어 객체의 캡슐화를 파괴하기까지 합니다.

캡슐화되지 않은 객체는 오동작의 원인이 됩니다. 또한 악의적인 해킹으로 객체의 상태값이 변경될 수도 있습니다. 이처럼 객체지향에서 객체의 복원과 캡슐화 사이에는 반대되는 의견이 있으므로 기능적 보완을 위해 약간의 절충 작업이 필요합니다.

21.2.4 제약 해결

메맨토의 사전적 의미를 찾아보면 '사람·장소를 기억하기 위한 기념품'이라고 해석되어 있습니다. 이런 의미와 유사하게 메멘토 패턴은 객체 상태를 다른 객체에 저장했다가 다시 복원합니다.

객체를 복원할 때 캡슐화 정책에 영향을 주지 않으면서도 안전하게 복원하는 절충안이 필요합니다. 메멘토 패턴은 캡슐화 위반을 최소화하면서 객체 저장과 복원을 실행할 수 있도록 돕는 패턴입니다.

저장과 복원 작업을 처리하는 중간 매개체를 이용하면 보다 쉽게 상태 이력을 관리할 수 있습니다. 이러한 중간 매개체를 constraintSolver라고 합니다.

21.3 메멘토

메멘토는 SolverState로 객체의 상태를 관리합니다. 객체의 상태를 저장하고, 저장된 상태의 객체를 복원합니다.

21.3.1 객체 저장

동작 전의 상태로 객체를 되돌리는 방법은 2가지입니다. 하나는 객체를 실행하기 전에 동작을 역순으로 처리하는 로직을 다시 작성하는 방법이고, 또 하나는 객체의 동작을 되돌리기 위해 실행 전의 객체를 통째로 저장하는 방법입니다.

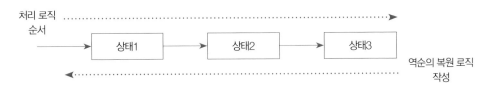

그림 21-4 역순 처리 로직

그나마 복잡한 복원 로직을 작성하는 방법보다는 객체를 통째로 저장하는 것이 수월합니다. 하지만 객체를 임시 저장하는 것도 복원 시 캡슐화 정책과 충돌하므로 간단하지만은 않습니다.

21.3.2 객체 관리

객체 복원은 객체를 이전 상태로 되돌리는 것을 말합니다. 자신의 상태값을 가진 객체를 저장했다가 이전 상태로 되돌릴 때 이력을 참조하여 상태값을 변경합니다.

객체를 복원하기 위해서는 특별한 관리 방법이 필요한데, 메멘토 패턴은 캡슐화를 파괴하지 않고 객체 상태를 저장하는 방법을 제안합니다. 메멘토는 객체를 스냅숏 형태로 저장합니다.

객체를 저장하려면 저장 공간이 필요합니다. 객체를 저장하기 위해 스택 구조의 배열을 사용하며, 스택과 배열 구조는 복수의 객체를 원하는 횟수만큼 저장합니다.

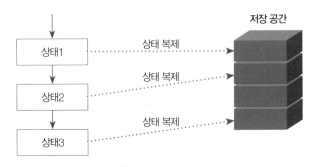

그림 21-5 객체의 상태를 복제

Undo 기능은 마지막 작업의 역순으로 동작을 취소합니다. 배열에 객체 상태를 최신 작업 순으로 저장하고, 복원할 때는 스택 자료 구조 알고리즘을 적용합니다. 스택은 FILO 구조로 마지막에 저장된 값을 제일 먼저 반환합니다.

21.3.3 인터페이스

메멘토는 객체 저장과 복원을 위해 2가지 인터페이스를 사용하며 인터페이스를 이용해 관리 방법을 구분합니다.

- 원조본(originator)
- 케어테이커(caretaker)

2가지 구현의 차이점은 메멘토에 얼마나 많은 접근 권한을 허용하는가의 차이입니다. 원조본 originator은 광범위wide한 메멘토의 접근을 모두 허용하지만 케어테이커는 제한된narrow 범위 안에서 허용합니다.

21.3.4 Memento 클래스

메멘토 패턴을 구현하기 위해 제일 먼저 Memento 클래스를 설계합니다. Memento 클래스는 객체의 정보를 저장하는 프로퍼티와 저장된 객체에 접근하기 위한 메서드로 구성되어 있습니다.

예제 21-3 Memento/02/Memento.php

```php
<?php
// 메멘토
class Memento
{
    // 객체를 저장합니다.
    protected $obj;

    // 원조본(Originator)에 의해서 생성됩니다.
    public function __construct($obj)
    {
        // 객체를 복제합니다.
        $this->obj = clone $obj;
    }
```

```
    // 저장된 객체를 읽어옵니다.
    public function getObject()
    {
        return $this->obj;
    }
}
```

Memento 클래스는 하나의 `$obj` 프로퍼티를 갖고 있고, `$obj`에는 저장하려는 객체 정보가 담겨 있습니다. Memento 객체는 생성 인자로 전달된 객체를 내부 프로퍼티에 복제합니다.

21.3.5 접근 권한

Memento 클래스는 protected 속성을 사용해 객체를 저장합니다. 앞에서 설계한 Memento 클래스를 살펴보면 프로퍼티의 속성이 protected로 설정된 것을 확인할 수 있습니다.

Memento 클래스에 저장된 복제 객체는 누구나 접근할 수 있는 클래스가 아니며, 동일한 계통의 상속 클래스만 접근 권한을 갖고 있습니다. Protected 속성은 상속된 클래스에서만 접근할 수 있고, 내부에 저장된 객체에는 오로지 공개된 메서드를 통해서만 접근할 수 있습니다. 예제에서는 별도로 구현된 공개 `getObject()` 메서드를 사용합니다.

21.4 Originator 클래스

원조본^{Originator}은 실체 객체와 메멘토^{Memento} 사이의 중간 매개체^{constraintSolver} 역할을 수행합니다.

21.4.1 광범위 접근

메멘토 패턴에서는 객체를 저장하기 위해 직접 메멘토 객체에 접근하지 않으며 객체를 저장, 복원하기 위해 중간 매개체인 Originator 클래스를 생성합니다.

Originator 클래스는 메멘토 객체를 생성하고 메멘토를 통해 객체를 복원합니다. 예제 코드를 살펴봅시다.

```php
<?php
// 상태를 가지고 있는 객체입니다.
class Originator
{
    // 상태를 저장하기 위해 변수를 하나 가지고 있습니다.
    protected $state;

    // 메멘토
    // 메멘토의 객체를 생성해 반환합니다.
    public function create()
    {
        echo ">메멘토 객체를 생성합니다.\n";
        return new Memento($this->state);
    }

    // 복원합니다.
    public function restore($memento)
    {
        echo ">메멘토 객체로 복원합니다.\n";
        $this->state = clone $memento->getObject();
    }

    // 상태
    // 상태를 읽어옵니다.
    public function getState()
    {
        return $this->state;
    }
    // 상태를 설정합니다.
    public function setState($state)
    {
        $this->state = $state;
    }
}
```

캡슐화는 외부의 접근을 제어함으로써 악의적인 변경을 방지합니다. 메멘토는 제한적인 접근만 허용하며 캡슐화를 위반하지 않습니다.

Originator 클래스는 객체를 복원 또는 저장하기 위한 프로퍼티 하나를 갖고 있습니다.

```
// 상태를 저장하기 위해 변수를 하나 가지고 있습니다.
protected $state;
```

$state는 객체의 저장 및 복원을 위한 중간 매개체적인 성격의 프로퍼티입니다. 메멘토
는 저장된 객체가 외부에 노출되지 않도록 경계를 유지하며 이를 위해 private 속성 대신
protected를 사용합니다.[1]

21.4.2 원조본 실습

[예제 21-1]에서 실습한 Hello 객체를 메멘토 객체와 원조본 객체로 저장 복원하는 실습을 해
봅시다.

예제 21-5 Memento/02/index.php

```php
<?php
require "Memento.php";
require "Originator.php";

require "hello.php";

// 원조본 객체를 생성합니다.
$origin = new Originator;

// 첫 번째 인사말
$obj = new Hello("상태1: 안녕하세요.");
echo $obj->getMessage()."\n";

// 상태1을 설정하고, 원조본을 메멘토를 통해 저장합니다.
$origin->setState($obj);
$memento = $origin->create(); // 저장

// 상태 변경
// 두 번째 인사말
$obj->setMessage("상태2: Hello nice meet you.");
echo $obj->getMessage()."\n";
```

---

1 메멘토를 이해하기 위해서는 접근 제한자(protected)에 대해 알고 있어야 합니다.

```
// 메멘토를 통해 상태1을 복원합니다.
$origin->restore($memento);
$obj = $origin->getState(); // 복원
echo $obj->getMessage()."\n";
```

```
$ php index.php
상태1: 안녕하세요.
>메멘토 객체를 생성합니다.
상태2: Hello nice meet you.
>메멘토 객체로 복원합니다.
상태1: 안녕하세요.
```

Originator의 create( ) 메서드는 객체를 저장하기 위해 먼저 메멘토 객체를 생성하며, 메멘토 객체를 생성하기 위한 단순 팩토리 역할을 수행합니다.

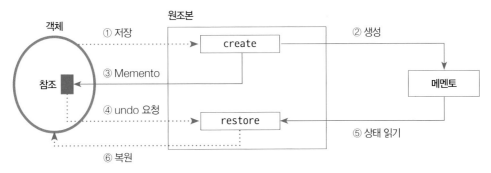

그림 21-6 Originator 클래스를 통한 메멘토 동작

이제 메멘토 객체로의 접근은 Originator만 가능합니다. 메멘토를 통해 Originator의 상태를 저장하고 복원을 실행합니다.

21.5 CareTaker 클래스

케어테이커는 실행 취소 메커니즘이고 제한적 범위의 인터페이스를 가집니다.

21.5.1 보관자

케어테이커는 다수의 메멘토를 보관하고 관리합니다. 또한 CareTaker 클래스와 Memento 클래스는 느슨한 구조로 연결돼 있습니다.

다음 예제는 스택 구조를 이용해 CareTaker 클래스를 구현합니다.

예제 21-6 Memento/03/caretaker.php

```php
<?php
class CareTaker
{
    protected $stack;

    // 케어테이커 생성자
    public function _construct()
    {
        // 스택을 초기화합니다. 배열로 초기화
        $this->stack = array();
    }

    // 스택에 저장합니다.
    public function push($origin)
    {
        // 원조본을 이용하여 메멘토의 인스턴스를 생성합니다.
        $memento = $origin->create();

        // 메멘토를 스택에 저장합니다.
        array_push($this->stack, $memento);
    }

    // 스택에서 객체를 읽어옵니다.
    public function undo($origin)
    {
        // 스택에서 메멘토를 읽어옵니다.
        $memento = array_pop($this->stack);

        // 메멘토를 이용하여 원조본을 복원합니다.
        $origin->restore($memento);

        // 복원된 객체를 반환합니다.
        return $origin->getState();
    }
}
```

CareTaker 클래스는 Memento 객체를 관리합니다. 케어테이커는 메멘토 객체를 스택 구조로 저장하며 복원 시 스택에서 메멘토를 가져옵니다.

케어테이커는 꺼내온 메멘토 객체를 다시 원조본 객체로 전달합니다. Caretaker 클래스는 메멘토 객체를 관리하는 책임을 가지며 제한적인 범위 안에서 메멘토에 접근합니다. 즉 Memento에 저장된 객체를 저장하거나 읽어오는 역할을 수행합니다. CareTaker 클래스는 메멘토를 다른 객체에 직접 넘겨줄 수도 있습니다.

21.5.2 시점 관리

Originator는 Memento를 통해 자신의 객체 상태를 저장합니다. CareTaker 클래스는 Originator 클래스를 이용해 객체의 상태를 저장하는 동작을 결정합니다. 케어테이커는 수동적으로 메멘토를 관리하는 역할을 합니다.

케어테이커는 먼저 원조본 객체로 메멘토의 객체를 요청한 후 자신의 저장소에 메멘토를 저장합니다. 케어테이커는 메멘토를 보관하기만 할 뿐 자체 내용을 검사하거나 수정하지 않습니다.

예제 21-7 Memento/03/index.php

```php
<?php
require "Memento.php";
require "Originator.php";
require "caretaker.php";

require "hello.php";

// 원조본, 케어테이커 객체를 생성합니다.
$origin = new Originator;
$care = new CareTaker;

// 첫 번째 인사말
$obj = new Hello("상태1: 안녕하세요.");
echo ">>".$obj->getMessage()."\n";

// 원조본에 객체를 설정, 저장합니다.
$origin->setState($obj);
$care->push($origin);
```

```php
// 상태 변경, 두 번째 인사말
// 상태2를 설정하고, 메멘토를 통해 원조본을 케어테이커에 저장합니다.
$obj->setMessage("상태2: Hello nice meet you.");
echo ">>".$obj->getMessage()."\n";
$origin->setState($obj);
$care->push($origin);

// 상태 변경, 두 번째 인사말
// 상태3을 설정하고, 메멘토를 통해 원주본을 케어테이커에 저장합니다.
$obj->setMessage("상태3: こんにちは");
echo ">>".$obj->getMessage()."\n";
$origin->setState($obj);
$care->push($origin);

// 메멘토를 통하여 상태3을 복원합니다.
$obj = $care->undo($origin);
echo "<<".$obj->getMessage()."\n";

// 메멘토를 통하여 상태2를 복원합니다.
$obj = $care->undo($origin);
echo "<<".$obj->getMessage()."\n";

// 메멘토를 통하여 상태1을 복원합니다.
$obj = $care->undo($origin);
echo "<<".$obj->getMessage()."\n";
```

```
$ php index.php
>>상태1: 안녕하세요.
>메멘토 객체를 생성합니다.
>>상태2: Hello nice meet you.
>메멘토 객체를 생성합니다.
>>상태3: こんにちは
>메멘토 객체를 생성합니다.
>메멘토 객체로 복원합니다.
<<상태3: こんにちは
>메멘토 객체로 복원합니다.
<<상태2: Hello nice meet you.
>메멘토 객체로 복원합니다.
<<상태1: 안녕하세요.
```

객체를 상태1–상태2–상태3 순서로 바꾸면서 실행하고, 객체가 실행되기 전에는 객체 상태를 저장합니다.

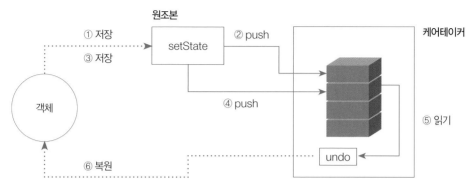

그림 21-7 CareTaker 클래스를 이용한 복원

케어테이커 스택에 저장된 객체를 하나씩 읽어서 다시 실행해봅시다. 실행했던 순서의 역순으로 객체가 복원되는 것을 확인할 수 있습니다.

21.6 관련 패턴

메멘토 패턴은 다음과 같은 패턴과 같이 활용하며, 이들은 유사한 특징을 갖고 있습니다.

21.6.1 명령 패턴

명령 패턴은 커멘드를 캡슐화하여 요청과 동작을 구분합니다. 이때 실행을 처리하는 메서드와 실행을 취소하는 undo 기능을 같이 만들어둘 수 있으며 Undo 기능 구현 시 메멘토 패턴을 같이 응용합니다.

21.6.2 프로토타입 패턴

새로운 객체를 생성하고 현재 상태를 재설정하는 과정은 복잡합니다. 이 경우 원형 패턴을 이용하여 객체를 복사할 수 있습니다. 메멘토는 객체 상태를 저장하기 위해 현재 시점의 객체를 복제합니다. 객체를 복제하면 현재 시점의 상태를 가진 객체를 빠르게 생성할 수 있습니다. 객체를 복제하는 목적은 객체 상태를 복원하기 위해서입니다.

21.6.3 상태 패턴

메멘토는 객체 상태값을 저장하며 상태값을 처리하는 관점에서 상태 패턴을 같이 응용할 수 있습니다.

21.6.4 반복자 패턴

케어테이커는 복수의 메멘토를 관리합니다. 복수의 메멘토는 배열과 스택 구조로 처리하는데, 이때 반복자 패턴을 통해 복원 과정을 반복 관리할 수 있습니다.

21.7 정리

메멘토 패턴을 이용해 객체의 스냅숏을 생성하고 저장합니다. 스냅숏은 특정 시점의 객체 상태를 지정하여 저장하며, 저장된 객체를 undo 형태로 읽어오면 객체 상태를 복원할 수 있습니다.

Originator와 Memento는 강력한 결합 구조로 되어 있습니다. Originator는 메멘노 객제를 생성하고 이를 이용한 동작을 실제로 처리합니다. Originator는 자신의 상태를 모두 저장해야 하는 복잡성을 메멘토로 대체할 수 있고, 케어테이커는 다수의 메멘토 객체를 보관 처리할 수 있습니다.

메멘토를 사용해서 객체를 보관할 때는 리소스가 증가됩니다.

tem·plate method

[ˈtempleɪt ˈmeθəd] ◁»))

CHAPTER 22

템플릿 메서드 패턴

템플릿 메서드 패턴은 메서드를 이용해 각 단계를 템플릿 구조화하고 행동을 구분합니다.

22.1 프로그램의 구조

프로그램의 코드는 구조를 갖고 있습니다. 시작을 기준으로 하여 순차적으로 코드를 읽고 해석합니다. 프로그램이 순차적으로 실행된다는 의미는 단계적으로 코드를 따라간다는 것입니다.

22.1.1 코드 실행 순서 분석

모든 행동에는 순서가 있으며, 우리가 무의식적으로 걸을 때도 동작에 순서가 있습니다. 프로그램은 이러한 동작을 분석해서 순차적으로 연결합니다.

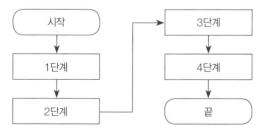

그림 22-1 프로그램 실행 단계

최근 들어 언플러그드 코딩 교육이 인기를 얻고 있습니다. 인간이 무의식적으로 행동하는 것을 프로그램 방식으로 분석하고 논리적으로 사고하는 훈련입니다. 프로그래밍은 사용자가 원하는 동작을 정확히 이해하고 분석하는 것부터 시작합니다. 그리고 분석된 행동과 결과를 코드로 작성합니다.

예를 들어 샌드위치 제작 방법을 코드로 작성해봅시다. 맛있는 샌드위치를 만드는 과정을 프로그래밍하기 위해 호텔 주방장을 섭외했습니다. 호텔 주방장은 컴퓨터 프로그래밍을 해본 경험이 없습니다.

개발자: "샌드위치는 어떤 모양이고 어떻게 만드나요?"
주방장: "샌드위치는 2개의 빵 안에 원하는 재료를 넣습니다."

주방장의 이야기를 들은 개발자는 주방장이 애기한 것과 같이 샌드위치를 만드는 코드를 작성합니다.

예제 22-1 Template/01/sandwich.php

```php
<?php
class SandWich
{
    public function make()
    {
        return "빵 + 속재료 + 빵";
    }
}
```

작성한 SandWich 클래스를 이용해 샌드위치를 만들어봅시다.

예제 22-2 Template/01/index.php

```php
<?php
include "sandwich.php";

echo "배고프다. 샌드위치를 만든다.\n";
$obj = new sandwich;
echo $obj->make();
```

```
php index.php
배고프다. 샌드위치를 만든다.
빵 + 속재료 + 빵
```

주방장은 샌드위치 제작 과정을 너무 추상적으로 설명했습니다. 하지만 실제 샌드위치를 만드는 과정은 매우 복잡합니다.

22.1.2 단계

앞의 예제는 복잡한 샌드위치 요리 과정을 단순하게 설명했습니다. 하지만 사람들은 이 설명만 듣고도 원하는 샌드위치를 만들 수 있습니다.

인간과 컴퓨터의 차이는 무엇일까요? 인간은 어떤 행동을 추상화하고 이를 이해합니다. 또한 추상화된 각 단계의 동작을 무의식적으로 학습된 형태로 반복합니다.

실제 코딩으로 샌드위치를 만들려면 보다 상세하고 구체적인 동작을 기술해야 합니다. 동작 처리 과정을 면밀하게 살펴보면 단계별로 구분할 수 있습니다. 프로그래밍은 복잡한 동작을 단계별로, 구체적으로 구분하여 나열하는 것입니다.

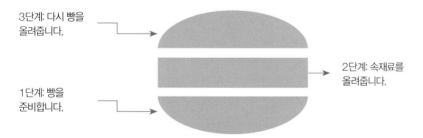

그림 22-2 샌드위치 생성 단계 구문

컴퓨터는 동작을 하나씩 지정해서 실행해야 하므로 컴퓨터 프로그램을 바르게 작성하는 것은 각각의 단계를 잘 구별하는 것이라고 할 수 있습니다.

예제 22-3 Template/02/sandwich.php

```php
<?php
class SandWich
{
    public function make()
    {
        // 1단계 : 빵을 하나 준비합니다.
        $food = "빵";

        // 2단계 : 준비된 빵에 속재료를 올려놓습니다.
        $food .= " + ";
        $food .= "속재료";

        // 3단계 : 속재료 위에 다시 빵 하나를 놓습니다.
        $food .= " + ";
        $food .= "빵";

        // 생성된 샌드위치를 반환합니다.
        return $food;
    }
}
```

[예제 22-3]에서는 샌드위치 생성 방법을 단계적으로 분리했습니다. 코드의 길이가 길어졌지만 실행 결과는 동일합니다.

22.2 템플릿

모든 샌드위치는 공통된 모양의 형틀을 갖고 있고 샌드위치를 만드는 원리와 만들어진 모습이 같습니다. 즉 샌드위치의 내용물만 다를 뿐 겉모양은 비슷합니다.

22.2.1 공통 로직

샌드위치의 종류는 매우 다양합니다. 하지만 만드는 방법과 구성(재료)은 동일합니다. 샌드위치는 2개의 빵 속에 속재료를 넣은 모양입니다. 이는 어떤 샌드위치라도 동일합니다.

공통된 특징을 적용해 샌드위치 생성 과정을 단계별로 분리합니다.

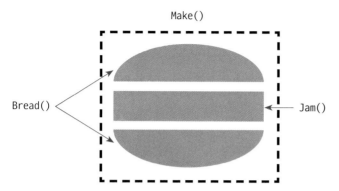

그림 22-3 샌드위치 생성 과정 객체화

SandWich 클래스를 좀 더 개선해보겠습니다.

예제 22-4 Template/03/sandwich.php

```php
<?php
class SandWich
{
    public function make()
    {
        // 1단계 : 빵을 하나 준비합니다.
        $food = $this->bread();

        // 2단계 : 준비된 빵에 속재료를 올려놓습니다.
        $food .= " + ";
        $food .= $this->jam();

        // 3단계 : 속재료 위에 다시 빵 하나를 놓습니다.
        $food .= " + ";
        $food .= $this->bread();

        // 생성된 샌드위치를 반환합니다.
        return $food;
    }

    public function bread()
    {
        return "식빵";
```

```
    }

    public function jam()
    {
        return "딸기잼";
    }

}
```

```
php index.php
배고프다. 샌드위치를 만든다.
식빵 + 딸기잼 + 식빵
```

샌드위치를 만들기 위한 원재료를 메서드로 분리했습니다. make( ) 메서드가 재료에 해당하는 메서드를 호출하지만 공통된 단계별 과정에는 변함이 없습니다.

22.2.2 템플릿

템플릿^{Template}에는 '형판', '견본'이라는 뜻이 있으며, 객체지향에서의 템플릿은 공통된 처리 로직을 말합니다.

우리는 샌드위치를 만들기 위한 공통 로직을 설계했고 make( ) 메서드를 반복적으로 실행하면 됩니다. 어떤 샌드위치든지 만드는 방법은 크게 변하지 않습니다.

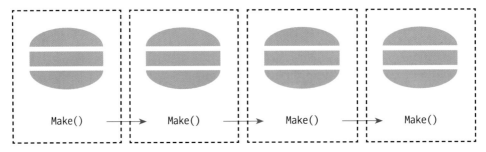

그림 22-4 샌드위치를 만드는 템플릿 반복 수행

make( ) 메서드는 샌드위치를 만드는 알고리즘과 같습니다. make( ) 메서드와 같이 공통된 단계적 과정을 템플릿이라고 합니다.

22.3 일반화

클래스의 일반화generalization는 공통점을 찾아 상위 클래스로 도출하는 과정입니다. 공통점을 기준으로 1개의 클래스를 2개의 클래스로 분리합니다.

22.3.1 클래스 분리

일반화는 객체지향의 상속을 구현하기 위해 공통된 부분을 찾는 과정입니다. 공통된 템플릿 로직을 분리하는 이유는 중복된 코드가 발생하기 때문입니다.

일반화는 공통된 부분과 다른 부분을 분리합니다. 다양한 클래스로 객체를 확장할 때 공통된 부분만 모아서 별도로 관리하면 추후 유지 보수하기가 편합니다. 공통된 부분은 상위 클래스로, 다른 클래스는 하위 클래스로 재설계합니다.

기존의 sandwich 클래스의 공통된 부분만 남겨놓습니다. 공통된 부분은 템플릿을 처리하는 메서드입니다.

예제 22-5 Template/04/sandwich.php

```php
<?php
// 공통된 부분
class SandWich
{
    public function make()
    {
        // 1단계 : 빵을 하나 준비합니다.
        $food = $this->bread();

        // 2단계 : 준비된 빵에 속재료를 올려놓습니다.
        $food .= " + ";
        $food .= $this->jam();

        // 3단계 : 속재료 위에 다시 빵 하나를 놓습니다.
```

```
        $food .= " + ";
        $food .= $this->bread();

        // 생성된 샌드위치를 반환합니다.
        return $food;
    }
}
```

처리 로직은 알고리즘 단계를 가지며 이 단계는 반복석으로 수행됩니다.

22.3.2 접근 속성

일반화를 통해 공통된 로직을 상위 클래스로 분리했습니다. 공통되지 않은 부분은 하위 클래스에 위임합니다. 상위 클래스의 템플릿 메서드는 하위 클래스의 메서드를 호출하여 사용합니다.

템플릿 메서드에서는 불필요한 접근을 제한하고 템플릿 접근만 허용합니다. 샌드위치를 만드는 사용자는 공통된 로직인 템플릿만 호출하면 되며 하위 클래스의 메서드에 직접 접근할 필요가 없습니다.

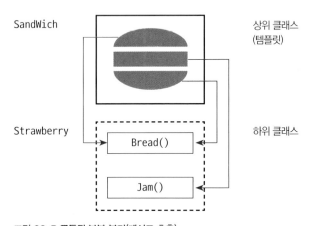

그림 22-5 공통된 부분 분리(메서드 호출)

하위 클래스는 상위 클래스를 상속받으므로 외부에서 불필요한 메서드가 접근하는 것을 제한합니다. 하위 클래스의 메서드 속성은 상속된 구조에서만 접근을 허용하는 protected를 부여하여 설계합니다.

```php
<?php
// 공통되지 않은 부분
class Strawberry extends SandWich
{
    protected function bread()
    {
        return "식빵";
    }

    protected function jam()
    {
        return "딸기잼";
    }
}
```

샌드위치를 만드는 공통 과정은 동일하지만 완성된 샌드위치는 다를 수 있습니다. 일반화로 분리된 하위 클래스는 공통되지 않는 부분을 담을 수 있습니다. 하위 클래스만 변경하면 다양한 샌드위치를 만들 수 있습니다.

22.3.3 일반화 결과

일반화를 통해 분리한 클래스는 코드 중복이 발생하지 않도록 구조를 개선한 효과를 얻을 수 있습니다. 일반화로 분리된 클래스는 상속을 통해 결합합니다.

일반화를 통해 분리된 클래스를 사용하려면 실행 코드에 2개의 클래스 파일을 모두 포함[include]해야 합니다.

상속으로 구성된 클래스의 객체를 생성합니다. 하위 클래스를 사용해 객체를 생성하며, Strawberry 클래스는 SandWich 클래스를 상속합니다.

예제 22-7 Template/04/index.php

```php
<?php
include "sandwich.php";
include "strawberry.php";
```

```
echo "배고프다. 샌드위치를 만든다.\n";
$obj = new Strawberry;
echo $obj->make();
```

```
php index.php
배고프다. 샌드위치를 만든다.
식빵 + 딸기잼 + 식빵
```

22.4 추상화

템플릿 메서드 패턴은 추상 클래스의 특징을 잘 활용하여 적용한 디자인 패턴입니다.

22.4.1 오버라이드

클래스 상속은 모든 내용을 포괄적으로 승계받습니다. 샌드위치를 만들 때 식빵을 사용하지 않고 베이글을 사용하려면 어떻게 해야 할까요?

Strawberry 클래스를 다시 상속하고 bread() 메서드를 오버라이드합니다.

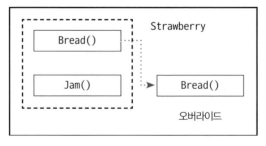

그림 22-6 메서드 오버라이드

StrawberryBagel 클래스는 Strawberry 클래스를 다시 상속합니다.

```php
<?php
// 공통되지 않은 부분
class StrawberryBagel extends Strawberry
{
    protected function bread()
    {
        return "베이글";
    }
}
```

StrawberryBagel 클래스 내부에는 기존의 식빵을 처리하는 bread() 메서드와 베이글을 처리하는 bread() 메서드가 있습니다.

예제 22-9 Template/05/index.php

```php
<?php
include "sandwich.php";
include "strawberry.php";
include "StrawberryBagel.php";

echo "배고프다. 샌드위치를 만든다.\n";
$obj = new StrawberryBagel;
echo $obj->make();
```

```
php index.php
배고프다. 샌드위치를 만든다.
베이글 + 딸기잼 + 베이글
```

22.4.2 추상 클래스

상속을 통해 메서드를 오버라이드하면 불필요한 메서드만 남습니다. [그림 22-6]을 살펴보면 StrawBerryBagel은 bread 메서드를 재정의합니다. 메서드 재정의로 인해 기존 StrawBerry 의 bread 메서드는 사용하지 않는 코드로 남게 됩니다. 메서드를 재정의하는 것은 클래스의 크기만 커지는 결과를 가져옵니다. 즉 불필요한 자원 낭비입니다.

일반적인 상속 구조를 추상 클래스 구조로 변경합니다. 상위 일반 클래스에 abstract 키워드만 추가하면 SandWich 클래스를 추상 클래스로 변경할 수 있습니다.

예제 22-10 Template/06/sandwich.php

```php
<?php
// 공통된 부분
abstract class SandWich
{
    // 템플릿
    public function make()
    {
        // 1단계 : 빵을 하나 준비합니다.
        $food = $this->bread();

        // 2단계 : 준비된 빵에 속재료를 올려놓습니다.
        $food .= " + ";
        $food .= $this->jam();

        // 3단계 : 속재료 위에 다시 빵 하나를 놓습니다.
        $food .= " + ";
        $food .= $this->bread();

        // 생성된 샌드위치를 반환합니다.
        return $food;
    }

    // 추상 메서드
    abstract protected function bread();
    abstract protected function jam();
}
```

추상 클래스도 동일한 상속 구조로 결합됩니다.

> **NOTE** 일반 클래스와 달리 추상 클래스는 독립적인 인스턴스를 생성할 수 없습니다.

변경된 추상 클래스의 템플릿을 살펴보겠습니다. 템플릿 역할의 메서드는 선언된 추상 메서드를 호출해 사용합니다. make() 템플릿(메서드) 안에서는 식재료의 메서드를 호출해서 사용합니다. 하지만 추상 클래스 안에서는 실제 식재료의 메서드만 선언할 뿐 구현하지 않으며, 추상 메서드는 상속받은 하위 클래스에 실제 동작을 위임합니다.

추상화를 통해 추상 메서드를 선언하면 실제로 구현하지 않아도 호출해서 사용할 수 있습니다. 실제 구현 메서드의 호출 및 처리 동작에 대해서만 알면 됩니다. 이는 추상화를 통해 사용과 구현을 분리하는 특징입니다.

22.4.3 상위 클래스

템플릿 메서드 패턴은 추상 클래스를 통해 상속을 추상화합니다. 상위 클래스의 추상화는 외형적인 뼈대만 결정합니다. 또한 하위 클래스를 구현하는 기준이 됩니다.

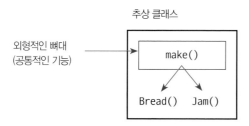

그림 22-7 추상화 상위 클래스

메서드는 상위 클래스에 공통적 기능만 구현하고, 변경되는 부분은 추상 메서드로 선언합니다. 변경할 부분을 추상 메서드로 선언하는 이유는 상속받을 때 하위 클래스에서 중복적으로 재구현되기 때문입니다. 추상 클래스를 상속한 하위 클래스에서도 일반화된 공통 로직을 호출하여 사용할 수 있습니다. 공통된 코드를 상위 클래스로 옮길 경우 추후에 효율적으로 유지 보수할 수 있습니다.

22.4.4 추상 메서드

템플릿 메서드 패턴은 2개의 클래스를 갖고 있습니다. 하나는 템플릿의 메서드를 정의하는 추상 클래스이고, 하나는 템플릿 구현부인 일반 클래스입니다. 또한 두 개의 클래스는 서로 밀접한 관계를 갖고 있습니다.

두 클래스의 관계는 추상 메서드의 선언을 통해 분리됩니다. 상위 클래스의 추상 메서드는 인터페이스와 같은 성격을 갖고 있습니다. 즉, 메서드 선언만 있을 뿐, 메서드의 실체는 없습니다. 추상 클래스는 추상 메서드 선언으로 실제 구현을 하위 클래스에 위임합니다.

추상 메서드의 경우 호출 동작은 쉽게 알 수 있지만 내부 동작은 알 수 없습니다. 추상 메서드를 사용하면 호출부를 통일하는 효과를 얻을 수 있습니다.

추상 클래스를 상속하면 하위 구현 클래스는 선언된 추상 메서드를 반드시 구현해야 합니다.

22.4.5 하위 클래스

실제 동작은 하위 클래스에서 처리하며 하위 클래스는 일반적인 클래스입니다. 다음과 같이 베이글로 만든 샌드위치가 생성되는 클래스를 추상화로 재설계해봅시다.

예제 22-11 Template/06/StrawberryBagel.php

```php
<?php
// 공통되지 않은 부분
class StrawberryBagel extends SandWich
{
    // 추상 메서드 : 구현
    protected function bread()
    {
        return "베이글";
    }

    // 추상 메서드 : 구현
    protected function jam()
    {
        return "딸기잼";
    }
}
```

변경된 StrawberryBagel 클래스는 일반 클래스인 Strawberry를 상속하지 않고, 추상 클래스로 변경된 SandWich 클래스를 상속받습니다. StrawberryBagel 클래스는 SandWich 클래스에서 선언된 추상 메서드의 실제를 반드시 구현해야 합니다. 구현하지 않으면 오류가 발생합니다.

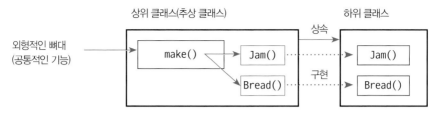

그림 22-8 추상화의 하위 클래스 구현

상위 클래스의 역할은 골격을 정의하는 것이고 하위 클래스의 역할은 골격의 실제 수행을 처리하는 것입니다. 템플릿 메서드 패턴을 설계할 때 중요한 부분은 상위 클래스와 하위 클래스의 역할을 분배하는 것입니다.

22.4.6 추상화 결과

추상화하면 다수의 하위 클래스로 다양한 동작을 분리할 수 있고 중복된 코드도 제거할 수 있습니다. 또한 필요에 따라 처리하는 동작을 그룹별로 생성할 수도 있습니다.

추상 클래스로 변환한 코드를 실행해봅시다.

예제 22-12 Template/06/index.php

```php
<?php
include "sandwich.php";
include "StrawberryBagel.php";

echo "배고프다. 샌드위치를 만든다.\n";
$obj = new StrawberryBagel;
echo $obj->make();
```

```
php index.php
배고프다. 샌드위치를 만든다.
베이글 + 딸기잼 + 베이글
```

이전과 달리 Strawberry 클래스가 없어도 추상화로 베이글 샌드위치를 만들 수 있습니다. 또한 오버라이드하지 않으므로 불필요한 코드가 내포되지 않습니다.

샌드위치 생성 방법을 수정할 경우 추상 클래스만 변경하면 되는 등 구조를 보다 쉽게 개선할 수 있고 단계도 쉽게 수정할 수 있습니다.

22.4.7 Final 키워드

템플릿 메서드는 기능의 구조를 템플릿에 미리 정의합니다. 템플릿은 분리된 상위 클래스에 위치하고 상속을 통해 기능을 사용합니다.

템플릿은 공통된 기능으로 하위 클래스에서 오버라이딩되지 않도록 방지해야 합니다. 상속 구조에서 final 키워드를 사용하면 메서드의 오버라이딩을 방지할 수 있습니다.

22.5 템플릿 메서드

템플릿 메서드는 공통된 로직을 분리하여 캡슐화합니다. 공통 단계인 템플릿을 별도의 메서드로 작성합니다.

22.5.1 로직 변경

템플릿 메서드는 공통된 알고리즘을 정의하며, 공통된 로직을 처리하는 행동입니다. 템플릿 메서드 패턴은 로직의 전체 구조를 변경하지 않고 일부분만 수정할 때 유용합니다.

큰 틀에서 보면 비슷한 로직이지만, 미세한 차이로 인해 코드를 중복 작성하는 경우가 많습니다. 중복된 코드는 유지 보수를 어렵게 만드는 원인이 됩니다.

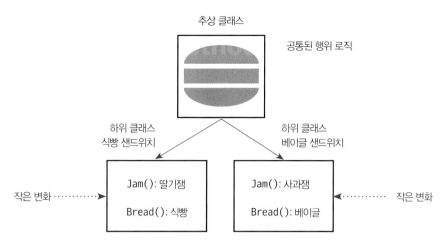

그림 22-9 공통된 로직과 변화된 로직을 분리하여 처리

큰 틀의 공통된 로직만 처리하는 메서드와 변화된 작은 동작을 처리하는 메서드를 서로 분리합니다. 이러한 분리는 추상 클래스로 구현합니다.

22.5.2 분할과 협력

템플릿 메서드 패턴은 알고리즘과 같은 동작을 적용할 때 유용한 패턴입니다. 템플릿 메서드는 단계를 미리 정해놓고, 실제 구체적인 내용은 하위 클래스에게 요청합니다.

템플릿 메서드는 추상화를 통해 로직을 분리합니다. 이처럼 추상화를 통해 알고리즘을 분리하면 구조를 변경하지 않고도 하위 클래스로 상세 동작을 재정의할 수 있습니다. 템플릿 메서드 패턴은 알고리즘의 뼈대를 정의하는 것과 같습니다.

알고리즘은 단계별 행동을 정의하고 처리 과정을 세부적으로 묘사합니다. 또한 공통된 로직을 메서드로 캡슐화하고 캡슐화된 공통 로직은 상위 클래스에 배치합니다.

공통되지 않은 로직은 단계별로 하위 클래스에 구현을 위임합니다. 상위 템플릿은 하위 클래스에서 구현된 메서드를 호출해 사용합니다. 템플릿 메서드는 메서드 호출을 통해 복잡한 처리를 간단히 단계별로 수행할 수 있습니다.

22.5.3 후크

하위 클래스에서 구현되는 메서드를 후크[Hook] 메서드, primitive 메서드라고 합니다. 후크는 중복된 코드를 제거하고 처리 로직의 일부를 변경할 때 자주 사용하는 기법입니다.

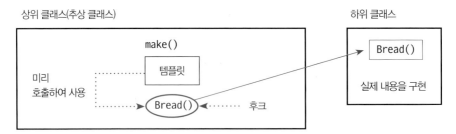

그림 22-10 후크

템플릿 메서드는 추상 클래스를 통해 호출 방식을 미리 정의하고 하위 클래스에서 실체를 구현합니다. 이러한 동작은 후크 기능과 유사합니다.

상속으로 후크를 구현할 때는 오버라이드를 사용합니다. 오버라이드는 기존의 메서드를 남겨둔 채 중복된 메서드를 새로 추가합니다. 하지만 추상 클래스로 후크를 처리할 때는 재정의가 아닌 미정의된 메서드를 신규로 구현합니다.

22.5.4 장점

템플릿 메서드는 클래스 일부를 외부에 노출하고, 외부에 노출된 메서드는 다른 객체에서 접근해 사용할 수 있습니다. 외부 접근을 허용함으로써 코드의 중복을 줄이는 효과를 얻을 수 있습니다.

공통된 메서드를 노출함으로써 처리 로직을 한 곳에 집중합니다. 템플릿 메서드는 코드를 분산하지 않고 집중화하므로 변경이 용이합니다.

22.6 의존성 디자인

템플릿 메서드 패턴에서는 구성 요소 간 상호 의존성이 발생합니다.

22.6.1 할리우드 원칙

템플릿 메서드는 할리우드 원칙hollywoord principle이라는 역전 제어 구조를 사용하는데, 높은 수준의 구성 요소가 낮은 수준의 구성 요소에 의존합니다.

하위 클래스는 상위 클래스를 상속받는 서브 역할을 합니다. 하위 클래스는 구성 요소를 재구현하는 낮은 수준의 코드로 구성됩니다. 상위 클래스의 템플릿에서는 아직 구현되지 않거나 재구현될 낮은 수준의 구성 요소를 호출합니다.

할리우드 원칙을 적용해서 의존성을 설계할 때는 순환 의존성이 발생하지 않도록 주의해야 합니다. 템플릿 메서드 패턴은 리스코프 치환 원칙The Liskov Subsitution Principle, LSP[1]도 함께 사용합니다.

22.7 관련 패턴

템플릿 메서드는 다음 패턴과 함께 사용할 수 있으며 유사한 특징을 갖고 있습니다.

22.7.1 팩토리 메서드 패턴

팩토리 메서드 패턴은 추상화를 통해 객체의 요청과 생성을 분리합니다. 요청과 생성을 분리할 때는 템플릿 메서드 패턴을 응용합니다.

22.7.2 전략 패턴

템플릿 메서드는 상속 구조를 갖고 있습니다. 상위 클래스에서 먼저 큰 골격에 대한 동작의 흐름을 구현하고, 그 외의 실제적인 동작은 하위 클래스에서 구현합니다.

템플릿 메서드에서 처리하는 템플릿은 전략 패턴에서 구현하는 알고리즘과 유사하며, 전략 패턴은 위임을 통해 알고리즘 동작을 변경합니다. 템플릿 메서드 패턴은 알고리즘의 동작 일부를

---

1 치환성은 객체 지향 프로그래밍 원칙이다. 컴퓨터 프로그램에서 자료형 SS가 자료형 TT의 하위형이라면 필요한 프로그램의 속성(정확성, 수행하는 업무 등) 변경 없이 자료형 TT의 객체를 자료형 SS의 객체로 교체(치환)할 수 있어야 한다는 원칙이다. 출처: 위키백과

변경하지만 전략 패턴은 알고리즘 동작 전체를 변경합니다.

22.8 정리

템플릿 메서드 패턴은 공통적인 프로세스를 묶어 처리하는 패턴입니다. 즉 일정한 프로세스가 유사한 동작을 할 때 템플릿 메서드 패턴을 적용합니다.

템플릿 메서드는 구조를 변경하지 않고 처리 로직의 일부를 재정의하는 기법입니다. 템플릿 메서드 패턴은 추상 클래스를 이용해 공통적 기능을 추상화하고, 템플릿을 이용해 처리 로직의 상세 기능을 쉽게 확장할 수 있습니다.

템플릿 메서드 패턴은 코드를 재사용하는 방법을 설명합니다. 템플릿 메서드는 상위 클래스에서 하위 클래스의 명령을 호출하는 후크 동작을 처리하는데, 이 후크 동작은 할리우드 원칙을 적용한 것입니다.

템플릿 메서드 패턴은 실제 개발에서 자주 사용되는 패턴입니다. 특히 프레임워크에서는 구조를 제어할 때 템플릿 메서드가 자주 사용되는 것을 볼 수 있습니다.

strat·egy

[ˈstrætədʒi] 🔊

CHAPTER **23**

전략 패턴

전략 패턴은 객체 내부에서 해결해야 하는 목적을 알고리즘 객체로 분리 적용하는 기법입니다. 실제 내부 동작을 외부 알고리즘 객체로 분리하여 유연하게 동작을 변경시킬 수 있습니다.

23.1 문제

프로그램은 반복되는 문제를 해결합니다. 발생한 문제를 해결하는 방법은 다양한데, 이들 각각의 해결 방법을 알고리즘이라고 합니다.

23.1.1 전략

전략은 어떤 목표를 정하고 진행하는 큰 틀을 말하며, 군대에서 적과 싸울 때의 작전에 비유할 수 있습니다. 즉 전략은 앞으로 무엇을 할지 계획하는 것이며 'What To'를 의미합니다. 이처럼 프로그램에서 전략은 실행하는 큰 틀을 의미합니다.

그림 23-1 작전 회의

한 번 계획한 전략을 수정하는 일은 쉽지 않습니다. 개발이 진행되고 있거나 완료된 프로그램에서 전략을 수정하면 많은 시간과 비용이 소모됩니다. 또한 잘못된 전략은 프로그램에 치명적인 결과를 가져옵니다. 전략은 향후 프로젝트를 완성 및 성공시키는 데 매우 중요합니다.

23.1.2 전술

전술은 전략과 유사한 용어로, 전략을 짜면서 정한 목표를 달성하기 위한 상세 내용이며 'How To'를 의미합니다. 또한 전술은 방법론을 의미하며 전략은 방법을 구사하는 것을 말합니다.

그림 23-2 작전을 수행하는 전술

전술은 전략을 수행하기 위한 효과적인 행동을 말하는데, 전략 패턴에서 전략은 알고리즘입니다. 그리고 전술은 실제 알고리즘이 동작하는 상세 내용입니다.

23.2 알고리즘

프로그램의 목적은 주어진 문제를 해결하는 것이고 알고리즘은 주어진 문제를 해결하는 전술입니다.

23.2.1 해결 방법의 변화

한 번 개발된 프로그램은 산업 현장에서 생각보다 오랫동안 사용되고, 이러한 프로그램은 시간이 지나면서 환경적인 영향을 받으므로 변화가 필요합니다. 프로그램의 생명력은 변화에 어떻게 잘 대처하는가에 따라 결정됩니다.

프로그램의 버그 또한 환경 변화에 의해 발생되며 이 경우 코드 수정이 필요합니다. 간단한 변화는 코드 몇 줄만 수정해도 해결할 수 있지만, 잦은 코드 수정으로 변경 사항이 누적되면 더이상 수정이 어려워집니다.

문제 해결 전략

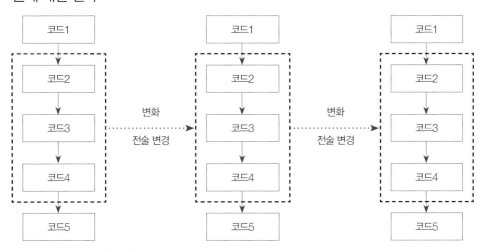

그림 23-3 문제 해결 방법 변화

외부적으로 큰 환경 변화가 있을 때는 코드 수정이 어렵습니다. 큰 변화가 요구되면 기존의 방법을 버리고 새로운 방법을 도입하는 것이 현명하며 이때 리팩터링이 필요합니다.

23.2.2 다양성

프로그램의 목표는 주어진 문제를 해결하는 것입니다. 문제를 해결하는 방법은 다양하며 한 가지 문제를 해결하는 방법은 수십, 수백 가지가 존재합니다. 또한 발생한 문제는 다르지만 유사한 방법으로 해결할 수도 있습니다.

문제 해결 전략

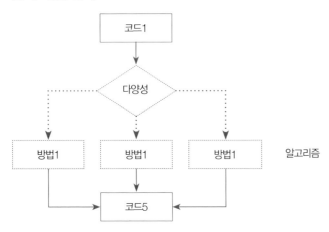

그림 23-4 다양한 해결 방법

문제를 해결하는 방법을 다르게 적용하려고 합니다. 해결 방법이 변경되면 관련 코드도 같이 수정해야 하는데, 이때 코드를 찾고 오래된 코드를 다시 분석하는 등 많은 시간이 필요합니다.

23.2.3 분리

프로그램이 외부 변화에 보다 쉽게 적응하려면 변화가 예상되는 부분을 분리하는 것이 좋습니다. 코드를 분리해서 관리하면 유지 보수 측면에서 유리합니다.

변화가 예상되는 부분을 별도의 클래스로 분리합니다. 대부분 처리 로직 부분의 변화가 예상되며, 이처럼 분리된 처리 로직을 알고리즘이라고 부릅니다. 알고리즘은 문제를 해결하는 하나의 패턴입니다.

문제 해결 전략

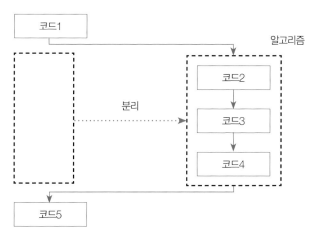

그림 23-5 변경된 코드를 분리

23.2.4 알고리즘

알고리즘은 복잡한 문제를 어떤 방법으로 실행했을 때 문제가 해결되는 방법입니다. 알고리즘을 적용하여 문제를 쉽게 해결할 수 있습니다.

알고리즘은 문제 해결을 위한 동작을 다양하게 갖고 있는데, 이 동작은 추상화하여 처리합니다. 사용자는 알고리즘의 내부 실행 동작을 이해할 필요가 없으며, 알고리즘을 사용할 수 있는 인터페이스만 확인하고 절차에 따라 호출해서 사용하면 됩니다.

23.3 분리

프로그램에서 알고리즘을 분리하면 향후 코드 확장이 용이해집니다. 또한 여러 알고리즘을 추가로 준비하여 코드를 개선할 수도 있습니다.

23.3.1 템플릿 메서드

템플릿 메서드 패턴은 공통된 기능을 분리하여 템플릿화하고, 추상화를 통해 상황별로 다르게 처리할 수 있도록 실제 동작을 분리합니다.

템플릿 메서드는 하나의 알고리즘을 다양한 방식으로 재정의할 수 있도록 행동을 분리하는 패턴입니다. 하지만 공통 템플릿도 코드 일부분을 수정해야 하는 경우가 발생합니다.

공통된 기능의 템플릿을 수정할 경우 기존의 상위 클래스 코드도 같이 수정해야 합니다. 이러한 수정은 객체지향의 OCP 설계 원칙에 위반됩니다.

23.3.2 캡슐화

분리된 알고리즘을 별도의 클래스로 캡슐화합니다. 패턴에서는 알고리즘의 캡슐화를 전략이라고 하며 캡슐화된 알고리즘은 상황에 맞게 교체하며 사용합니다.

전략 패턴은 구조를 그대로 사용하면서 캡슐화된 알고리즘으로 동작을 변경하는 행위입니다. 템플릿 메서드처럼 알고리즘의 일부만 변경하는 것이 아니라 행위의 전체를 변경할 때 사용하는 패턴입니다. 전략 패턴은 동작 객체와 알고리즘 객체 간 관계를 구성하며, 문제 해결을 위한 전체 알고리즘 객체를 변경함으로써 다른 방식의 문제 해결도 시도합니다.

23.3.3 구조 유지

문제 해결을 위한 알고리즘은 언제든지 수정할 수 있습니다. 하지만 코드에서 직접 알고리즘을 수정해 적용하는 것은 일관적인 방법으로 코드를 변경해야 하므로 어렵습니다. 따라서 기존 코드에서 변화되는 부분만 알고리즘으로 분리할 때는 구조를 유지하는 것이 중요합니다. 그래야 기존 코드와 분리된 알고리즘 코드가 잘 결합해서 동작합니다.

기존 프로그램의 구조를 그대로 유지하면서 새로운 변화를 적용하려면 어떻게 해야 할까요? 내부적인 구조를 유지하기 위해서는 인터페이스를 적용하여 설계합니다.

23.4 인터페이스

인터페이스를 활용하면 구조를 유지하면서 호환성 있는 하위 코드를 설계할 수 있습니다.

23.4.1 호환성

전략 패턴은 변화되는 부분을 찾아 알고리즘으로 분리합니다. 구조의 일부분을 알고리즘으로 분리할 때는 구조적 호환성을 유지하는 것이 중요합니다.

클래스의 구조가 분리되면 2개의 클래스는 서로 관계를 갖게 되며, 관계를 설정하고 활용하는 데는 약속된 정보가 필요합니다. 인터페이스는 관계를 유지하기 위한 약속을 정의합니다.

분할된 행동의 호환성을 유지하기 위해 인터페이스를 설계합니다.

예제 23-1 Strategy/01/Weapon.php

```php
<?php
// 무기에 대한 인터페이스를 선언합니다.
interface Weapon
{
    public function attack();

}
```

게임을 예로 들어 전략 패턴을 살펴보겠습니다. RPG 게임의 캐릭터는 여러 무기를 사용해 상대방 캐릭터를 공격합니다. 이때 캐릭터는 여러 무기를 선택하여 사용할 수 있도록 `attack()` 메서드를 포함한 `Weapon` 인터페이스를 하나 생성합니다.

23.4.2 구체화

전략 패턴은 공통된 부분과 변화되는 부분을 분리합니다. 전략 패턴에서 사용되는 알고리즘 클래스는 인터페이스를 적용하여 구체화합니다.

`Weapon` 인터페이스를 적용한 무기 클래스를 생성합니다. A 개발자는 `Knife` 클래스를 개발합니다.

예제 23-2 Strategy/01/Knife.php

```php
<?php
// 무기 인터페이스를 적용하여 객체의 실체 코드 구현을 작성합니다.
class Knife implements Weapon
{
    public function attack()
    {
        print "칼 공격합니다.";
        echo "\n";
    }
}
```

Weapon 인터페이스를 적용해 또 다른 무기 클래스를 생성합니다. B 개발자는 Gun 클래스를 개발합니다.

예제 23-3 Strategy/01/Gun.php

```php
<?php
// 무기 인터페이스를 적용하여 객체의 실체 코드 구현을 작성합니다.
class Gun implements Weapon
{
    public function attack()
    {
        print "총을 발포합니다.";
        echo "\n";
    }
}
```

Weapon 인터페이스를 응용하면 다양한 객체 클래스를 생성할 수 있습니다.

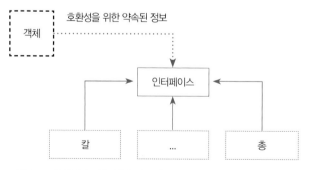

그림 23-6 인터페이스를 적용한 알고리즘 객체

인터페이스를 활용해 캐릭터의 무기 종류를 각각 다른 알고리즘 클래스로 분리했습니다. 이것이 알고리즘의 객체화입니다.

23.4.3 다형성

인터페이스는 구조적 관계를 유지한다는 약속입니다. 인터페이스에서 선언한 `attack()` 메서드는 클래스 구조에 대한 선언만 되어 있습니다. 인터페이스는 하위 코드에 특정 구현 방법을 고정하지 않고 약속된 인터페이스만 유지하면 됩니다.

다형성은 인터페이스를 통해 프로그램을 작성하는데, 메서드의 실제 내용은 인터페이스를 적용한 구현 클래스에서 작성합니다. 실제 내용은 필요에 따라 다르게 구현할 수 있습니다.

동일한 인터페이스를 가진 기능은 여럿 존재할 수 있습니다. USB 포트를 예로 들어보겠습니다. USB 포트는 컴퓨터와 기기를 연결하는 인터페이스인데 모두 동일한 규격이므로 연결하는 방법이 동일합니다. 하지만 USB에 연결된 기기의 종류와 동작은 서로 다릅니다.

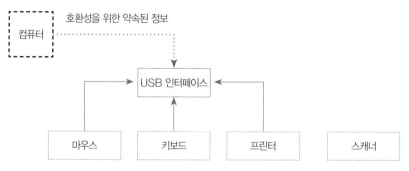

그림 23-7 인터페이스를 이용한 다양성

이처럼 다형성을 이용하면 변화에 쉽게 대응할 수 있습니다.

23.5 전략

'Strategy'는 영어로 전략이라는 의미이며, 전략 패턴은 정책policy 패턴이라고도 불립니다.

23.5.1 개발 부채

문제를 해결하기 위해 다양한 방법을 모두 구현할 수는 없습니다. 완벽한 방법을 찾아서 구현하는 것은 시간적으로 한계가 있습니다. 실제 개발 현장에서는 당장 성능이 떨어지더라도 동작하는 코드를 만드는 것을 우선시합니다.

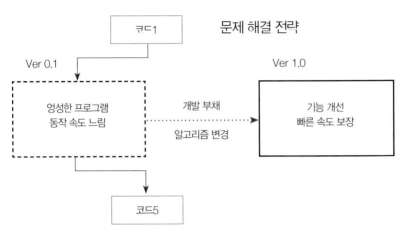

그림 23-8 개발 부채

알고리즘을 실제 코드와 결합해서 설계하면 향후 유지 보수가 힘들어집니다. 이때 알고리즘을 추상화해 전략 패턴으로 전환합니다. 전략 패턴으로 변경된 알고리즘은 차후에 객체를 변경하여 보완할 수 있습니다. 알고리즘을 객체로 분리하면 향후 코드를 개선하는 데 용이합니다.

23.5.2 전략의 필요성

객체의 행위는 메서드로 구현하고, 구현된 메서드는 일반적으로 객체 내부에 위치합니다. 하지만 전략 패턴은 객체의 행위를 메서드로 구현하지 않고 별도의 객체로 분리합니다.

별도로 분리된 알고리즘 객체는 전략 패턴과 밀접한 관계를 가집니다. 분리된 객체는 위임을 통해 관계를 설정합니다. 위임은 객체 간에 느슨한 관계를 구성하는 방법이며, 느슨한 관계는 언제든지 쉽게 다른 객체로 변경할 수 있습니다.

23.5.3 복합 구조와 의존성

전략 패턴은 대표적인 복합 구조 형태의 객체이며 객체를 상속하는 대신 의존성으로 객체의 관계를 설정합니다. 의존된 외부의 객체는 객체 구조를 확장할 수 있습니다.

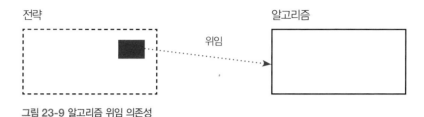

그림 23-9 알고리즘 위임 의존성

전략 패턴은 처리할 알고리즘을 위임하는 형태로 객체에 실제 동작 처리를 요청합니다. 위임으로 결합된 알고리즘 객체는 다른 알고리즘 객체로 쉽게 변경할 수 있습니다. 알고리즘 하나가 모듈 형태로 위임되어 의존성 결합이 이뤄집니다.

23.5.4 추상화

Strategy 클래스는 추상 클래스이고, 전략 패턴에서 사용하는 인터페이스는 전략을 적용하기 위한 추상 메서드입니다.

예제 23-4 Strategy/01/Strategy.php

```php
<?php
abstract class Stategy
{
    // 추상적인 접근점
    protected $delegate;

    // 무기 교환 패턴
    public function setWeapon(Weapon $weapon)
    {
        echo "== 무기를 교환합니다. ==\n";
        $this->delegate = $weapon;
    }

    abstract public function attack();
}
```

추상 메서드를 이용하여 코드를 작성하는 것은 상위 구조의 형식에 맞춰 개발하기 위해서입니다. 또한 추상 메서드를 이용하여 인터페이스를 적용하는 것은 구조를 유지하면서 변화되는 부분만 분리 결합하기 위해서입니다.

23.5.5 구체적인 전략

전략 패턴의 실제적인 하위 클래스를 구현합니다. 전략 패턴은 특정 알고리즘에 종속되어 동작하지 않으며, 언제든지 알고리즘을 변경해서 적용할 수 있습니다.

[예제 2–5]에서는 캐릭터 클래스를 생성합니다. C 개발자는 '캐릭터' 무기에 대한 클래스를 개발하며, 전략 패턴을 사용해 캐릭터가 무기를 선택하도록 할 수 있습니다.

예제 23-5 Strategy/01/Charactor.php

```php
<?php
// 객체를 델리게이트 처리하여 호출합니다.
class Charactor extends Stategy
{
    public function attack()
    {
        if ($this->delegate == NULL) {
            // 무기가 선택되지 않은 경우
            echo "맨손 공격합니다.\n";
        } else {
            // 델리게이트
            $this->delegate->attack();
        }
    }
}
```

C 개발자는 앞에서 무기를 만든 A, B 개발자와 상관없이 캐릭터 객체를 생성할 수 있습니다. 캐릭터에서 필요한 무기 클래스는 $delegate 프로퍼티를 통해 위임 처리합니다.

인터페이스는 구체적인 행동을 구현합니다. 구체적 클래스$^{concrete\ strategy}$는 전략에 대한 실제 코드를 작성하고 이 실제 코드에서는 작전, 알고리즘을 호출합니다.

23.5.6 실시간 교체

전략 패턴은 알고리즘을 상호 교환할 수 있게 합니다. 패턴화로 분리된 알고리즘 객체는 전략 객체의 외부로부터 전달 받아 관계를 설정합니다. 이를 의존성 주입이라 합니다.

전략 객체는 외부의 의존성을 매개변수 인자로 전달 받고, 전략 패턴은 위임을 통해 느슨한 결합을 처리합니다. 매개변수를 통해 의존성을 주입하면 전략 객체를 생성하는 단계에서 관계를 설정하거나 재설정할 수 있습니다. 이와 같이 설정하면 프로그램이 실행되는 도중에도 알고리즘을 손쉽게 교체할 수 있습니다.

23.5.7 접근점

전략 패턴을 처음 설정할 때는 알고리즘을 매개변수로 전달하여 객체 관계를 설정합니다. 하지만 프로그램 동작 중에 동적으로 알고리즘을 교체하려면 별도의 setter 메서드를 구현해야 합니다.

setWeapon() 메서드는 매개변수로 전달 받은 알고리즘을 내부 프로퍼티에 저장하고, 알고리즘 객체는 내부 변수를 통해 추상적인 접근점을 제공합니다.

[예제 23-4]를 다시 한 번 살펴봅시다. 위임을 통해 알고리즘을 동작 객체에 전달하고, 캐릭터 클래스의 attack() 메서드는 위임된 알고리즘의 attack() 메서드를 호출합니다. 이처럼 전략 패턴은 알고리즘의 메서드를 다시 호출함으로써 동적 교체 효과를 갖게 되며 새로운 확장도 용이해집니다.

23.6 전략 실행

전략 패턴은 객체 간 책임을 분할하고 협력하며 효율적으로 협업하기 위해 알고리즘을 적용합니다.

23.6.1 사령관

전쟁에서 승리하려면 좋은 전략을 구사하는 사령관이 필요합니다. 사령관은 전쟁에서 직접 칼을 들고 싸우는 대신 전략에 맞게 병사를 투입하며, 병사는 자신이 맡은 지역에서 책임지고 적을 물리칩니다.

23.6.2 실행

앞에서 작성한 예제 코드들을 이용해 전략 패턴 코드를 작성해보겠습니다.

예제 23-6 Strategy/01/index.php

```php
<?php
    // 인터페이스
    include "Weapon.php";

    // 무기 구현
    include "Gun.php";
    include "Knife.php";

    // 패턴
    include "Strategy.php";
    include "Charactor.php";

    // 전략 패턴 실행
    $obj = new Charactor;
    $obj->attack();

    // 무기교환
    $obj->setWeapon(new Knife);
    $obj->attack();

    // 무기교환
    $obj->setWeapon(new Gun);
    $obj->attack();
```

```
php index.php
맨손 공격합니다.
== 무기를 교환합니다. ==
```

```
칼 공격합니다.
== 무기를 교환합니다. ==
총을 발포합니다.
```

23.6.3 행동 통합과 객체

객체는 상태와 행동을 갖고 있습니다. 전략 패턴에서는 행동을 알고리즘으로 분리하지만 행동을 처리하면서 상태를 사용할 수 없는 것은 아닙니다. 행동을 처리하는 과정에서 상태값이 필요한 경우 프로퍼티를 추가하여 사용합니다.

전략 패턴에서는 행동을 여러 개의 알고리즘으로 분리하며 복수의 행동을 하나의 객체로 통합해 결합합니다. 하지만 복수의 행동을 조건문으로 처리하는 것보다 단일 알고리즘으로 객체를 분리하는 것이 좋습니다. 선택한 알고리즘 객체만 실행해 전술을 실행합니다.

23.6.4 동적 처리와 매개변수

전략 패턴은 상황별로 알고리즘을 사용할 수 있지만 모든 상황별로 알고리즘을 미리 구현할 필요는 없습니다. 다른 패턴은 객체가 확장되거나 변형되면 형태를 바꾸지만 전략 패턴은 객체의 형태를 변경하는 것이 아니라 다른 종류의 행동 객체로 교체합니다.

전략 패턴은 동적으로 알고리즘을 변경할 수 있으며, 이를 위해 세터 메서드를 제공합니다.

```
// 무기교환
$obj->setWeapon(new Knife);
$obj->attack();
```

알고리즘을 분리하지 않으면 새로운 알고리즘을 변경하거나 추가하기 어렵습니다. 알고리즘 행동을 변경할 때는 위임을 사용합니다. 세터 메서드로 전략 객체 내에 있는 알고리즘을 변경할 수 있습니다.

알고리즘을 위임하기 위해서는 매개변수를 사용하며 인자값으로 객체를 전달합니다.

```
$w = new Knife;
$obj->setWeapon($w);
unset($w);
```

위 코드와 같이 클래스의 객체를 변수에 담아 전달할 수도 있고, new 키워드로 직접 객체를 전달할 수도 있습니다. new 키워드로 객체 생성을 전달하면 새로운 변수를 생성 저장하지 않으므로 메모리를 효율적으로 이용할 수 있습니다.

setWeapon() 메서드를 이용해 무기 객체를 생성한 후 전달합니다. setWeapon() 메서드는 전달 받은 무기 객체를 위임 처리할 수 있도록 내부 프로퍼티에 저장하고 캐릭터의 attack() 메서드를 다시 실행합니다.

```
public function attack()
{
    if ($this->delegate == NULL) {
        // 무기가 선택되지 않은 경우
        echo "맨손 공격합니다.\n";
    } else {
        // 델리게이트
        $this->delegate->attack();
    }
}
```

캐릭터의 attack() 메서드는 위임된 무기 객체가 있을 경우 무기 객체의 attack() 메서드를 호출합니다.

즉, Weapon 인터페이스를 먼저 선언하고 이를 통해 다양한 무기 객체를 생성합니다. 이렇게 생성한 무기 객체를 매개변수 인자로 전달하며, 전략 객체는 위임받은 무기 객체를 자유롭게 변경하면서 동작을 처리할 수 있습니다.

23.6.5 실행 중 교체

전략을 위한 알고리즘은 다양하며 알고리즘을 교체하거나 결합하려면 일정한 규격이 필요합니다. 또한 전략을 공통적으로 적용하려면 인터페이스를 설계하고, 인터페이스에 의해 알고리즘을 캡슐화합니다.

전략 패턴으로 알고리즘을 분리하여 구현하는 것은 동적으로 알고리즘을 교체하기 위해서입니다. 인터페이스로 정의된 기능을 호출할 때 서로 교환하여 복수의 기능을 호출해 처리합니다.

전략 패턴은 위임을 구현하기 위해 추상적인 접근점을 생성합니다. 추상적인 접근은 위임된 객체를 가리키는 연결 고리입니다. 위임되는 객체의 정보는 매개변수로 전달합니다. 관계를 가진 내부 프로퍼티를 참조하여 객체를 서로 교환하고, 위임을 통해 내부 처리를 변화시킵니다.

23.7 적용 사례

전략 패턴은 실제 프로젝트에서 가장 많이 사용되는 패턴 유형 중 하나입니다.

23.7.1 정렬 적용 사례

전략 패턴은 다양한 알고리즘을 적용하여 처리할 때 매우 유용합니다. 대표적으로 정렬은 버블 정렬, 셀 정렬, 퀵 정렬 등 다양한 알고리즘을 갖고 있습니다. 즉, 전략 패턴은 알고리즘을 변경하여 문제를 해결하는 데 매우 유용합니다.

23.7.2 통신 적용 사례

전략 패턴은 통신 프로토콜을 변경하는 시스템에도 적용할 수 있습니다. 모바일 접속 시 LTE 프로토콜을 사용할지, Wifi 프로토콜을 사용할지 등의 알고리즘을 전략 패턴으로 구현할 수 있습니다.

23.8 관련 패턴

전략 패턴은 다음 패턴과 함께 활용합니다. 또한 이 패턴들은 유사한 특징을 갖고 있습니다.

23.8.1 플라이웨이트 패턴

전략 패턴으로 분리된 알고리즘 객체를 공유하여 사용하는 경우도 있습니다. 알고리즘을 공유할 때는 플라이웨이트 패턴을 응용합니다.

23.8.2 추상 팩토리 패턴

전략 패턴은 알고리즘을 교체하여 사용합니다. 객체를 교체한다는 측면에서 추상 팩토리 패턴과 유사점이 있습니다. 추상 팩토리는 공장, 부품, 제품 등 객체를 교체할 수 있기 때문입니다.

23.8.3 상태 패턴

전략 패턴은 알고리즘을 위임으로 사용합니다. 위임을 적극적으로 적용하여 관계를 형성하는 것이 상태 패턴과 많이 유사합니다.

행동 패턴에 유사한 점은 있지만 처리하려는 목적이 서로 다릅니다. 전략 패턴의 경우 변경 여부는 정할 수 있지만 필요에 의해 알고리즘을 변경하는데, 상태 패턴에서는 상태가 변할 때 위임 객체도 변경됩니다.

23.9 정리

전략 패턴을 이용하면 원하는 알고리즘을 선택적으로 교환할 수 있습니다. 또한 다양한 알고리즘을 응용하려면 기능을 파악하고 문제를 해결할 수 있도록 학습이 필요합니다.

상속은 공통된 내용을 분리해서 처리하는 대표적인 방법입니다. 하지만 상속은 클래스의 결합도를 증가시키고 객체의 크기를 키웁니다. 최근에는 상속보다 위임 처리를 통해 구성 형태로 사용하는 것을 선호합니다.

인터페이스는 알고리즘의 구현 클래스를 적용하며, 사용 여부에 관계 없이 선언된 메서드를 반드시 구현해야 하는 오버헤드가 발생합니다.

전략 패턴은 알고리즘의 객체를 교환하여 사용한다는 측면에서 유용한 패턴입니다. 교환되는 처리 로직을 알고리즘화하여 객체의 군을 형성할 수도 있습니다.

전략 패턴은 행동 변경 시 조건문을 사용하지 않습니다. 알고리즘 캡슐화를 통해 조건문 없이도 원하는 행동으로 교체할 수 있습니다. 하지만 알고리즘 객체가 교체된다는 점에서 실행 시 많은 수의 객체를 갖는다는 단점도 있습니다.

in·ter·pret·er

[ɪn | tɜːrprɪtə(r)] 🔊))

CHAPTER 24

인터프리터 패턴

인터프리터 패턴은 간단한 언어적 문법을 표현하는 패턴입니다.

24.1 언어

이 세상에는 수많은 언어가 존재합니다. 컴퓨터는 0과 1로 동작하는 시스템이지만, 실제 컴퓨터를 사용할 때는 추상화된 고급 언어로 코드를 작성합니다.

24.1.1 저수준 언어

컴퓨터는 0과 1로 동작하는데 이를 기계어라고 합니다. 사람이 기계어로 프로그램을 작성하는 것은 어려우므로, 보다 쉽게 작성하기 위해 어셈블리와 같은 언어가 만들어졌습니다.

어셈블리어는 한 줄의 기계어에 한 줄의 명령어가 대응하는 구조입니다. 어셈블리어는 기계어를 코드로 쉽게 변환할 수 있도록 매핑 기술을 응용했습니다. 이러한 어셈블리어를 저수준 Lowlevel 언어라고 하거나, 기계어와 고급 언어 사이에 있어서 중간 언어라고 부르기도 합니다.

24.1.2 고급 언어

어셈블리어는 기계어를 쉽게 작성할 수 있도록 도와주지만 사람이 접근하기는 어렵습니다. 또한 어셈블리어는 기계어와 매우 밀접하게 관계되어 있어 모든 시스템에서 통일화된 규격도 없습니다.

고급 언어를 사용하면 시스템 특성에 구속받지 않고 일반 사람도 프로그램을 작성할 수 있습니다. 대표적으로 C언어가 있습니다. 그 외에 PHP, 자바와 같은 추상적 언어도 발전했습니다. 고급 언어의 장점은 기계어나 어셈블리어보다 편리하게 동작을 이해하고 코드를 작성할 수 있다는 점입니다.

추상화된 고급 언어를 사용하여 개발하는 것은 보다 다양한 기종에서 동작할 수 있도록 하는 것입니다. 프로그램을 여러 시스템 환경에서 구동하기 위해서는 추상화된 언어의 해석^{interpret} 과정이 필요합니다.

24.2 언어 설계

해석자 패턴은 간단한 미니 언어를 구현하는 패턴입니다. 이 패턴은 간단한 언어의 문법을 정의하고 그 언어의 문장을 해석하는 방법을 구현합니다.

24.2.1 문법 표현

하나의 언어를 개발하는 일은 오랜 시간이 필요한 작업이며 시간이 지나면서 변화도 많이 일어납니다. 나중에 언어를 쉽게 확장할 수 있도록 만들려면 올바른 설계 구조를 가져야 합니다.

언어 설계의 첫 단추는 규칙을 작성하는 것입니다. 언어 규칙을 명백하게 표현해야 하므로 표기법을 작성합니다. 언어 문법을 표기하는 방법은 크게 두 종류입니다.

- 구문 도표 표기법: 그림으로 표현
- 배커스–나우르 표기법(Backus – Naur form, BNF): 문자로 표현

구문 도표는 그림으로 표현하기 때문에 쉽게 이해할 수 있지만, 수정이 어렵다는 점에서 실제 현장에서는 BNF 표기법을 더 많이 이용합니다.

24.2.2 BNF 표기법

BNF 표기법은 'Backus – Naur Form'의 약자로 프로그래밍 언어를 정의할 때 사용하는 메타 표기법입니다. 문법을 수학적인 수식으로 표기할 때 많이 이용합니다.

입력된 언어의 문장을 해석하기 위해 먼저 다음과 같이 BNF 표기법으로 정의합니다.

```
<expression> ::= <expression>
```

치환 기호(::=) 왼쪽은 정의되는 대상이고 오른쪽은 내용을 의미합니다. 비종료는 〈 〉 기호로 표시하고, 선택은 | 기호를 이용하여 문법을 표현합니다.

BNF 표기법은 정규화 표현을 처리하는 경우에도 많이 사용되며, 정규 표현식은 패턴을 정의하는 데 사용됩니다.

24.2.3 해석자 패턴 구조

해석자 패턴은 문장의 어휘를 해석하고 처리하기 위해 다음과 같은 5가지 구성 요소를 갖고 있습니다.

- 추상 구문 트리 인터페이스(Abstract Expression)
- 종료 기호(Terminal Expression)
- 비종료 기호(Non-Terminal Expression)
- 해석기 정보(Context)
- 문장을 나타내는 추상 구문 트리(Client)

24.3 처리계

새로운 언어 모델을 BNF 표기법으로 설계했다면, 실제 해석하고 처리할 구현부를 작성해야 합니다. 해석자의 처리계는 크게 어휘 분석과 구문 분석으로 나뉩니다.

24.3.1 어휘 분석

문장으로 작성된 어휘^{Lex}는 텍스트 문자열이고, 어휘 분석은 문장의 텍스트를 토큰으로 분리하는 작업입니다. 토큰은 문자열에서 각각의 의미와 위치를 구별하며, 어휘 분석에서 의미 있는 식별자를 구별합니다.

다음 문자열은 연산하는 동작입니다.

```
$lex = "{{ 1 1 + }}"; // 후위 표기법 어휘
```

문자열로 작성된 언어가 어떤 구조인지 해석하기 위해서는 먼저 토큰^{token} 분리가 필요합니다. 연산식의 언어는 시작 식별자({{)와 종료 식별자(}}) 안에 존재하며, 어휘는 각각의 공백으로 구분돼 있습니다. 공백 기호를 이용해 토큰을 분리합니다.

```
$this->token = explode(" ",$text);
```

토큰으로 분리된 문자열은 1차원 배열로 반환합니다. 토큰은 어휘에서 키워드, 식별자, 상수, 리터럴, 연산자, 분리자 등을 구별하며 해석 처리를 위한 단위를 분리합니다.

24.3.2 구문 분석

토큰으로 분리된 어휘를 해석하기 위해 자료 구조를 생성합니다. 토큰으로 분리된 1차원 배열은 구문 분석 단계를 통해 구문 트리를 작성합니다. 구문 트리는 하나의 자료 구조입니다.

다음은 간단한 구문입니다.

```
1 + 2
```

이 구문이 어떤 구조인지 해석해봅시다. 구조 해석을 위해 BNF 표기법으로 정의한 내용에 따라 분석합니다. 분석된 구문 트리는 다음과 같은 모양이 됩니다.

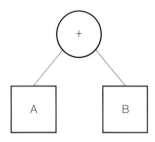

그림 24-1 구문 트리

[그림 24-1]의 구문 트리는 이진 트리 구조이며, 구문 분석으로 생성된 트리 자료는 메모리에 저장됩니다.

BNF로 표현된 문법을 분석하면 part-whole 형태의 트리 구조가 됩니다. Part-whole 형태로 분석된 트리 구조는 재귀적 방법으로 처리합니다. Part-whole 트리 구조는 복합체 패턴으로 구현할 수 있습니다.

24.3.3 역할

해석자에는 문법 규칙이 존재합니다. 구문 분석의 첫 번째 역할은 어휘를 토큰으로 분리하고, 생성된 자료 구조를 파싱하여 문법을 검사하는 것입니다. 어휘 분석은 분리된 토큰열이 BNF로 설계한 구문과 일치하는지 확인하는 과정입니다. 그리고 해석된 문법 규칙에 따라 동작을 수행합니다. 문법이 일치하지 않을 경우 오류를 출력합니다.

구문 분석의 두 번째 역할은 어휘에서 주석, 행 바꿈, 공백 삭제 등 해석에 불필요한 정보를 정리하는 작업입니다. 부수적인 정보는 사람이 코드를 이해하기 쉽게 도와주는 것일 뿐, 실제 프로그램 동작에는 영향을 미치지 않습니다.

24.3.4 어휘 분석 루틴

처리계의 어휘 분석과 구문 분석은 상호 관계를 갖고 있습니다. 언어 처리는 보통 형태로 반복하면서 해석 처리를 수행합니다.

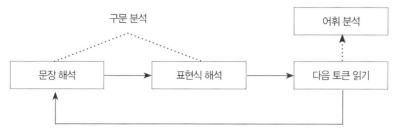

그림 24-2 처리계 루틴

이때 구문 분석은 '문장 해석' → '표현식 해석'을 주로 담당하고, 어휘 분석은 '다음 토큰 읽기'를 담당합니다.

24.3.5 Context 클래스

해석자 패턴의 Context 클래스는 표현된 어휘를 해석하기 위한 정보를 포괄적으로 갖고 있습니다. Context 클래스는 문자열로 표현된 어휘 문장의 구문을 해석하고 토큰의 전후 관계를 표시합니다.

예제 24-1 Interpreter/01/Context.php

```php
<?php
class Context
{
    private $token;

    public function __construct($text)
    {
        $this->token = explode(" ",$text);
        echo "토큰 분리\n";
        print_r($this->token);
    }

    // 시작 기호 판별
    public function isStart()
    {
        if(current($this->token) == "{{") {
            next($this->token);
            return true;
```

```
    } else {
        return false;
    }
}

public function next()
{
    $token = current($this->token);
    next($this->token);
    return $token;
}
}
```

Context 클래스는 해석자에게 보내는 토큰 정보이며, 구분 해석을 위한 메서드를 제공합니다.

24.4 중간 코드

언어를 해석해서 처리하는 컴파일러, 인터프리터와 같은 언어는 해석을 처리하는 여러 단계의
패스를 갖고 있습니다.

24.4.1 패스

언어의 해석과 동작은 한 번에 처리할 수 없습니다. 패스^{pass}는 해석과 수행을 처리하기 위한 중
간 단계 과정입니다. 몇 번에 패스가 이루어지는가에 따라 해석기의 성능이 좌우됩니다.

일반적으로 두 번 이상의 패스를 가지며, 어셈블리어는 2-Pass 해석기입니다. 첫 번째 패스에
서는 토큰을 분리해 식별자를 분리하고, 두 번째는 연산 등을 처리하기 위한 표현을 변경합니다.

해석자는 구문 분석된 어휘를 처리하기 위해 중간 코드를 생성합니다.

24.4.2 내부 구현

언어 해석 과정은 컴퓨터의 자원을 소모시킵니다. 또한 여러 단계의 패스를 통과하므로 처리
속도가 느려집니다. 2-Pass 단계는 해석기의 성능을 개선하기 위해 구문 분석된 트리를 변환

작업하는 것입니다.

이러한 내부 변환 작업은 스택을 이용합니다. 보통 컴파일러는 레지스터리를 베이스로, 인터프리터는 스택을 베이스로 하여 변환 작업합니다. 이러한 베이스를 오퍼랜드 스택이라고 합니다.

명령은 내부 변환 과정에서 정규화 작업을 같이 수행합니다. 정규화된 명령 작업을 통해 동작을 실행하는데, 정규화 작업은 동작 코드를 치환하며 프로그램의 크기를 줄이는 효과도 있습니다.

24.4.3 폴란드 표기법

식별자와 연산식 등의 어휘 문장은 우선순위가 존재합니다. 중간 단계는 생성된 구문 트리를 우선순위에 맞게 변환 작업합니다.

폴란드 표기법 $^{Polish\ notation}$은 폴란드의 얀 루카시에비치가 1920년에 산술식을 논리 표기법으로 적용한 것입니다. 이 표기법은 산술식에서 연산자와 피연산자의 위치를 변경하여 컴퓨터가 쉽게 처리하도록 도와줍니다. 산술 표현은 크게 3가지 표기법이 있습니다.

- 중위 표기법(Infix)
- 후위 표기법(Postfix)
- 전위 표기법(Prefix)

일반적으로 우리가 알고 있는 다음과 같은 수식은 중위 표기법입니다.

```
A * B + C / D
```

이 수식에서는 두 번째 연산자인 덧셈 기호(+)가 제일 먼저 나타나지만, 실제 수식에서는 나눗셈 기호(/)가 더 높은 우선순위를 가집니다. 토큰으로 분리한 자료 구조는 이러한 연산자의 우선순위를 반영하지 못합니다.

이를 위해 중간 코드에서는 연산자 우선순위에 맞게 트리 구조를 조정합니다. 순위를 변경하면 다음과 같습니다.

- 전위 표기: +*ab/cd
- 후위 표기: ab*cd/+

24.5 해석

해석자[interpreter]는 통역을 의미합니다. 하나의 언어를 이해할 수 있도록 통역과 해석이 실행됩니다.

24.5.1 명령

언어는 복잡한 동작을 간단한 표현으로 실행하는 것이며, 동작을 실행하려면 표현 해석이 필요합니다. 표현한 구문을 해석해 명령을 쉬운 표현 방법으로 전달합니다. 이 경우 명령을 나열하여 행동을 간접적으로 전달하는 효과를 얻을 수 있습니다.

해석자는 언어 문장의 규칙을 분석하고 이를 표현하는 동작을 처리합니다. 또한 복잡한 동작을 매번 코드로 작성하는 대신, 표현을 통해 기능을 구현할 수 있습니다. 이러한 동작을 해석자라고 합니다.

24.5.2 기호

BNF로 정의된 특정 언어의 문장을 해석하고 처리합니다. 설계된 문법은 크게 종료 기호와 비종료 기호로 구분됩니다.

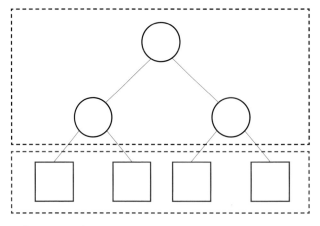

비종료 기호
(Non-Terminal Expression)

종료 기호
(Terminal Expression)

그림 24-3 종료 기호

즉 언어의 해석은 BNF 표기를 종료 기호가 나열하는 과정을 말합니다.

24.5.3 추상 구문 트리

컴퓨터 기계어와 달리 인간이 구현하는 고급 언어에는 추상적 개념이 적용됩니다. 1차원적인 자료 구조로는 추상화된 언어를 처리할 수 없으며 하나의 언어를 처리하기 위해 광범위한 자료 구조가 필요합니다.

구문 트리^{syntax tree}는 언어에서 표현한 구문의 정보를 가진 단순한 자료 구조입니다. 추상적이라는 의미는 실제 구문에서 나타내는 모든 세세한 것을 일일이 다루지 않는다는 것을 말합니다. 실제 구현은 추상화를 통해 하위 클래스에 위임하고 트리 형태의 어휘 구조를 복합체 패턴으로 적용합니다. 추상 구문 트리는 복합체 패턴 내에 있는 하나의 객체로 볼 수 있습니다.

추상 구문 표현^{Abstract Expression}은 모든 노드에 적용되는 공통된 인터페이스를 갖고 있습니다.

추상 구문 트리는 컴파일러 등을 제작할 때 사용하는 자료 구조로, 문장 정보를 나누고 평가 순서를 재정의합니다. 주요 역할은 컴파일러가 작성된 언어를 해석할 때 단계별로 중간 표현을 처리하는 것입니다.

24.5.4 파서

토큰과 추상 구문 트리는 어휘 구조를 분석합니다. 작성된 어휘의 규칙이 복잡할 경우 이를 처리하는 로직이 방대해질 수 있습니다. 이때 별도의 파서^{parser}를 사용하면 보다 효율적으로 처리할 수 있습니다.

파서는 문장의 구조를 트리 구조로 표현한 것입니다. 파서는 언어의 문법을 구체적으로 반영한다는 점에서 추상 구분 트리와 구별됩니다. 파서는 크게 두 종류의 트리로 구분합니다.

- 구조 트리
- 의존성 트리

문법 단위의 크기가 클 때는 별도의 파서와 같은 구문 생성기 사용을 권장합니다. 파서는 구성 요소를 위해 별개의 기호를 사용하여 치환하지 않습니다.

24.6 클래스 표현

해석자 패턴은 계층적 언어를 해석하여 처리하기 위한 구조입니다. 클래스의 계통으로 문법 규칙을 구성해 연산을 처리합니다.

24.6.1 노드

노드는 구문 트리에서 최상위 인터페이스입니다. 노드의 실제 구현은 하위 클래스에서 정의합니다.

예제 24-2 Interface/01/Expression.php

```php
<?php
interface Expression
{
    public function interpret();
}
```

Interpreter() 메서드는 컨텍스트context의 구문을 해석합니다.

먼저 전달 받은 컨텍스트 구문은 문자열을 해석해 토큰을 생성합니다. 토큰으로 구별된 구문은 해석을 통해 구문 트리를 생성합니다. 실제 노드가 구문을 해석할 때는 처리 단위를 구별할 수 있는 토큰을 갖고 오며 토큰을 통해 표현을 구별합니다.

24.6.2 비종료 기호

비종료 기호는 식별자와 같이 종료되지 않은 기호이고 해석을 위해 전개되는 표현이며 기호나 규칙에 대한 노드만 가진 트리를 말합니다.

BNF 문법에서 오른쪽에 나타나는 모든 기호에 대해 클래스를 선언합니다. 비종료 기호의 추상 구문 트리 해석interpret을 구현합니다.

```php
<?php
// 비종료 기호
class Add implements Expression
{
   private $left;
   private $right;

   public function __construct($left, $right)
   {
      $this->left = $left;
      $this->right = $right;
   }

   public function interpret()
   {
      return $this->left->interpret() + $this->right->interpret();
   }
}
```

확장된 BNF 표기에서는 비종료 기호를 반복 사용하도록 설계할 수 있습니다. 반복적인 기호를 사용할 경우 플라이웨이트 패턴을 이용해 기호를 공유할 수 있습니다.

24.6.3 종료 기호

종료 기호[terminal]는 문법 해석의 마지막 종착점으로, BNF 표기가 더 이상 문자 또는 숫자로 치환되지 않는 최종적인 기호를 말합니다.

여기서는 종료 기호의 추상 구문 트리 해석을 구현해보겠습니다.

예제 24-4 Interpreter/01/Terminal.php

```php
<?php
// 종료 기호
class Terminal implements Expression
{
   private $n;

   public function __construct($n)
```

```
    {
        $this->n = $n;
    }

    public function interpret()
    {
        return $this->n;
    }
}
```

24.6.4 클라이언트

해석자 패턴의 클라이언트[client]는 표현 문장을 나타내는 추상 구문 트리를 말합니다. 추상 구문 트리는 non-terminal 클래스와 terminal 클래스의 객체로 구성되고 구성 객체의 Interpret()를 호출합니다.

예제 24-5 Interpreter/01/index.php

```php
<?php
require "Expression.php";
require "Context.php";
require "Terminal.php";
require "Add.php";

$lex = "{{ 1 1 + }}"; // 후위 표기법 어휘
$context = new Context($lex);

if( $token = $context->isStart()) {
    echo "연산 해석 시작\n";
    $stack = []; // 스택
    while(true){
        $token = $context->next();
        if($token == "}}") {
            echo "구문 연산 종료\n";
            break;
        } if(is_numeric($token)) {
            echo $token." 스택 저장\n";
            array_push($stack, new Terminal($token));
        } else if($token == "+") {
```

```php
            echo "+ 연산 ";

            // 스택에서 두 개의 피연산자를 읽음
            $left = array_pop($stack);
            $right = array_pop($stack);

            // 비종료 연산을 수행합니다.
            $add = new Add($left, $right);
            $value = $add->interpret();
            echo "= ".$value."\n";
            // 결과를 다시 스택에 저장합니다.
            array_push($stack, new Terminal($value));
        }
    }

} else {
    echo "판별할 수 없는 해석입니다.";
}

echo "최종 결과 = ".array_pop($stack)->interpret();
```

```
$ php index.php
토큰 분리
Array
(
    [0] => {{
    [1] => 1
    [2] => 1
    [3] => +
    [4] => }}
)
연산 해석 시작
1 스택 저장
1 스택 저장
+ 연산 = 2
구문 연산 종료
최종 결과 = 2
```

24.7 관련 패턴

인터프리터 패턴을 적용할 때는 다음과 같은 패턴도 같이 활용되며 이들은 유사한 특징을 갖고 있습니다.

24.7.1 복합체 패턴

해석자 패턴은 구문 트리를 생성합니다. 해석자 패턴이 트리 구조를 가진 측면에서 복합체 패턴을 응용합니다. 또한 복합체 패턴을 사용할 때도 해석자 패턴을 응용할 수 있으며, 복합체 패턴이 하나의 언어 구조로 정의될 때 해석자 패턴으로 변경됩니다.

24.7.2 플라이웨이트 패턴

BNF 표기 시 '비종료 기호'가 반복적으로 수행됩니다. 어떤 명령이 반복적으로 수행될 때 해당 정의가 공유될 수 있는데, 이때 플라이웨이트 패턴을 응용합니다.

24.7.3 방문자 패턴

해석자 패턴은 구문 트리의 각 노드를 순회하여 처리하는데, 노드를 순회할 때 방문자 패턴을 응용합니다.

24.8 정리

해석자는 미니 언어를 처리하는 패턴으로, 우리가 인터프리터 언어를 구현하는 것과 같습니다. 어떤 행위의 처리 로직을 매번 구현하는 것보다 간단한 문장 표현으로 행위 처리를 대체할 수 있습니다. 이때 문장을 해석하고 처리하는 패턴이 해석자 패턴입니다.

해석자 패턴은 문법의 규칙을 클래스로 표현합니다. 클래스를 변경하면 문법 규칙을 쉽게 변경할 수 있고, 기존의 클래스를 상속해 확장할 수도 있습니다. 해석자 패턴은 정규 표현식, SQL

구문, 셸 해석 등이 있으며 컴파일러 등을 구현할 때도 널리 사용됩니다. 또한 해석자 패턴은 데이터를 주고받을 때도 유용하게 적용할 수 있으며, JSON과 같이 문자열로 변환된 데이터의 구조를 해석할 때도 사용할 수 있습니다.

해석자 패턴은 특정 언어를 분석해 트리 구조를 생성 처리하므로 프로그램 속도가 저하될 수 있습니다. 복잡한 표현 분석은 해석자 패턴으로 처리하는 것이 부담스러우므로 별도의 파서 분석기를 이용하는 것이 좋습니다. 별도의 파서를 만들어 처리하면 코드 성능 저하를 다소 줄일 수 있습니다.

해석자 패턴은 디자인 패턴 중 가장 어렵고 복잡한 구조입니다.

해석자 패턴을 적용하는 것은 간단한 문법을 처리하기 위해서이며 일반적인 개발 언어처럼 고효율 처리를 위한 패턴 로직이 아닙니다. 일반적인 프로그래밍 언어 해석은 이보다 훨씬 복잡합니다.

INDEX